KB023998

김범석의 한국사 이해와 학습

한국사 능력 시험 입문서

김범석의 한국사 이해와 학습

한국사 능력 시험 입문서

김범석 지음

스토리하우스

책을 펴내면서

근년에 들어서 일본군 위안부에 대한 역사 왜곡과 독도가 자기네 영토라고 주장하고, 또한 중국의 동북공정 국가사업 등은 우리나라 국민들로 하여금 역사에 대한 교육의 필요함을 절실히 일깨워 주고 있다. 참으로 고마운 일이 아닐 수 없다. 이러한 역사 왜곡에 대한 우려를 불식시키기 위해 정부에서는 우리나라 국민들에게 한국사에 대한 올바른 사실을 알려주기 위해서 역사 교육을 다양한 방법으로 실시하고 있는 것이 오늘날의 현 현실이다. 특히 영어. 수학 과목 등 입시 위주의 교육 현실에서 한국사의 수능 필수과목 선정은 이제 좋든, 싫든 재미가 있든, 없든 학생들이 필수적으로 공부를 해야만 하는 과목이 되었다. 이 책은 우리나라 국민들이 알아야 하는 우리 역사를 선사시대부터 최근의 역사적 사실까지 항목별로 엮어서 구분 정리하였다. 본 책자는 한국사능력검정시험과 공무원 시험 그리고 대학 입시를 준비하는 학생들까지 두루 접할 수 있고, 또한 이와 관계없이 한국사에 대한 개괄적인 이해를 요망하는 독자들의 역사 지식의 충전을 위해 만들었다. 부연 설명을 하자면 본 책자는 한국사 관련 시험에 대한 입문서의 성격을 가지고 있다고 볼 수 있다. 우리나라의 역사가 장구하고 다양한 문화를 가지고 있기 때문에 한정된 지면에 특정된 역사적 사실을 상세히 기술한다는 것은 지은이에게는 불가능한 작업이었다. 대신 항목별 사항에 대해 본문 내용을 최대한 이해하기 쉽게 설명하려고 노력하였다. 이를 바탕으로 핵심정리와 더 알아보기 그리고 TIP 항목을 추가하여 본문 설명을 보충하고자 하였다. 본 책은 전체적으로 단순하게 구성하여 독자가 복잡하게 생각하는 점을 최소화하는 방향으로 만들었다. 본 책자를 읽고 독자가 원하는 항목의 역사적 사실을 더 상세히 알아볼 수 있는 전문 도서를 접할 수 있도록 길라잡이를 제공하고자 하는 것도 또한 저자의 목적이기도 하다. 한국사와 관련된 학습서는 그 수를 헤아릴 수 없을 정도로 다양한 형태로 출간되었다. 본 책자는 기존의 훌륭한 교재들과 책들의 자료들을 모아 나름대로 정리하여 한국사의 전체적인 윤곽을 한눈에 파악하도록 노력했다. 위의 언급한 대로 본 책자의 내용을 충분히 이해하고 학습을 한다면 수험서의 기능도 함께 가지고 있다는 점을 알려드린다. 항목별로 지루함을 덜기 위해 관련 자료 사진들을 수록하였으나 매우 부족하다. 아무쪼록 이 책을 읽고 한국사에 대한 전체적인 흐름을 체계적으로 이해하고 정리할 수 있다면 다행으로 생각하며 이는 지은이의 목적이기도 하다. 어려운 여건 속에서도 본 책자를 만드는 데 각고의 노력을 해준 고륭 편집장과 안우리 대표님에게 감사드린다.

2020. 6.　김범석(金凡石)

목차

제 1장

선사시대(先史時代)

1 ▌ 구석기 시대

우리나라의 원시 사회는 지구상에 인류가 등장한 것과 그 궤를 같이 한다고 볼 수 있다. 선사시대 구분은 생활에 사용한 도구의 발전 과정에 따라서 구분하게 되는데 이는 덴마크의 학자 톰젠이 19세기 전반에 처음 사용한 것이다. 톰젠은 시대 구분을 석기, 청동기, 철기 시대의 순서로 구분하는데 이는 그때 당시 박물관에 보관중인 유물을 체계적으로 정리하여 분류 하고자 하는데 비롯되었다. 구석기 시대는 약 70만년 전에 시작 되었다. 이 시기 사람들은 자연 상태의 돌을 깨뜨려서 뗀석기를 만들어 사용하였다. 뗀석기는 돌을 깨뜨려서 사용하거나 그 중 일부를 떼어내어 사냥을 하는데 사용하였고, 또 짐승의 가죽을 벗기는 일과 땅을 파는데 쓰는 도구로 사용 하였다. 구석기 시대의 사람들의 주거 생활은 주로 동굴이나, 나뭇가지와 가죽 등을 이용하여 강가에서 막집을 짓고 살았다. 사회생활은 혼자서는 생존할 수 없기 때문에 집단으로 단체 생활을 했다. 이들은 식량을 구하기 위해서 여러 명이 무리를 지어 다니며 사냥을 하였다. 구석기인들은 슴베찌르개를 처음 제작하여 사용하였다. 구석기인들은, 주로 식물의 열매나 줄기 또는 뿌리를 채집 하고, 강이나 바닷가에서 물고기를 잡아 식량을 마련했다. 이들은 자연환경에 맞서 살아남기 위해 무리를 이루고 이동생활을 하였으며, 연장자가 지도자의 역할을 담당했다. 한반도에서 구석기 시대의 유적을 살펴보면, 대표적으로 공주 석장리(60~40만 년전)와 상원 검은모루(40만 년전), 덕천 승리산 동굴, 연천 전곡리 등을 꼽을 수 있다.

<핵심정리>

구석기 시기: 약 70만 년 전 (약 60~40만 년 전으로 보기도 함)부터 시작석기의 제작 및 사용에 따라 전기, 중기, 후기 세 시기로 구분

도구: 뗀석기 사용(주먹도끼와 찍개 등) -돌을 주워 사용하는데 그치지 않고, 깨뜨리거나 떼어내어 만듦

슴베찌르개: 사냥을 위해 슴베찌르개를 처음 제작하였는데 슴베를 자루에 연결하여 이것을 창이나 화살촉으로 사용하였다.

잔석기: 중석기 시대부터 잔석기를 사용하기 시작하였다.

Tip

*주먹도끼
구석기 시대의 대표적인 도구인 뗀 석기로 주변에서 쉽게 구할 수 있는 화강암으로 만들어졌다.

주거생활: 주로 동굴이나 강가의 막집을 짓고 살았다.

사회: 무리지어 이동생활 함, 평등사회 -연장자가 지도자의 역할 담당

경제: 이동 생활을 통하여 수렵과 채집을 하였으며 대상은 주로 식물의 열매, 줄기, 뿌리였다. 또한 강이나 바닷가에서 물고기 잡아 식량을 마련하였다.

<더 알아보기>

구석기 시대의 주요 유적지

<u>경기도 연천군 전곡리</u>

유럽 아슐리안계 주먹 도끼와 동아시아 찍개 발견, (주한미군)

<u>충청남도 공주 석장리</u>

60~40만 년 전, 불 땐 자리 발굴, 남한에서 최초로 발견

<u>충청남도 청원 두루봉 동굴</u>

흥수 아이라고 이름 붙여진 인골로 얼굴뿐만 아니라 온몸의 뼈가 거의 온전한 형태로 발굴되었다. 키가 110~120cm 가량으로 나이는 5세에서 6세정도로 추정되며 발굴한 사람의 이름을 땄다.

<u>평안남도 상원 검은모루 동굴</u> (40만 년 전)

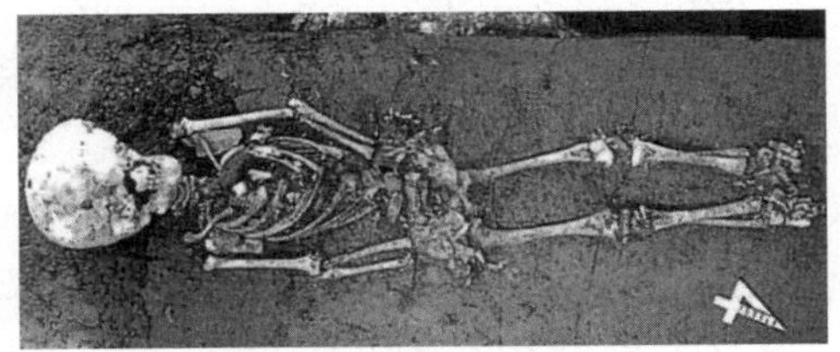

흥수아이 유골

*흑요석
흑요석은 규산이 많이 들어 있는 유리질의 화산암으로 흑요암이라고도 한다. 오늘날에도 장식품이나 공업용 원료로 쓰는데, 원시인들은 작은 새기개나 긁개로 사용하였다.

슴배찌르개

뗀석기

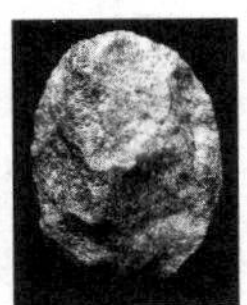

아슐리안계주먹도끼

2 신석기 시대

신석기 시대는 마지막 빙하기가 물러가고 약 1만년 전에 점차 날씨가 따뜻해지고 현재와 같은 지리적 환경이 형성되던 무렵 시작되었고, 한반도에서는 기원전 6000년경에 시작되었다. 이들은 돌을 갈아서 만든 간석기를 사용했으며 진흙을 빚어 만든 토기를 사용하였다. 대표적인 것이 빗살무늬토기 이다. 이 외에도 덧무늬 토기, 압인문 토기(눌러찍기 토기) 이른 민무늬토기 등이 있다. 신석기인들은 이러한 토기를 사용하여 음식물을 저장하거나 끓여 먹었다. 토기를 사용하여 음식물을 저장함으로써 음식물이 부패하여 먹지 못하는 경우가 사라졌으며, 날씨와 주변 환경으로 인하여 사냥과 채집을 하지 못해 식량을 구하지 못한 상황이 발생하더라도 저장 보관된 음식물을 섭취함으로써 배를 굶주리는 현상이 사라지게 되었다.

신석기시대에는 농경의 시작으로 농기구가 등장 하였는데, 돌삽, 돌보습, 돌괭이 등을 이용하여 농사를 짓고, 음식의 조리와 저장을 위해 갈판과 갈돌을 사용하였으며, 돌칼로 곡물 이삭을 따서 갈돌에 갈아 껍질을 벗기거나 가루를 내어 먹었다. 농경과 목축을 시작하였으며, 이러한 것은 기존 자연상태의 채집을 통해서 음식물을 섭취하던 것에서 이제는 씨를 뿌려 많은 양의 곡물을 수확할 수 있는 농경을 통하여 작물을 재배하기 시작하였다. 그 의의는 구석기시대 사람들이 식량 채집 생활을 한 것과는 달리, 신석기시대 사람들은 농경과 목축을 시작하여 식량생산의 경제활동을 전개하여 인류의 생활양식이 크게 변화하였다. 이를 신석기 혁명이라고 한다. 정착생활을 하게 된 신석기 시대는 구석기 시대와는 다른 점을 보여주고 있다. 신석기인들이 살았던 집은4~5명이 살기에 적합한 크기로써, 바닥을 파고 땅을 다진 다음 기둥을 세우고 서까래를 얹은 후 지붕을 덮은 움집이었다. 그 중앙에 화덕이 있어 취사와 난방을 하였고, 화덕이나 출입문 옆에 저장구덩이가 있어 식량과 도구를 보관하였다. 신석기인들은 씨족을 기본으로 하는 부족 사회이며, 족외혼으로 다른 부족 간의 혼인을 통해서 부족의 규모를 확대해 나갔다. 씨족은 모계 혈연을 기초로 한 공동체였다. 농사와 사냥, 채집 등의 일을 공동으로 하고 그 수확물도 함께 나누었다. 씨족 구성원들은 계급이 없는 평등한 공동체 생활을 하였으며, 부족 간 전쟁이나 대규모의 사냥이 있을때 지켜야 할 의무나 공동의 사업 등은 함께 모여 의논하고 시행하였다. 이때는 나이가 많거나 경험이 풍부한 사람이 마을 사람들이 지도자 역할을 했으며, 평상시에는 모두의 의견이 존중되는 평등한 하나의 부족 공동체 사회였다. 그러므로 신석기시대 씨족 사회를 원시공동체사회 라고 한다. 신석기시대에는 농경과 정착생활을 하게 되면서 신앙이 생겨났다. 사람들은 자연의 모든 사물에는 영혼이 있다고 믿는 애니미즘과 초자연적인 존재와 직접적으로 소통하는 샤머니즘, 특정 동물과 관련짓고 이를 자기 씨족과 동일시하는 토테미즘이 있었다. 신석기 시대의 대표적 유적은 주로 강이나 바닷가에서 발견되었다.

<핵심정리>

신석기 시기: 약 1만년전(기원전 8000년 경에서 기원전 6000년경으로 보기도 함)

도구: 신석기시대 에는 돌을 갈아 만든 간석기(마제석기)를 이용하여 농경 생활을 했다. 사냥 도구와 농기구 제작 -돌괭이, 돌보습, 돌날 ,갈돌과 갈판. 식량 저장을 위한 토기를 제작: 빗살무늬 토기

토기: 빗살무늬 토기, 이른 민무늬 토기, 덧무늬 토기, 눌러 찍기 무늬 토기(압인문 토기)

경제: 원시적 농경 시작:
 조, 피 등 . 수렵과 어로, 채집 병행
목축시작 :
 신석기 후기에 와서 개나 돼지 등 동물을 가축으로 기르기 시작했다.
원시적 수공업:
 가락바퀴와 뼈바늘을 사용하여 옷을 지어 입었으며, 그물제작을 하였다.

주거생활: 정착 생활이 시작 되면서 주로 강가나 바닷가에 움집을 짓고 거주(중앙에 화덕 설치) 움집터는 4~5명이 살기에 알맞은 크기로 바닥모양은 원형이거나 모서리가 둥근방형. 반지하 형태로 중앙에 취사나 난방을 위한 화덕 설치

사회: 같은 핏줄이 모여 씨족 형성, 따른 씨족과 결혼(족외혼), 계급이 없는 평등한 공동체 사회를 구성 하며 생활 하였으며, 자급자족의 폐쇄적 경제 독립체를 형성 하였다.

유적지: 황해도 봉산 지탑리(불에 탄 좁쌀 발견)
강동 암사동 (집터 유적) ,
강원도 양양 오산리
부산동삼동(조개더미 유적)
제주 고산리 (우리나라에서 가장 오래된 신석기 유적)

Tip

*신석기시대 토기
농경을 시작한 신석기 시대 대표적 토기는 빗살무늬토기(즐문토기)이며 빗살 같은 줄이 새겨져서 빗살무늬 토기라 한다. 신석기 시대에 처음으로 농사를 짓기 시작한다. 이것을 신석기 혁명이라 한다. 농사를 짓고 수확한 곡식 등을 저장하는 그릇이 필요하게 되는데, 빗살무늬 토기를 사용하여 식량을 저장하였다. 그 외에도 이른 민무늬 토기, 덧무늬 토기, 눌러찍기 무늬 토기(압인문 토기) 등이 있음.

빗살무늬토기

이른민무늬토기

종교: 원시 신앙의 발생(애니미즘, 토테미즘, 샤머니즘 등)
농사를 처음 시작한 신석기인 들에게 자연현상은 아주 중요 했다. 적당한 햇빛, 적당한 비, 그러면서 서서히 태양, 물과 같은 대상을 숭배하게 됨 -애니미즘
동물을 숭배 하게 되는 토테미 즘, 무당을 통해 자신들의 소원을 하늘과 연결시키려는 샤머니즘

예술: 치레걸이(짐승의 뼈나 이빨로 만든 장신구), 동물 모양 조각품, 조개껍데기 가면

Tip

덧무늬토기

가락바퀴

뼈바늘

눌러찍기무늬토기

치레걸이

조개껍데기가면

3 ▌ 청동기 시대

기원전 2000년부터 기원 전 1500년경 까지를 청동기 시대라 한다. 이때에도 간석기를 이용하여 농경생활을 하였다. 청동기 시대는 오랜 세월에 걸친 경험을 통해 금속을 발견하였는데 금속을 녹여 형태를 만든 것이었다. 청동기 시대에 처음으로 사용한 금속은 구리였는데 구리는 성질이 물러서 주석이나 납. 아연 등을 섞어 청동을 만들어 내 구리보다 단단하고 농기구의 날을 더욱 날카롭고 강하게 만들 수 있었다. 청동기 시대에는 생산력이 급속히 발전하면서 생산물의 주체가 되는 남성에게 힘이 몰려 가부장적 사회가 나타나게 되었다. 이로 인하여 생산물의 잉여물이 남는 소유물이 생기면서 힘이 강한 자가 사적(私的)으로 소유하게 된다. 이에 따라 사회적 계급이 발생하게 되는데 점차 계급간의 모순은 첨예화되어 갔다. 계층 사회가 등장하게 된 것이다. 청동은 동검이나 거울 등 주로 의장용으로 도구를 제작했다. 청동기 시대는 제정일치 사회로써 군장(족장)이 정치뿐만 아니라 종교의식 까지 담당하였다. 청동검, 장신구, 청동방울(팔주령), 거친무늬거울 등 다양한 청동제기를 사용하여 제사를 주관하였다. 특히 한반도와 요하 동쪽에서 청동검이 발굴되는데 청동기 시대의 대표적인 무기는 바로 비파형 동검이다. 이것은 칼날 모양이 악기 비파를 닮았다 해서 비파형 동검이라 불린다. 비파형 동검의 분포 지역을 통해 고조선의 영역을 확인할 수 있다. 이후 기원전 4세기 무렵부터 칼날이 더욱 단단하고 모양은 길고 가느다란 형태로 바뀌게 되는데 이것을 세형동검(한국식 동검)이라고 한다. 신석기 시대에 이어 청동기 시대에도 농경이 경제의 중심이었다. 청동기 시대 사람들은 돌도끼, 턱자귀, 괭이, 홈자귀 등 농기구를 사용하여 땅을 개간하고 농사를 지었으며 반달돌칼을 사용하여 곡물을 수확하였다. 청동기 시대 후기에는 벼농사도 시작되었다. 신석기 시대는 밭농사 청동기 시대는 더 발전하여 벼농사를 지었다. 목축업도 농경의 발달로 인하여 그 비중이 늘어 돼지. 소. 말 등 가축의 사육이 늘어났다. 이러한 생활상은 울산 반구대의 바위그림 을 통하여 찾아 볼 수 있는데, 작살이 꽂힌 고래. 거북. 사슴. 호랑이. 새 등이 새겨져 풍요와 생산을 기원하는 모습을 엿볼 수 있다. 고령의 바위그림에는 동심원. 십자형. 삼각형 등의 기하무늬가 새겨져 있다. 이러한 것은 농경사회에서 태양숭배와 풍요를 비는 뜻을 가지고 있는 것이다. 주거생활 유적은 한반도 전역에서 발견되는데, 집터의 형태는 전반적으로 직사각형 이며 움집 형태이다. 움집은 점차 지상가옥으로 바뀌어 가고 있으며 위치는 시냇물과 같은 하천이 앞쪽에 흐르고 뒤쪽에는 바람을 막아주는 나지막한 야산이나 구릉지대에 자리잡고 살았으며 그 중심에 우물이 있었다. 토기는 민무늬 토기, 미송리식 토기, 붉은 간토기 등이 있으며, 특히 미송리식 토기는 고인돌, 비파형 동검과 함께 고조선 세력 범위를 보여주는 대표적인 유물이다.

청동기 시대 무덤은 돌널무덤과 고인돌이 만들어 졌다. 고인돌은 계급사회의 발생을 보여주는 대표적인 것으로서, 형태는 네 개의 판석형태의 굄돌을 세워 그 안에 돌방을 만들고 그 위에 거대하고 편평한 덮개돌을 얹은 북방식 고인돌과 바둑판식으로 만든 남방식 고인돌이 있다. 고인돌은 한반도 전역에 걸쳐 분포되어 있으며 고창. 화순. 강화 고인돌은 세계문화유산으로 등재 되었다. 대표적인 유적지로는 함북 회령 오동리, 의주 미송리 등을 들 수 있고, 남한에서는 경기도 여주 흔암리, 파주 덕은리, 충남 부여 송국리 등을 들 수 있다.

<핵심정리>

청동기시대: 기원전 2000년경 ~기원전 1500년경 사이에 시작

도구: 청동으로 검이나 제사용 도구, 장신구를 만들어 사용-비파형 동검, 청동방울 거친무늬 거울 등, 청동으로 의식용 도구를 제작하였다.

토기: 민무늬 토기, 미송리식 토기(손잡이가 달려있음), 덧띠 새김무늬, 붉은 간토기 등

농사기술 발달: 간석기를 이용하여 농경생활을 하였다. 반달돌칼 등을 사용 조, 기장, 수수 등 다양한 잡곡 재배
발농사는 신석기부터 벼농사는 청동기 시대

석기 농기구: 벼농사 보급(한반도 남부 지역) 반달 돌칼 사용으로 곡식 수확 (생산성 증대)
바퀴날 도끼, 홈자귀 등 사용

계급 사회등장: 농경의 발달로 잉여 생산물 발생, 부족간의 정복 전쟁 빈발-집단 내 계층 분화와 불평등 발생 -계층사회 등장

제정일치 사회: 족장(군장) 이 정치뿐만 아니라 종교 의식까지 담당(다양한 종류의 청동 제기를 사용하여 제사 주관)

주거지의 변화: 외부의 침입을 막기 위해 강 주변의 낮은 산이나 구릉지대 에 움집을 짓고 거주, 거주지 주위에 울타리와 도랑 설치. 집터는 움집의 지상 가옥화 4~8인 규모의 직사각형이나

Tip

*청동기시대 토기
신석기 시대 말에 덧띠 새김무늬 토기가 나타나는데 이때가 청동기로 넘어가는 시기이다. 청동기 시대를 대표하는 토기는 민무늬 토기, 미송리식 토기, 붉은 간토기가 있다. 민무늬 토기는 밑바닥이 편평한 원통 모양과 밑바닥이 좁은 모양이 있다. 미송리식 토기는 고인돌, 비파형 동검과 함께 고조선의 세력 범위를 보여주는 대표적인 유물로서 손잡이가 달려 있는것이 특징이다. 붉은 간토기는 겉표면에 붉은색의 광택이 나게 만들어졌다.

원형의 움집터. 화덕의 위치는 한쪽 벽으로 이동, 저장구덩이 별도 마련, 창고와 같은 독립된 저장 시설을 집 밖에 따로 설치함. 목책과 마을 바깥에 도랑을 파서 두른 방어 시설인 환호를 설치해 외부 침입으로부터 방어

무덤: - 지배자의 무덤으로 고인돌을(탁자식, 바둑판식) 축조 하였다.
- 유네스코세계위원회는 고인돌을 2000년 12월에 고창, 화순, 강화의 유적지를 세계문화유산으로 지정 하였다.
- 돌널 무덤
- 돌무지무덤, 돌널무덤(깬돌이나 판돌을 잇대어 널(관)을 만들어 사용한 청동기 시대의 무덤)등이 만들어졌다.

암각화(바위그림): 울주 대곡리 반구대 암각화 (다산과 풍요 기원),
고령 장기리 암각화(태양을 상징하는 동심원 조각)

대표적 유적지: 여주 흔암리, 부여 송국리 등

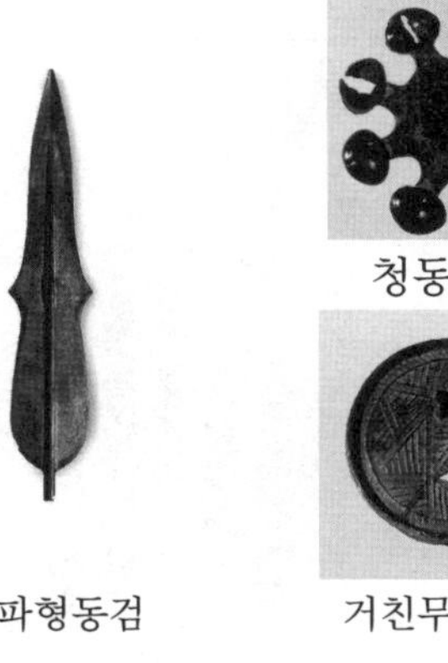

비파형동검

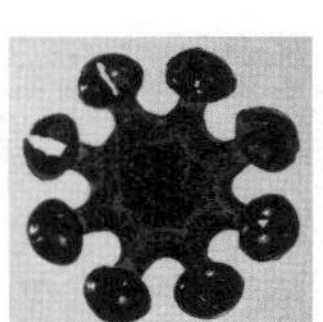

청동방울

반달돌칼

거친무늬거울

바퀴날도끼

조개껍데기가면

미송리식토기

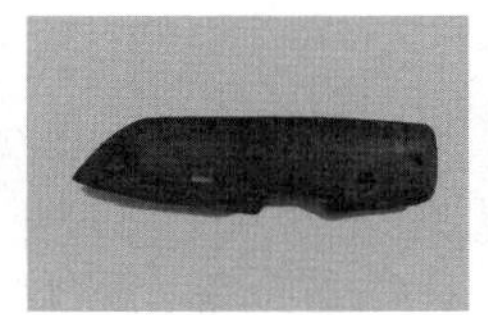

홍자귀

*고인돌
(고창, 화순, 강화)
청동기 시대 계급 사회를 보여주는 가장 확실한 유적인 고인돌은 전 세계에서 발견되고 있지만, 중국과 일본, 우리나라에서 특히 많이 발견된다. 그 중에서도 우리나라는 '고인돌 왕국'이라는 표현을 쓸 만큼 많은 고인돌이 발견 되는데 전 세계 고인돌의 40% 이상이 우리나라에 모여 있다. 우리나라의 고인돌은 주로 서해안 지역, 그중에서도 호남지방에 집중적으로 밀집되어 있으며 이곳에서 발견된 것만 해도 2만여 기에 이르고 있다. 고창. 화순. 강화 고인돌은 보존 상태가 좋고 밀집도 측면이나 다양성 면에서 고인돌의 형성과 발전 과정을 규명하는 중요한 유적으로 인정받아 2000년 12월 세계유산으로 등재되었다.

고인돌

4 고조선의 성립

고조선은 청동기 문화를 바탕으로 만주 요령 지방과 한반도 서북 지역을 중심으로 여러 부족을 통합하여 생긴 우리나라 최초의 국가이다(기원전 2333). 고조선은 랴오닝 지방과 대동강 유역을 중심으로 발전하였으며, 이러한 세력 범위는 비파형 동검과 탁자식 고인돌의 출토범위를 통해 알 수 있다. 고조선은 요동 지방에서 일어나 이웃 집단을 정복 하면서 영토를 넓혔다. "삼국유사"의 기록에 의하면 고조선이 농경문화를 바탕으로 건국하였음을 알 수 있다. 단군 신화에서 곰과 호랑이는 이전부터 그 지역에 살고 있던 선주민 집단을 상징하고 있으며, 환웅이 무리가 선주민 집단을 통합하고 지배하는 과정에서 곰을 토템으로 하는 집단과 결혼을 통하여 연합하였다. 그러나 호랑이를 토템으로 집단은 배제되었다. 단군왕검은 제정일치의 군장으로서 제사장이면서 정치적 지배자였다. 1500년이나 나라를 다스렸다고 하였다. 고조선의 존재는 고대 문헌들에 기록되어 전하고 있는데, 그 기록들에서 고조선은 이미 기원전 7~6세기에 존재하였음이 확인 된다. 중국 사료 중 <관자>에서 고조선이 성립한 사실을 언급하고 있고 <위략 >에서는 고조선이 기원전4세기 이전부터 왕을 칭하기 시작하였으며 조선후(候)가 스스로 왕이라 칭하고 연나라 등과 겨루며 상당한 세력을 형성하였다고 한다. 그리고 요동 일대와 한반도 서북부 지역은 일찍부터 농경이 발달하였고 예족과 맥족 이라 불린 주민들이 살았는데 언어와 풍속이 서로 비슷하였다고 전한다. 고조선의 건국 신화가 실린 역사책은 삼국유사(일연), 제왕운기(이승휴), 세종실록지리지, 응세시주(권람) 동국여지승람(노사신) 등이 있다.

<핵심정리>

고조선 성립: 기원전 2333년 청동기 문화를 기반으로 성립된 우리 민족 최초의 국가-단군왕검이 건국
중국과 다른 독자적인 청동기 문화형성 (비파형 동검-세형동검)

세형동검: 한반도 지역에서만 발견 되어 한국식 동검 이라고도 부른다. 주로 철기 시대에 사용되었다.

고조선 사회: 단군 이야기를 통해본 계급 사회형성, 농경 사회, 부족간의 연맹, 정치와 종교가 분리되지 않은 제정일치 사회 (단군왕검).

Tip

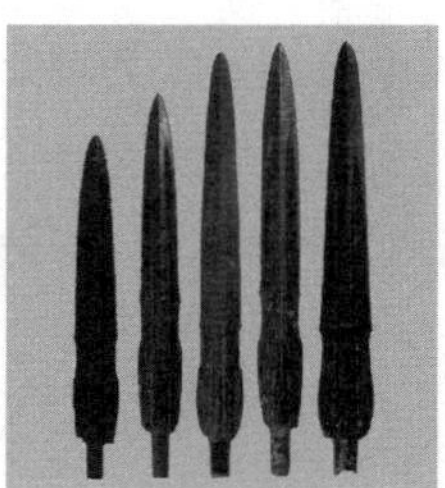
세형동검

* 단군 신화 수록:	삼국유사(일연), 제왕운기(이승휴), 세종실록지리지, 응제시주(권람), 동국여지승람
고조선 관련 문화 범위를 알려주는 유물:	고조선의 특징적인 유물로 간주되는 탁자식(북방식) 고인돌, 비파형 동검, 거친무늬 거울, 미송리식 토기 등 분포 지역을 통해 세력 범위를 짐작할 수 있음.(요령 지방~한반도 북부)

*세형동검
철기 시대를 대표하는 유물로 한반도 지역에서만 출토되는 한국식 동검으로 청동기 시대 비파형 동검이 있다면 철기 시대는 세형동검이 있다. 비파형 동검이 한반도와 만주 지역 일대에서 광범위하게 발견되는 것에 비해 세형동검은 한반도 내 독자적인 청동기 문화가 발달했음을 알 수 있다.

5 고조선의 성장

고조선은 요령지방을 중심으로 성장하였으며 한반도 대동강 유역까지 세력범위를 넓혔다. 고조선은 강성한 나라를 이루어 중국의 연나라와 세력을 겨루기도 하였다. 기원전 3세기부터는 부왕, 준왕과 같은 강력한 왕이 등장하였고 왕위를 세습 하였다. 또한 왕 밑에 상, 대부, 장군, 대신, 박사 등의 관직도 두었다. 우리나라에서 처음으로 철기가 사용되기 시작한 시기는 서기전 4세기경으로 추정된다. 처음에는 중국 연나라의 철기가 곧바로 수입되어 사용되었다가, 점차 직접 제작되는 단계에 들어서게 되었다. 고조선이 왕성한 세력을 자랑하던 기원전 4~3세기 무렵 중국은 전국시대의 혼란기였다. 이때 중국 백성들은 전란을 피해 떠돌다가 그 일부가 중국 동북 지방 일대에 흘러들었고 고조선에도 들어왔다. 고조선은 영역을 확장하면서 발전하여 기원전 4세기 후반 요하를 경계로 중국 전국 7웅 국가 중 하나인 연나라와 대립하였다. 연나라는 지금의 북경 부근에 중심을 두고 동쪽으로 세력 확장을 꾀하여, 서쪽으로 세력을 뻗쳐 가던 고조선과 충돌하였다. 연의 군장이 왕을 칭하자 고조선의 군장도 왕을 칭하고 군사를 일으켜 연을 공격하였다. 이때 고조선의 대부 벼슬에 있던 예가 만류하여 이 위기는 해소 되었다.

<핵심정리>

고조선 성장:

기원전 3세기에 부왕, 준왕과 같은 강력한 왕이 등장하고 왕위세습.
왕 아래 상. 대부. 장군 등의 관직 설치.
만주와 한반도 서북부 지방을 중심으로 성장
기원전 4세기 경 '왕'의 칭호 사용, 왕위 세습
연나라 진개가 침략하였다.

Tip

6 위만조선

중국에서는 잦은 전쟁과 혼란이 계속되던 전국시대가 기원전 221년 진의 통일로 막이 내렸다. 얼마 지나지 않아 진이 망하고 다시 전란이 계속되다가 한이 중국을 통일 하였다. 한나라는 중국을 통일 하면서 통치 질서를 확립해나갔다. 이 때 중앙 조정과 지방 제후들 간에 분쟁이 벌어졌다. 이때가 진. 한 교체기였는데, 연의 왕 노관이 한나라에 반역을 해 주민들을 이끌고 북방 흉노로 망명한 사건이 있었다. 이 같은 와중에 노관의 부관이었던 위만은 연나라 동쪽에 있는 고조선으로 흘러들어왔다. 이시기에 철기 문화의 본격적인 수용이 이루어졌다. 위만은 무리 1000여 명을 이끌고 고조선으로 들어왔다. 고조선의 준왕은 위만에게 서쪽 변경지대를 주고 그 지역 주민을 다스리도록 하였다. 신임을 받은 위만은 주민들을 잘 다스리면서 서쪽 변경을 수비하는 임무를 맡았다. 이주해오는 사람들을 모아 정착하게 하고 이주민 세력을 통솔하게 된 위만은 세력을 키워 수도인 왕검성에 쳐들어가 준왕을 몰아내고 왕이 되었다 이때가 기원전 194년이다. 쫓겨난 준왕은 한반도 남쪽으로 가서 한왕을 칭하였다고 한다. 정권을 잡은 위만은 이주민들과 토착 고조선인을 모두 지배체제에 참여시켜 갈등을 줄이고 정치적 안정을 꾀하였다. 또 각 지방의 일은 그 지방에서 다스리도록 일정한 권한을 주었고 나라 전체의 일은 상과 장군들이 모인 귀족회의에서 결정 하였다. 고조선은 이주민과 함께 전래된 철기문화를 받아들여 군사력을 강화하였다. 지리적 이점을 이용하여 한반도 중남부에 있던 진국 등 여러 소국이 직접 한나라와 교역 하는것을 막고 중간에서 중계무역을 하여 많은 이익을 차지하였다. 그리하여 더욱 강해진 군사력과 경제력을 바탕으로 동옥저와 임둔, 진번 등 인근 집단들을 정복하며 사방 1000리에 이르는 영토를 가진 정복 국가를 이루었다.

Tip

<핵심정리>

위만의 집권: 중국의 왕조(진.한 기원전 206~202) 교체기에 위만이 무리를 이끌고 고조선으로 이주- 위만이 준왕을 몰아내고 왕위에 오름(기원전 194)
위만의 조선인인 근거는 국호를 그대로 조선으로 사용하고 이주 때 위만이 상투를 틀고 조선인 옷을 입고 옴.

위만조선의 발전: 철기문화의 수용 확산 - 농업과 수공업 발달
철제 무기로 주변 지역 정복.
중국의 한나라와 한반도의 진 사이의 중계무역.
우거왕 시기 중계무역의 이익 독점 강력한 국가로 성장, 한 과 대립.

7 고조선의 멸망

고조선은 위씨 왕조로 교체된 이후 더 강성한 나라로 성장하면서 한나라와 대립하게 되었다. 한나라는 북방의 흉노족과 계속 전쟁을 벌이고 있었는데, 소강상태에 들어가자 고조선이 흉노와 연결되는 것을 막고 동북아 지역까지 세력을 확대하고자 하였다. 한은 섭하를 파견하여 위만 조선을 회유하려 하였으나 우거왕이 이를 수용하지 않았다. 한무제가 직접 대규모의 무력 침략을 감행하였으나 고조선은 1차 접전(패수)에서 대승을 거두었고, 이후 약 1년간에 걸쳐 한의 군대에 완강하게 대항하였다. 이때 조선상 역계경이 흉노 토벌 문제에 대해 건의가 받아들여지지 않자, 2천호를 이끌고 진국으로 망명해 버렸으며, 주화파들의 항복과 우거왕의 피살로 마침내 왕검성이 함락되었다 (기원전108). 한은 고조선의 영역에 낙랑, 진번, 임둔, 현도의 군을 설치하였다. 군 밑에 현을 두고 한인의 태수와 현령을 파견하여 토착민을 억압하는 통치를 하였다.

<핵심정리>

- 위만 조선의 중계 무역에 대한 불만을 가진 한 무제의 침략.
- 1년간의 항전 끝에 지배층의 내분으로 왕검성 함락(우거왕) 기원전 108 -한 군현의 설치 (낙랑. 진번. 임둔. 현도)

*한사군
우리가 배우고 있는 한사군의 위치는 거짓이다 라고 주장하고 있는데 그 근거는 중국 고대 사료인 사마천의 사기, 3세기 후반 삼국지 5세기 고대 남송의 후한서를 비롯한 중국고대 사료를 통하여 한사군의 위치를 추적하면 한사군의 위치가 한반도에 존재 했다는 근거를 발견할 수 없다. 일관되게 한사군 중심지인 낙랑이 요동에 있었다고 기록하면서 오늘날 학계에서 논란의 대상이 되고 있다.

8 고조선의 사회모습

초기의 고조선은 넓은 지역에 흩어져있던 집단들이 국가 성립을 주도한 세력에 의해 느슨한 형태로 결합한 것이었다. 그러나 차츰 지배를 강화하면서 국왕을 정점으로 하는 중앙정부의 지배체제로 정비해 갔다. 기원전 4세기 말 고조선은 국가 기구와 관료 제도를 갖추고 상당한 군사력도 보유하였다. 고조선이 고대국가로 발전하면서 법 조항들이 구체적으로 갖추어졌다. 지배층은 사회질서를 유지하기 위하여 법을 정하고 그에 기초하여 공권력으로 법을 집행하였다. 고조선에는 8조의 법이 있었다고 하는데 그 가운데 3개의 조만 전하고 있다. 단군 신화의 통치 이데올로기는 고대국가의 지배 계급이 자기들의 부와 권력을 언제까지나 유지하려는 정당화의 수단이었다. '널리 인간을 이롭게 한다'고 하였으나, 이는 고대 국가를 지배 세력이 자신들의 지배를 정당화하려는 통치 이데올로기를 담고 있다. 그들이 지배하던 고대 사회는 많은 노예를 부렸고, 또한 계속 노예를 확보하려고 전쟁을 벌이는 사회였다. 노예는 고대 사회 유지에 필요한 물품의 생산과 노역에 종사했다. 죽도록 일할 의무만 있을 뿐, 모든 권리는 주인에게 있었기 때문에 혼인하여 가족을 이룰 수도 없었고, 재산을 소유할 수도 없었다. 게다가 자신의 생명조차 제대로 보호받지 못하고, 주인이 죽으면 함께 죽어 순장을 당하가기도 하는 존재였다.

<핵심정리>

고조선의 법: 8개의 조항 중 3개의 조항만 전해짐

. 사람을 죽인 자는 즉시 죽인다: 사람의 생명과 노동력 중시

. 남에게 상처를 입힌 자는 곡식으로 갚는다: 사유재산 인정

. 도둑질을 한 자는 노비로 삼는데, 용서받고자 하는 자는 한 사람마다 50만전을 내야 한다: 사유 재산인정, 계급사회(노비존재), 형벌 노비

Tip

9 철기문화

한반도에 여러 국가들이 생겨나고 철로 만든 도구를 사용하게 된 시기이다. 철기시대는 기원전 300년경부터 삼국이 정립된 기원후 300년경까지를 말한다. 철기시대 초기에는 장신구나 단검 등을 철로 만들었지만, 철의 생산량이 늘어나면서 농기구는 물론이고 일상 용품과 금속제 무기를 사용하여 정복 활동을 벌였다. 세형동검, 청동기 등을 제작하였다. 철제 농기구의 사용으로 농업생산력이 급증하였고, 목축과 어로가 활발하여 족장들은 우세한 경제력으로 민중과 노비를 보다 강력하게 지배할 수 있었다. 한반도에서는 기원전 4세기경부터 철기를 사용하기 시작했으며, 변한이나 가야 등은 우수한 철기를 만들어 이름을 떨쳤다. 철기 시대에는 군장국가가 발전한 형태로 왕을 군장들이 선출하였으며, 선출된 왕은 권력이 미약하여 각 지방의 족장들을 제대로 다스리지 못하였다. 이러한 왕권의 미약함으로 말미암아 각 자방의 족장들은 독자적으로 자기 지역을 지배하였다. 철기시대에는 널무덤과 독무덤을 만들었으며, 중국에서 전래된 한자를 사용하였다.

<핵심정리>

철기 보급:	기원전 5세기경 만주와 한반도에 보급되기 시작(기원전 3세기경으로 보기도 함) -기원전 1세기경에 널리 사용
철제 농기구 사용:	쟁기, 쇠스랑 등의 철제 농기구를 사용하였다. 농업 생산력 향상
철제무기사용:	주변 지역을 정복 하면서 세력 확장- 점차 국가로 발전 만주와 한반도에 여러나라 등장
유물과 유적:	토기(민무늬 토기, 덧띠 토기, 검은 간토기) 무덤(널무덤,독무덤)
한자 사용:	경남 창원 다호리 붓 발견
중국과 교류 :	명도전, 오수전, 반량전 등의 화폐

Tip

명도전

오수전

Tip

< 더 알아보기 >

독무덤과 널무덤

철기시대의 무덤으로, 두 개의 항아리로 이어 붙여 관으로 이용하였다. 철기시대에 이르면 더 이상 청동기시대의 거대한 고인돌은 만들지 않았다. 대신 흙구덩이를 파고 구덩이 안에 나무로 된 널을 댄 다음 그 안에 시신을 묻는 널무덤이나 항아리를 관으로 이용한 독무덤이 새롭게 나타났다. 널무덤은 땅에 구덩이를 파고 넓적한 나무널로 사각형 벽을 만들어 그 안에 시신을 넣고 그 위에는 흙을 둥굴게 쌓아 올렸을 것으로 추측된다. 널무덤은 한반도 서북 지역에서 먼저 만들어지다가 남부 지역으로 퍼져 나갔는데, 특히 낙동강 유역에서 많이 발견되고 있다. 출토된 널무덤에서 검, 거울, 옥 등의 껴묻거리가 발견되었다. 독무덤은 큰 항아리 속에 시체를 넣어 만든 무덤이다. 토기 하나를 사용해 묻기도 하고, 두 개를 붙여서 사용하기도 했다. 발견된 독무덤에서는 화살촉, 도끼 등의 껴묻거리가 발견되었다. 우리나라의 다양한 곳에서 독무덤이 발견되고 있다. 특히 영산강 유역에서 발견된 독무덤은 다른 지방의 것들과는 달리 독자성이 뚜렷하며 이러한 것은 매우 뛰어난 토기 제작기술이 없으면 만들 수 없는 대형 독무덤이다.

다호리 붓

창원 다호리에서 발견된 붓을 통해 당시 한반도 남부 지역까지 한자가 전래되었음을 알 수 있다. 붓 5점은 모두 길이가 약 23㎝ 전후로 동일하다. 붓대는 나무를 깎아 만든 후 그 위에 흑칠을 했으며, 횡단면은 원형에 가깝고 필모(筆毛)가 달린 양단은 폭이 약간 넓은 편이다. 양단의 단면은 원형이나 타원형을 이룬다. 중국 전국 시대(戰國時代)에서 한대(漢代)에 이르는 유적에서 출토된 붓은 필간(筆杆)의 재질이 대체로 죽질(竹質)이며 붓털이 필간의 일단에만 끼워져 있고 다른 쪽 일단은 뾰족하게 처리되었다. 이에 반해 창원 다호리 유적 출토 붓은 필간의 재질이 죽질이 아니며 붓털이 필간의 양단에 삽입되어 있다. 이러한 차이로 인해 다호리 유적 출토 붓이 중국에서 유입된 것이 아니고 다호리 지역에서 직접 제작되었을 가능성이 제기된다. 창원 다호리 유적 출토 붓은 기원전 1세기에 문자를 사용한 것을 보여주는 고고학적 물증으로 삼한시대 대외 교역의 서사용구(書寫用具)로서 의미가 크다.

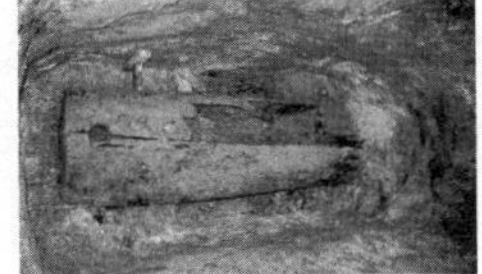

널무덤

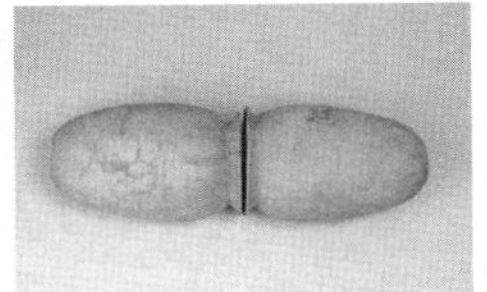

독무덤

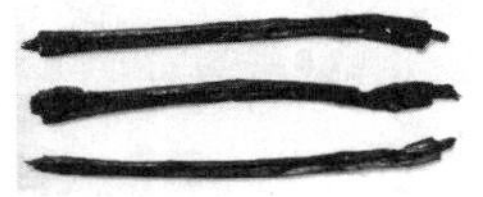

다호리붓

10 부여

부여는 만주 길림시 일대 송화(쑹화) 강 유역의 평야 지대를 중심으로 성장하였으며, 남쪽으로는 고구려, 서쪽으로는 선비족과 접하고 있었다. 부여는 이미 1세기 초에 왕호를 사용하였으며, 중국과 외교 관계를 맺는 등 발전된 국가 체제를 갖추었다. 그러나 3세기 말에 선비족의 침입으로 세력이 위축되면서 결국 5세기에 고구려에 흡수되었다. 부여에는 왕 아래에 가축의 이름을 따 마가, 우가, 저가, 구가라는 대가들이 있었다. 대가들은 대사자, 사자 등의 관리를 두었다. 왕은 중앙을 직접 다스리고 여러 가들은 저마다 행정구역인 사출도를 다스리고 있었다. 이에 왕이 직접 통치하는 중앙과 사출도를 합쳐 5부족 연맹체를 이루었다. 가(加)들은 왕을 선출하기도 하고 수해나 한해를 입어 흉년이 들면 왕에게 그 책임을 묻기도 하였다. 한편 왕이 나온 대표 부족의 세력은 궁궐, 창고, 감옥. 성책과 같은 시설을 갖추었다. 왕이 죽으면 많은 껴묻거리와 함께 사람들을 순장하기도 하였다. 풍속으로는 영고라는 제천행사가 있었다. 이때에는 하늘을 숭배하고 제사를 지내고 노래와 춤을 즐기며, 죄수를 풀어주기도 하였다. 우제점법으로 전쟁이 일어났을 때에도 하늘에 제사를 지내고, 소를 잡아 그 굽으로 점을 치기도 하였다. 혼인 풍속으로 형이 죽으면 아우가 형수를 아내로 맞아들이는 형사취수제(兄死娶嫂制)가 있었다. 이러한 풍습은 대체로 죽은 사람의 부인과 남은 자녀를 돌보기 위한 방편으로 이해한다. 백성들은 흰옷을 좋아하였으며, 중국 은나라의 은력을 사용하였다. 한편 부여의 법으로 4조목의 법률이 전해지고 있다. 형벌은 엄하고 각박하여 사람을 죽인자는 사형에 처하고, 집안사람은 노비로 삼는다. 도둑질을 하면 물건의 12배를 변상하게 하였다. 간음한 자와 투기가 심한 부인은 모두 죽였다. 투기는 더욱 미워하여 죽이고 나서 시체를 나라의 남산위에 버려서 썩게 한다. 친정집에서 시체를 가져가려면 소나 말을 바쳐야 한다, 이는 연좌제와 가부장적 권위를 나타내고 있으며, 남성 중심의 지배 질서임을 보여주고 있다. 부여는 고구려나 백제의 건국 세력이 부여의 한 계통임을 자처하였다는 데서 그 역사적 의의를 가진다.

<핵심정리>

위치: 만주 쑹화 강 유역의 넓은 평야 지대에서 성장-주로 농경과 목축을 함. 평야 지대 여서 물산 풍부.

정치: 연맹왕국: 5부족연맹 왕국 형성, 세력이 가장 강한 부족의 군장을 왕으로 선출

왕권미약: 왕이 여러 가들과 협의하여 나랏일 처리, 왕 아래에 마가, 우가, 저가, 구가 등이 사출도라는 독자적인 영역을 다스리며 정치에 참여

풍습: 형사취수의 풍습(죽은 형의 부인를 아내로 삼는 풍습)
순장 - 많은 사람을 껴묻거리와 함께 묻음

제천행사: 12월에 영고 (제천 행사)

우제점법: 소를 죽여 그 굽으로 길흉을 점치는 방법.

법률: 고조선처럼 엄격한 법 시행
도둑질한 자에게는 12배를 배상하게 하였다. -1책 12법

멸망: 선비족의 침입으로 위축 -멸망 (346) -고구려에 편입(494)- 연맹 왕국단계에서 멸망

Tip

*사출도(四出道)
부여의 지방 관할 구획으로 왕을 중심으로 네 명의 군장이 동서남북에 한 부족씩, 나누어 다스렸던 지역을 사출도라고한다. 부여는 유목을 주로 했던 나라로 각 군장의 명칭을 가축 이름을 따서 마가. 우가. 구가. 저가라고 불렀다.

11 고구려

고구려는 압록강의 지류인 동강 유역의 졸본(환인)지방에 처음 자리를 잡았다. "삼국사기"의 기록에 따르면 고구려는 부여에서 남쪽으로 내려온 주몽이 건국하였다(기원전37).

이 일대는 큰 산과 깊은 골짜기가 많은 산악 지대였기 때문에 농토가 부족하였다, 이에 고구려는 건국 초기부터 주변의 작은 나라들을 정복하면서 평야지대로 진출하고자 하였다. 그리하여 압록강가의 국내성(집안)으로 수도를 옮기고, 5부족 연맹을 토대로 발전하였다. 그 후 주변의 작은 나라들을 적극적으로 정복하고 한의 군현을 공략하여 요동 지방으로 진출하였고, 동쪽으로는 옥저를 정복하여 공물을 받았다. 고구려에는 왕 아래 상가, 고추가 등의 대가들이 있었는데, 족장 세력인 이들은 사자, 조의, 선인 등의 관리를 거느렸다. 중대한 범죄가 있으면 제가들이 회의를 통하여 사형에 처하고 처자는 노비로 삼았다. 풍속으로는 서옥제가 있었는데, 남자가 혼인을 한 뒤 일정 기간 처가에서 살다가 남자 집으로 돌아가서 사는 혼인 형태였다. 또 건국 시조인 주몽과 그 어머니인 유화부인을 조상신으로 섬겨 제사를 지냈으며, 10월에는 동맹이라는 제천 행사를 치르고, 왕과 신하들이 모여 함께 제사를 지냈다.

<핵심정리>

위치: 압록강 유역의 산간 지대에서 건국- 농경에 불리, 물산 부족- 무예 숭상(말타기와 활쏘기에 능함), 정복전쟁 전개

정치: 연맹 왕국: 왕과 그 아래의 독립적인 대가로 구성된 연맹 왕국
제가회의 운영: 국가의 중대사 결정, 중대 범죄자 처벌
관직 설치: 상가(대가의 대표자), 대로, 패자, 고추가(유력 부족의 대가), 사자, 조의, 선인 등

풍습: 서옥제: 형사취수의 풍습(혼인 풍습), 동맹(제천 행사, 10월)

Tip

12 옥저와 동예

옥저는 함경도 동해안에 위치하고 있다. 경제적으로 해산물이 풍부하였고, 1세기 후반에 소금. 어물 등을 고구려에 공납으로 바쳤다. 사람이 죽으면 가매장을 했다가 나중에 그 뼈를 추려서 가족 공동의 목곽에 안치했던 가족 공동 무덤이 있었다. 옥저에는 민며느리제가 있었다. 일종의 매매혼으로 어린 여자아이를 신랑 집에서 데려다 키워 며느리로 삼는 혼인 풍습이다. 동예는 강원도의 북부 동해안 지역에 자리잡고 있어 농경, 어로 및 방직 기술이 발달했다. 특산물로써 단궁, 과하마, 반어피가 있다. 동예는 해마다 10월이면 무천이라는 제천 행사를 열었다. 씨족 사회의 전통이 남아 있어 족외혼을 엄격히 지켰으며, 다른 부족의 경계를 침범했을 경우 책화라 하여 노비나 소. 말로 배상하게 하였다. 옥저와 동예 모두 왕이 없는 군장국가로 읍군, 삼로가 자기 부족을 다스렸다.

<핵심정리>

옥저

위치: 함경남도 함흥지방

정치: 변방에 치우쳐 있어 선진문화의 수용이 늦음, 군장인 읍군과 삼로가 각 읍락 통일세력 형성에 실패, 고구려 태조왕에 의해 정복된 후 고구려에 공납을 바침.

특산물: 소금과 어물 등 해산물 풍부- 고구려에 공납으로 바침

풍습: 가족이 죽으면 임시로 매장 하였다가 나중에 그 뼈를 추려서 가족 공동무덤에 안치, 민며느리제(매매혼)

동예

위치: 강원도 북부 지방

정치: 변방에 치우쳐 있어 선진문화의 수용이 늦음, 군장인 읍군과 삼로가 각 읍락 통일세력 형성에 실패, 고구려 태조왕에 의해 정복된 후 고구려에 공납을 바침.

특산물: 단궁(활), 과하마(작은말), 반어피(바다표범의 가죽) 등

풍습: 무천(제천행사, 10월) 족외혼(같은 부족끼리 혼인하지 않음), 책화(다른 부족의 생활권을 침범하면 노비와 소, 말로 변상)

Tip

*과하마(果下馬)
동예는 반어피와 단궁, 과하마가 유명했다. 반어피는 바다표범 가죽이고, 과하마는 과일나무 밑을 지나갈 수 있는 말을 의미하는데 조랑말을 연상하면 된다. 과일나무 밑을 지나갈 수 있을 정도로 작은말이다.

*집터
강원도 강릉에서 동예의 것으로 추정되는 철자 모양의 집터가 발견되었다, 동예에서는 사람이 죽거나 병들면 집을 불태워 버리고 새로운 집을 지었다고 한다.

13 삼한

삼한은 삼국시대 이전 한반도 중남부지방에 형성되어 있었던 정치집단에 대한 통칭으로서. 고조선 유이민의 문화와 남쪽의 청동기 문화를 바탕으로 성장한 진(辰)과 이들이 가진 발달된 철기 문화와 토착 문화가 결합하면서 사회발전이 더욱 촉진되었다. 그 결과 마한. 진한, 변한의 연맹체가 등장하였다. 삼한 중 주도 세력으로서의 마한은 54개의 소국으로 이루어졌고 그 지역은 경기, 충청, 전라도에 모두 10여만 호에 이르렀다. 그중에서 가장 큰 정치 세력은 목지국이었으며, 목지국의 지배자는 마한왕 또는 진왕으로 추대되어 삼한 전체를 대표하였다. 변한은 낙동강 하류의 김해. 마산지역을 중심으로 진한은 대구, 경주 지역을 중심으로 발전하였다. 각각 12개국의 소국으로 이루어졌으며, 모두 4~5만호 에 이르렀다. 삼한은 제정분리 사회로써 세력 크기에 따라 신지, 읍차 등으로 불린 정치적 지배자가 있었고, 천군이라고 불리는 제사장이 있었다. 천군은 신성 지역인 소도에서 농경과 종교에 대한 의례를 주관 하였다. 천군이 다스리는 소도는 정치적 지배자의 권력이 미치지 못하는 곳으로, 죄인이 도망해 들어와 숨더라도 잡아가지 못하였다. 경제적으로 삼한은 철기 문화에 기반을 둔 농경 사회로써, 이지역의 기후와 토양이 농사를 짓기에 적합하였다. 이에 따라 철제 농기구를 사용하였고, 벼농사가 매우 발달하였다. 풍습으로는 해마다 씨를 뿌리고 난 뒤인 5월의 수릿날과 추수가 끝나는 10월에는 제천 행사를 열었다. 한편, 변한 지역에서는 철이 많이 생산되어 화폐처럼 사용하였고, 낙랑과 일본에 수출하기도 하였다. 삼한은 한강 유역에서 백제국이 마한 지역을 통합 했고, 낙동강 유역의 변한 지역에서는 가락국이, 진한 지역에서는 사로국이 성장하여 고대 국가의 기틀을 다져 갔다.

< 핵심정리 >

성장: 고조선 유이민의 문화와 토착 문화(진)의 융합, 철기 문화발달 -마한, 변한, 진한 의 연맹체 등장.

정치: 주도세력: 마한의 소국인 목지국 -마한을 이루는 소국 중 여러 소국을 주도 하였다. 목지국의 지배자가 마한왕 또는 진왕으로 추대되어 삼한을 대표

제정분리 사회: 군장(신지. 읍차 등으로 불림)

(신지: 세력이 큰 것, 읍차: 세력이 작은 것)

천군 (제사 담당, 5월과 10월에 거행하는 제천 행사 주관)

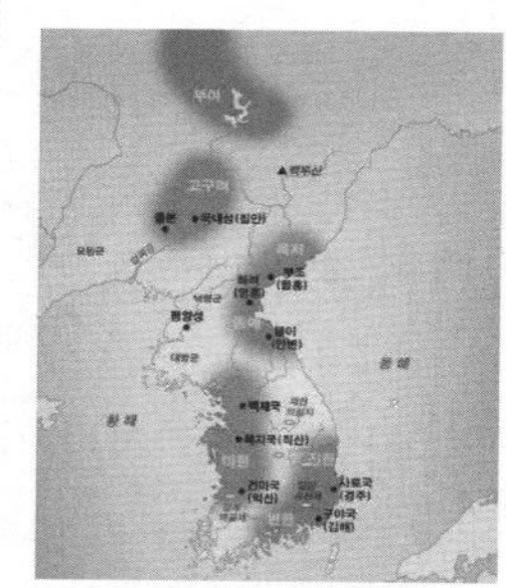

삼한지도

경제: 농업 발달: 철제 농기구 사용, 벼농사 발달, 저수지 축조(벽골제, 의림지)에 적합
철이 많이 생산(변한): 마한과 낙랑, 일본에 수출, 교역에서 화폐로 사용

사회: 일반사람들은 농업과 수공업 생산 담당, 초가지붕의 반움집 이나 귀틀집(큰 통나무를 정(井)자 모양으로 쌓아 올리고 그 틈을 흙으로 발라 지은 집)에 거주, 두레조직을 통해 공동작업 수행.

풍습: 5월과 10월에 제천 행사 개최

변천: 한강 유역에서 백제국 성장 (- 마한지역 통합) , 낙동강 유역의 구야국(-가야 연맹체로 성장), 사로국(-신라로 발전)

Tip

*소도(蘇塗)
소도는 성읍국가 이전 단계인 군장사회에서 천군이 임무를 수행한 장소이며, 신전과 같은 위엄을 가지면서 당시 사회의 중심지가 되었고, 제사장으로서의 천군은 통치자와는 별도로 농경의식과 종교 의례를 주관하였다. 이곳 은 군장의 세력이 미치지 못하여 죄인이 도망쳐 들어와도 잡아가지 못했다.

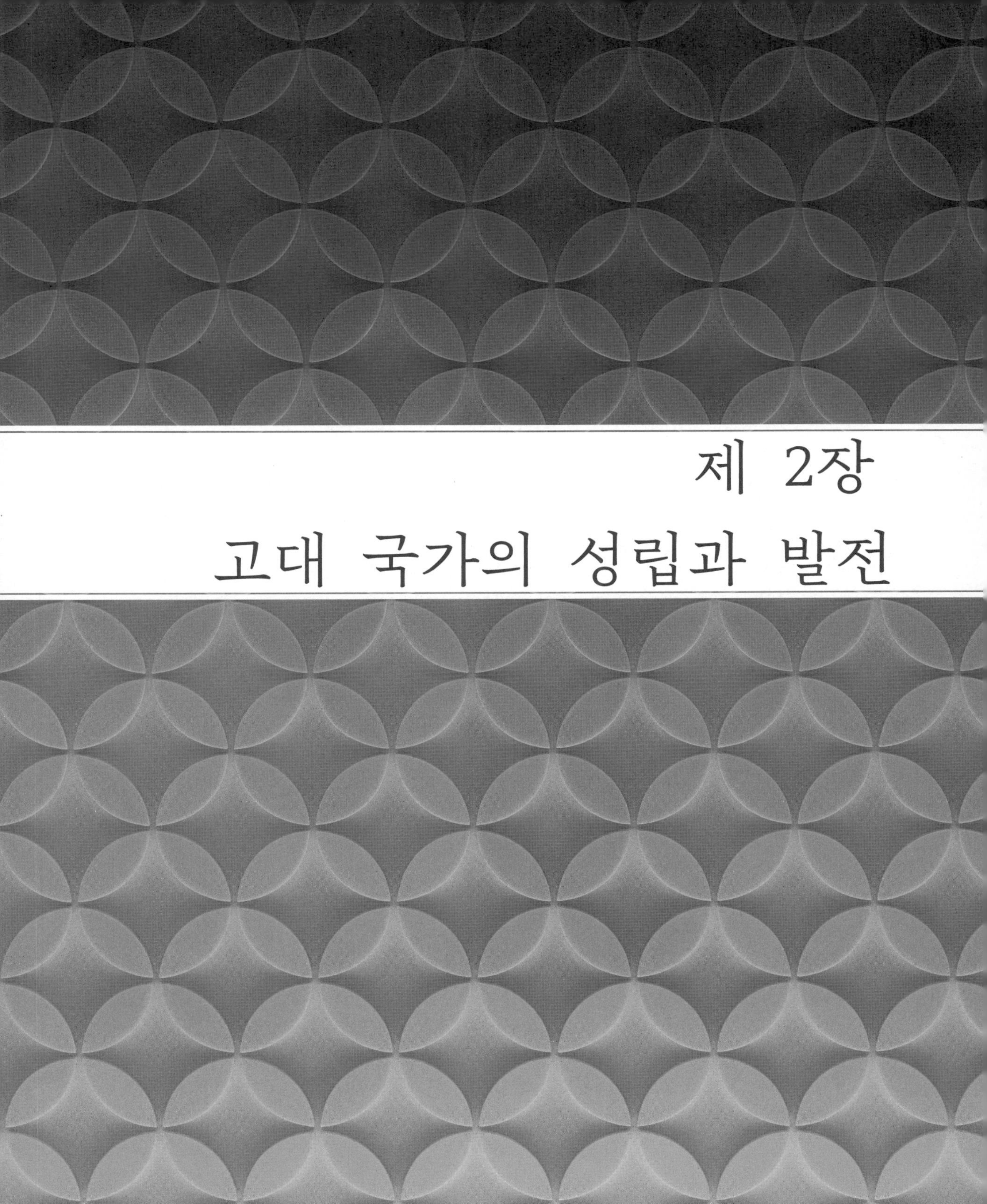

제 2장
고대 국가의 성립과 발전

14 ▌고구려

고구려는 압록강 유역에서 살고 있던 맥(貊)족이 세운 나라였다. 기원전37년에 부여계 유이민인 주몽 집단과 졸본 지역의 토착 집단이 합쳐 건국했다. 당시 압록강 유역에는 예맥으로 불리던 종족이 살고 있었다. 이들은 고조선의 영향을 받으며 성장하였으나, 기원전 3세기경부터는 새로이 보급되는 철기 문화를 흡수하면서 커다란 세력을 형성하게 되었다. 기원전 1세기 후반 경에 주몽을 대표로 하는 부여 계통의 이주민 집단이 압록강 유역에 정착하게 되자, 전체 예맥 사회의 주도권을 장악하였던 소노부와 대결 한다. 소노부의 우두머리는 송양왕 이라고 문헌 기록에 전하고 있다. 주몽 집단은 송양왕을 누르고 압록강 유역 전체 예맥 사회의 주도권을 장악하였는데, 이들을 계루부라고 한다. 계루부는 압록강 유역의 예맥 집단중 강대한 소노부, 순노부, 절노부, 관노부 등과 함께 고구려의 핵심인 5부족 연맹을 형성하고, 주변 세력을 차츰 흡수하면서 성장 하였다. 고구려왕은 계루 집단의 우두머리로서 점차 중앙정부의 통치를 강화하였으며, 밖으로 한나라의 세력 확대에 맞서면서 안으로는 통합을 추구하였다. 고구려는 중앙 집권화 정책으로 자치적인 집단의 우두머리들을 중앙으로 흡수하여, 상가. 대로. 패자 등의 관직 체계에 편입시켰다. 대외적으로는 외적에 대항하기 위해 상무적인 기풍을 발전시켰다. 1세기 후반 태조왕 때에는 영토 확장을 꾀하여 옥저를 정복하여 동해안으로 진출하였으며 요동으로까지 진출했다. 또 계루부등 5부 출신 귀족이 중앙 귀족으로 편입돼 지배층을 형성하는 체제를 성립하여 강력한 중앙집권 국가체제를 갖출 수 있었다. 이후 계루부 고씨가 왕위를 독점적으로 세습하여 왕권을 강화 하였다. 2세기 후반 고국천왕은 고대 국가의 기틀을 만들었다. 체제 개혁을 추진하여 부족적 성격의 5부를 행정적 성격의 5부로 개편 하였고, 형제 상속의 왕위 계승을 부자 상속으로 바꾸어 왕권을 강화하였다. 한편으로, 재상 을파소의 건의로 진대법을 실시하여 백성들의 빈민구제에 힘썼다. 3세기에 동천왕은 요동의 서안평을 선제 공격하였다. 그러나 위나라의 유주지사 관구검의 공격으로 수도 국내성이 함락되고 동천왕은 동해안으로 피란을 가야하는 위기를 맞이하였다. 4세기 초 중국에선 진(晉)이 무너지고 5호 16국 시대로 접어들었다. 이러한 중국의 혼란을 틈타 미천왕은 대외 팽창을 시도하였다. 이때에 낙랑과 대방을 공격하여 중국 세력을 몰아내고, 요동까지 진출하여 현도성과 서안평을 공격하였고, 대동강 유역을 확보하는 등 남쪽으로 진출할 수 있는 발판을 마련하였다. 4세기 중반 고국원왕 때는 선비족인 전연의 침략으로 수도 국내성이 함락되었으며, 백제 근초고왕의 공격으로 평양성이 함락 당하고 고국원왕이 전사하여 국가의 위기를 겪기도 하였다. 그 후 소수림왕 때 율령 반포, 전진의 순도를 통하여 불교의 수입, 태학을 설립하여 인재 양성에 힘을 기울이는 등 중앙 집권 국가체제를 더욱 공고히 하고, 고구려의 전성기인 5세기를 맞이하였다. 광개토대왕은 영토확장과 더불어, 신라의 요청으로 신라에 침입한 왜를 격퇴 시키면서 신라에 대한 영향력을 확대하였으며, 또 한편으로 독자적인 연호인 '영락'을 사용했다. 아들인 장수왕은 남진정책으로 수도를 평양으로 옮기고 백제를 공격하여 한성을 함락시켰다. 이 전쟁으로 백제의 개로왕이 전사했다. 그 결과 고구려는 북쪽의 만주를 대부분의 영토를 차지하고, 한반도 남쪽으로는 경기도, 충청북도 지역까지 세력을 뻗쳐, 최고의 전성기를 맞게 되었다.

<핵심정리>

태조왕(6대):	1세기 후반 옥저를 정복하여 동해안으로 진출, 요동 진출
고국천왕(9대):	2세기 후반 고대 국가 기틀 마련, 부자상속의 왕위계승 확립 진대법 실시, 부족적 성격의 5부를 행정적 성격의 5부로 성립(동. 서. 남. 북 중앙)
동천왕(11대):	오나라와 외교, 서안평 공격 실패 3세기 관구검이 이끄는 위나라 군대의 침입-한때 수도가 함락`
미천왕(15대):	4세기 전반 중국 5호 16국의 혼란한 틈을 이용, 서안평을 공격하여 영토를 확장 하였다. 낙랑군과 대방군 축출-한반도에서 중국 세력 축출하고 영토를 확장하였다.
고국원왕(16대):	4세기 중반 중국 전연(선비족)이 국내성을 침입하였다. 수도 국내성 함락 백제 근초고왕의 공격으로 평양성 함락, 고국원왕 전사, 국가 위기
소수림왕(17대):	율령을 반포하여 국가 체제를 정비하였다. 불교 수용 - 전진의 순도가 고구려에 불교를 전파 하였다. 태학을 설립하여 인재를 양성 하였다.

Tip

*고국천왕(故國川王)
고구려 제9대왕
(재위 179~197)
고구려가 고대 국가 단계로 발전하는데 그 기틀을 만든 왕이다. 정복지를 다스리기 위한 법(율령)을 만들고, 왕위를 아들에게 물려주는 세습제도를 시행하였으며, 5개 연맹 부족을 행정구역의 5부로 개편했다.

*소수림왕(小獸林王)
고구려 제17대왕
(재위 371~384)
소수림왕은 민심을 다잡기 위해 불교를 수용하고, 법체제를 안정시키기 위해 율령을 반포한다. 또 한편으로는 태학을 설립해 유학을 가르쳐 인재를 양성했다.

광개토대왕(19대): 4세기말~5세기 초 백제공격(한강이북 지역차지)
신라에 침입한 왜구 격퇴
후연을 공격 하여 격파 하였다, 동부여와 숙신 정복, 연호 사용(영락)

장수왕(20대): 5세기 남진 정책 추진 -평양 천도 (427), 한반도 중부 지역까지 확장.
중국 남북조와 동시교류로 등거리 외교와 균형적 외교를 통하여 국제적 위상 높힘.

문자(명)왕(21대): 부여 복속(494), 고구려 최대 영토 확보

*진대법(賑貸法)
을파소의 건의에 따라 매년 3월~7월에 관가의 곡식을 가구 수에 따라 차등을 두어 대여하고 10월에 갚도록 하는 제도로, 민생 안정과 왕권 강화를 목적으로 실시되었다. 이후 고려의 의창과 조선의 환곡으로 계승 되었다.

<더 알아보기>

광개토대왕릉비(廣開土大王碑)

광개토왕은 고구려 제19대 왕으로 18세 나이에 왕위에 올라 사방으로 영토를 확장하여 고구려의 전성시대를 열었던 인물로 그 아들 장수왕이 아버지인 광개토왕의 업적을 기리기 위해 414년에 세운 것으로 총 1천8백여 자의 비문이 새겨져 있다. 비문 글씨는 예서체로 쓰여져 있으며, 내용은 고구려가 가장 강대한 나라였음을 자랑하고 있다. 비문은 세 단락으로 되어 있다. 첫째 고구려 건국자 주몽의 신이한 출생과 건국과정과 왕토의 계승자인 광개토와의 치적을 칭송하였다. 두 번째로는 광개토왕이 영토를 크게 넓힌 내용을 연도별로 기록하고, 세 번째에는 광개토왕릉을 지키고 관리하는 묘지기에 대한 규정을 담고 있다.

아파트 3층 높이에 무게가 37톤에 달하는 비석에는 질박하고 근엄한 예서체로 큼직한 글씨로 "국강상광개토경평안호태왕" 이라고 새겨져 있다.

15 백제

백제는 마한의 여러 소국 가운데 하나로 시작 되었다. 백제도 부여. 고구려 계통의 유이민이 주도하여 세운 나라였다. 건국 설화에 그 과정이 나오는데 고구려 시조 주몽의 아들 유리가 부여에서 주몽을 찾아오자 비류와 온조 형제는 그를 피해 무리를 이끌고 남쪽으로 내려왔다. 이들은 각자 오늘날의 인천인 미추홀과 서울에 자리한 위례에 정착하였다. 이후 미추홀에 정착한 비류세력은 곧 온조에 합류 하였다. "삼국사기"의 기록에 의하면 고구려를 건국한 주몽의 아들 온조가 하남 위례성에 백제를 건국하였다(기원전 18). 이는 백제의 건국세력이 고구려계 유이민을 의미하는 것으로, 백제 초기의 무덤 양식을 통해서도 알 수 있다. 백제는 선진적인 철기 문화를 바탕으로 마한 전 지역으로 세력을 넓혀갔다. 점차 주변 여러세력들을 통합해 나가며 마한의 중심인 목지국을 정복하였다. 이 과정에서 백제국은 중심적인 위치에 올랐고, 3세기 중반에는 백제국이 주동하여 중국 군현인 낙랑군과 대방군을 공격하였다. 고이왕은 율령을 반포하고 6좌평과 16관등제를 마련했으며 관리의 복색을 제정하여 위계 확립 질서를 확립했다. 백제는 4세기에 이르러 대외적 팽창을 이룩하였다. 우선 4세기 초에는 서기전 2세기 후반부터 한반도에 자리잡고 토착 세력들의 정치적 성장을 방해하던 중국 군현이 고구려와 백제에 의해 한반도에서 쫒겨났다. 이 때문에 이 지역을 놓고 고구려와 백제가 경쟁을 벌이게 되었다. 백제는 4세기 중반에 최고의 전성기를 구가하였다. 근초고왕 때에는 왕위 부자상속을 확립하여 왕권을 강화하였고, 마한의 잔여세력을 정복하여 남해안으로 진출했다. 또한 고구려 평양성을 공격하여 고국원왕을 전사케 하고 황해도 지역을 차지하였다. 남으로는 그때까지 백제에 복속하지 않고 있던 마한 세력들을 통합하였다. 이제 백제는 황해도에서 부터 전남 해안 지역에 이르는 한반도의 서남부 지역을 영토로 삼을 만큼 강대한 중앙집권 국가로 성장하였다. 이러한 힘을 기반으로 중국과 활발히 교류하였고, 일본 열도의 세력과도 밀접한 관계를 맺었다. 5세기에는 고구려 장수왕의 남진정책으로 신라와 동맹을 맺어 대항하였다. 개로왕은 고구려의 장수왕과 전쟁을 치루면서 죽음을 당했으며, 문주왕은 수도를 웅진으로 천도하였다. 동성왕 때에는 신라 왕실과 결혼 동맹을 맺어 국력을 회복하기 위해 노력했다. 무령왕 때에는 국력을 회복하여 백제 중흥의 기틀을 마련하고, 중국 남조의 양나라와 교류하였다. 행정구역도 개편하여 중국의 군현제와 유사한 22담로를 특별행정구역으로 지방에 설치하고, 이곳에 국왕의 자제와 왕족을 파견하여 지방에 대한 통제를 강화하였다. 무령왕의 아들인 성왕은 수도를 사비로 천도하고 국호를 남부여라 고치고 백제의 중흥을 꾀하였다. 반면 신라와 연합하여 한강유역을 확보한 백제는 신라의 배신으로 한강 하류 지역을 신라에 빼앗기고 만다. 이에 성왕은 신라와 전쟁을 벌이게 되는데 성왕은 관산성 전투에서 전사하였다(554). 이로써 신라와 백제의 동맹은 결렬되고 백제의 중흥은 고난한 길로 접어들게 되었다.

<핵심정리>

고구려 계통의 유이민 세력(비류, 온조)과 토착 세력이 결합하여 백제 건국 (기원전18년)

고이왕(8대): 3세기중엽 중앙집권토대 마련, 율령반포, 좌평과 16관등제 마련, 관리의 공복제정
영토 확장: 목지국 병합 -한강 유역획득

근초고왕(13대): 4세기 왕위의 부자 상속 확립하고- 왕권강화
마한의 남은 세력 통합 정복하였다.
고구려 평양성을 공격하여 고국원왕을 전사시켰다.
고흥으로 하여금 서기를 편찬케 하였다.

침류왕(15대): 중국 동진으로부터 불교 수용(384)

비유왕(20대): 나, 제 동맹 체결(433)

개로왕(21대): 고구려 견제하고자 북위에 국서를 보내 도움요청 했으나 실패 -장수왕의 공격으로 한성함락, 전사함

문주왕(22대): 수도를 웅진(공주) 천도(475) - 대외팽창 위축

동성왕(24대): 신라 왕실(소지마립간)과 혼인동맹을 맺고 나.제 동맹을 강화함

무령왕(25대): 6세기 초 중국 남조의 양과 활발히 교류, 지방에 22담로를 두고 왕족파견(지방통제 강화)

성왕(26대) : 사비(부여) 천도 (538) 국호를 '남부여'로 변경 중흥을 꾀함.
수도 5부.지방 5방으로 정비, 중앙 관청을 22부로 확대.
신라 진흥왕과 연합하여 한강 유역 회복(551)
신라의 배신으로 한강 유역 상실(553) 관산성 전투에서 전사(554)

Tip

*근초고왕(近肖古王)
(? - 375)
백제는 국가의 기틀을 마련한 고이왕에 이어 4세기에 전성기를 맞이하게 되는데 벡제의 제 13대 왕인 근초고왕 때였다. 근초고왕은 중국의 요서와 일본의 규슈까지 진출하였으며, 마한 까지 정복한다. 근초고왕은 고구려를 공격하여 고국원왕을 전사 시키는 등 고대 고구려, 신라 삼국 중 가장 먼저 전성기를 맞이하였다.

*성왕(聖王)
(재위 523~554)
장수왕의 남진 정책으로 쫓겨 웅진(공주)로 천도한 백제는 성왕 때 수도를 사비(부여)로 옮기고 국호도 남부여로 바꾸고 국내적으로 경제 발전을 도모하고, 겸익을 등용하여 불교를 진흥하며 백제 부흥을 위해 힘을 기울였다. 중국 남조의 양나라와 왜와 교류를 증진하였고, 왜에게는 노리사치계를 통해 불교를 전해 주었다.

16 신라

신라는 진한 12개 소국 가운데 하나인 사로국에서 시작되었다. 박. 석. 김 세성씨의 시조설화에서 보듯이 신라는 여러 세력 집단이 연합하여 나라를 이루었다. 원래 진한과 변한은 문화적으로 동일한 발전 과정을 거쳐서 발전하였다. 사로국은 서기전 1세기경 경주 지역에 박혁거세가 고조선의 이주민들이 정착한 선주민들을 통합하고 세운 나라이다. "삼국사기에 의하면 박혁거세가 신라를 건국하였다(기원전57). 사로국은 처음에는 작은 나라에 불과하였지만, 발달된 철기 문화를 기반으로 주변 세력을 통합해 나갔다. 다른 한편으로 중국의 군현 세력과 교역하면서 점차 국력을 확대시켜 나갔다. 마침내 1~2세기경에는 경상북도 지역에서 가장 강한 나라로 등장하였다. 사로국의 초기 단계에는 정치력의 발달이 미약하여서, 왕은 정치적인 측면 보다 종교적인 측면, 혹은 단순한 연장자를 뜻하는 거서간. 차차웅. 이사금 등으로 불렸다. 4세기 가서야 큰 우두머리란 뜻을 가진 마립간이란 칭호가 사용되었다. 현재 경주 시내에서 볼 수 있는 커다란 무덤들은 마립간들과 그 가족들이 묻힌 무덤이다. 4세기 후반 내물왕은 집권체제를 정비하고 왕위 계승도 부자 상속으로 바뀌었다. 중국과 교류를 시작하고 남쪽에 왜가 쳐들어오자 고구려 광개토왕에게 도움을 요청하여 물리쳤다. 이로 인해 신라는 고구려의 간섭을 받았다. 마립간 시기의 신라는 당시 동아시아의 패권을 장악한 강대한 고구려의 내정 간섭을 배제하면서 자주적인 발전을 추구하였다. 6세기 초 지증왕은 나라 이름을 신라로 정하고, 왕이라는 칭호도 사용 했다 법흥왕 때에는 불교가 공인 되었고 병부 설치및 율령반포와 공복을 제정하였고, 골품제를 정비하였다. 이후 신라는 왕위의 부자 세습, 관직 개편, 지방 제도의 정비, 농업 생산력의 발달 등 내부적으로 국력의 확충을 꾀하였다. 6세기경 진흥왕 시기에는 에는 고구려와 백제를 거듭 쳐부수고 한반도의 새로운 강자로 등장하였다.

<핵심정리>

진한의 여러 소국 중 사로국에서 박혁거세가 건국(기원전 57)
경주 토착민 집단 (6촌) 과 유이민 집단 (박, 석, 김씨) 의 결합
박, 석, 김씨가 돌아가며 왕위 차지(연맹 왕국단계) - '이사금' 왕호 사용

내물마립간(17대): 4세기, 낙동강 동쪽의 진한지역 차지, 김씨가 왕위 독점 세습
왕호를 이사금에서 '마립간' 으로 사용
고구려 광개토 대왕 의 도움으로 신라에 침입한 왜구 격퇴 .(호우명그릇)

눌지마립간(19대): 나, 제 동맹 체결 (433) -백제 비유왕
고구려 묵호자 불교 전래, 왕위 부자 상속제가 확립

소지마립간(21대): 우역제 실시 -지방 통제 강화, 시장 개설(490)
백제의 동성왕과 결혼 동맹 체결(493)

지증왕(22대): 6세기 초 나라 이름을 '신라' 로 정함, '마립간' 대신 '왕'이라는 칭호 사용
지방제도를 비롯한 여러 제도 정비, 우산국 정복(512), 우경 시작, 소를 농사짓는 데 이용 (농업 생산력 향상), 순장금지(노동력 확보), 동시전 설치

법흥왕(23대): 병부설치, 상대등설치, 율령 반포, 백관의 공복제정, 골품제 정비, 불교공인- 이차돈의 순교, 연호사용(건원) , 금관가야 병합 (532)

진흥왕(24대): 6세기 중반 화랑도를 국가적인 조직으로 정비 (인재양성), 한강 상류 유역 확보 - 단양 신라 적성비, 한강 하류 지역 장악- 북한산비, (당항성을 통해 중국과 직접 교류),
고령의 대가야 병합(562) -낙동강 유역 장악 (창령비), 북쪽으로 동해안을 따라 함흥평야까지 진출 -황초령비, 마운령비, 거칠부에게 명하여 <국사> 편찬, 불교 - 황룡사 건축

< 더 알아보기 >

당항성-화성 당성(華城, 唐城)

고구려, 백제, 신라의 각축 속에서 한강 유역과 더불어 가장 중요하게 여긴 곳이 당항성이다. 원래 백제의 영역에 속했던 지역이었다. 한반도의 정치적. 군사적 중심지이자, 황해를 건너 중국과 교통하는 출입구의 역할을 하는 당항성의 중요성은 삼국이 모두 차지하고자 하였다. 본래 백제의 영토였던 당항성은 한때 고구려가 점령하여 당성군으로 불리었다. 당항성은 5세기에 고구려에 의해 점령 되었다가 백제의 성왕 때 다시 찾았으며, 이후 6세기 진흥왕 때 신라 영토로 되었다. 이 후 고구려와 백제는 당항성을 빼앗기 위해 지속적으로 공격을 하였다. 당항성은 오늘날 경기도 화성시에 있는 당성으로 추측 되고 있다.

Tip

*내물왕(奈勿麻立干)
중앙 집권체제의 기틀을 마련한 신라의 제17대왕으로 재임 시 신라에 왜가 쳐들어오자 고구려의 광개토태왕에게 도움을 요청하여 일본을 몰아내었다. 이후 고구려의 영향아래 놓여지게 되었다. 고구려는 내물왕의 구원요청에 따라 가야도 격퇴하였다. 신라 호우총에서 출토된 그릇 바닥에 광개토태왕의 이름이 있어 5세기 고구려의 영향력 아래에 놓여 있는 신라의 상황을 알 수 있다.

17 ▌ 가야 연맹

가야 연맹은 낙동강 하류의 변한 지역에서 성장한 소국들이 철기 문화와 농업 생산력을 토대로 성장하였다. 건국 설화에 의하면 하늘에서 내려온 금합에 여섯 개의 알이 들어 있었는데, 가장 먼저 알에서 나온 수로가 금관가야를 세웠다고 한다. 김해 지역의 금관가야가 중심이 되어 연맹 왕국으로 발전하였다. 이를 전기 가야연맹 이라고 한다. 금관가야는 비옥한 평야 지대여서 벼농사가 발달했다. 또한 우수한 철기문화를 토대로 풍부하게 생산되는 철을 낙랑과 왜에 수출하고 해상 교통의 지리적 이점을 활용해 철을 이용한 중계 무역 으로 번성했다. 금관가야는 수준 높은 철기 문화를 발전시켰다. 가야 유적에서 발굴되는 철제 갑옷이나 기마 문화의 유물들이 발굴 되는데 발굴 되는 유물은 금관가야의 수준 높은 철기 문화상을 잘 보여 주고 있다. 가야는 여러 소국으로 나뉘어 있으면서 연맹을 이루기는 하였으나 백제와 신라의 틈바구니에 끼여 강력한 권력과 무력을 갖춘 하나의 나라로 통합을 이루지 못하였다. 가야는 낙랑과 대방 등이 313년 고구려의 미천왕에게 멸망하자 중계 무역에 큰 타격을 입었다. 서기 400년에 고구려의 광개토왕이 군사 5만을 보내 신라를 지원하였고, 가야는 이 전쟁에서 크게 패하여 전기 가야 연맹은 쇠퇴하여 신라 법흥왕에 의해 해체되고 말았다(532). 5세기 후반 이후 고구려의 남하 정책이 강화되어 백제와 가야를 위협하자 고령지역의 소국이 대가야라는 이름으로 옛 가야 소국들을 규합, 중심이 되어 후기 가야 연맹을 형성하였다. 대가야는 백제, 신라와 대등하게 대결하기 위해 신라와 결혼 동맹(522)을 하는 등 발전을 도모하였다. 또한 중국 및 왜와 교류하였고, 신라의 공격으로 백제와 동맹을 맺기도 하였다. 그러나 6세기에 이르러 백제와 신라가 강해지면서 이들의 공격과 압력을 받아 가야의 여러 소국들이 하나씩 멸망하여 세력이 줄어들었다. 결국 대가야는 중앙 집권적인 고대국가로 성장하지 못한 채 결국 신라 진흥왕에게 멸망되었다(562).

Tip

<핵심정리>

가야 연맹의 성립:	낙동강 하류지역에서 가야 연맹등장, 농업과 철기 문화를 바탕으로 성장 금관가야(김해) - 건국과 관련하여 김수로왕의 건국신화가 삼국유사에 전해진다.
성 장:	비옥한 평야 지대여서 벼농사 발달, 질 좋은 철 생산(철제 무기와 철제 농기구 제작), 해상 교역으로 성장-전기 가야 연맹 주도

쇠 퇴:	일부 소국들의 반란, 광개토 대왕이 보낸 고구려군이 신라를 구원한 후 김해지역 까지 정복-금관가야의 세력 위축
대가야(고령):	후기 가야 연맹 주도, 백제와 신라의 동맹에 참여하여 국제적 고립에서 탈피 시도. 신라와 백제의 다툼 속에서 후기 가야 연맹 분열.
가야 연맹의 멸망:	가야연맹은 각 소국들이 독자적 정치 기반을 유지하였으나 중앙 집권 국가로 발전하지 못하고 백제와 신라의 압력과 공격으로 쇠퇴를 맞이하고 금관가야는 신라 법흥왕에게 멸망(532)당하고 일부 왕족이 신라의 진골로 편입되었다. 대가야는 신라 진흥왕 에 의해 멸망(562) 했다.

Tip

*임나일본부설
(任那日本府設)

가야에 대한 역사적 사료가 얼마 안 되는 상황에서 자료조차 설화형태로 남아 있거나 일본서기 와 같은 역사책에 심하게 왜곡된 모습으로 기술 되고 있다. 일본은 왜곡된 기록을 바탕으로 가야사를 용의주도 하게 연구하였다. 그 결과 고대 일본이 가야지역에 임나일본부를 두어 식민지로 지배했다는 '남조선 경영론'을 주장했다. 그러나 당시 일본은 일본이라고 부를만한 실체가 없던 상태였다. 일본에 통일된 정권이 형성된 것은 6세기 말에서 7세기 초 무렵이었다. 임나일본부는 가야가 왜와 교역하고, 외교 교섭을 하려고 설치한 기구였다. 일본의 한 지역 정권이었던 왜에서는 가야에 사신을 보내 가야의 선진 문물을 받아 갔던 것이다. 일본의 역사 왜곡은 집요하다.

18 삼국의 통치 제도

초기삼국이 고대국가로서 통치 체제를 갖추기 전에는 국가권력이 소국이나 읍락의 주민들에게까지 직접 미치지 못했다. 그 후 점차적으로 독자적 세력기반을 가지고 있던 소국이나 읍락의 지배자들은 삼국이 국가체제를 확립해 가면서 지배 귀족으로 편입되었다.

삼국은 중반기에 소국과읍락들을 지방통치 조직으로 편성하고 그 백성들은 모두 공민으로 편제하였다. 삼국은 확대된 영역을 지배하고 백성에 대한 통제와 수취를 강화하기 위해 통치조직을 정비하고 관리의 수를 늘렸다. 삼국의 중앙 정치는 귀족 중심의 정치였다. 고구려는 왕족인 고씨와 5부 출신의 귀족이 왕과 연합하여 정치를 주도하였고, 제가회의 에서는 귀족들이 모여 나라의 중요한 일을 결정 하였다. 또한 고구려는 일찍부터 왕 밑에 상가 등 10관등을 두었다. 지방의 지배세력들은 소형, 제형 등 형(兄)류의 관등을, 수취를 담당하는 관리들은 사자(使者)류의 관등을 받았다. 지방의 여러 성에 등급에 따라 처려근지, 도사 등을 파견하였다. 행정구역으로 수도에 5부, 지방에 5부를 두었다. 백제는 왕족인 부여씨 와 몇 개의 귀족 가문이 왕과 연합하여 정치를 주도하였다. 정사암은 귀족들이 모여 재상을 선출하고 나라의 중요한 일을 논의하고 처리하였다. 백제는 마한 소국들을 정복하면서 발전하여 6좌평과 16관등의 중앙통치조직을 갖추었다. 지방 통치는 전국을 5방으로 나누어 방령이라는 지방관을 파견하고 각 방령마다 군사를 거느리게 하였다. 백제의 신분제도는 관등체계는 크게 3등급으로 나뉘는데 제1관등 솔류, 제2관등 덕류, 제3관 등은 무관계열이었다. 각 관등에 따라 옷의 색깔이 자색, 비색, 청색으로 구분되었다. 신라는 상대등 이하 17등급의 관리가 나라의 일을 담당하였고, 관등제를 골품제와 결합하여 운영하였다. 신라에는 골품제라는 독특한 신분제도를 가지고 있었다. 골품제는 골(骨)과 품(品)에 따라 신분을 나누었는데, 이벌찬 등 17등급의 관등이 있다. 관등을 가진 관료들은 중앙과 지방의 각 행정 기관에 나아가, 국가를 통치하는데 중추적 역할을 담당하였다. 신라의 경우 수도는 6부로 지방은 5주로 하였다. 화백 회는 상대등이 주관하였고, 귀족들이 모여 국가의 중요한 일을 논의하였으며, 만장일치제로 결정을 하였다.

<핵심정리>

고구려: 왕족인 고씨와 5부 출신의 귀족이 왕과 연합하여 정치주도
제가회의: 귀족들이 모여 나라의 중요한 일 결정
대대로(수상) 를 비롯한 10여 등급의 관리가 중앙정치를 나누어 담당
지방 장관으로 욕살, 처려근지 등을 두었다.

Tip

백 제:	왕족인 부여씨와 몇 개의 귀족 가문이 왕과 연합하여 정치 주도 정사암 회의: 귀족 회의체 운영으로서 재상을 선출하고 나라 일을 논의 처리하였다. 내신좌평은 정사암 수장 역할을 겸했다. 상좌평으로 불렸다. 상좌평(최고 책임자) 및 16등급의 관리가 나랏일 담당
신 라:	상대등 이하 17등급의 관리가 나랏일 담당. 관등제를 골품제와 결합하여 운영, 골품에 따라 관등 승진의 제한을 두었다. 진골은 대아찬 이상의 고위 관등을 차지하여 국정을 주도하였다. 화백 회의: 상대등이 주관, 귀족들이 모여 국가의 중요한 일등 논의 만장일치로 결정
삼국의 행정구역:	고구려 (수도-5부, 지방-5부) , 백제(수도 -5부, 지방 5방) 신라(수도-6부, 지방 5주) 특징은 각 행정단위에 지방관 파견, 촌은 토착세력인 촌주가 관리

<더 알아보기>

신라 골품제(骨品制)

신라시대의 신분제도인 골품제도는 개인혈통의높고낮음에따라 정치적인 출세, 혼인, 집크기의 규모, 의복의 색깔, 등 사회생활 전반에 걸쳐 여러 가지 특권과 제약이 있었다. 관직에 있어서 진골은 1관등인 이벌찬까지 승진할 있었으며, 6두품은 6관등 아찬, 5두품은 10관등 대나마, 4두품은 대사까지 밖에 승진하지 못하였다. 신라는 이에 대한 불만을 완화 하기 위하여 중위제를 실시하여 지속적으로 승진의 기회를 보장하였다. 이에 따라 6두품은 4중 아찬까지, 5두품은 9중 대나마, 7중 나마까지 오를 수 있었다.

제 3장
고구려의 대외항쟁

19 ▍ 6세기 말~7세기경 동북아시아의 정세

7세기에 한반도는 중국의 남북조시대가 끝나고 수가 등장하면서 급변하기 시작하였다. 수의 통일로 압박을 가장 크게 받은 고구려는 이에 대항하기 위해 돌궐, 백제, 왜와 연합하여 남북 세력을 형성 하였다. 수가 멸망한 후에 등장한 당과 신라가 연합하여 동서 세력을 결성하면서 7세기경 동북아시아의 정세는 동서 세력과 남북 세력의 대결 구도로 이루어졌다.

<핵심정리>

남북 세력: 고구려가 수. 당에 대항하기위해 돌궐과 연합하고, 백제와 손잡고 신라 견제
돌궐 - 고구려 - 백제 - 왜 와의 지형도를 나타내고 있다

동서 세력: 신라가 백제와 고구려 협공으로 이를 방어하기 위해 수와 당에 도움 요청
신라 -당나라 -수나라

20 삼국의 각축

삼국은 4세기 전반까지만해도 국경을 맞대고 영토를 쟁탈하는 단계에 이르지 못하였다. 오히려 각 나라의 주변에 있는 정치집단을 자기 국가 안으로 통합하는데 온 힘을 기울였다. 그러다가 4세기 후반에 세 나라는 국경을 맞닿을만큼 성장하게 되어 점차 충돌을 피할 수 없게 되었다 삼국의 지배층은 더 많은 부를 얻고, 자기들의 권력과 영토, 주민들을 지키기 위해서는 주변의 위협적인 국가를 쳐부수고 상대편의 영토와 주민을 빼앗아야 했다. 특히 농업 기술이 발달하여 토지의 생산력이 높아짐에 따라 영토를 확장하는데 국력을 기울였다. 4세기 후반에는 고구려와 백제 사이에 전쟁이 일어났다. 백제는 고구려를 물리치고 한강 이북의 지역을 차지하였으며, 해상무역의 경험을 통해 중국 요서 지방의 일부에 자신들의 해상무역 기지를 건설하기도 하였다. 그러나 체제를 다시 정비한 고구려는 광개토대왕 때 백제를 크게 이겨 한강 이북의 지역을 빼앗았다. 고구려는 백제뿐 아니라 숙신이나 거란, 동부여 등도 항복시켜 동아시아의 강자로 등장하였다. 이 때 백제는 일본, 가야등과 더불어 고구려에 대항하였으며, 일본과 가야세력에 시달리고 있던 신라는 고구려의 보호를 받고 있었다. 5세기에 들어와서도 고구려는 백제의 수도인 한성(서울)을 점령하고, 오늘날의 경기도와 충청북도 및 경상북도의 일부까지 점령하였다. 적대관계에 놓여있던 백제와 신라는 고구려의 남하 정책에 맞서 동맹을 맺어 대항하게 되었다. 6세기 전반까지 삼국의 영토 관계는 큰 변함없이 유지되었다. 6세기 중반에 들어오면서 삼국 관계에 변화가 생겼다. 사비성(부여)으로 수도를 옮긴 백제는 국력을 회복하고, 낙동강 동쪽에서 끊임없이 성장하던 신라도 두드러진 발전을 이룩하였다. 이에 따라 신라는 우선 가야 지방을 점령하는 데 주력하는 한편, 고구려 남부의 영토를 공략하였다. 당시 고구려는 투쟁적인 유목 민족인 돌궐의 침략을 막는 데 국력을 기울이고 있었다. 이 틈에 신라와 백제의 연합군은 고구려로부터 한강 유역을 빼앗았다. 신라는 한강 유역에 대한 연고권이 없어 평화적인 방법으로는 이 지역을 차지할 수 없게 되자, 백제군을 공격하여 한강 유역을 점령하였다. 이로써 신라는 중국과의 원활한 해상교통로를 확보할 수 있게 되었다. 신라가 한강 유역을 점령한 후, 백제는 고구려와 동맹을 맺고 신라와 치열한 싸움을 계속하였다. 6세기 후반에서 7세기 후반의 삼국통일 까지는 신라와 백제, 고구려 사이에 끊임없이 전쟁이 일어났다. 고구려는 돌궐, 수, 당과의 대결에 급급하여 신라와의 전쟁에 전력을 기울이지는 않았다. 그러나 백제는 평야 지대의 높은 생산력에 힘입어 막강한 군사력을 다시 갖추게 되자, 신라를 맹렬히 공격하여 신라의 변경을 점령해 들어갔다. 이에 대하여 신라는 수와 당의 군사력을 이용하여 백제와 고구려의 위협을 극복하는 방법을 찾고자, 중국과 적극적인 우호 관계를 맺게 되었다.

<핵심정리>

Tip

삼국의 발전: 고구려 - 소수림왕. 광개토 대왕. 장수왕 (전성기 5세기)
백제 - 고이왕. 근초고왕 (전성기 4세기)
신라 - 내물왕. 법흥왕. 진흥왕 (전성기 6세기)

21 고구려와 수·당의 전쟁

6세기 말 중국에서는 수나라가 등장하여 남북조를 멸망시키고 300여 년 만에 중국을 다시 통일하였다(589). 이 때 신라 진평왕이 수나라와 외교 관계를 체결하자 수나라와 고구려는 서로 대립하게 되었다. 수나라는 자국 중심의 동아시아 질서 수립을 정립해 나가면서 고구려를 견제하고 수나라에 복속시키려고 하였다. 그러나 고구려는 독자적 세력권을 유지하려 하였다. 수나라는 고구려 지배하의 말갈과 거란의 이탈을 조장하고, 돌궐과 연결을 차단하였다. 고구려는 수나라 중심의 복속관계를 거부하고 돌궐 등 유목민 국가와 연결하여 다원적인 국제질서를 유지하고자 하였다. 그러나 수나라가 이것을 받아들이지 않자 정면 대결을 피할 수 없게 되었다. 고구려의 영양왕은 선제공격에 나서 말갈 군사를 거느리고 요서를 공략하였다(598). 수나라도 대군을 동원하여 공격해 왔으나 홍수와 질병까지 겹쳐 전쟁은 중단되었다. 이후 소강상태가 지속되다가 612년 수나라가 다시 침략해 왔다. 수의 2대 황제 양제는 113만 대군을 이끌고 수륙 양면으로 쳐들어왔다. 고구려는 치밀하게 수의 침략을 물리칠 준비를 하였다. 서쪽 국경인 요하의 방어진지를 더욱 튼튼히 하고 요동성을 비롯한 여러 성의 방어도 더욱 강화하였다. 산악 지대에 숨어있다가 침략군이 깊숙이 쳐들어오면 적당한 때에 나가 싸워서 물리치기도하였다. 요하를 넘어 밀려오는 수군에 맞서 고구려 군과 백성들은 요동성, 건안성 등 성안으로 들어가서 굳게 방어하였다. 한편 수군은 해군과 함께 우중문, 우문술이 이끄는 별동대 30만을 고구려 안으로 들여보내 도읍인 평양성을 공격하려고 하였다. 수군은 고구려 평양성 부근에 이르렀다. 그러나 지칠 대로 지친 수군은 전의를 상실하고 있었다. 을지문덕은 "신통한 계책은 천문을 헤아리며, 묘한 꾀는 지리를 꿰뚫는구나 싸움마다 이겨 공이 이미 높았으니 족한 줄 알고 그만둠이 어떠하리"라는 시를 지어 보냈다. 수의 군대는 고구려의 을지문덕에게 살수에서 대패하였다(살수대첩,612). 이때 살아서 돌아간 자는 별동대 30만 가운데 2700명에 지나지 않았다. 수나라는 4차례의 대규모 공격을 감행하였으나 결국 실패하였다. 수나라는 침략 전쟁으로 인한 국력 소모, 강남에서 화북까지의 무리한 대운하 건설로 인해 멸망했다. 중국을 다시 통일한 나라는 이연에 의해 건국한 당(唐)이었다. 당 태종 이후 팽창정책을 계속하자 고구려는 천리장성(비사성~부여성)을 축조하였다. 천리장성은 북쪽의 부여성으로부터 남쪽의 발해만까지 이르는 서부국경의 성벽으로 당의 침략을 막기 위한 것이었다. 또한 연개소문은 대막리지가 되어 정치. 군사권을 장악했다. 그는 당에 대한 강경책을 지속하였다. 연개소문은 신라의 김춘추가 제안한 화평을 거부하고, 신라와의 관계를 개선하라는 당나라의 압력도 거부하였다. 또 말갈과 같은 고구려에 복속한 종족들의 이탈을 방지하고 당의 침략에 대한 대비를 강화하였으며, 신라와 당에 강경하게 대응하였다. 보장왕 4년(645)

이세적을 선봉으로 하는 당의 육군은 개모성을, 정명진이 이끄는 수군은 비사성을 각각 침략하였다. 고구려의 사정을 정탐하고 치밀하게 침략을 준비한 당은 연개소문의 정변을 빌미로 침입하였다. 요하를 건너 고구려의 여러 성을 공략하였으나 실패하였다. 당은 전군을 집결시켜 개모성, 요동성, 백암성 등을 차례로 함락하였다. 그 후 안시성을 포위하여 공격하였으나 양만춘의 항전으로 퇴각하였다. 당은 보장왕 6년(647), 7년(648)에 다시 침입하였으나 고구려군의 저항으로 모두 실패하였다. 직접 침공에 실패한 당은 나.당 연합을 재기를 모색하였다. 고구려는 동아시아의 패권을 차지하려던 중국 세력을 저지하고 독자적인 국가의 지위를 유지하였다.

<핵심정리>

Tip

고구려와 수나라 전쟁

배경:	수가 중국의 남북조 시대 통일(589) -고구려에 복속 요구
수의 1차 침입:	수나라의 침략에 대비하여 고구려의 영양왕이 먼저 요서 지방 공격 수 문제의 30만 대군 침입(598) -홍수와 전염병 등으로 피해를 보아 실패 - 고구려 승리
수의 2차 침입:	수 양제의 침략 113만 대군 -요동성 공격 실패-우중문이 별동대 30만을 이끌고 평양성 공격 을지문덕, 살수에서 수나라의 군대 격퇴(612) -살수대첩
결과:	무리한 전쟁으로 수나라의 국력 약화와 전국 각지에서 반란이 일어나 수나라 멸망(618)

고구려와 당나라 전쟁

배경:	당 태종의 즉위 후 관계악화, 정복야욕, 연개소문이 정변을 일으켜 정권장악(강경한 대외정책 추진) 당나라의 침략에 대비해 천리장성 축조

당 태종의 침입: 연개소문의 정변을 구실로 고구려 침입
-요동성, 백암성 함락-평양성 으로 진격
-고구려군, 안시성에서 60여일 넘게 저항(645, 안시성 전투) 고구려 승리
-당군퇴각-이후에 계속된 당의 침입을 고구려군이 모두 격퇴

Tip

제 4장
신라의 삼국통일

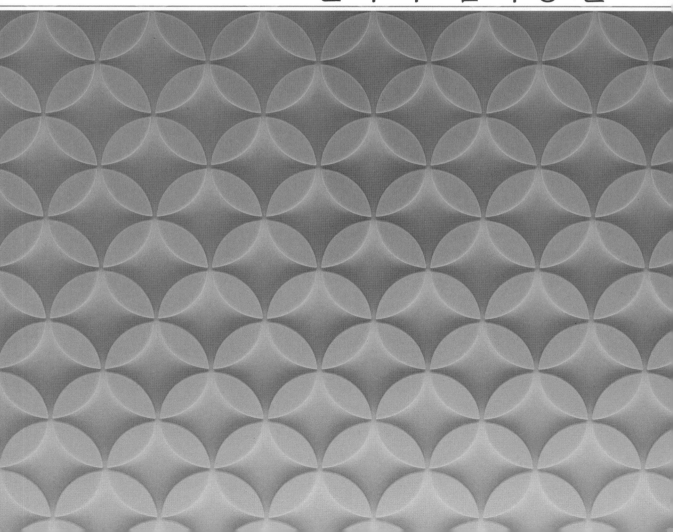

22 ▌ 나·당 연합의 결성과 백제, 고구려의 멸망

백제와 고구려의 멸망은 내적으로는 장기간의 전쟁에 의해 경제, 사회적 문제점이 쌓이고, 지배층이 이 문제점을 제대로 해결하지 못한 데서 비롯되었다. 그러나 수. 당의 침략과 신라와의 대립 등 국제간의 문제해결에 실패한 것도 큰 원인이 되었다. 중국의 지배층은 전통적으로 중국 중심의 세계관으로 주변국가들을 지배하려 하였다. 중국을 통일한 수와 당도 이러한 생각에서 주의의 나라들을 굴복시키려 하였다. 그러나 동아시아의 강자로 수백 년을 지내온 고구려가 그들의 요구에 응하지 않자, 양 세력은 충돌하지 않을 수 없었다. 수나라의 문제와 양제, 당나라 태종의 대대적인 공격이 있었으나, 고구려는 거듭된 침입을 막아 내는데 성공하였다. 고구려와 백제로부터 위협을 받던 신라는 수와 당에 고구려를 치기 위해서는 수나라 와 당나라와 연결할 필요가 있었으므로, 양측은 쉽게 연합할 수 있었다. 신라와 당은 국력이 더 강한 고구려를 치기 전에 백제를 먼저 침략하였다. 신라의 입장에서는 백제 의자왕의 공격으로 대야성을 비롯한 40여 성이 함락되는 등 고립이 계속되어 돌파구가 필요하였다. 당나라의 입장에서도 고구려 침략에 실패한 당은 신라를 이용하여 한반도를 장악하려 하였다. 이에 진덕여왕 때 김춘추가 당에 건너가 당과 동맹을 체결하였다. 660년 당은 침략군을 편성하여 쳐들어왔다. 소정방이 최고사령관이 되어 13만 명의 육군과 수군을 이끌고 산동반도를 출발하여 바다를 건너 덕모도(덕적도)에 이르렀다. 한편 신라도 김유신이 5만명 정예병을 이끌고 탄현에서 백제를 공격하기로 하였다. 신라군은 탄현을 넘어 황산벌(충남 논산)로 쳐들어왔다. 백제는 계백장군이 5000여 명의 군사로 결사대를 조직하여 신라군과 맞섰다. 백제는 격렬하게 항거하여 여러 차례 신라의 공격을 막아냈지만, 결국 나당 연합군에게 항복하고 말았다(660). 그 뒤 나.당 연합군은 고구려를 공격하기 시작하였다. 고구려는 665년 연개소문이 죽자 그 맏아들 남생이 아버지를 이어 대막리지가 되었으나 동생인 남건, 남산이 반기를 들었고, 귀족들 사이에서도 권력 다툼이 벌어졌다. 남생은 당나라로 도망가 버렸고 연개소문의 아우 연정토는 자기가 다스리던 12개성을 신라에 항복해 버렸다. 당군은 남생을 앞세우고 압록강을 건너 쳐들어왔다. 668년 당나라는 50만 대군으로 평양을 향하여 모든 전선에서 총공격을 감행하였다. 결국 아들끼리 권력을 잡기 위한 싸움을 벌여, 일사불란하게 대응을 못 한 채, 고구려는 마침내 멸망하고 말았다(668). 평양성이 무너지자 당나라는 고구려 땅에 군대를 주둔시키고 안동도호부를 두었다. 백제에는 웅진도독부를 신라에도 계림도독부를 설치하려 하였다. 백제와 고구려의 왕과 다수의 귀족들은 나.당 연합군에 항복하였지만, 백제와 고구려 땅에서는 조직적 이고 치열한 항전이 수년간 계속되었다.

<핵심정리>

배경:	백제 의자왕의 신라 40여 성 공격, 대야성 함락, 김춘추 사위와 딸 사망- 김춘추를 고구려에 보내 군사요청 -고구려가 죽령 이북의 땅을 요구하여 협상실패
나, 당 동맹 체결:	김춘추를 당에 파견- 대동강 이북 지역을 당에 넘겨주는 조건으로 당과 동맹 체결, 당이 군사 지원 약속
백제의 멸망:	의자왕의 실정으로 국력 쇠퇴. 김유신이 이끄는 신라군이 황산벌에서 계백의 결사대 격파(황산벌 전투) -당군이 금강 하구에 침입- 나.당 연합군의 협공-사비성 함락, 의자왕의 항복(660)
고구려의 멸망:	연개소문이 죽은 후 지배층 내부에서 권력 다툼 전개 -나,당 연합군의 협공 -평양성 함락(668)

Tip

23 ▌ 백제와 고구려 부흥운동

백제가 멸망한 뒤 660년에서 663년까지 백제 땅에서 침략자를 몰아내려는 백제 유민들의 항쟁은 계속되었다. 661년 백제 무왕의 조카 복신이 승려인 도침과 함께 군사를 모아 주류성(충남 한산)에 진을 쳤다. 이들은 일본에 가있던 왕자 부여풍을 맞아들여 백제왕으로 삼고 군사를 모집하여 부흥군을 조직하였다. 부흥군은 당나라 군이 주둔하고 있는 사비성을 기습하였다가 다시 임존성(충남 예산)으로 철수하였다. 임존성에서는 흑치상지가 부흥군을 이끌고 200여 성이 호응하여 당군과 신라군에 대항하였다. 인근 주민들도 적극 호응하여 모여들었다. 군사의 수도 늘고 기세도 오른 부흥군은 당군을 지원하러 온 신라군을 크게 무찔렀다. 이후 부흥군 안에서 다툼이 일어났다. 복신은 도침을 암살하고 그가 이끌던 부대를 자기 부대에 편입시켜 모든 권한을 쥐었다. 다시 부여풍과 복신 사이에 다툼이 생겨 부여풍이 복신을 죽이고 최고 지휘자가 되었다. 그러나 그는 군사에 무능하여 부흥군을 제대로 이끌지 못하였다. 백제 부흥운동은 지도층의 내분으로 실패하였다. 당군은 부흥군의 내분을 틈타 많은 병력으로 공격해 왔다. 부흥군이 점거하고 있던 여러 성을 신라군과 함께 기습하여 점령하였고, 왜의 수군이 백제 부흥군을 지원하기 위해 백강 입구까지 왔으나 패퇴하였다(663). 마지막으로 임존성마저 무너뜨려 백제 유민의 항전은 끝이 났다. 백제 부흥을 위한 항전은 3년간 지속되었다. 또 한편으로 당나라는 신라 땅이었던 비열성(함남 안변)을 한때 고구려 땅이었다 하여 비열성을 안동도호부에 넘기라고 강요하였다. 그 이유는 비열성이 예전 고구려의 영토였다는 것을 명분으로 하여 당나라에서 관리하겠다는 것이다. 또 신라의 한성(황해 재령) 도독을 회유하여 점령하려고 하였다. 당의 배신행위는 신라인들의 분노를 불러일으켰다. 671년 신라는 사비성을 함락하고 소부리주를 설치하였다. 고구려는 멸망후 669년 보장왕의 아들 안승이 백성을 이끌고 신라 땅으로 들어왔다. 이듬해 고구려 말기 장군인 고연무 부대는 신라군과 합세하여 압록강을 건너 진격하여 큰 성과를 거두었다. 검모잠은 고구려 유민들을 모아 대규모 항전부대를 조직하여 당의 관리들을 물리치고 신라 땅으로 들어왔다. 고구려 부흥운동의 지도자인 검모잠은 고구려왕의 후예인 안승을 한성으로 데려와 왕으로 세웠다. 검모잠과 고연무가 한성에서 보장왕의 아들인 안승을 왕으로 추대한 것이다. 신라는 고구려의 재건을 적극 지원하였다. 신라의 지원으로 안승이 검모잠을 죽이고 신라에 투항하여 금마저(익산)에서 보덕국을 세웠다. 신라는 안승을 고구려왕으로 인정하고 형제의 나라가 되기로 하였다. 672년 여름 당나라군은 말갈군과 함께 다시 침략해 왔다. 그동안 당의 침략에 대비해 왔던 신라와 고구려군은 반격을 가하여 백수성에서 이들을 크게 무찔렀다.

<핵심정리>

Tip

백제 부흥운동:	백제가 멸망한 뒤 660년에서 663년까지 왕족. 군인 등이 중심이 되어 나라를 다시 일으키려던 부흥운동 복신과 도침(주류성)등이 부여 풍(의자왕 아들)을 왕으로 추대하였다. 흑치상지(임존성) 백제군을 도우려 왔던 왜의 수군이 백강 전투에서 패배,
고구려 부흥운동:	고연무 (오골성), 검모잠(한성), 안승 신라의 지원을 받으며 부흥운동 전개-지배층의 분열(안승이 검모잠을 죽이고 신라에 항복) -고구려 부흥운동 실패(673)

24 나·당 전쟁과 신라의 삼국통일

신라와 당은 백제와 고구려를 멸망시키기 위해 많은 인명과 재물을 들였다. 그런데 양측이 전쟁을 통해 이루고자 하는 목적이 서로 달랐기 때문에 백제가 멸망한 직후부터 신라와 당 사이에는 적지 않은 충돌이 일어나기 시작하였다. 신라는 당의 군사력을 이용하여 고구려와 백제를 멸망시킨 후 이 지역을 통합하려 하였다. 이에 비해 당은 위협적인 고구려를 멸망시키는 것이 당면한 목적이었지만, 물산이 풍부한 삼국을 하나하나씩 점령 하려는 속셈을 갖고 있었다. 당은 백제를 점령한 후 웅진 도독부를 설치하여 백제 지역을 신라에 넘겨주지 않고 통치함으로써 그 욕심을 드러냈다. 또한 신라까지도 계림도독부로 삼고 문무왕을 계림 대도독으로 임명함으로써 신라를 당의 행정구역으로 간주하려 하였다. 고구려를 멸망시킨 직후에는 평양에 안동도호부를 설치함으로써 삼국의 모든 지역을 다스리려는 의도를 분명히 하였다. 당나라의 이와 같은 야욕을 드러내자 신라는 당의 침략에 대하여 무력으로 대항하였다. 당나라 고종은 신라가 고구려 유민을 받아들이고 백제 땅을 내놓지 않는다고 하면서 문무왕 대신 당나라에 가있던 그의 아우 김인문을 신라왕으로 삼는다고 선포하였다. 당은 신라의 내분을 획책하는 한편, 수십만의 대군을 편성하여 다시 신라 침략을 꾀하였다. 신라는 군사훈련을 강화하고 전쟁 태세를 갖추었다. 세력이 약해진 고구려 항전군도 신라의 군대 조직에 편입하였다. 당시 고구려군에서는 안승과 검모잠이 다투다가 검모잠이 살해되고 항전군의 힘이 약해져 있었다. 신라는 안승을 금마저(전북 익산)로 옮기게 하고 보덕국왕으로 봉하였다. 당의 침략군에 시달리던 고구려와 백제 유민의 일부도 신라군에 협력하여 당군을 크게 무찔렀다. 675년 매소성(경기도 양주 부근) 전투에서는 20만 대군을 크게 무찌르고 전마 3만여 필을 빼앗은 큰 승리를 거두었으며, 다음해 기벌포(금강 입구) 전투에서는 당의 해군을 크게 무찔러 한반도에서 당나라군을 축출하였다. 이후 계속 전쟁을 치루며 신라는 당군을 몰아내고 대동강에서 원산만 이남의 땅을 영토로 확보하였다.

<핵심정리>

배경: 한반도 전체를 차지하려는 당의 야욕(백제 땅에 웅진 도독부, 평양에 안동도호부, 경주에 계림도독부) 설치

전개: 신라, 고구려 부흥운동 지원-사비성 탈환- 매소성 전투에서 당의 육군 격파(675) -기벌포 전투에서 당의 수군 격파(676)-안동도호부를 요동성으로 축출- 한반도의 통일 달성(676)

Tip

25 나·당 전쟁과 신라의 삼국통일

신라에 의한 삼국통일은 고구려, 백제 유민들과 힘을 합쳐 당나라를 물리쳤고 민족 문화 발전의 토대를 마련하였다는데 의의를 가진다. 그러나 고구려의 영토 대부분을 상실하게 되는데, 대동강에서 원산만 이남까지 불완전한 통일을 이루었다. 외세를 이용하였지만 외세에 이용당했다는 한계가 있다. 하지만 당나라군을 몰아내는 과정에서 갖게 된 백제, 고구려 국민들의 외세에 대한 공동인식과 상호협력에 의한 당나라군의 격퇴는 우리 민족사에서 매우 주목할만 한 일이다. 이로 인하여 우리나라 민족 문화를 발전시키는 계기를 마련한 것은 신라의 삼국 통일에 대한 중요한 의의 인 것이다.

<핵심정리>

의의: 우리민족의 최초의 통일 , 고구려, 발해, 유민과 함께 당 세력 축출, 민족문화를 발전시키는 기틀 마련

한계: 외세인 당나라에 의존, 대동강 이남에 한정된 통일로 고구려의 영토 상실

26 ▍ 통일 신라의 발전과 통치체제의 정비

통일 전쟁에서 승리한 신라 왕실은 넓어진 영토와 새로 편입된 백성들을 효과적으로 통치하기 위해 노력하였다. 통일 위업을 달성하였다는 자부심과 자신감을 바탕으로 획기적으로 제도를 개혁 정비하였다. 제도의 정비는 무열왕. 문무왕. 신문왕. 등 3대의 왕이 재위하던 시기에 주로 이루어 졌다. 제도 개혁과 정비는 귀족들의 권한을 제한하고, 국왕의 권력을 크게 강화하려는 방향으로 취해졌다. 이에 따라 과거에 왕권을 견제하던 귀족회의와 그 의장인 상대등의 권력을 축소하고, 왕의 직속 관료 기구인 집사부 등 행정 기구의 권한을 강화하였다. 또한 많은 행정 관서를 새로 설치하고, 집사부의 장관인 시중을 국무총리격으로 지위를 올려 모든 행정을 총괄하게 하였다. 또한 사정부의 조직과 인원을 확대하여 중앙 및 지방의 귀족과 관료들을 철저히 감독하였다. 관료들에게는 관료전을 지급하여 문무 관리들이 경제력을 갖게하였고, 귀족들이 일정한 마을이나 지역 백성들에게서 조세와 공물을 징수하고 노동력을 징발하였던 녹읍을 철폐하여 진골 귀족의 경제적 기반을 약화시켰다. 지방 제도도 새롭게 정비하였다. 신문왕 때 마련된 9주와 5소경은 신라의 옛 지역뿐 아니라 고구려와 백제 등 새로 편입된 지역을 아우르는 체계적인 지방제도였다. 지방의 주요도시에 5개의 소경을 설치하였는데, 수도에 살고 있던 일부 귀족들을 거주하게 하는 등 지방의 정치와 문화의 중심지로 육성하였다. 또 신라, 고구려, 백제 땅이었던 곳에 3개씩 9주를 설치하여 지방 지배의 균형을 유지하였다. 주 밑에는 군 과 현이 있었다. 그리고 주민수가 적거나 천민들이 사는 곳에는 향. 소. 부곡이라는 특수한 행정 구역을 설치하였다. 촌락에서는 촌주가 몇 개씩의 마을을 맡아 그 지역의 관리들을 도와 행정을 펼쳤다. 군사 조직도 새롭게 정비하였다. 수도 중앙에는 9서당 부대를 두었다. 9서당은 신라인뿐만 아니라 백제, 고구려, 말갈 및 보덕국인들로 편성되었고 각기 복색을 달리 하였다. 지방에도 한산주에는 2개, 기타 주는 1개씩 모두 10개의 정이라는 부대를 두었다. 상수리 제도는 지방 세력가나 그 자제를 일정기간 수도에 거주하게 함으로서, 지방 세력을 견제하는 기능을 하였고, 지방관을 감찰하는 감독관으로 문무왕때 외사정을 설치하여 파견하였다. 이렇게 왕권을 강화하고 귀족의 권한을 제약하게 된 정치적 개혁에 대해 귀족들의 반발도 적지 않았다. 이미 신문왕 때 왕의 장인을 위시한 전통적인 진골 귀족의 다수가 반란을 일으키려다가 처형된 경우가 있었다. 또한 혜공왕은 귀족들의 반란에 시달리다가 결국 죽임을 당하고 말았다. 그리하여 8세기 후반 이후에는 귀족의 권력 다툼이 크게 일어나 큰 혼란에 빠져 들게 되었다.

<핵심정리>

무열왕: 통일 전쟁 과정에서 왕권강화, 최초의 진골 출신 왕
-직계 자손의 왕위 계승 확립, 집사부를 설치 건의하여
국가 운영의 중요사항 결정하도록 함
친당 외교 주도

문무왕: 나, 당 전쟁에서 승리 -삼국 통일 완성(676)

신문왕: 김흠돌 (신문왕의 장인)의 반란 진압-연루된 진골 귀족
숙청-정치세력 재편성
체제정비: 집사부의 기능강화, 시중의 권한
강화(상대등의 권한 약화),
군사제도 정비 (9서당 10정). 지방행정 조직
완비(9주5소경)
관료들에게 관료전 지급(689)
국립 교육 기관으로 국학을 설치하여 유학보급
문무왕(신문왕 아버지)를 위해 감은사 건립(만파식적)

성덕왕: 국가의 토지 지배력 강화 목적: 백성들에게 정전 지급

경덕왕: 국학을 태학감으로 변경하여 유교 교육 강화
성덕대왕 신종 제작 -혜공왕 때 완성하여 봉덕사에
안치
진골 귀족 세력의 반발로 녹읍 부활

중앙통치: 집사부와 그 장관이 시중(중시)을 중심으로 운영(화백
회의의 기능 축소, 상대등의 권한 약화), 위화부를
비롯한 13부 설치(행정 업무 분담)

지방통치: 9주: 주 아래에 군, 현을 두고 지방관 파견, 촌은 토착
세력인 촌주가 관리
현이 설치될 수 없는 지역에는 향. 소. 부곡을 설치
5소경: 수도가 한 쪽으로 치우친 약점 보완, 지방
세력을 견제 하려는 의도.
5소경(小京)은 과거 백제, 고구려, 가야의 일부
지배층은 물론 신라의 수도에서 이주한 귀족들이
거주하는 지방의 문화 중심지였다.
외사정 파견(지방관 감찰) 상수리 제도 운영(지방 세력
견제)

Tip

*감은사(感恩寺)
-만파식적(萬波息笛)
삼국통일을 완성한 문무왕은 동해의 용이 되어 국가를 수호 하겠다는 유언을 남겼고, 유언에 따라 동해에 수장하고, 신문왕은 부왕의 뜻을 받들어 절을 완공하고 절 이름을 감은사라 하였다. 절터에는 국보 제112호인 삼층석탑 2기가 있다. 신문왕이 감은사를 짓고 추모하는데 바다의 용이 된 문무왕과 하늘의신이 된 김유신이 동해의 한 섬에 대나무를 보냈다. 이 대나무를 베어서 피리를 만들어 부르니 적의 군사는 물러나고 물결은 평온해졌다고 하는 설화가 전해진다.

<더 알아보기>

전제 왕권의 동요

신라 35대왕인 경덕왕은 742년 왕위에 올라 강대해진 귀족세력을 견제하고 전제왕권을 강화시키기 위해 정치개혁을 시도했으며, 불교중흥에 힘쓰는 등 신라문화의 절정기를 맞게 했다. 그러나 귀족세력을 누르고자 했던 개혁정치는 실패로 돌아가자, 진골 귀족들의 반발로 왕권이 약화되었다. 이에 따라 말년에는 귀족세력과 정치적으로 타협할 수밖에 없었다. 녹읍을 부활(757)시켰으며, 사원의 면세전 확대로 국가재정이 악화되었다. 이 시기 귀족들의 향락과 사치생활로 농민들의 부담이 가중되는 등 8세기 후반 혜공왕 이후 진골 귀족들 간의 왕위 쟁탈전이 심화되었다.

*통일신라 군사 조직

중앙군인 9서당은 신라인뿐만 아니라 고구려 유민, 백제 유민, 말갈인까지 포함 하였고 지방군인 10정에는 각주에 1개의 정 설치, 국경지역인 한주에는 2개의 정을 설치했다. 일반인인 농민들은 군역으로 군대에 나가야 할 의무가 있었고 여기에는 고구려인 백제인, 말갈족도 포함되었다. 이들은 병장기와 식량을 스스로 마련해야 했기 때문에 군역은 백성들에게 큰 부담이 되었다.

27 발해의 건국

고구려가 멸망한 후, 고구려인들은 신라나 당의 통치를 받거나 돌궐에 들어가 살기도 하였지만, 적지 않은 사람들은 고구려의 부흥을 꾀하고 있었다. 한편, 고구려의 지배를 받았던 만주의 말갈족도 고구려인들과 행동을 같이 하였다. 대조영은 고구려의 옛 장군이었는데, 그의 아버지와 그가 이끄는 고구려인들은 당의 통치를 받고 있었다. 마침 당의 통치를 받고 있던 거란족이 반란을 일으켜, 당의 동쪽 방면은 전쟁 상태에 빠져 큰 혼란을 겪게 되었다. 이 때 대조영 등은 고구려 유민들과 말갈족을 이끌고 동쪽으로 이동하여, 당의 통치에서 벗어나고자 하였다. 이에 당군이 출동하여 추격하니 대조영 세력과 전투가 벌어졌다. 당군을 격퇴한 대조영은 길림성의 돈화현 동모산에 도읍을 정하여 국가를 세우고(698), 나라 이름을 진국(震國,振國)이라 하였으며, 713년 나라 이름을 발해(渤海)로 바꾸었다. 이는 고구려와 같이 멀리 서남쪽 발해 연안까지 국력이 미칠 것을 희망하는 뜻을 담고 있었다. 일본에 보낸 국서에는 스스로 '고려'라고 칭하기도 하였다. 발해국의 주민은 주로 고구려인과 말갈족이었다. 수적으로는 말갈족이 다수였으나 고구려인이 정치, 경제, 군사, 문화의 모든면을 주도하였다. 발해의 지배층은 왕족인 대씨를 비롯하여 고구려 출신이 대부분이었다. 발해는 옛 고구려인이 주도하여 고구려 땅에 나라를 세우고 그 문화를 계승 발전시킨 나라였다.

<핵심정리>

발해건국: 대조영이 만주 동북 지역 동모산(길림성 돈화현)에서 진국(辰國) 건립(698)

민족구성: 소수의 고구려 유민 (지배층)과 다수의 말갈족(피지배 계급) 으로 구성
당으로부터 발해 군왕으로 봉해짐(713) - 국호 '발해'

Tip

*고구려 계승 - 발해
<속일본기>에 의하면 759년 발해의 문왕이 사신을 보내면서 스스로를 '고려국왕 대흠무'라고 불렀으며, 일본에서도 발해의 왕을 '고려국왕'으로 불렀다. 또 한편으로 일본은 발해를 가리켜 자주 '고려'라고 불렀으며, 발해의 사신을 고려의 사신으로 표현한 사례가 일본의 역사서에 기록되있다.

28 발해의 성장과 발전

발해는 건국 이후 신라와 돌궐에 사신을 보내 친선관계를 맺고 당나라를 견제하고자 하였다. 한편 거란의 반란을 수습하는데 급급한 당나라는 더 이상 발해를 공격할 수 없었다. 당은 711년 발해를 회유하고자 사신을 보내 건국을 축하 하면서 친선을 제의하였다. 또한 신라와도 통교하게 되었다. 고구려를 계승한 발해는 처음에 신라와 적대적이었고, 신라도 발해가 영토를 확장하는 것을 경계하여 국경에 장성을 쌓기도 하였다. 그러나 발해와 당의 관계가 개선되면서 사신이 왕래하게 되었다. 719년 2대 무왕이 즉위하여 독자적 연호인 '인안'을 사용하고 국가체제를 정비해 갔다. 무왕은 영토 확장에 힘을 기울여 동북방의 흑수말갈 등 여러 종족을 정복하였다. 무왕은 장문휴를 대장으로 삼아 압록강에서 출발하여 바닷길로 당의 등주(산동)를 공격하였다. 이러한 것은 우리 민족이 세운 나라에서 최초로 해외 원정을 간 의미를 가진다. 당시 세계 최강의 나라인 당나라는 신라에 도움을 요청, 협력해서 발해를 공격하였으나 발해군의 방어력과 추위 등 기후의 영향을 받는 등 철수와 몇 차례의 공격 등을 하였으나 더 이상 발해에 대해 공격을 중단하고 발해와 친선을 유지하는 방향으로 바꾸었다. 이후 발해와 당나라는 733년 국교를 맺었다. 일본과는 친선관계, 당나라와 신라와는 적대적 관계에서 친선관계로 전환하는 단계였다. 이 당시 동북아시아는 당나라를 중심으로 발해와 신라, 일본이 상호공존하는 국제관계가 유지되는 가운데 사신 왕래와 함께 민간의 교류도 활발히 이루어졌다. 3대 문왕은 수도를 중경현덕부에서 상경용천부(흑룡강성 영안현 동경성)로 옮겼다. 문왕은 당과 친선관계를 가지면서 선진문물을 수용하고, 신라와는 상설 교통로로 신라도를 개설 했다. 연호는 '대흥'을 사용했다. 제9대 선왕은 연호를 '건흥' 으로 사용했고, 지방통치체제를 정비하고, 요동 지방에 진출해 흑수말갈을 비롯한 대부분의 말갈족 세력을 복속시켜 발해 건국 이후 최대의 영토를 확보하여 발해의 전성기를 구가하였다. 신라와는 한반도 서쪽의 대동강 유역에서 동쪽의 금아(신흥) 용흥강 부근에 이르는 선을 경계로 하였다. 발해는 동쪽으로 연해주, 서쪽으로 만주 중부, 북쪽으로 흑룡강 일대와 송화강의 중하류 지역을 포괄하여 최대의 판도를 이루었다. 이때 발해는 사방 5000리에 이르는 대제국을 이루었으며 '해동성국'이라고 불렸다.

<핵심정리>

무왕: 연호 '인안' 사용 동북방의 여러 세력 복속, 북만주 일대 장악
장문휴를 보내 당의 산둥반도 공격
대문예에게 흑수말갈을 정벌하게 하였다.
일본과는 친선관계, 당나라 신라와는 적대관계

문왕: 연호 '대흥' 사용.
당과 친선관계 수립,당의 선진 문물을 받아들임
신라와 신라도를 통해 교류, 상설 교통로 개설
체제정비: 당나라의 3성 6부제 수용, 5경 15부 62주의 지방 행정 구역 정비, 수도를 중경
현덕부에서 상경용천부로 천도(755)

선왕: 영토 확대: 말갈족 복속, 요동 지역까지 세력 확대
최대영토를 확보-사방 5천리
5경 15부 62주의 지방 행정 구역 완성
전성기이룩: '해동성국' 으로 불림, 당의 빈공과에 신라 다음으로 많은 급제자 배출

Tip

발해터(동모산 전경)

29 발해의 통치 체제

발해는 넓은 영토와 다양한 주민들을 통치하기 위해 조직적인 제도를 갖추어 갔다. 정부의 기본 골격은 당나라의 3성6부제를 모범으로 발해의 실정에 맞게 마련하였다. 발해의 3성은 정당성, 선조성, 중대성으로서, 당의 제도와는 명칭도 다르고 기능에서도 다소 차이가 있었다. 정당성 아래 선조성과 중대성을 두어 6부를 양분하여 통제하였다. 6부는 충. 인. 의. 지. 예. 신부로 나뉘어, 국가의 중요한 행정을 분담하였다. 또한 전국은 5경 15부로 나뉘어 행정이 펼쳐졌다. 5경은 전국의 주요 지역에 5개의 수도를 설치하여 넓은 영토를 효과적으로 다스리기 위한 것이었다. 또한 15부는 각 처에 살고 있는 여러 종족들을 관할하여 종족적 차이에서 오는 문제를 막기위해 마련된 것이었다. 그리고 15부의 밑에는 62개의 주를 설치하여 다스렸다. 이와 같이 중앙 및 지방의 행정기관들을 통해 전제정치가 전국에 펼쳐졌다. 중앙의 군대는 10위(衛)로 편성되었다. 중앙군은 왕궁과 도성을 지키면서 군대의 중심이 되어 왕권을 확립하고 기반을 통치하는 기반이 되었다. 지방군은 지방장관의 지휘를 받아 비상시에는 무기, 군마, 군량 등 전쟁물자를 준비하거나 성을 쌓고 농사를 지으면서 훈련에 임하였다. 이 밖에 거란, 당 신라와 접하고 있는 국방의 요지에는 독립된 부대를 배치하고 요새를 설치하였다.

Tip

<핵심정리>

중앙행정: 3성6부제 로 조직-당나라 제도 영향을 받음,
운영방식과 명칭은 독자성 유지,
정당성 의 장관인 대내상이 국정 총괄

지방통치: 5경 15부 62주 로 조직 주 아래에 현 설치, 지방관
파견지방의 행정 ,재판, 군사권을 행사함, 촌락은
토착세력인 말갈인 이 관리

군사제도: 중앙군은 10위, 지방군은 각지에 배치, 지방군이 지휘

교육제도: 최고 교육 기관으로 주자감이 있다, 유교 교육을
하였으며, 당에 유학생 파견

30 발해의 멸망

9세기 중반 이후 중국에서는 당나라가 쇠퇴하면서 각지에서 지방 세력이 대두하였고 5대 10국의 여러 왕족이 흥망을 거듭하였다. 몽골고원과 만주 지역에서는 거란이 크게 일어났다. 이 무렵 발해는 지배층 사이에 내분이 일어나 혼란하였다. 말갈족은 발해의 지배에서 벗어나려 하였고 독자적 행동을 취하기도 하였다. 세력을 크게 확장한 거란족은 야율아보기가 통일을 이루고 AD916년 황제임을 선포하였다. 그는 서쪽 지역을 먼저 정벌한 후 발해를 공격하였다. 발해의 내분을 틈타 야율아보기가 직접 군대를 이끌고 쳐들어왔다. 거란은 먼저 발해 국경의 요충지인 부여부를 포위 공격하여 3일 만에 함락하였다. 거란군은 계속 동쪽으로 진격하여 AD926년 도성인 상경을 포위하고 발해왕의 항복을 받았다. 거란의 기습을 받은 발해는 20여 일 만에 멸망하였다. 거란인들이 발해인의 분열을 틈타 이겼다라고 전하는데, 지배층의 분열이었다. 또한 피지배층인 말갈족이 이탈하면서 국가조직이 와해되었다. 발해사에 대한 구체적인 문헌 자료가 부족하고, 중국, 러시아 등에서 발굴한 자료들은 쉽게 공개하지않아 발해 멸망에 대한 구체적 진실을 알아내기에는 그 이용에 어려움이 따르고 있다.

<핵심정리>

9세기 말 귀족의 권력 다툼으로 세력약화 - 거란이 당 멸망 이후에 세력 확대 - 거란의 침략을 받아 멸망(926)

Tip

31 ▌신라 말의 동요와 후삼국의 성립

신라말기의 정치, 사회, 경제적 모순 속에서 무열왕 이후 지속된 전제 왕권은 8세기말 진골 귀족 세력의 반란으로 무너졌다. 그동안 신라의 정치 체제는 골품제라는 엄격한 신분제를 바탕으로 유지, 운영되었다. 왕과 진골 귀족들이 모든 정치 권한을 독점하였다. 통일 후 신라의 왕들은 신문왕 이후 진골 귀족들의 권한을 억압하여 왕권 강화를 하며 국가를 운영해 갔다. 귀족들의 다툼은 8세기 후반부터 거세어졌다. 신라 말의 150여 년간에 20여 명의 왕이 교체될 정도로 왕위 쟁탈전이 치열하게 전개되었다. 이로써 왕권은 크게 약화되었고 사회는 더욱더 혼란 속으로 빠져들어 나라 전체가 혼탁해졌다. 귀족들은 대농장을 차지한 채 사치와 향락에 빠져들었고, 농민들은 가혹한 수취를 견디다 못해 노비가 되거나 도적이 되었다. 진골 귀족들의 왕위 쟁탈전 속에서 중앙 정부의 힘이 약화되었다. 중앙 정부의 정권 다툼은 지방 세력과 연결되어 일어나기도 하였다. 대표적인 인물로서 청해진에 많은 군사를 거느리고 있었던 장보고는 왕위 쟁탈전에 개입하여 군사력으로 왕을 교체시키는 데 결정적인 역할을 하기도 하였다. 지방에서는 호족이 성장하였다. 이들은 자신의 근거지에 성을 쌓고 사적인 군대를 보유하였으며, 백성들을 실질적으로 다스렸다. 그리고 당나라에 유학하였던 6두품 출신의 학자들도 유교 사상을 바탕으로 골품제의 모순을 비판하며 개혁을 주장하며 호족들과 연합세력을 형성했다. 한편 사상면에서는 중앙귀족과 연결된 교종 불교의 권위를 부정하고 일반 백성들도 쉽게 이해하고 접근할 수 있는 선종 불교가 유행하였다. 또 이시기에 풍수지리설이 유행하였다. 이러한 신라 말의 혼란한 시기에 호족들과 6두품 출신 유학자와 선종 승려가 손을 잡고 새로운 사회 건설의 방향을 제시하였다.

Tip

<핵심정리>

신라 말기의 사회

왕권약화: 진골 귀족의 권력 독점, 진골 귀족간에 분열 발생-지방 통제력 약화

농민봉기 발생: 빈번한 자연재해, 왕실과 귀족들의 사치와 향락-재정악화, 농민에 대한 강압적 착취 -농민 몰락, 농민 봉기 발생
(진성 여왕 3년-889년 원종과 애노의 난, 진성 여왕 10년 적고적의 난)

호족등장: 신라 하대 에는 지방에서 호족들이 반독립 적 세력으로 성장 –지방의 행정권과 군사권 장악

개혁요구: 6두품 출신 유학생과 선종 승려 -신라 골품제 사회비판, 호족과 연계

Tip

<더 알아보기>

호족(豪族)

중앙 귀족들의 정권 다툼이 계속되면서 정부의 통제력은 크게 떨어지고, 이에 따라 반독립적인 세력들이 등장하게 되었다. 신라 하대 에는 지방에서 호족들이 반독립 적 세력으로 성장하여 지방의 행정권과 군사권을 장악했다. 이들은 상당한 규모의 지역을 장악하고, 스스로 성주, 장군 등이라 부르면서 그 지역민을 실질적으로 통치하였다. 호족 출신들은 주로 지방에서 대대로 살아오면서 평민들을 지배해온 촌주 출신이 많았고, 몰락한 중앙 귀족, 해상 세력, 부유한 자영농 들이었다. 또한, 도적의 우두머리나 지방 군대의 지휘자도 있었다. 이들은 점차 군대를 모집하고 세금을 거두어 자신들의 군사력을 강화하였다. 그리하여 정부에 독립적인 행동을 취하였으며, 중국 등과 무역이나 외교 활동을 벌이기도 하였다. 호족 세력이 강화되는 데는 6두품 출신 학자들의 도움이 컸다. 6두품은 신라 통일 이후 학문적 식견과 실무능력을 바탕으로 정치에 활발히 참여했으나 신분 제약으로 요직에 진출하지 못하였다. 이에 6두품 출신중에 신라 정부에 대하여 불만을 가진 자가 많아졌다. 이들 중에는 당에 유학하고 그 곳에서 과거에 합격하는 등, 높은 학문적 소양을 갖춘 자가 적지 않았다. 이들은 당의 발달된 문물을 더 많이 받아들여, 자신들의 이상과 능력을 펴고자 하였다. 6두품 출신들의 이 같은 희망은 진골 귀족들의 권력독점과 횡포에 의해 좌절되었다. 이에 자신들과 처지가 비슷했던 지방 호족들에게 찾아가, 자신의 능력을 발휘할 기회를 갖고자 하였다. 호족들은 6두품 출신 학자들의 도움으로 백성을 잘 다스릴 수 있었고 이러한 것은 지방호족의 사상적 기반을 형성하게 되는 중요한 바탕이 되었다. 한편으로 호족은 선종을 적극 후원하였다. 이 당시 신라 불교는 교종으로 주로 왕실과 귀족들에 의해 위세를 부렸다. 이에 반해 선종은 불립문자(不立文字)를 표방하며 마음으로 불교를 대하는 개인의 정신수양을 강조하는 사상이었다. 이 선종은 일반 백성들에게 지지를 얻어 신라 말기에는 호족, 승려, 백성들이 서로 합쳐 중앙정부와 대립하는 양상으로 나타난다.

32 ▌ 후삼국의 성립

신라에서는 중앙정부의 통제력이 약화되고 귀족들의 지나친 수탈에 반발하여 농민봉기가 일어나는 등 사회가 혼란하였다. 한편으로는 반독립적 지배세력인 호족이 성장하였다. 이러한 혼란 가운데 견훤이 완산주에서 후백제를 건국(900) 하였다. 견훤은 전라도와 충청도의 우세한 경제력을 바탕으로 군사적 우위를 확보하며 중국의 후당과 오월에 사신을 파견하는 등 성장하였다. 견훤은 신라에 적대적으로 대하는 정책을 취했다. 신라 금성을 습격해 경애왕을 살해했다. 한편으로는 신라 왕족 출신인 궁예가 송악에서 후고구려를 건국했다(901) 궁예는 양길의 휘하에서 세력을 키워 강원도와 경기도 일대를 장악했다. 국호를 마진으로 바꾸고 수도를 철원으로 천도했다. 궁예는 과도한 수취와 본인 자신을 미륵으로 자처하며 실정을 저질러 왕건에 의해 쫓겨났다.

Tip

<핵심정리>

후백제: 견훤이 완산주(전주)에서 건국(900)- 옛 백제 지역을 대부분 차지
중국의 후당. 오월에 사신파견, 왜에 사신 파견

후고구려: 궁예가 송악(개성)에서 건국(901)
국호를 마진으로 변경, 철원으로 천도(904), 국호를 태봉으로 변경(911)
광평성등 관서 설치

제 5장
남북국 시대의 경제

33 고대의 경제와 사회

삼국은 조세를 곡물이나 포를 수취하였다. 공물은 그 지역의 특산물을 받았다. 역은 15세 이상 남자를 동원하여 노동력을 징발하였고 군역의 의무를 지게 했다. 삼국은 농업 정책에 힘을 썼는데 철제 농기구 보급과 우경이 시작되어 깊이갈이가 가능해짐에 따라 생산력이 증대하였다. 고구려는 고구천왕 때 흉년에 백성들의 생활 안정을 위하여 진대법을 실시하였다. 삼국의 대부분의 농민들은 조상 대대로 이어받아 온 소규모의 농토를 경작하여 생활하고, 국가에 세금을 냈다. 삼국의 조세 제도는 나라마다 부분적인 차이가 있으나 대체로 비슷하였다. 고구려의 경우 성년 남자는 1년에 조 5석과 베 5필을 냈다. 6. 7세기에 이르면 여기에 각 집의 재산 등급 정도에 따라 조로 각기 1석.7두.5두씩의 세금을 더 냈다. 이러한 세금 부담은 각 농민들의 경제력인 토지의 소유량이나 기타 재산의 정도를 거의 고려하지 않은 것으로, 가난한 사람들에게는 큰 부담이 되었다. 따라서 가난한 농민들은 세금이나 빚에 쪼들려 고향을 떠나 유랑하거나, 심지어 노비가 될 수밖에 없었다. 일반 백성들과는 달리 소수의 귀족들은 많은 토지를 소유하고 있었다. 귀족들은 노비를 부리거나 머슴을 두고 농사를 지었으며, 품삯을 주고 가난한 농민들을 사서 농사짓기도 하였다. 또한 이들은 권세를 이용하여 합법적 혹은 불법적으로 농민들을 동원하여 자신의 농토를 경작하게 하였다. 귀족은 자기가 소유한 토지를 경작하여 재물을 얻었으며 그 밖에 공을 세우거나 관직에 나아갔을 때에는 국가로부터 토지를 받아 풍요로운 생활을 누렸다. 또한 전쟁을 통해 노획과 포로의 획득에 힘을 기울였고, 이웃 나라의 토지를 빼앗기 위해 전쟁을 일으키기도 하였다. 이에 따라 삼국 상호간은 물론, 중국이나 돌궐 등과 수백 년에 걸쳐 간헐적 또는 지속적으로 숱한 전쟁을 치렀다. 귀족들은 전쟁을 통해 큰 이익을 얻은 반면에 이로 인해 몰락하기도 하였다. 일반 백성들도 늘어나는 조세와 귀족들의 수탈에 의해 몰락하기도 하였으며, 한편 전쟁에 참여하여 공로를 세움으로써 상당한 지위와 부를 얻는 경우도 많아졌다. 삼국시대의 상업은 왕실. 귀족. 사원의 사치품을 비롯하여 각종 소모품을 조달하기 위해 중국 등과 무역을 행하였고, 철이나 말. 활. 직물 등을 외국에 수출했다. 한편 국내의 상업은 각 수도에 설치된 시장에서 활발하게 이루어졌다. 또한 지방의 경우도 각 지역의 중심지인 큰 성에는 시장이 있었던 것으로 여겨지며, 소금이나 생선. 질그릇을 파는 행상들도 활동하였다. 도시의 시장에서는 직물. 곡물. 농기구. 소. 말. 등의 가축이나 생선. 소금 등이 거래되었고, 수도의 시장에서는 비단이나 장신구. 문방구 등도 많이 판매되었다. 수공업의 경우 대체로 각 가정에서 농업과 더불어 이루어졌다. 여자들은 길쌈을 하여 가족의 의복을 마련하고 국가에 세금도 내었으며, 남은 것은 팔아서 생필품을 사서 썼다. 그러나 무기. 농기구. 질그릇. 비단. 고운 명주 등은 국가의 직속 공장이나 특별히 지정된 천민 마을의 부곡이나 소 등에서 생산되었다. 삼국시대 말에는 고려나 조선 시대의 것과 거의 같은 수준의 농기구 제품들이 생산되기도 하였다.

<핵심정리>

삼국의 경제 정책

수취제도: 재산의 정도에 따라 호를 나누어 곡물과 포 수취, 지역의 특산물 수취, 노동력 징발(15세 이상의 남자)

농업정책: 철제 농기구를 일반 농민에게 보급, 소를 이용한 우경 장려, 황무지 개간 권장, 가뭄에 대비하여 저수지를 만들거나 수리-농업 생산력 향상

수공업정책: 기술이 뛰어난 노비가 무기, 장신구 등 국가가 필요로 하는 물품 제작-수공업 제품을 생산하는 관청 설치, 수공업자를 배정하여 물품생산

상업정책: 수도 등 도시에만 시장 설치, 신라는 6세기 초 동시전(감독관청) 설치

대외무역: 고구려: 남북조와 북방의 유목 민족과 교역
백 제: 남중국 및 왜와 활발한 무역 전개
신 라: 6세기 이전까지 백제와 고구려를 통해 중국과 무역- 한강유역을 차지한 이후 당항성을 통해 중국과 직접교역

Tip

*동시전(東市典)
신라시대 서울인 경주에 설치된 동시(東市)의 업무를 관장하기 위해 509년(지증왕 10)에 이를 관리, 감독하는 관청으로 동시전을 설치했다. 시장을 열고 닫는 시간과 도량형의 사용, 상인들 사이의 분쟁 발생 시 이를 해결하고 관리하였으며, 왕궁에서 쓰는 상품을 조달하였으며, 잉여 생산물 판매 등을 하였다. 이를 관리하기 위해 우두머리인 감(監) 2인, 대사(大舍) 2인, 서생(書生) 2인, 사(史) 4인을 두었다.

34 귀족의 경제생활

삼국의 귀족은 자기 소유지와 노비, 그리고 국가에서 주는 식읍과 녹읍을 소유하고 있었으며, 전쟁 참여로 인하여 공훈을 세우면 토지와 노비 등을 더 많이 소유 할 수 있었다.귀족은 비옥한 토지와 철제 농기구와 소를 보유하여 일반 농민들보다 생산 조건이 매우 유리하였다. 또한 자신의 지배하에 있는 농민과 노비를 동원하여 농사를 지어 수확량의 대부분을 수탈 하였다. 이로 인하여 귀족들의 생활은 풍족하고 화려한 생활을 영위하였다. 이들의 저택은 매우 큰 기와집으로 창고와 마굿간, 우물, 주방 등을 갖춘 저택에서 비단옷을 입고 금과 은으로 치장하며 생활하였다

<핵심정리>

경제기반: 녹읍, 식읍, 노비소유, 전쟁에 참여 하여 토지와 노비획득

재산확대: 노비와 농민을 동원하여 자기소유의 토지 경작, 고리대를 이용하여 농민의 토지 약탈, 농민을 노비로 삼아서 재산을 증식함.

녹읍: 국가에서 관료 귀족에게 지급한 일정 지역의 토지, 조세 수취와 토지에 딸린 노동력 징발의 권리부여

식읍: 국가에서 왕족이나 공신에게 준 토지와 가호, 조세 수취와 노동력 징발의 권리부여

Tip

35 농민의 경제생활

삼국의 농민들은 자영농과 소작농으로 구분되어 있었다. 자영농은 자기 소유지를 경작하였으나 토지가 척박하여 농사가 제대로 되는 경우가 어려웠다. 소작농들은 부유한 자들의 토지를 빌려 농사를 지어 수확량의 절반을 지대(地貸)로 납부했다. 이 시기 시비법이 발달하지 못하여 휴경농이 일반적이었다. 따라서 연속적으로 경작이 불가능하여 토지를 일 년 또는 수 년 동안 묵혀두는 경우가 대부분이었다. 이러한 여건에서 농민들은 국가와 귀족의 과도한 수취와 전쟁 물자를 조달하기위해 잡역부로 동원되는 등 농민들의 부담은 가중되었다. 또한 잇따른 자연재해와 귀족들의 고리대 수탈로 농민들은 몰락하여 노비가 되거나 고향을 떠나 유랑민이 되고, 도적이 되기도 하였다.

<핵심정리>

경제적 처지:	자기 소유의 토지 경작, 부유한 자의 토지를 빌려 경작
농민부담:	곡물. 삼베. 과실 등을 국가와 귀족에게 납부 , 각종 노역과 작물 생산에 동원, 전쟁 물자 조달, 잡역부로 동원, 전쟁에 군사로 참여

Tip

36 ▌ 통일신라의 경제 정책

삼국을 통일하면서 이전보다 넓은 토지와 많은 농민을 지배할 수 있게 된 신라는 피정복민과의 갈등을 해소하고 사회를 안정시키기 위하여 삼국의 경쟁 시기와는 다른 경제적 정책을 시행했다. 조세는 생산량의 10분의 1 정도를 수취하여 통일 이전보다 완화하였다. 공물은 촌락단위로 그 지역의 특산물을 거두었다. 역은 군역과 요역으로 이루어졌으며 16세에서 60세의 남자를 대상으로 하였다. 또한 신라는 국가의 부역과 조세납부 기준을 마련하여 민정 문서를 작성 하였는데 촌주가 3년 마다 작성하였다. 토지 제도는 신문왕 때 관료전을 지급하고 식읍을 제한하고 녹읍도 폐지하였다. 성덕왕 21년에는 왕토사상에 의거 백성들에게 정전을 지급하였다. 또한 이전부터 시행해오던 구휼정책을 더욱 강화하였다.

<핵심정리>

조세:	생산량의 10분의 1 정도 수취 (통일 이전보다 완화)
공물:	촌락 단위로 그 지역의 특산물 수취
역(노동력 징발):	군역과 요역으로 구성, 16~60세 남자 대상
민정문서 작성:	촌락의 토지 크기, 인구수, 소와 말의 수, 토산물 등을 파악하여 조세, 공물, 부역 수취, 변동 사항을 조사하여 3년 마다 다시작성.
토지제도:	신문왕: 관리에게 관료전 지급(조세를 거둘 수 있는 수조권만 지급), 녹읍 폐지 성덕왕: 16세에서 60세 까지의 농민에게 정전 지급-조세를 거둠 경덕왕: 8세기 중반 귀족 세력 강화-녹읍 부활

Tip

<더 알아보기>

신라 민정문서

1933년 일본 도다이사(東大寺) 쇼소인에서 발견된 통일 신라 때의 문서로『화엄경론질(華嚴經論帙)』의 파손부분을 수리하던 중에 발견되었다. 서원경(청주 지방) 4개 촌락에 관한 내용이 기록되어 있어, 신라의 지방행정의 일부를 엿볼 수 있다. 작성목적은 국가의 부역과 조세기준을 마련하는 것이었다. 촌주가 3년마다 작성하였으며 연령과 성별에 따라 6등급(인정)과 인정의 과다에 따라 9등급(호)로 구분했다. 인구. 가호. 노비의 수. 우. 마.유실수(有實樹)등을 파악하고 있었다. 농민들이 경작하는 토지이며(연수유전답)으로 성덕왕 때 지급된 정전으로 추정하지만 정확하게 규명되지는 않았다. '신라민정문서'·'신라장적'·'신라촌락장적'·'신라촌장적'이라고도 한다.

*정전(丁田)
722년(성덕왕 21) 백성 가운데 정(丁)의 연령층에게 주어졌던 토지이다. 국가에서 지급한 정전은 실제로는 왕토사상에 바탕을 두고 있었다. 백성은 자신이 소유하고 경작하던 토지에 대한 권리를 국가로부터 인정받고, 그 대신 국가에 조세를 냈다.

37 ▌ 통일신라의 경제 활동

삼국 통일 후 신라의 경제력은 비약적으로 성장하였다. 통일 신라는 농업 생산력의 성장을 바탕으로 수도 경주의 인구가 증가하고 상품 생산이 증가하였다. 중앙에는 이전에 설치된 동시와 효소왕 때(695) 서시와 남시를 설치하였다. 지방의 교통 요지에도 시장이 생겨 물물교환 형태로 각자 필요한 물건을 편리하게 구입할 수 있었다. 대외무역으로는 당과 번성하였고 수출품은 베, 해표피, 인삼, 금, 은 세공품이었고 수입품은 비단,서적, 귀족들의 사치품등이 있었다. 신라인이 당나라에 자주 드나들면서 산둥 반도와 양쯔강 하류 일대에 신라방, 신라소, 신라관, 신라원등이 세워졌다. 일본과의 무역도 8세기에 이르러 정치가 안정되면서 교류는 활발해졌으며, 이슬람과 의 무역도 활발해져 이슬람 상인이 울산까지 와서 무역을 하였다.

<핵심정리>

경제력의 비약적 성장:	농업 생산력 향상(인구 증가), 상품생산과 수요 증가(동시외에 서시와 남시 설치), 관청을 설치하여 왕실과 귀족이 필요한 물품생산
무역번성:	울산항과 당항성이 국제 무역항으로 번성
당나라와의 교류:	사절단, 유학생, 승려가 자주 왕래(당의 선진 문물과 사상 수입), 당나라 해안지역에 신라방(신라인 거주지), 신라소(감독관청). 신라원(절).신라관(숙박 시설) 설치
일본과의 교류:	주로 금속제품과 직물 등 수출, 당과 일본사이에서 중계무역 전개
서역과의 교류:	울산지역에서 서역상인과 직접 교류
장보고의 활동:	완도에서 청해진 설치 -해적 소탕, 당-신라-일본으로 이어지는 해상무역권 장악

Tip

*장보고(張保皐)
(? ~846년)
당나라에서 군인으로 출세한 장보고는 신라로 돌아와 흥덕왕에게 해적을 뿌리 뽑겠다는 자신의 생각을 밝히고 왕의 후원을 받아 완도에 청해진을 중심으로 동아시아의 해상 무역권을 장악하였다. 당시 장보고에 관한 기록은 엔닌의 "입당구법 순례기"를 비롯하여 각국의 역사서에 나타난다. 장보고는 김우징을 도와 그를 신무왕에 세우고 높은 벼슬을 받았다. 그 후 자기 딸을 문성왕의 둘째 비로 삼으려다 자객에게 살해 되었다. 중앙의 왕위쟁탈전에 참여하였다가 반란의 혐의로 암살되었다.

38 | 통일신라 귀족과 농민의 경제생활

통일 신라 시대에는 귀족들이 호화로운 생활을 했다. 금입택(金入宅)이라 불리는 저택에 많은 노비와 사병을 거느리고 살았다. 여기에 드는 비용은 지방에 소유한 대토지와 목장 등에서 나온 수입으로 충당하였으며, 서민을 상대로 한 고리대금업도 수입원의 하나였다. 삼국유사에 의하면 9세기경의 경주는 35리, 360방에 약 18만 호의 인구가 모여 살았으며, 하나의 초가집도 없이 지붕과 담이 이어졌으며, 노랫소리가 길에 가득하여 밤낮을 그치지 않았다고 한다. 귀족들은 국제 무역을 통하여 수입된 진기한 사치품을 선호하였다. 아라비아산 고급향료, 동남 아시아산 거북딱지로 만든 장식품과 고급목재, 에메랄드 등 사치풍조가 문란할 상황에 이르게 되자 흥덕왕 때 사치를 금하는 왕명이 내려지기도 했으나 실효는 거두지 못했다. 반면 지배층의 호화로운 생활과는 대조적으로 평민의 대부분은 자신의 토지를 경작하며 근근히 생활 하였다. 가난한 농민들은 귀족의 토지를 빌려서 경작하며 생계를 잇거나 귀족에게 빌린 빚을 갚지 못하여 결국 노비가 되는 경우도 적지 않았다.

<핵심정리>

귀족의 경제생활

경제 기반: 녹읍과 식읍(농민에게서 조세와 공물 수취, 노동력 동원), 물려받은 토지, 노비, 목장, 섬 소유
진골귀족들은 식읍, 녹읍, 전장(대농장) 등의 경제적 기반을 갖추고 있었다.

생활: 당과 아라비아서 수입한 비단과 양탄자, 유리그릇. 귀금속 등 사치품 사용

농민의 경제생활

농업: 척박한 토지, 시비법 발달 미비, 휴경농법시행 -생산력 한계

생활: 과도한 세금 부담(생계유지를 위해 남의 토지를 빌려 경작).공물 부담, 부역에 동원 -농사에 지장

노비: 왕실, 관청, 귀족, 절 등에 소속 -각종 필수품 제작, 일용 잡무, 농장관리, 주인의 토지 경작

Tip

*금입택(金入宅)
일반적으로 금입택은 금박을 씌운 집, 금이 오고가는 집으로 알려져 있다. 대표적인 금입택은 김유신의 재매정택이 유명하다. 삼국유사에 의하면 경주에 17만 8,936호의 가옥이 이었는데 그 중에서도 35채의 금입택이 있었다고 한다. 통일 신라 경주가 수도로서 전성시대를 구가하던 때는 신라 말기 헌강왕 때이며, 금입택은 신라 왕경(王京)에 거주하던 진골귀족(眞骨貴族)들의 호화스런 생활을 짐작케 해준다.

39 발해의 경제 발달

발해의 주민은 소수의 고구려인과 다수의 말갈족으로 이루어졌다. 지배층은 대씨, 고씨 등 대부분 고구려 계통 사람이었고, 건국 과정에 적극 협력하였던 말갈족 출신도 일부 있었다. 평민들은 도시에 거주하기도 하였으며, 많은 사람들은 촌락에서 살았다. 이들은 주로 농업에 종사하였는데, 만주 지역은 추운 기후 지대이어서 주로 밭농사를 지었다.

곡물로는 콩과 조가 일반적으로 재배 되었으며 누에도 치었다. 다양한 종족과 넓은 영토에 따른 자연환경의 차이로 인하여, 농업 이외에도 목축과 수렵, 어업도 성하였다.

<핵심정리>

Tip

수취제도: 조세(조, 보리, 콩 등 곡물 수취, 노동력 동원), 공물(베 명주, 가죽 등 특산물 수취), 부역(궁궐, 관청, 건축에 노동력 동원)

귀족의 생활: 대토지 소유, 무역을 통해 비단과 서적 등 수입

경제생활: 농업: 밭농사 중심. 일부 지역에서 벼농사 실시, 목축과 수렵발달
수공업: 금속가공업(철, 구리, 금 , 은 등), 직물업(삼베. 명주. 비단 등).도자기업 등 발달
상 업: 상경 용천부 등 도시와 교통 요충지에서 발달
대외무역: 해로와 육로를 통해 당과 무역(덩저우에 발해관 설치), 일본과도 무역 활발, 수출품(모피, 인삼, 자기, 불상 등). 수입품(귀족 수요품, 비단, 책 등)

40 삼국 사회의 모습

삼국은 농업을 주업으로 한 사회로, 주민의 대다수는 농업에 종사하였고, 이들은 가족 단위의 노동이나 마을 단위의 협동 노동을 통하여 농사를 지었다. 주민들은 조상 대대로 농사지어 온 토지를 경작하였고, 가난한 사람들은 부잣집의 농사를 대신 지어주고 삯을 받거나, 머슴살이를 하여 그 대가를 받아 생활하였다. 이러한 농민들 외에 노비들도 적지 않았다. 이들은 귀족이나 부잣집의 농사일이나 광업에 종사하였으며, 귀족 집안의 잡일을 하기도 하였다. 노비는 주로 전쟁에서 잡혀온 포로, 빚을 갚지 못한 빈민, 범죄자 및 노비의 자녀들이었다. 노비나 농민 위에는 족장의 후예인 촌주처럼 국가의 통치에 협력하여 경제, 신분상으로 상당한 특권을 보장받는 계층이 있었다. 그러나 국가의 모든 권력은 수도에 모여 살던 왕과 귀족들의 손에 있었다. 고구려의 귀족은 고구려가 압록강의 중류 지방에서 국가로 발전할 때 중심적인 세력을 이루었던 계루부와 왕비족인 절노부, 전왕족인 소노부, 그리고 관노부와 순노부를 말한다. 백제의 귀족은 고구려로부터 내려온 왕족인 부여씨 그리고 진씨, 해씨를 포함한 8개의 대표적인 귀족 가문들로 이루어졌다. 신라에서도 박.석.김의 3성씨와 가야계 김씨 등의 진골 귀족들이 지배층을 형성하였다. 이들 귀족들은 각 성씨 또는 부별로 굳게 단결하여 왕의 독단적인 통치를 견제하는 한편 상호 견제와 협조를 통하여 자신들의 각종 특권을 유지해 갔다. 화백 회의와 같은 귀족 협의체는 귀족들의 이익을 보장하기 위해 마련된 대표적인 제도였다. 또한 귀족 내부에서도 출신에 따라 엄격한 신분적 차등이 있었다. 신라의 경우에서 두드러지게 보이는 것처럼, 각 귀족들은 출신 성분인 골품에 따라 나아갈 수 있는 관직의 정도가 정해져 있었다. 게다가 집의 크기나 복장, 심지어 마구간의 크기 까지도 제한되었다. 이러한 제약은 일반 백성들에게도 적용 되었다. 한편, 일반 백성들은 혈연적인 관계뿐 아니라 각 지역에서 대대로 살아오면서 그 지역 주민으로서 강한 유대를 갖고 생활 하였다. 이들은 두레와 같은 공동체 조직을 유지했던 것으로 여겨지는데, 이러한 조직을 통하여 주민들 자체의 어려움을 해결하고, 특히 대규모의 노동력을 동원하여 둑을 쌓는 일이나 농사일 등을 수행 하였다 청소년들도 비슷한 또래끼리 모여, 자연을 즐기고 미래의 어른으로서 갖추어야 할 신체와 성품을 단련하였다. 신라의 화랑도가 대표적인 예이며, 고구려의 경우 각 지방의 경당이 이와 같은 기능을 수행 하였다. 백제의 경우도 구체적인 예가 전해지지는 않고 있지만, 이와 비슷한 청소년 조직이 존재하였을 가능성이 크다.

<핵심정리>

Tip

신분제 사회의 성립

사회계층과 신분제도

성립:	여러 부족이 통합하는 과정에서 지배층 사이에 위계 서열 마련-신분제도로 발전
부여와 초기 고구려:	'가' 나 '대가'로 불린 권력자가 읍락 지배, 정치에 참여-중앙 집권 국가가 성립하는 과정에서 귀족으로 편제
고대의 신분 구성:	귀 족: 왕족을 비롯한 옛 부족장 세력, 정치권력과 사회, 경제적 특권을 누림
	평 민: 대부분 농민으로서 자유민, 국가에 조세 납부, 노동력 징발 대상
	천 민: 왕실과 귀족 및 관청에 예속, 전쟁 노비, 형벌 노비, 채무 노비 등

고구려의 사회모습

사회기풍:	상무적 기풍(산간지역에 있어서 식량부족 - 대외정복 활동 활발), 엄격한 형법 적용
신분구성:	지배층: 왕족인 고씨를 비롯하여 5부 출신의 귀족이 정치 주도, 지위세습, 국정 운영에 참여
	평 민: 대부분 자영 농민, 국가에 조세 납부, 병역 의무, 토목 공사에 동원
	천 민: 피정복민 이거나 몰락한 평민 - 남의 소나 말을 죽이 자를 노비로 삼음, 빚을 갚지 못한 자가 자식들을 노비로 만들어 변상하기도 함.
혼인풍습	지배층(형사취수제, 서옥제), 평민(자유로운 교제 후 혼인)
농민몰락 방지:	진대법 시행 (고국천왕) -봄에 곡식을 빌려주었다가 가을에 갚게 한 빈민 구제책

백제의 사회모습

사회기풍:	상무적 기풍, 엄격한 형법적용(고구려와 비슷)

지배층: 왕족인 부여씨와 8성의 귀족들이 지배층으로 구성
- 해박한 관청 실무 능력

Tip

신라의 골품제와 화랑도

특성: 고구려, 백제보다 늦게 중앙집권 국가로 발전
-오랫동안 여러 부족의 대표가 모여 정치 운영
(화백회의)

골품제: 형성: 정복하거나 통합한 지역의 지배층을 세력에 따라 서열을 매기면서 성립
구성: 진골, 6두품, 5두품, 4두품 등으로 구성
특징: 골품에 따라 관등 승진의 상한선규정, 집의 규모와 복색 등 일상생활까지도 엄격한 제한을 받음

화랑도: 화랑(귀족 자제에서 선발)과 낭도(귀족과 평민에서 선발)로 구성, 계층 간의 대립과 갈등을 조절, 완화하는 구실을 함, 진흥왕 때 국가적인 조직으로 개편

41 ▌ 발해와 신라와의 관계

발해와 신라는 우호적인 관계를 유지한 것은 아니었다. 고구려의 후신임을 확신하던 발해가 신라에 대해 좋은 감정을 가질 수는 없었다. 또한 신라도 고구려의 옛 땅을 회복하고 국경을 맞대고 있는 발해를 위협적인 존재로 인식하지 않을 수 없었다. 그리하여 신라는 당과 더불어 발해를 공격하기도 하였다. 그러나 발해가 크게 성장하여 국제 관계가 안정되자, 두 나라 사이에 감정적인 대립은 있었으나 무력충돌이 일어나지는 않았다. 이는 당이 국제 관계가 안정되기를 바랐으며, 발해나 신라의 지배층이 현실에 안주하려 한데서 비롯된 것이다. 양국의 지배층은 넓은 영토와 각종 특권을 가지고 있었으며, 농업생산력은 점차 높아졌다. 이에 따라 귀족들은 목숨을 내걸고 다른 나라와의 땅을 빼앗으려는 위험한 전쟁을 일으키려 하지 않았다. 그리하여 두 나라는 때때로 사신을 교환하고 교역도 하는 등, 비교적 평온한 관계를 유지하였다.

Tip

<핵심정리>

남북국 시대 초기:	발해와 신라 상호 적대적. 발해 문왕이 신라도를 개설한 이후에 점차 관계가 회복되었다.

42 통일 후 신라 사회의 변화

삼국 통일은 삼국이 지니고 있던 혈연적 동질성과 문화적 공통성을 바탕으로 하여 우리 민족 문화가 하나의 국가 아래 발전하는 계기가 되었다. 삼국은 상호간에 오랜 전쟁을 치르면서도 동질성을 많이 간직하고 있었다. 언어와 풍습은 비슷하였고, 복장및 절하는 모습에서 약간 차이가 나는 정도였다. 신라는 통일 전쟁 과정에서 백제와 고구려의 옛 지배층에게 신라 관등을 주어 포용하였다. 통일 직후에는 백제와 고구려 유민들은 9서당에 편성함으로써 민족 통합에 노력하였다. 이렇게 하여 신라지배층은 삼한이 아닌 하나가 되었다는 자부심을 갖게 되었다.

<핵심정리>

민족 통합 정책:	옛 백제와 고구려 지배층에게 신라 관등을 주어 포용, 백제와 고구려 유민을 9서당으로 편성
진골 귀족:	전통적인 특권 유지, 중앙관청의 장관직 독점, 국가 중대사 결정
6두품:	학문적 식견과 실무 능력으로 국왕 보좌, 골품제에 따라 제약되는 신분적 한계는 여전히 존재(장관직, 지방장관은 불가능)
골품제의 변동:	3두품에서 1두품 까지는 평민과 동등하게 간주

Tip

43 발해의 사회구조와 문화

발해의 주민 구성은 다원적이었다. 지배층인 고구려계와 피지배층인 말갈계가 연합하여 이룩한 국가였으므로 공동체 의식은 약하였다. 왕실과 중앙 귀족은 주로 대조영과 함께 나라를 세운 세력과 그 후손들이었다. 그 밑에서 실무와 말단 행정을 담당하거나 지방을 다스린 수령도 중앙에서 파견되거나 토착세력으로 있던 고구려 유민이 대부분이었다. 지배층은 소유하고 있는 토지의 많고 적음이나 지위 등에 따라 여러층으로 나뉘었다. 벼슬은 문관과 무관으로 나뉘어 1품부터 9품까지 9등급이 있었다. 등급에 따라 관료들의 복장과 허리띠의 모양과 색을 달리하여 상하의 차별을 분명히 하였다. 왕실과 고위 관료들에게는 공.후.백.자.남의 작위를 주었다. 피지배층은 평민인 일반 백성들과 그 밑의 천민으로 노비가 있었다. 피지배층은 말갈족과 그 밖의 다른 종족들로 옛 고구려 피지배층의 후손들도 있었다. 이들은 농업과 목축 등 생산에 종사하였고 군대에 동원되었다. 발해는 주민 구성이 단일하지 않았던 것처럼 그 문화도 고구려, 당, 말갈족의 토착문화 등이 복합되어 있었다. 당과 외교관계를 맺은 뒤에는 많은 유학생이 당에서 공부하였고 당의 문물이 발해에 많이 들어왔다. 발해는 고구려 문화의 강건한 기풍을 계승하고, 당의 발달된 문물을 받아들여 수준 높은 문화를 이루었다. 발해의 무덤이나 건물 터에서 발견된 기와 무늬 등에서 쉽게 고구려의 문화 전통을 찾아볼 수 있다. 당 문물의 영향도 정치제도나 무덤양식도 곳곳에서 확인된다. 발해의 문화가 융성했던 것은 국제적으로 해동성국이라고 불린 데서도 알 수 있다. 문화유적으로는 궁궐터, 절터 등이 발굴되어 그 규모를 알 수 있으며, 많은 무덤도 전해지고 있다. 발해의 복합적 문화의 특징을 잘 보여 주는 것이 고분이다. 고분은 5경을 우선으로 한 지역에 많이 분포되었으며, 피장자의 신분과 지위에 따라 무덤의 크기와 장식 등이 달랐다. 또 무덤의 주인공에 따라 규모와 축조방식, 매장방법이 달라 복합적문화의 전통을 보여주고있다. 대표적인 예가 3대 문왕의 딸들인 정혜공주와 정효공주의 무덤이다. 정혜공주 묘는 돌방무덤으로 고구려전통을 보여 주고 있으나, 정효공주 묘는 벽돌무덤으로 당 문화의 영향을 보여준다. 과거 고구려 영역이었던 중국 길림성 집안 지역이나 함경도에서 발견되는 무덤들은 고구려 후기의 무덤 양식을 그대로 이어지고 있다. 고분에서는 묘비, 벽화, 장식품과 도기 등 많은 유물이 나와 문헌 자료가 적은 발해의 역사와 문화를 연구하는 데 중요한 자료가 되고 있다. 발해에서는 유학이 상당히 발달하였다. 발해인들이 지은 한시들이 지금까지 전해지고 있어, 그들의 학문 수준을 엿볼 수 있다. 또한 발해인들은 신라인들과 더불어 당의 과거 시험에 합격하기도 하였다. 발해의 종교로는 고구려 이래 계승된 불교가 융성하였으며, 도교도 널리 퍼졌다.

<핵심정리>

Tip

주민구성: 발해는 주로 지배층에 고구려 출신, 피지배층에 말갈인이 분포하여 이원적인 주민구성이 나타난다. 발해는 피지배층을 통제하기 위해 말갈인의 사회풍습과 조직을 이해하는 말갈인 출신의 추장을 촌락의 우두머리로 임명하였다.

지배층: 대씨(왕족) 고씨(귀족) 등 고구려계 사람이 대부분 -중앙과 지방의 중요관직 독점, 수도 등 큰 고을에 거주, 노비와 예속민 소유

피지배층: 다수가 말갈인 (고구려 전성기 때부터 고구려에 편입) -일부 말갈인은 발해 건국 이후 지배층이 되거나 촌락 우두머리가 되어 국가 행정 보조

당과의 교류: 당에 유학생 파견: 빈공과에 응시, 신라인과 경쟁
당의 제도와 문화수용: 당나라 문화의 영향을 많이 받았으나 고구려와 말갈 사회의 전통적인 생활 모습을 오랫동안 유지
주자감: 귀족 자제에게 유교 경전 교육
문적원: 도서와 문서 관장

44 고대의 문화

우리나라는 훈민정음이 나오기까지는 독자적인 문자를 갖지 못하였다. 따라서 우리의 학문도 이미 중국에서 확립된 한자를 통해 자라났다. 고조선 말기에 중국과의 활발한 교류를 통하여 한자가 받아들여졌다. 삼국시대에는 한자를 생활에서 사용할 뿐 아니라, 일부 학자들은 중국의 유학이나 불교의 교리를 이해하게 되어, 중국의 각종 경전과 역사서 등 이 읽혀졌다. 이렇게 연구된 학문들은 태학과 같은 교육기관에서 인재를 양성하는 데 활용되고, 불교 철학을 이해하는 계기를 마련하여 주었다. 또한 역사가 갖는 교훈을 중시하여, 각기 자기 나라의 역사서를 저술하게 하였다. 고구려의 유기 100권과 신집 5권, 백제의 서기, 신라의 국사가 삼국시대에 만들어진 역사서이다. 한편, 한자를 이해하기 쉽도록 우리 말투로 바꾼 이두를 고안해 냈고, 우리의 감정을 적절히 표현하기위해 향찰을 사용하여 시가를 적는 창조적인 문자 생활도 하였다. 삼국의 학문과 문화는 국제적으로도 교류가 활발하였다. 고구려와 백제는 중국 왕조와의 빈번한 교류를 통하여 문화 수준을 크게 높여, 신라나 일본에 발달된 문물을 전해주었다. 특히 백제를 비롯한 삼국의 문화는 일본 고대문화가 발달하는데 큰 공헌을 하였다.

<핵심정리>

한자의 보급과 교육

철기시대: 다호리 유적에서 붓 발견-한자를 도입하여 사용

삼국시대: 한자와 유학이 보급, 이두와 향찰을 만들어 사용

고구려: 소수림왕 때 태학 설립: 지배층의 자제들에게 유학교육 실시
지방에 경당 설치: 유학과 무술 교육

백 제: 오경박사(유교 경전의 교육 담당), 의박사(의료 교육 담당), 역박사(천문과 역법 교육 담당)

신 라: 6세기 이후 유교 경전에 대한 이해를 갖춘 인재 배출
임신서기석: 청소년이 유교 경전을 교육하였음을 알 수 있음

임신서기석

남북국시대

통일신라: 신문왕: 국학 설치(유교 교육 기관)
경덕왕: 국학을 태학으로 개편, 박사와 조교 설치 → '논어'와 '효경' 등 유교 경전 교육
원성왕: 독서삼품과 실시 → 유교 경전의 이해 수준 평가, 학문과 유학 보급에 이바지함

Tip

*오경박사 (五經博士)
백제시대에 오경에 통달한 사람에게 준 관직으로 각종 전문가들에게 박사의 칭호를 주었다. 그 중 『역경』·『시경』·『서경』·『예기』·『춘추』 등 다섯 경서에 능통한 사람을 오경박사라 하였다.

45 ▌ 역사 편찬과 유학의 보급

고대 삼국은 시대별로 전성시대를 구가하던 때가 있었다. 고구려의 광개토왕과 장수왕, 백제의 근초고왕 신라의 진흥왕 시대이다. 역사서는 이러한 전성기를 이끄는 왕들에 의해 편찬되어졌다는 공통점을 가지고 있다. 신라는 유학자를 많이 배출하였는데 강수. 설총. 최치원.김대문 등이 대표적이다.

Tip

<핵심정리>

역사서 편찬

고구려: 고구려 영양왕때 이문기가 "유기" 100권을 간추려' 신집' 5권으로 편찬

백 제: 근초고왕 때 고흥이 '서기' 편찬

신 라: 진흥왕 때 거칠부가 "국사" 편찬
위의 역사서는 왕권강화에 이용, 현재는 전해지지 않음
유학자 배출: 대부분 6두품 출신
강수: 외교문서를 잘 지은 문장가로 유명, 당에 보내는 외교 문서 작성
설총: 이두 정리, 유교 경전을 우리말로 쉽게 풀이 → 문학발전에 이바지함.
최치원: 당의 빈공과에 합격, 문장가로 이름을 떨침, "계원필경" 저술
김대문: 진골 출신, '화랑세기' 와 '고승전' 저술

46 불교의 수용

삼국시대 초기에는 공동체 단계로부터 이어 온 토템이즘등 조상신을 숭배하는 신앙이 계속되었다. 그 위에 국가체제가 다져지면서 왕실의 조상신이 국가적 신앙숭배의 대상이 되었다. 그러나 영토가 넓어지고 다양한 주민들이 모여 하나의 국가를 이루게 되자, 분파적인 종래의 신앙체계로는 국민의 단결을 도모하기에 부족하였다. 이에 따라 이미 중국에서 국가적 신앙으로 자리잡은 불교가 삼국에 도입되었다. 고구려에는 소수림왕 때 전진에서 순도라는 승려가 불교를 전하였고(372), 백제에는 침류왕 원년(384)때 동진에서 서역 출신의 승려 마라난타가 불교를 전하였다. 신라의 경우 고구려로부터 간헐적으로 불교가 전래되었으나, 6세기 전반 법흥왕 때 귀족들의 반대를 물리치고 불교를 정식으로 받아들였다(527). 불교는 국왕이 백성을 다스려 나가기 위해 사상을 통일하는데 기여 할 수 있는 신앙으로, 왕실에 의해 적극 도입되어 큰 후원을 받으며 빠르게 성장하였다. 처음에는 불교를 수용하는 데 왕실은 적극적이었고 귀족들은 반대하기도 하였으나, 곧 귀족들도 불교를 받아들였다. 불교의 윤회설은 현실의 불평등한 질서와 신분제를 그대로 받아들이게 하여 귀족들의 특권도 보장하는 것이었다. 수도를 중심으로 큰 절이 세워졌는데 이때 경주의 황룡사, 익산의 미륵사와 같은 대규모의 절들이 세워졌다. 절에는 많은 토지와 노비가 제공되었으며, 승려들은 각종 세금이나 부역, 군역을 면제받는 특권을 누렸다. 불교의 전래와 승려들의 국제적 교류로 불교에 대한 이해가 깊어지고, 중국이나 인도의 학문, 미술, 과학 기술, 음악 등이 들어와, 삼국의 문화 발전에 공헌하였다. 삼국시대의 불교는 왕과 귀족 등 지배층의 필요에 의해서 받아들여졌고 포교되었지만 일반 민중 속에 깊숙이 파고들어 큰 영향을 끼치지는 못하였다.

<핵심정리>

불교의 전래: 고구려 중국 전진으로부터 전래, 소수림왕 때 공인
백제 중국 동진의 마라난타로 부터 전래, 침류왕 때 공인
신라 눌지왕 때 고구려 묵호자로 부터 전래 , 법흥왕 때 공인

불교의 역할: 백성의 정신 통합, 왕실의 권위를 사상적으로 뒷받침함
국가에서 황룡사와 미륵사 등 거대한 사원 건립

Tip

47 ▌ 유학과 도교, 풍류도

국왕을 중심으로 통치체제를 갖추어 갔던 삼국시대에는 충성과 신의가 사회윤리로 강조 되었다. 삼국은 유학을 받아들이고 교육기관을 설치하여 인재를 기르고자 하였다. 고구려 소수림왕은 태학을 세워 중앙 귀족의 자제들에게 유학을 교육하였다. 지방에는 경당을 세워 평민 자제들이 책을 읽고 활쏘기 등 무술을 익히게 하였다. 백제에도 유학 교육기관이 있어 박사를 두어 유학을 가르쳤다. 신라 임신서기석에도 신라 청년 두 사람이 충성을 맹세하며 유교 경전을 공부한 사실이 전하고 있다. 중국에서 발달한 도교는 삼국에 들어왔다. 자연에 순응하는 철학을 바탕으로 민간 신앙이 덧붙여진 도교는 삼국의 백성들 사이에서 별 저항 없이 퍼져갔다. 백제는 신선 사상이 지배층 사이에 상당히 퍼져 있었다. 고구려 말에는 연개소문의 주장에 따라, 강성해진 불교를 견제하기 위해 도교를 다시 수입하기도 하였다. 이 당시 도교는 생활 속에 반영되어 내세관에도 영향을 끼쳤다. 신라에는 풍류도 또는 풍월도라는 고유 사상이 있었다. 풍류도는 신라인들에게 현묘한 도리로서 유교 불교 도교의 사상을 모두 포괄하고 있는 것으로 생각 되었다. 산천을 유람하고 가무를 하며 심신을 단련하고 도를 닦는 화랑도의 수련은 풍류도에 의한 것이었다.

<핵심정리>

유 학: - 고구려 소수림왕 때 중앙에 태학 설치, 귀족 자제에게 유교 경전과 역사서 교육, 장수왕 때 지방에 경당 설치, 한학과 활쏘기 등 무술 배움
- 백제, 5경 박사를 두어 유교 경전 교육, 역박사를 두어 천문, 역법, 의박사를 두어 의료 교육
- 사택지적비: 당시 한문학 수준이 높았음을 알 수 있음. 불교와 도교적 내용을 담고 있음
- 신라는 임신서기석에 화랑으로 보이는 두 청년들이 유학 경전 공부에 힘쓸 것을 맹세하는 내용이 새겨져 있음

도 교: 중국으로부터 전해져 귀족사회에서 유행, 노장 사상을 바탕으로 신선 사상 등이 결합하여 성립
영향: 고구려(고분 벽화의 신선 그림, 강서대묘의 사신도), 백제(산수무늬 벽돌, 백제 금동 대향로, 신라(화랑도)

백제 금동 대향로

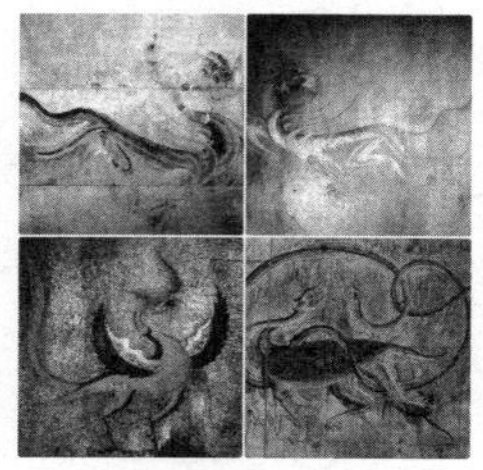
강서대묘 사신도

48 불교 사상의 발달

삼국 통일기에 접어들면서 불교를 이해하는 새로운 기준을 확립한 인물은 원효였다. 원효는 대승. 소승의 여러 경전을 두루 섭렵하고 그 뜻을 새롭게 해석하여 많은 저술을 남겼다. 그의 사상은 인도의 대승불교 이래 불교에서 큰 논쟁이 되었던 공(空), 유(有)의 대립과 세간. 출세간의 차별을 일심(一心)의 논리로 지양, 해소한 것이었다. 또 아미타불과 염불하면 누구나 서방극락에 갈 수 있다는 정토신앙을 널리 퍼뜨려 일반 백성들까지도 불교를 믿게 하였다. 원효 이후로 다방면의 불교학을 연구하고 저술을 남긴 많은 학승들이 나타났다. 신라 불교계는 화엄종과 법상종이라는 두 종파가 주도하며 교학 불교의 발전을 이끌었다. 화엄 사상은 모든 사물은 현상적으로 차별이 있으나 본질은 다 진리를 내포하고 있어 진리의 세계에서는 모든 것이 걸림 없이 조화롭고 융통하다고 하였다. 또 법상종의 유식사상은 현상의 모든 차별과 변화는 인간의 의식에서 일어나는 것이라고 설명하였다. 그 대표적 인물은 의상과 태현이었다. 통일기 무렵부터는 새로운 불교학을 공부하기 위해 많은 학승이 당으로 유학을 떠났다. 그 가운데 혜초는 당에서 공부하던 중 4년간에 걸쳐 바닷길로 서역에 가서 인도의 여러 곳과 중앙아시아지역까지 순례하고 육로로 당에 돌아와 <왕오천축국전>을 남겼다. 통일신라사회가 안정되고 불교신앙이 널리 확산되면서 많은 절과 불상, 탑이 조성되었다. 불국사와 다보탑과 석가탑, 석불사의 건축과 장엄한 불상, 성덕대왕신종(에밀레종)과 같은 문화유산들은 이 시대 불교문화의 모습을 전해준다. 또 이러한 건축과 조각에는 당시의 과학기술과 기술이 구사되어 있다. 불국사와 석불사를 창건한 김대성의 설화에는 불교 신앙과 전생과 현세의 부모를 위하여 절을 짓는 효심이 잘 나타나 있다. 김대성은 진골 출신으로 경덕왕 때 시중을 지낸 인물이다. 또 1966년 석가탑을 수리할 때 탑 안에서 부처의 사리를 모신 함과 함께 여러 가지 유물이 나왔다. 그 가운데 닥종이에 목판으로 인쇄한 <무구정광대다라니경>은 석가탑을 건립한 751년 이전에 만들어 탑 안에 넣었던 것인데, 현전하는 세계 최고의 목판 인쇄물이다.

<핵심정리>

원효: 일심사상을 바탕으로 종파 간의 사상적 대립 조화.
법성종을 개창하였다.
정토종(아미타 신앙)을 보급하여 나무아미타불 만 외우면 극락정토에 갈수 있다고 주장 -불교 대중화에 공헌

의상: 화엄사상 정립, 신라 화엄종 개창하여 왕권 전제화 에 기여, 부석사, 낙산사 등 여러 사원 건립
대표저서: 화엄일승법계도(일즉다 다즉일의 원융사상)

원측: 당에 가서 현장에게 가르침을 받고 불교 사상을 발달시킴, 유식불교를 배웠으며, 서명학파를 형성했다.
유식(唯識) 불교 -오직 식만이 있을 뿐이며 삼라만상이 다만 식의 작용이라는 것

혜초: 인도와 주변 지역을 순례하고서 '왕오천축국전' 저술(프랑스 국립 도서관에 소장)

<더 알아보기>

원효(617-686)

일심사상을 바탕으로 아미타 신앙을 보급하였다. 모든 것은 한마음에서 나오며, 나무아미타불을 열심히 외우면 극락에 갈수 있다고 주장하였다. 또한 불교 종파들 간의 사상적 대립을 조화시키고자 하였으며, 무애가(無碍歌)를 지어 교화에 활용하였고 불교의 대중화를 이루었다. <대승기신론소>,<십문화쟁론>, <금강삼매경론>, <화엄경소> 등을 저술하여 불교의 사상적 이해에 많은 영향을 끼쳤다.

"우연히 광대가 춤출 때 쓰는 커다란 박을 얻었는데 .... 이 박을 무애라 이름 붙이고 노래를 지어 세상에 퍼뜨렸다. 가난하고 무지몽매한 무리들 가지도 모두 부처의 이름을 알게 되었고 '나미아미타불'을 외우게 되었다.(삼국유사)

*화쟁사상(和諍思想)
마치 바람 때문에 고요한 바다에 파도가 일어나지만 그 파도와 바닷물이 따로 물이 아닌 것 처럼 우리 일심(一心)에도 깨달음의 경지인 진여(眞如)와 그렇지 못한 무명(無明)의 분열이 있는데 그 둘도 따로 있는게 아니다
-삼국유사

*왕오천축국전(往五天竺國傳)
신라시대의 승려 혜초가 인도를 돌아보고 당에 돌아와 727년에 쓴 기행문으로 당시의 인도와 서역 여러 나라의 종교. 풍속 등에 대해 자세히 기록해 놓아 역사 자료로서의 가치가 크며, 인도와 중국 사이의 교통로를 아는 데도 큰 보탬이 되었다. 1908년 프랑스의 펠리온 교수가 중국 간쑤성 둔황 석굴에서 발견하였다.

49 선종과 풍수지리설

신라말에 이르러서는 새로운 불교로 선종을 받아들였다. 사회가 혼란해져 기존체제가 흔들리게 되면서 민간에서는 각종 종교가 크게 성행하게 되는데, 신라 말기에도 이와 같은 현상이 일어났다. 통일 신라에는 불교가 크게 번성하였는데, 통일 신라의 전성기에는 화엄종 등 교종 불교가 성하였다. 교종 불교는 왕실이나 귀족들이 주로 믿었던 불교로, 교리가 어렵기 때문에 상당한 지식을 갖추지 않은 사람은 이해하기 힘들었다. 따라서 민중은 보다 단순한 정토신앙 등에 빠져 있었다. 그러다가 당에서 선종 불교가 들어왔다. 선종은 진리는 자기 안에 있는 것이며, 참선과 실천을 통해서 진리를 깨달을 수 있다는 가르침을 가진 불교로, 교종 불교의 어려움 속에서 헤매던 승려들이나 민중 사이에서 크게 퍼졌다. 선종의 선사들은 불교계를 장악하고 있던 교종 세력이 상대적으로 약했던 지방에 종단의 거점을 마련하였다. 그리하여 자연스럽게 중앙 정부와 대립하여 지방에서 세력을 뻗치고 있던 호족들과 결합하게 되었다. 선사들은 호족들의 번영을 기원해 주었고, 종교적인 면에서 호족들을 도와 흩어진 민심을 수습하게 하였다. 호족들도 이들에게 재물을 기증하고 선종사원을 적극적으로 보호해 주었다. 그리하여 신라 말에는 선종 불교는 각 지방에서 크게 일어났다. 이들은 지방의 큰 산에 절을 짓고 승려들을 교육하였으며, 민중의 신앙을 지도하였다. 이러한 선종의 종파 중에 대표적인 종파 9개가 있었는데, 이들을 9산이라 하였다. 이와 같이 신라 말에는 선종 불교가 유행하였으며, 이와 더불어 풍수지리설도 유행 하였다. 풍수지리설은 땅의 힘이 인간의 화. 복과 크게 관련을 갖고 있다는 신앙으로 사람들은 집이나 무덤 등을 좋은 땅에두어 복을 얻으려 하였다. 호족들도 풍수지리설에 따라 좋은 장소에 거점을 잡아, 점차 자신들의 세력을 크게 떨칠 수 있기를 기원하였다. 땅의 형태를 보아 화(禍)와 복(福)을 가리어 주는 전문가인 풍수사들은 풍수지리설에 관련된 서적을 공부하고, 다년간 전국의 땅을 보러 다녔다. 선종의 승려 중에서도 풍수지리설에 밝은 이들이 있었는데, 도선과 같은 선사는 당시 최고의 풍수사로 꼽혔다. 풍수사들은 전국의 땅을 보러 다니다가 사회의 혼란상과 변화상을 곳곳에서 보게 되었다. 따라서 이들은 신라가 멸망하고 고려가 강성해짐을 예상하게 되었다. 송악 길지설이 유행하여, 금성(경주)은 쇠하고 송악(개성)은 흥한다는 도참설을 유행시켜 민심을 왕건 쪽으로 기울게하여 왕건이 후삼국 통일의 유리한 사상적 기반을 제공하고 고려가 건국되는 데 크게 기여하였다.

<핵심정리>

Tip

선종 확산: 신라 말에 널리 확산
특징: 실천수행 으로 누구나 깨달음에 이를 수 있다고 강조 -호족과 백성에게 큰 호응 을 얻음
영향: 지방 호족의 후원을 받으면서 지방에 근거지 마련(9산 선문의 성립)
9산: 수마산. 사굴산. 사자산. 성주산. 화양산. 동리산. 가지산. 실상산. 봉림산.

풍수지리설: 보급: 신라 말기에 승려 도선이 보급, 땅의 모양과 땅의 기세로 국가와 개인의 길흉화복이 관계를 가지고 있다고 보는 설.
특징: 금성(경주) 중심의 지리 개념에서 벗어나 지방의 독자성과 중요성 강조→호족의 환영을 받음

제 6장

과학기술의 발달

50 천문학과 수학

고대 국가성립이후 삼국은 꾸준하게 과학기술이 발달하였다. 고구려는 천체관측 중심으로 발달하였다. 별자리 천문도를 제작하였으며 현재 전해지는 고분벽화에 별자리 그림이 남아있다. 이러한 그림을 통해서 사실적이고도 정확한 관측을 토대로 그렸다는 것을 알 수 있다. 신라는 7세기 선덕여왕 때에 첨성대를 세워 천체를 관측하였다. 첨성대는 세계에서 가장 오래된 천문대로서 인정을 받고 있으나, 최근 천문대가 아닌 제단이라는 설이 제기되어 논란이 되었었다. 삼국시대와 남북국시대까지 천문학과 더불어 수학도 발달하였다. 고구려의 고분석실과 천장의 구조, 백제의 정림사지5층석탑, 신라의 황룡사9층목탑 등과 통일신라시대에 만들어진 석굴암의 구조 및 불국사 3층 석탑과 다보탑 등의 건축은 삼국시대의 정밀한 수학적 지식이 상당한 수준으로 발달했다는 것을 나타내주고 있다.

< 핵심정리 >

천문학 발달: 배경: 천문 현상과 농경과의 관련성 인식 , 왕의 권위를 하늘과 연결 하려는 시도

유물·유적: 고구려(별자리를 그린 천문도 제작, 고분 벽화의 별자리 그림).
신라(첨성대)

수학 발달: 고분, 탑, 성곽 건축에 수학적 지식 활용 → 고구려 고분의 천장구조(모줄임 천장구조), 신라의 황룡사 9층 목탑, 다보탑(정밀한 수학적 지식 이용)

Tip

*삼국의 금속기술
삼국은 공통적으로 철 다루는 일을 국가에서 중요하게 관리했다. 고구려는 고분벽화에 철을 단련하는 기술자의 모습이 그려져있다. 백제는 칠지도, 백제 금동 대향로 제작했다. 신라 고분에서는 금관과 각종 장신구들이 출토 되었다.

Tip

<더 알아보기>

황룡사 9층 목탑

높이가 약 80m 로 추정되는 거대한 목탑으로 선덕여왕 때 승려 자장의 건의로 건립되었다가 고려 시대에 몽골의 침입으로 소실되었다.

무구정광대다라니경(無垢淨光大陀羅尼經)

1966년 10월에 경주불국사 3층 석탑에서 발견되었다, 신라 경덕왕 10년(751)에 불국사를 중창하면서 석가탑을 세울 때 봉안된 것으로, 세계에서 가장 오래된 목판 인쇄물(국보 126호)이다. 닥나무로 만든 종이에 기록했다.

칠지도(七支刀)

백제왕이 왜왕(倭王) 지(旨)에게 하사한 철제(鐵製) 칼이다. 칼에 새겨진 글을 통해 당시 백제와 왜의 관계를 알 수 있는 중요한 유물이다. 칼의 몸 좌우에 나뭇가지 모양의 칼을 각각 세개씩 달려있어 모두 일곱 개의 칼날을 이루고있다. 현재 일본의 이소노카미 신궁에 보관되어 있으며 일본 국보로 지정되었다.

황룡사9층 목탑 모형도

무구정광대다라니경

칠지도

제 7장
고대인의 자취와 멋

51 고분과 벽화

고구려 초기에는 장군총과 같은 돌무지무덤이 만들어졌으며, 점차 굴식 돌방무덤으로 발전하였다. 굴식 돌방무덤에는 벽화가 발견되는데, 초기에는 무덤주인의 생활 모습 그림이었으며 후기로 가면서 점차 사신도와 같은 추상적 형태로 변화하였다. 백제는 한성시대 돌무지무덤인 석촌동 고분은 계단식 돌무지무덤이다. 웅진시대의 송산리 6호분은 벽돌무덤 양식이며, 사신도와 산수도벽화가 발견되었다. 무령왕릉은 지석 내용 중 양나라로부터 책봉받은 영동대장군과 생전 사마왕의 명문에서 무령왕릉임을 확인할 수 있다. 신라는 통일 이전에는 규모가 큰 돌무지덧널무덤이 일반적이며, 도굴이 어려워 부장품이 다수 발견되었다. 발해 정혜공주의 굴식돌방무덤과 모줄임천장 구조와 생동감 있는 돌사자상은 고구려의 전통을 계승한 것으로 평가되고 있다. 정효공주 묘는 축조재료나 남장을 한 여성의 벽화가 발견되는 등 당의 문화요소를 반영하고 있으며, 죽은자의 생애와 가족관계 등을 기록한 묘지와 벽화가 발견되었다.

<핵심정리>

고구려: 돌무지무덤(초기, 장군총) -굴식 돌방무덤(4세기 무렵, 중국의 영향)

백 제: 한성시기: 돌무지무덤(서울 석촌동 무덤, 고구려 돌무지무덤과 유사)
웅진시기: 굴식 돌방무덤, 벽돌무덤(무령왕릉, 중국 남조의 영향)
사비시기: 굴식 돌방무덤

신 라: 돌무지덧널무덤 → 삼국 통일 직전에 굴식 돌방무덤도 조성

가 야: 널무덤, 덧널무덤 → 구덩식 돌덧널무덤(5세기) → 굴식 돌방무덤

통일신라: 불교가 유행함에 따라 불교식 장례법인 화장이 지배층에 보급, 굴식 돌방무덤 유행, 봉토 주위를 둘레돌로 두르고 12지신상 조각

발 해: 정혜공주 묘: 굴식 돌방무덤, 모줄임천장 구조(고구려 고분과 유사)
정효공주 묘: 당의 영향으로 벽돌무덤으로 축조, 묘지석과 벽화 발굴

Tip

*사신도
사신(四神)은 동쪽의 청룡, 서쪽의 백호, 남쪽의 주작, 북쪽의 현무를 말한다. 고구려는 6세기 이후 도교의 영향을 받아 동서남북 사방을 지키는 좌청룡, 우백호, 남주작, 북현무의 사신도와 신선 그림을 고분 벽화로 주로 그렸다.

굴식 돌방무덤 : 굴식 돌방무덤은 돌무지무덤이나 돌무지 덧널무덤과 달리 무덤 안에 거대한 공간이 있어 각 종 벽화가 그려졌고 이를 통해 그 시대 사람들의 생활과 사상을 짐작 할 수 있다.

고분벽화

고구려에서 유행 : 4세기부터 벽화를 그리기 시작

벽화의 소재: 무덤 주인공의 생전 생활 모습-불교 수용이후 불상, 연꽃 등 불교적 소재가 벽화에 가미 → 6세기 이후 도교의 영향으로 사신도와 신선을 주로 그림

장군총

천마총

정혜공주묘 1

정혜공주묘 2

*돌무지덧널무덤

신라는 고구려. 백제와는 무덤양식이 달랐다. 도굴이 어려운 돌무지덧널무덤을 만들었는데 이것은 지상이나 지하에 시신과 껴묻거리를 넣은 나무덧널을 설치하고 그 위에 냇돌을 쌓은 다음 흙으로 덮는 방식이다. 이러한 돌무지덧널무덤은 많은 진흙과 자갈로 덮어서 규모가 컸기 때문에 도굴이 어려워 껴묻거리가 그대로 남아 있다. 천마총에서는 무려 11,500여 점에 달하는 유물이 발굴되었다. 이러한 것은 도굴이 쉬운 굴식 돌방무덤과는 대조적이다.

52 ▌삼국시대와 발해 건축과 탑

삼국시대의 건축과 탑은 궁궐과 사원, 가옥건축, 탑 등으로써 나뉘어 진다. 고구려의 평양에 세워졌던 안학궁이 대표적인 궁궐로서 장수왕 때 건설 되었다. 안학궁은 사각형 한 면의 길이가 620m 로 거대했으며 고구려 남진 정책의 기상을 반영하는 건축물이었다. 사원으로는 6세기에 진흥왕이 세운 황룡사는 당시의 팽창 의지가 반영된 것으로 보이며, 7세기에 건립한 거대한 9층 목탑이 중심을 잡고 있어 위용을 보여주었다. 백제의 무왕 때 세워진 미륵사 또한 백제의 중흥을 반영하는 것으로 거대한 목탑을 중심으로 두고 동서에 석탑을 배치한 독특한 양식이었다. 가옥은 고구려의 고분벽화(안악 3호분)에 주로 나타난다. 탑은 삼국시대에는 불교의 전파와 함께 부처의 사리를 봉안하여 예배(禮拜)의 주 대상으로 삼던 탑도 많이 건립되었다. 고구려는 주로 목탑을 건립하였으나 현존하는 탑은 존재하지않는다. 백제는 익산 미륵사지 9층 석탑이 목탑의 모습을 가진 석탑만 현존 한다.부여 정림사지 5층 석탑은 미륵사지 석탑을 계승한 대표적 석탑이다. 신라 시대에는 황룡사 9층 목탑이 고려시대 몽골침입으로 소실되었고, 분황사 모전석탑은 석재를 벽돌모양으로 만들어 쌓은 탑으로 지금은 3층까지만 남아있다. 통일 신라의 건축과 탑으로는 궁궐과 가옥은 남아있는 것이 거의 없다. 불교가 융성함에 따라 사원을 많이 축조했는데, 그 중에서 8세기 중엽에 세운 불국사와 석굴암이 통일신라의 사원 건축을 대표한다. 발해는 수도 상경의 외성, 당의 장안성을 모방한 주작대로, 궁궐의 온돌장치, 사원건축 등이 발달 하였다.

<핵심정리>

건 축: 신라 진흥왕이 황룡사 건설, 백제 무왕이 미륵사 건설

탑: 초기에는 목탑 제작(황룡사 9층 목탑) → 석탑 제작(백제의 익산 미륵사지 석탑과 부여 정림사지 5층 석탑, 신라의 경주 분황사 모전 석탑)

통일신라

건 축: 불국사 (불교에서 추구하는 이상 세계 표현), 석굴암(인공 석굴 사원), 안압지(뛰어난 조경술로 유명)

Tip

탑: 이중 기단위에 3층으로 탑신을 쌓는 석탑 양식 완성(경주 감은사지 3층 석탑, 경주 불국사 3층 석탑, 양양 진전사지 3층 석탑), 독특한 탑 제작(경주 불국사 다보탑, 구례 화엄사 4사자 3층 석탑), 신라 말에 승탑과 탑비(승려의 일대기 기록)유행

발 해: 당의 장안성을 본떠 상경성 조성, 영광탑이라 불리는 5층 전탑

익산 미륵사지석탑

부여 정림사지석탑

안압지

분황사 모전석탑

Tip

53 ▌ 삼국과 남북국시대 예술

고구려, 백제, 신라는 중앙 집권 체제를 강화하는 과정에서 불교를 받아들였는데, 이후 불교가 발달하면서 사찰이 세워지고 불상이 많이 만들어졌다. 특히 삼국시대에는 미륵보살 반가상이 많이 만들어졌다. 미륵보살반가상은 미래에 부처로 태어나 중생을 구제하기로 정해져 있는 미륵보살이 중생을 구제하기 위해 정진하는 모습을 형상화한 것이다. 고구려 연가 금동여래입상은 두꺼운 의상과 긴 얼굴모습으로 북조양식을 따르고 있으나, 강인한 인상과 은은한 미소에는 고구려의 독창성이 보인다. 백제의 서산 마애삼존불은 부드러운 자태와 온화한 미소로 자비와 포용의 태도를 나타내 보이고 있다. 신라의 배리석불입상은 푸근한 자태와 부드럽고 은은한 미소를 띠고 있는 것으로 신라 조각의 정수를 보여주고 있다. 발해의 이불병좌상은 두 부처가 나란히 앉은 모습의 불상으로, 연꽃의 표현 방식이 고구려의 전통을 계승한 것으로 보인다.

<핵심정리>

불상 조각: 6세기경부터 제작, 미륵 신앙의 유행으로 미륵보살 반가상 다수 제작

삼국시대: 고구려의 금동 연가 7년명 여래 입상, 백제의 서산 용현리 마애 여래 삼존상, 신라의 경주 배동 석조 여래 삼존 입상

남북국 시대: 통일신라의 석굴암 본존불상, 발해의 이불병좌상
통일 신라에서는 불교가 발전하면서 불교 예술도 함께 발달하였다. 석굴암의 본존불과 같이 균형미가 뛰어난 불상들이 많이 만들어 졌다. 발해에서도 불교가 장려됨에 따라 고구려의 불상 양식을 받아들여 많은 불상을 만들었다.

공예

통일신라: 석등(보은 법주사 쌍사자 석등) 범종(상원사 동종, 성덕 대왕 신종) 제작

발 해: 자기공예 발전, 벽돌과 기와 무늬(고구려의 영향), 석등 제작

글 씨: 광개토 대왕릉 비문(고구려), 김생의 글씨(신라), 사택지적비(백제)

Tip

그　림:　천마도(경주 황남동 천마총에서 출토), 신라의 화가인 솔거가 유명

음악과 무용:　백결 선생(신라, 방아타령), 왕산악(고구려, 거문고로 유명), 우륵(가야, 가야금 제작, 12악곡 작곡-신라에 전래

Tip

천마도

미륵보살 반가상

고구려 연가 금동여래입상

백제 서산 마애삼존불

신라 배리석불입상

석굴암

성덕대왕신종

사택지적비

제 8장
문화교류

54 삼국시대 문화교류

삼국시대의 국제간 문화교류는 활발하게 이루어졌다. 고구려는 중국 북조와 여러 북방민족과 교류하였고, 백제는 중국 동진을 비롯하여 남조와 문화적으로 활발히 교류 하였으며 이를 활용 중국과 가야 그리고 왜를 연결하는 해상 교역을 주도하였다. 신라는 고구려를 통하여 중국 문화를 수용하였다. 서역과의 교역도 활발하였는데 경주 황남대총에서 발굴된 서역의 유리제품, 금제 장식 보검 등을 통하여 당시 서역과의 교류를 확인 할 수 있다.

<핵심정리>

중국과의 교류: 고구려(중국 북조와 여러 북방 민족과 교류, 남조와도 교류), 백제(중국 동진을 비롯한 남조와 활발히 교류, 중국 -가야 -왜를 연결하는 해상 교역 주도), 신라(고구려를 통해 중국 문화수용)

서역과의 교류: 고구려(각저총 벽화에 서역인 등장, 아프라시압 궁전 벽화에 고구려 사신등장), 신라(경주에서 서역의 유리 제품, 금제 장식 보검 등 출토)

각저총

아프라시압 궁전벽화

황남대총 유물 유리잔

황남대총 유물 유리병

55 삼국문화의 일본 전파

삼국문화가 일본에 전파되어 일본 고대문화 성립과 발전에 큰 영향을 끼쳤다. 삼국시대 우리나라 유이민들은 일본열도에 건너가 선진기술문화를 전해주어 야마토정권의 탄생(6세기)및 아스카문화(7세기)형성에 영향을 주었다. 고구려의 강서 수산리 벽화와 일본의 다카마스 고분벽화는 옷차림이 매우 비슷하며, 담징은 일본에 종이와 먹 제조 방법을 전수해주었고, 호류사 금당벽화를 제작했다. 혜자는 쇼토쿠태자의 스승이다. 백제는 아직기가 왜의 태자에게 한자 교육을 시켰으며, 노리사치계는 불경과 불상을 전파하여 일본에 불교를 보급하였다. 신라는 조선술. 제방 쌓는 축제술을 전수하였으며, 가야는 철기문화와 토기 제작기술을 전파하여 일본의 스에키토기에 영향을 주었다. 통일신라 시대에는 일본에 유교 문화와 불교사상을 전파하였다. 발해는 왜와 외교 관계를 맺어 문물을 교류하였으며, 일본 궁중에서 발해음악을 연주하였다.

<핵심정리>

고구려:	승려 혜자(쇼토쿠 태자의 스승, 정책 자문 역할 담당), 담징(종이와 먹이 제조법 전파)
백 제:	아직기와 왕인(한자, 천자문, 논어) 노리사치계(불경과 불상을 전하며 불교 보급), 오경박사, 천문박사, 공예 기술자 등이 과학과 기술 전파
신 라:	배 만드는 기술과 제방 쌓는 기술 전파
가 야:	철기 문화 전수, 일본 토기에 영향을 끼침 -스에키의 원류가 됨 일본은 가야 토기의 영향을 받아 회색 또는 회갈색을 띤 스에키를 만들었다.

Tip

*하쿠호 문화
통일 신라의 영향으로 일어난 일본의 고대 문화이다. 당시 일본은 문화적, 경제적으로 매우 낙후되어 있었기 때문에 고구려, 백제, 신라, 가야로부터 선진문물을 받아들였다. 특히 백제의 일본에 대한 문화 전수는 큰 영향을 끼쳤다. 이러한 과정에서 7세기 후반에 나타난 하쿠호 문화는 신라 불교와 유교 문화에 직접적인 영향을 받았다. 불상, 가람배치, 탑, 율령, 정치제도 등에서 신라의 불교와 유교의 영향을 크게 받았다.

제 9장
고려 건국과 후삼국 통일

56 ▌ 고려의 건국

송악 지방의 호족으로, 조상대부터 중국과의 무역을 통해 기반을 닦아온 왕건은 궁예의 부하가 된 이후, 많은 전공을 세우면서 자신의 지위를 높였다. 마침내 왕건은 궁예를 몰아내고 새 왕조를 세웠다(918). 왕위에 오른 태조 왕건은 고구려를 계승한다는 뜻에서 나라 이름을 고려, 연호를 천수라하고, 본거지인 송악(개성)으로 도읍을 옮겼다. 태조는 새 왕조의 기반을 튼튼히 하기 위한 여러 가지 조치들을 시행하였다. 먼저 지방의 독자적인 세력인 호족들을 자신의 편으로 끌어들이기 위하여 사신을 보내 달랬다. 또 백성들로부터 환심을 사기 위해 가혹한 조세제도를 고쳐 백성의 부담을 덜어주고, 억울하게 노비가 된 양인들의 신분을 회복시켜 주었다. 밖으로는 중국의 여러나라 외교 관계를 맺어, 국제적 지위를 다져나갔다. 한편 신라는 내부의 정치적 혼란과 계속되는 후백제의 공격을 견디지 못하고 고려에 나라를 넘겼다(935). 이 무렵, 성립 초기 기름진 토지와 많은 인구를 거느리고 최강국의 위치를 차지하고 있던 후백제는 왕위계승을 둘러싸고 왕실에서 내분이 일어나면서 국력이 약화되었다. 고려는 이를 틈타 후백제를 쳐서 멸망시켰다(936). 그리하여 약 반세기 동안 계속되던 후삼국의 다툼은 마무리되고 고려가 다시 후삼국을 통일하였다. 이어 고려는 이미 거란에 멸망당한 발해의 유민을 받아들임으로써 민족의 통합을 더욱 확고하게 하였다.

<핵심정리>

고려의 성립:	궁예의 실정 → 신하들이 왕건을 왕으로 추대 → 고려 건국(918)
고려의 후삼국 통일 과정:	통일 과정: 후백제와의 고창 전투에서 승리(930) → 후백제 견훤의 귀순(935) → 신라 경순왕의 항복(935) → 후백제군 격파 → 후삼국 통일(936)

Tip

57 태조의 정책과 왕권의 안정

고려가 통일을 이룩한 뒤에도 중앙과 지방에는 여전히 독자적인 세력 기반을 가진 공신이나 호족들이 있어서, 왕권은 불안정하였다. 이에 태조는 공신과 호족 세력을 누르고 왕권을 강화하는데 최대의 노력을 기울였다. 먼저 태조는 통일 전과 같이 지방의 호족들에게 사신을 보내 우호적으로 달랬고, 호족의 딸들을 아내로 맞아들였으며, 유력한 호족들에게 왕씨 성을 하사하여 이들과 인척 관계를 맺었다. 그리고 중앙의 공신들과 지방의 호족들을 관리로 등용하여 이들을 중앙집권체제 안으로 끌어들였다. 또 지방에 남아있는 호족의 자제들을 뽑아 수도에 인질로 머물게 하는 기인제도와 공신이나 고관들을 자기 고향의 관리로 임명하고 치안을 책임지게 하는 사심관제도 등을 실시하여 지방호족 세력을 달래고 통제하였다. 한편, 태조는 북방 민족의 침략에 대비하고 고려 왕실의 독자적인 세력 기반을 구축하기 위해 평양을 중시하여 이를 서경이라 하였다. 왕건은 왕식렴을 서경에 보내 그 곳을 고구려의 옛 땅을 회복하기 위한 북진정책의 전진기지로 육성하려 하였다. 왕권을 강화하려는 태조의 노력에도 불구하고, 커다란 세력을 가진 호족들로 인해 왕위계승은 순조롭게 이루어지지 못하였다. 혜종 때 대호족 이며 왕실의 외척인 왕규가 자신의 외손자를 왕위에 올리기 위해 난을 일으켰다(945). 이 난은 서경을 지키고 있던 왕식렴에 의해 진압되었지만, 그 후에도 왕권은 상당히 불안하였다. 혜종의 뒤를 이어 왕위에 오른 정종은 개경에 기반을 둔 외척과 공신 세력의 위협으로부터 벗어나기 위해 서경으로 천도할 계획을 세우기도 하였다. 그러나 이 계획은 정종의 죽음으로 실현되지 못하였다.

<핵심정리>

태조의 정책

민생안정: 백성의 세금을 줄여줌, 흑창을 설치하여 빈민구제와 민생을 안정시킴.

호족 포섭: 개국 공신과 지방 호족을 관리로 등용, 호족들에게 성씨, 토지 하사, 혼인 정책, 지방 중소 호족의 자치권 인정

호족 회유: 사심관 제도와 기인제도

정치안정: 정계와 계백료서, 훈요 10조(후대 왕들이 지켜야 할 정책 방향 제시)

Tip

정계와 계백료서:	태조가 신하들의 임금에 대한 도리 및 관리의 규범을 강조하기 위해 지은 책. 현재 전해지지 않음.
북진정책:	고구려 계승의식 표방, 서경(평양) 중시하여 북진 정책의 전진 기지로 삼았다. 청천강에서 영흥만에 이르는 지역까지 영토 확장.

*사심관 제도(事審官)
태조 왕건은 호족이나 공신들을 사심관으로 삼아 그들의 출신지역을 다스리게 하였다. 태조 왕건은 신라 경순왕 김부 를 사심관으로 임명하였으며, 임명된 호족과 공신들은 지방을 감독하고 민심을 수습하는 역할을 담당하였다.

58 광종의 개혁정치

고려 초기 왕권의 안정은 광종 대를 거치면서 이루어졌다. 광종은 즉위 후 무리하게 정책을 펼치지 않고 민심을 수습하고 호족 세력과는 우호적으로 대하면서 왕권을 유지하였다. 그러나 자신의 기반이 마련된 후부터 왕권 강화를 위한 강력한 정책을 추진하였다. 노비안검법을 실시하여 노비들 가운데 본래 양인이었던 사람들을 해방 시켜서 호족들의 경제적. 군사적 기반을 약화시켰다. 이어서 후주에서 귀화한 쌍기의 건의에 따라 과거제도를 시행하였다. 과거 제도는 주로 실력에 따라 인재를 등용하는 방법으로 기존의 호족 세력을 약화시키고 국왕에 충성을 다하는 신진 인사들을 등용하여 왕권을 안정시키는 데 매우 중요한 역할을 하였다. 또한 관리의 복색을 관등에 따라 구분하여 지배층의 위계질서를 확립했다. 광종은 스스로 황제라 칭하고 독자적인 연호 (광덕. 준풍) 을 사용하였다.

<핵심정리>

배 경: 혜종, 정종 때의 왕권 불안정, 왕자와 외척들과의 왕위 계승 다툼 전개(왕규의 난)

내 용: 노비안검법 실시: 호족 세력 약화, 국가의 수입 기반 확대
과거제 시행: 유교적 학식과 능력에 따라 관리 선발, 신구 세력의 교체 도모
백관의 공복 제정: 지배층의 위계질서 확립

결 과: 왕권강화, 유교적 정치 질서 강화, 공신과 호족 숙청, 황제호칭 사용. 광덕, 준풍 등 독자적인 연호사용

Tip

59 성종의 유교적 정치질서 강화

성종 대에 이르러 중앙집권체제가 확립되고 국가기반이 닦아졌다. 성종은 유학자 최승로의 도움을 받아 유교를 정치이념으로 삼고, 중국의 제도를 받아들여 중앙집권체제를 확립시켰다. 먼저 중앙에는 집권 정치를 실시할 수 있는 3성6부를 정비하고 지방에는 12목을 두어 중앙에서 지방관을 파견하였다. 또한 지방 호족의 지위를 중앙에서 파견된 지방관을 돕는 향리의 지위로 낮추게 하였고 그들의 자제를 교육시켜 중앙의 관리로 등용하였다. 또한 호장, 부호장을 상층부로 하는 향리 제도를 마련하였다. 이처럼 성종 때에 이르러 지배 체제를 완성하고 사회구조를 정착시켰다. 이러한 과정에서 사회적 지배 세력으로 문벌 귀족이 형성 되었다. 지방호족이나 신라 6두품 출신의 유학자들은 중앙집권체제가 확립됨에 따라 종래의 독자적 지위를 상실하고 중앙 관료로 진출하여 지배세력으로서 기반을 닦았다. 이들은 자신뿐만 아니라 후손들도 중앙정치에 참여하여 대대로 계승되는 문벌을 형성하였다. 또한 과거나 음서를 통해 관리로 진출하여 정치. 사회. 경제적 특권을 차지하고 왕실이나 귀족들 상호간에 혼인 관계를 맺어 폐쇄적인 귀족 신분을 유지하였다. 이러한 귀족사회는 문종 때에 전성기를 맞이하였다.

<핵심정리>

최승로의 시무 28조 수용:	유교를 통치이념 으로 삼고 중앙 집권 체제 강화
시무 28조:	최승로는 시무 28조를 올려 지방관의 파견을 건의하였고 불교 행사시 재정 낭비를 억제하도록 건의하였고 유교를 통치 이념으로 삼아야 한다고 건의하였다.
통치체제 정비:	주요 지방에 지방관 파견, 불교 행사 억제, 국자감 정비, 지방에 경학박사와 의학 박사 파견, 과거제 정비, 중앙관제를 2성 6부제로 하여 통치조직 정비

Tip

60 고려의 통치 체제

고려는 건국 초에는 태봉의 관제를 사용하였으나 집권체제가 정비된 성종 때에는 당의 제도를 본 뜬 3성 6부 체제를 마련하였다. 3성은 원래 중서성. 문하성. 상서성을 말하지만 고려에서는 중서성과 상서성의 2성 체제를 이루었다. 중서문하성은 국가 정책을 작성, 심의하는 임무를 맡았고, 상서성은 중서문하성에서 결정된 정책을 그 아래 예속된 6부에 통해 나누어 집행하는 임무를 맡았다. 중서문하성과 함께 고려의 중요한 정치 기구인 중추원은 왕명의 출납과 군사 기밀 등의 임무를 맡았으며, 재정회계 기관인 삼사와 함께 송나라의 제도를 본떠 만든 것이다. 중서문하성과 중추원의 고관들이 모여 국가의 중요한 일을 협의, 결정하는 합좌 기구로는 병마사와 식목도감이 있다. 도병마사는 대외적인 국방. 군사 문제를 관장하였고, 식목도감은 대내적인 법제 격식 문제를 다루었다. 두 기구는 고려의 독자적인 제도로, 이처럼 합좌 기구가 존재하였다는 사실은 고려 귀족 정치의 특징을 잘 나타내준다. 또한, 도병마사는 고려 후기에 이르러 도평의사사로 개칭되면서 중서문하성을 대신하여 국가의 모든 정무를 관장하는 최고 기구로 발전하였다. 고려의 지방 제도는 군현 제도를 근간으로 하여 중앙에서 지방관을 보내는 중앙집권체제를 이루었다. 초기에는 지방관을 보내지 못하고 다만 조세를 징수하고 운반을 담당하는 관리만이 있었다. 그러다가 성종 때 12목이 설치되어 처음으로 지방관을 보내면서 차츰 정비되어갔다. 5도에는 안찰사를 파견하여 지방을 순찰하며 행정업무를 관장하게 하였다. 양계(兩界)는 군사 지역으로 동계와 북계에 설치하여 병마사를 파견하였다. 고려 전기에는 중앙의 통치력이 지방에 완전히 미치지 못하였기 때문에, 지방관이 파견된 주현보다 파견되지 않은 속현이 훨씬 많았다. 국방상의 요충지에는 진(鎭)을 설치하였다. 이것은 군사적인 특수지역이었다.

Tip

<핵심정리>

2성 6부:	중서문하성(최고 통치 기구, 장관인 문하시중이 국정총괄), 상서성(정책 집행)
중추원:	국왕의 명령전달, 군사 기밀 담당
삼사:	화폐와 곡식의 수입, 지출 담당
어사대:	정치의 잘못을 논하고 관리의 비리 감찰
도병마사와 식목도감:	고려의 독자성을 보여주는 관청, 중서문하성의 재신과 중추원의 추밀이 모여 국가의 중요한 일 결정, 고려 귀족 정치의 특징.

지방행정 조직의 정비

정비과정:	12목 설치, 지방관 파견(성종) → 5도 양계로 정비(현종)
5도:	일반 행정구역, 안찰사 파견, 5도 아래에 군, 현 설치(수령파견) 양광도(경기도), 경상도. 전라도. 교주도(강원도). 서해도(황해도)
양계(동계, 북계):	북방 국경 지대에 설치한 군사행정 지역, 병마사 파견, 외침의 가능성이 큰 지역에 진 설치. 동계(함경도). 북계(평안도)
경기:	개경과 그 주변의 군, 현
특수 행정 구역:	향, 부곡, 소 -일반 군현보다 많은 세금부담, 이주 제한
특징:	지방관이 파견된 주현 보다 지방관이 파견되지 않은 속현이 더 많음, 향리가 조세나 공물의 징수 등 지방의 행정 실무 담당

Tip

*도병마사(都兵馬使)
고려시대 문관중심의 국방 회의기구로서 중추원의 추밀과 중서문하성의 재신이 모여 하는 회의가 도병마사와 식목도감이다. 도병마사는 주로 국방과 군사 문제 등 국가의 중요한 정책을 결정하고 식목도감은 국내 정치에 관한 법을 제정하거나 각종 시행 규칙 만들고 국가의 중요 행사를 관장하는 회의기구로서 재추 회의라고도 불린다.

<더 알아보기>

특수행정구역(향, 부곡, 소)

가장 낮은 대우를 받는 천민으로는 향. 소. 부곡 등 특수행정구역에 거주하는 주민과 공. 사 노비, 화척 , 재인(광대), 진척(뱃사공) 등이 있었다. 향과 부곡은 농업에 종사하는 사람들의 집단 거주지였다. 특수행정구역의 주민들은 일반 군현민보다 천시되었다. 고려 중기 이후 향. 소. 부곡은 그 특수성이 소멸 되면서 일반 주민으로 승격되어 양민으로 되어갔다. 노비는 가장 천대를 받는 계층으로, 관청에 딸린 관노비와 개인이나 사원에 속한 사노비가 있었다. 고려의 신분제도는 조상의 신분이 그 자손에게 대체로 세습되는 것이었지만 한편으로는 끊임없이 신분의 이동이 일어나고 있었다.

61 군역 제도와 군사조직

고려의 군사조직은 중앙군인 2군 6위와 지방군인 주현군의 이원 조직으로 구성되었다. 중앙군인 2군은 국왕의 친위군으로 응양군, 용호군이 왕실을 지키는 임무를 맡았고, 6위는 수도 방위 및 변방 수비의 임무를 맡았다. 2군 6위는 직업 군인으로서 군인전을 지급 받았다. 2군 6위의 최고 지휘관인 상장군과 대장군은 합좌 기구인 중방에서 군사 문제를 논의하였다. 그러나 중방은 문신들의 합좌 기구인 도당에 비해 낮은 자리에 있었다. 한편, 지방군인 5도에 주현군이 치안과 경비를 담당하는 보승, 정용군과 일품군으로 편성되었고, 양계에는 주진군이 상비군으로서 조. 우. 초군으로 구성되었다. 주로 일반 농민들을 주축으로 이루어졌다. 이들은 자기 지방에서 국방과 치안의 임무를 수행하는 동시에 여러 가지 잡역에도 동원되었다.

<핵심정리>

중앙군: 2군(궁궐과 왕실 호위) -응양군, 용호군 직업군을 중심으로 편성
6위(개경과 국경 지역 방어) - 금오위는 경찰, 천우위는 의장, 감문위는 궁성 수비를 담당, 군적에 올라 군인전을 지급받고 자손에게 역 세습

지방군: 주현군(5도의 일반 군. 현에 주둔, 지역 수비, 국가 공사에 동원)
주진군(양계에 주둔, 국경 방어) -군적에 오르지 못한 일반 농민으로 16세 이상의 장정들로 지방군 조직

Tip

62 관리 등용과 교육제도

고려의 관리 선발 방법에는 과거제와 음서제가 있었다. 광종 때 왕권을 강화하기 위해 처음 실행된 과거제는, 과목에 따라 제술과. 명경과. 잡과의 셋으로 나누어져 있었다. 제술과는 한문학으로, 명경과는 유교 경전으로, 잡과는 기술과목을 시험보았다. 이 중에서 제술과가 가장 중요시되었다. 한편, 무관을 선발하는 무관은 예종 때 실시되었으나, 곧 폐지되었다가 공양왕 때 정식으로 실시되었다. 고려시대에는 과거 급제자가 관직에 임명되는 데에는 가문이 크게 작용하였다. 한편, 과거 이외에 고관의 자제가 자동적으로 관리가 되는 방법으로 음서제가 있었다. 음서제는 5품 이상 고위 관리의 자손이 과거를 거치지 않고 바로 관직에 나아갈 수 있는 제도로, 고려시대에는 음서제가 널리 시행되어 귀족들의 신분을 유지하는 데 이용되었다.

Tip

<핵심정리>

관리 등용

과거제: 제술과(문학적 재능과 정책 등 시험), 명경과(유교 경전에 대한 이해 능력 시험), 잡과 (법률, 산술, 의학, 지리 등 실용 기술학 시험) 승과

음 서: 왕족이나 공신의 자손, 5품 이상 고위 관료의 자제는 과거 시험을 거치지 않고 관리로 임명, 귀족의 지위 세습, 귀족적 특성

교 육: 개경에 국자감(최고 교육 기관), 지방에 향교 설치

<더 알아보기>

음서제(蔭敍制)

고려시대의 관료는 광종 이후 과거 시험을 통해 등용되는 것이 원칙이었으나 초기에는 신라때 나라에 공을 세운 신하의 자손에게 관직을 주었던 사례에 따라 왕족, 공신, 5품 이상의 문관과 무관의 자손에게 관직을 주어 임용하는 음서제도가 존재했다. 이 제도에 따라 고려 초부터 왕족과 공신의 자손으로 18세 이상이 된 자에게 관직을 주었고, 목종 때부터는 5품 이상의 문관과 무관의 아들에게도 음직을 주었으며, 현종 때부터는 범위가 넓어져서 아들뿐 아니라 동생이나 조카도 1명에 한해서 관리로 임용했다. 해주 최씨, 경원 이씨, 경주 김씨 등이 대표적이다.

63 ▌ 문벌 귀족 사회의 성립과 동요

고려 시대는 그동안 귀족 사회의 전성기를 구가하였다. 그 정점은 문종 때 까지였다. 문종대를 지나 인종대에 이르는 시기에 귀족사회에 내부에서 점차 모순이 쌓여 갔다. 문벌 귀족들은 정치 권력의 독점과 경제적 특권에 집착하였을 뿐만 아니라 이러한 것들을 확대 유지하기 위해 귀족들 간의 혼인을 통하여 인척관계를 형성하였고 왕실과 혼인을 통하여 외척관계를 맺기도 하였다. 대표적인 예로 경원 이씨인 이자겸 같은 경우에는 딸들을 예종과 인종에 보내어 외척이 되었다. 이자겸은 당시 왕의 장인이자 외할아버지였다. 이러한 정치권력과 경제적 특권의 확대는 지배층 내부의 분열과 충돌을 야기시켰다. 이러한 결과로 문벌귀족과 지방출신의 신진관료세력 사이에 대립이 나타나게 되는데 이자겸의 난과 묘청의 난은 문벌 귀족사회의 동요를 나타내는 대표적인 사건이라 볼 수 있다.

Tip

<핵심정리>

문벌 귀족 사회의 성립

성 립: 지방 호족 출신과 6두품 계통의 유학자들이 지배층인 귀족 형성
문벌 귀족화로 여러 세대에 걸쳐 중앙에서 고위 관료 배출

특 권: 과거와 음서를 통한 관직 독점, 전시과나 공음전을 통해 대토지 소유
귀족끼리 또는 왕실과 혼인 등을 맺었다.

결 과: 사회적 모순과 갈등 대두

64 ▌ 이자겸의 난(1126)

고려 시대 최대의 문벌 귀족으로 왕실과 중첩된 혼인 관계를 맺은 이자겸은 그 세력이 왕권을 능가하였다. 경원(인주)이씨는 문종에서 인종에 이르기까지 십 여 세대에 걸 쳐 다섯 명의 수상과 이십여 명에 이르는 재상을 배출하였다. 이에 이자겸의 권력 독점에 반발하는 왕의 측근 세력과의 대립으로 정치적 갈등이 나타났는데 인종은 지방 출신의 신진 관료들과 연합하여 이자겸을 제거하려 하였으나 실패하고 말았다. 그 뒤 이자겸의 세력은 더욱 커져 척준경과 함께 군대를 이끌고 궁궐로 들어가 왕의 측근 세력들을 제거하고 권력을 장악하기에 이르렀다. 외손자이자 왕인 인종은 허수아비로 전락한 왕의 위기를 극복하고자 하였다. 인종은 이후 이자겸과 척준경의 불화를 알게 되어 척준경에게 회유를 하고 척준경은 이를 받아들여 척준경이 이자겸을 제거하면서 난은 평정된다. 이후 이자겸과 그의 부인을 비롯하여 아들과 측근들은 모두 귀양 보내지고 인종의 비(妃)인 셋째, 넷째 딸들도 사가로 쫓겨났다. 이로써 경원 이 씨 세력은 몰락하고 고려전기의 문벌귀족사회는 붕괴하기 시작하였다.

<핵심정리>

문벌 귀족 사회의 성립

배 경: 경원 이씨 가문이 가장 유력한 외척 가문으로 성장 → 이자겸의 권력 독점.

경 과: 위협을 느낀 인종이 이자겸 제거 시도 → 실패 → 이자겸이 척준경과 함께 반란을 일으켜 왕실 위협 -인종의 설득에 넘어간 척준경이 이자겸 제거

결 과: 국왕의 권위 실추, 문벌 귀족 사회의 붕괴 촉진

Tip

65 묘청의 서경 천도 운동(1135)

이자겸의 난 이후 국내의 정치적 혼란과 금의 압력으로 고려사회는 매우 불안하였다. 이러한 정세를 이용하여 묘청, 백수한, 정지상 등 서경 세력은 서울을 서경으로 옮겨, 금에 대해 사대적인 자세를 취하는 개경의 문벌귀족 세력을 견제하고 왕권을 강화하려 하였다. 묘청 일파의 이와 같은 서경 천도 운동은 문벌귀족정치로 약화된 왕권을 강화시키려하는 인종에 의해 받아들여졌지만, 김부식을 중심으로 한 개경파 문벌귀족들의 반대로 좌절되고 말았다. 이에 묘청 등은 서경을 거점으로 국호를 대위, 연호를 천개라 하여 난을 일으켰다(1135). 그러나 문벌귀족 세력을 대표하는 김부식에 의해 1년 만에 진압되었다.

<핵심정리>

배 경: 인종의 정치 개혁 추진, 서경 세력(칭제 건원과 서경으로 수도를 옮기자고 주장)과 개경 세력(유교 이념에 따른 사회질서의 확립 주장) 대립

전 개: 인종이 서경에 궁궐 건설-김부식 등 개경 세력이 서경 천도에 반대 → 서경 천도 계획 중지 → 묘청 등 서경 세력이 서경에서 반란을 일으킴 → 김부식이 이끄는 관군에 진압됨

성 격: 문벌 귀족 사회내부의 분열, 지역세력 간의 대립, 풍수지리설이 결부된 자주적 전통 사상과 사대적 유교 정치사상의 충돌, 고구려 계승이념에 대한 이견과 갈등

결 과: 귀족 사회 내부의 모순을 드러냄

Tip

Tip

<더 알아보기>

신채호의 서경천도운동 인식

그러면 조선 근세에 종교나 학술이나 정치나 풍속이나 사대주의의 노예가 됨은 무슨 사건에 원인하는 것인가.... 나는 한마디말로 회답하여 말하기를 고려 인종13년(1135)서경(평양)천도운동 즉 묘청이 김부식에게 패함이 그 원인으로 생각한다. .... 묘청의 천도운동에 대하여 역사가들은 단지 왕사가 반란한 적을 친 것으로 알았을 뿐인데 이는 근시안적인 관찰이다. 그 실상은 낭가와 불교양가 대 유교의 싸움이며, 국풍파 대 한학파의 싸움이며, 독립당 대 사대당의 싸움이며, 진취사상 대 보수사상의 싸움이니 묘청은 전자의 대표요 김부식은 후자의 대표였던 것이다. 묘청의 천도운동에서 묘청 등이 패하고 김부식이 이겼으므로 조선사가 사대적, 보수적, 속박적 사상인 유교사상에 정복되고 말았다. 만약 김부식이 패하고 묘청이 이겼더라면 조선사가 독립적, 진취적으로 진전하였을 것이니 이것이 어찌 일천년래 제일대사건이라 하지 아니하랴.

<조선 역사상 일천년래 제일대사건>

66 ▌무신정권의 성립(1170)

묘청의 서경천도운동 실패 이후 개경의 문벌 귀족들이 권력을 장악하였다. 인종의 아들인 의종은 즉위 후 왕권의 미약함을 극복하고자 하였으나 환관과 주변 간관들을 모아 국정을 운영하였다. 이시기 문관과 무신들은 법제상 동등하게 대우하였으나 실제로는 차별이 심하여 갈등이 더욱 심해졌다. 무신에 대한 차별대우는 전시과의 토지분배에서 문신보다 낮았고, 군인전을 박탈당하여 무신인 최질, 김훈 등이 반란을 일으켜 무신들의 정변의 징조가 이미 나타났다. 또한 과거제에서 무과가 없고(예종 때 실시되고 공양왕 때 정식으로 설치됨) 문신들이 군사 지휘권까지 장악하였다. 이렇듯 의종의 자포자기식 사치와 향락을 영위하면서 한편으로는 일반 백성인 농민들에 대한 과도한 수취 등 농촌사회도 의종에 대한 불만과 원망으로 동요되었다. 이렇게 무신을 천대하는 풍조는 의종 때 극에 달하여 무신 정변의 배경이 되었다. 의종 24년(1170)에 정중부. 이의방. 이고 등이 사전에 계획하여 정변을 일으키고 문신들을 닥치는 대로 살육하고 정치의 실권을 장악하였다. 무신들은 의종을 폐하고 그의 아우인 명종을 옹립하였지만 명목상 왕일 뿐 무신정권의 성립이었다. 무신정변으로 문신 중심의 정치조직인 도병마사와 식목도감은 그 기능을 상실하고 종래의 최고 회의기관인 무관중심의 중방이 권력의 핵심기구가 된다. 이후 무신들은 문신들이 지내던 고위직을 모두 차지하고 토지와 노비를 늘렸으며 신변보호를 위해 자신들의 사병을 두어 정권쟁탈전을 벌였다. 이러한 정권쟁탈은 정중부의 중방정치에서 경대승의 도방정치, 이의민의 집권으로 이어지고 최충헌이 이의민을 살해하고 정권을 잡은 후 아들 최우를 비롯하여 60년간 최씨 무신정권이 열리게 된다. 무신정권은 임연 부자가 몰락할 때까지 100년간 지속되었다.

<핵심정리>

무신정변(1170)

배 경: 문벌 귀족 지배 체제의 모순, 의종의 실정, 문신 우대와 무신 차별, 군인전을 제대로 지급받지 못한 하급 군인들의 불만

과 정: 의종의 보현원 행차 때 정중부, 이의민 등 무신들이 정변을 일으킴→의종을 폐위하고 명종 옹립, 무신들이 중방(무신들의 회의기구)을 중심으로 권력 행사→무신 사이의 권력 투쟁 전개 이러는 과정에서 문관중심의 도병마사 대신 무관중심의 중방이 권력의 핵심기구가됨. 이후 무신 사이의 권력 쟁탈 과정에서 자신의 신변을 보호하기 위해 도방이라는 일종의 사병조직을 만들었다.

Tip

67 최씨 무신정권의 성립

정권을 장악하는 데 성공한 최충헌은, 모든 반대 세력을 억압하고 독재정권을 수립하였다. 최충헌은 중방을 대신하여 교정도감이라는 독자적인 정치기구를 만들고, 사병 조직을 강화하여 자신의 무력기반으로 삼는 등 자체적인 권력 기반을 확립하였다. 이렇게 하여 무신 정권의 틀이 갖추어지고, 4대 60년간의 최 씨 무신정권이 계속되었다. 4대에 걸쳐 계속된 최씨 정권은 점차 붕괴기로 접어들게 되었다. 김준. 임연 등 의 무신 정권기에 이르러, 이전과 달리 독자적인 집권 기구와 사병 집단, 그리고 이를 유지하기 위한 경제 기반이 약화되고, 무신 집권자의 지위도 불안정하게 되었다. 게다가 계속되는 몽고의 압력으로 무신정권의 존속이 불가능하게 되었다. 마침내 몽고와 결탁하여 왕권의 회복을 꾀하는 세력에 의해 무신정권이 무너지고, 왕정 복구가 이루어지게 되었다.

Tip

<핵심정리>

무신정변 이후: 정중부(중방)-경대승(도방)-이의민(중방)-최충헌(교정도감)-최우(정방서방)

최충헌: 이의민을 제거하고 정권 장악, 교정도감 설치, 사병 집단의 도방을 확대하여 자신의 호위 강화

최 우: 정방 설치(관리들의 인사 업무 처리), 문인 등용, 삼별초 조직

<더 알아보기>

교정도감(教定都監)

고려 후기 무신 집권 하의 최충헌이 사적으로 만든 최고권력 기관으로 청교역(경기도 개풍군)의 역리들의 최충헌 암살음모수사를 하고 처벌하기 위해 만든 임시기구였다. 이후 최충헌의 반대세력을 제거할 뿐만 아니라 국정을 운영하는 최고 권력기구였다. 교정도감의 우두머리로 교정별감을 두었으며, 그 밑에 도방. 정방. 서방 등의 기구를 거느렸다.

제 10장
대외관계의 변화

68 ▌ 거란의 침입과 격퇴

고려 광종은 962년 송나라와 수교를 맺고 거란을 견제하였다. 또한 거란은 송나라와 친교를 맺고 북진정책을 추진하고 있던 고려를 경계하였다. 태조 때부터 서경을 북진정책의 전진기지로 개발했기 때문에 고려와 거란의 충돌은 불가피 하였다. 이에 앞서 송나라와 고려의 친선관계를 안 거란(요)은 송을 침략하기 전에 고려를 침략하였다. 송나라와 고려가 더 이상의 친선관계로 발전하는 것을 방지하고 거란의 추후 위험요소를 없애기 위한 것이었다. 1차 침입은 993년 소손녕이 80만 대군을 이끌고 쳐들어왔다. 봉산성에서 치열한 전투가 벌어졌고 청천강 하류의 안융진(안주)에서 고려가 거란군을 크게 무찔렀다. 거란(요)은 사신을 보내 회담을 제의하였다. 이때 담판에 나선 서희는 고려가 고구려의 계승자임을 내세워 고려에 유리하게 회담을 이끌었다. 그 결과 고려는 송과 관계를 끊고 요를 적대하지 않는다는 조건으로 거란군은 물러갔다. 또 거란은 압록강과 청천강 사이의 땅 강동 6주를 고려의 영토로 인정하였다. 그러나 이후에도 고려가 비공식적이지만 계속 송나라와 교류하고 거란이 강동 6주의 반환을 요구하였으나, 오히려 군사 거점으로 삼은 데 불만을 품고 있었다. 고려는 거란의 재침략에 대비하였다. 변경지대에서 백성의 군사들이 거란 침략에 대비하고 있을 때 고려 조정에서 정변이 일어났다. 당시 임금은 목종이었으나 실권은 태후와 가까운 김치양이 장악하고 왕위까지 넘보고 있었다. 불안하게 지내고 있던 목종은 서경에 있던 강조를 불러들여 궁궐을 지키도록 하였다. 군사를 이끌고 온 강조는 김치양 일당을 몰아낸 다음 목종까지 몰아냈으며 새 임금으로 현종을 세우고 실권을 쥐었다. 이 사건이 일어나자 요의 성종은 강조의 죄를 다스리겠다는 구실로 1010년 40만 대군을 이끌고 2차 침략해 쳐들어왔다. 그러나 압록강을 건너온 거란군은 흥화진에서 거센 저항에 부딪쳤다. 흥화진의 군인과 백성들은 양규를 중심으로 뭉쳐 거란군에 맞서 싸웠다. 쉽게 함락시킬 수 없게 되자 거란군은 20만의 군사를 남겨두고 나머지는 남쪽으로 공격해왔다. 거란군은 고려군을 기습하여 강조를 사로잡았다. 거란군은 서경을 그대로 두고 개경으로 쳐내려왔다. 고려의 군대는 거의 서경 이북에 이었으므로 개경의 방어군은 미약할 수밖에 없었다. 고려 조정에서는 항복하자는 의견이 많았다. 다음해 초에 개경이 함락되었다. 왕을 비롯하여 귀족들은 멀리 나주까지 피란하였다. 그러나 서경 이북은 곳곳에서 고려군이 버티고 있었기 때문에 거란군은 식량 보급이 끊기고 포위당할 위기에 빠졌다. 거란군은 되돌아갈 수밖에 없었다. 이에 고려와 요는 전쟁을 그만두고 화친을 맺었다. 한편 고려가 거란의 침략을 계속 물리치자 송은 고려와 더 긴밀한 관계를 맺으려 하였다. 여진족도 약탈을 중지하고 고려와 교역하면서 함께 거란군을 물리치기도 하였다. 그 뒤 요는 고려왕이 직접 조공하러 오고 압록강 이남의 강동6주는 되돌려달라고 요구하였다. 고려가 응답하지 않자 3차 침입인 1018년 장수 소배압이 10만 군사를 이끌고 다시 쳐들어왔다. 고려는 강감찬을 지휘관으로 20만 군대를 편성하여 청천강과 압록강 사이 곳곳에 군사를 배치하였다. 거란군은 가는 곳마다 패하였지만 곧바로 개경에 쳐들어왔다. 그러나 고려 깊숙이 들어온 거란군은 전과를 올리지 못하였다. 강감찬은 물러가는 거란군을 귀주에서 완전히 포위하여 몰살시켰고 살아 돌아간 거란군은 수천 명에 지나지 않았다.

Tip

<핵심정리>

배 경: 10세기 초 거란(요)의 통일국가 수립, 송과의 대결에서 유리한 위치를 차지하려는 거란의 의도, 고려의 친송. 북진 정책과 거란에 대한 강경책

과 정: 1차 침입(993, 서희의 외교 담판으로 강동 6주 확보)
→ 강조의 정변을 구실로 2차 침입(1010.양규의 활약)
→ 3차 침입(1019. 강감찬의 귀주대첩)

결 과: 고려. 송. 거란 사이의 세력 균형 유지, 개경에 나성 축조(도성 수비 강화), 북쪽 국경 일대 에 천리장성 축조(거란과 여진의 침입에 대비)

<더 알아보기>

광군(光軍)

광군은 고려 고위 관리 최언위 아들 최광윤이 유학을 갔다가 거란에 붙잡혀 그 곳에서 재능을 높이 인정받아 벼슬을 주었다. 거란이 고려를 침공하려는 것을 알아차리고 최광윤이 몰래 편지를 보내와 알린다. 이에 정종은 재위 2년(947년)에 광군사(光軍司)를 설치해 30만 광군을 모은다. 광군은 상비군이 아닌 농민들로 이루어진 예비군 성격을 지녔으며 호족들이 통솔하는 지방군 역할을 했다. 광군사는 광군도감(光軍都監)으로 변경되었다가 1011년(현종 2)에 다시 광군사가 되었다.

69 ▌ 여진의 성장과 동북 9성

거란의 침략을 물리친 뒤 대략 1세기 동안은 평온하였다. 11세기 말 여진이 큰 세력을 이루면서 평화는 깨어졌다. 발해가 멸망한 뒤 여진족은 압록강과 연해주 일대에 흩어져 살고 있었다. 여진족은 고려가 북쪽 변경지대를 방치하고 거란의 세력이 약해진 틈을 타서 부족들을 통합하기 시작하였다. 그러는 가운데 완안부 세력이 고려에 복속된 여진족 마을을 약탈하고 투항한 여진인들을 추격하는 등 고려의 동북 변경지대를 위협하였다. 고려는 임간과 윤관을 대장으로 삼아 군대를 보냈지만 기병 위주의 여진족을 막는데 모두 패하였다. 이에 숙종 때 윤관의 건의로 별무반을 만들었다. 별무반은 신기군(기병). 신보군(보병). 항마군(승병)으로 편성되었다. 예종(1107)때 윤관은 별무반 17만명을 이끌고 다시 여진 정벌에 나섰다. 잘 훈련된 고려 군대는 함경도 일대의 여진족을 토벌하고, 그곳에 9성을 쌓은 후 백성들을 이주시켜 땅을 개간하고 살도록 하였다. 그리고 얼마 뒤 쫓겨난 여진족이 9성 반환 애원과 생활 터전을 잃은 여진의 계속된 침입으로 9성의 방비가 곤란하였으며 서북쪽 거란에 대한 경계의 필요성도 대두되었고, 조정에서 윤관의 공에 대한 시기와 고려 귀족사회의 보수성향의 정책으로 말미암아 동북 9성을 반환해주었다. 안온한 생활을 누리고 있던 개경 귀족들은 외침을 적극적으로 막을 생각이 없었던 것이다. 그 뒤 몇 년동안 여진은 고려에 조공을 바쳤다. 다시 아골타가 나서서 통일을 이루고 세력을 키운 여진은 115년 금나라를 세웠다. 금은 요를 멸망시키고 송으로 쳐들어가 수도를 함락하였다. 송은 남쪽으로 밀려 내려가야 했다. 금은 이제 고려에도 군신관계를 요구했다. 고려 조정에서는 금의 요구에 반대하는 사람이 많았지만, 당시 권신이던 이자겸은 자신의 권력을 유지하기 위해 금의 압력에 굴복하였다. 그 결과 금나라는 고려를 침략하지 않았다.

<핵심정리>

고려와 여진의 관계:	12초 여진의 한 부족인 완옌부가 여진족 통합
고려와 자주 충돌:	고려가 기병 중심의 여진족에게 여러 차례 패배. 윤관의 건의로 별무반 편성 → 여진 정벌, 동북 지방에 9개의 성 축조 → 여진의 간청으로 9성 반환
여진의 성장:	금 건국(1115) → 거란 멸망시킴(1125) 송을 남쪽으로 몰아내고 중국의 화베이 지방 차지. 고려에 군신 관계 요구 → 이자겸이 정권 유지를 위해 금의요구 수용

Tip

70 몽골과의 전쟁

최 씨 무신정권이 안정되어갈 무렵, 고려는 몽고의 침략을 받게 되었다. 몽고 고원에 자리잡은 몽고족은 13세기 초 주변 부족들을 차례로 통합하고 몽골제국을 건설하였다. 이 때부터 몽고는 정복사업을 펼쳐 세계적인 대제국을 세웠다. 고려가 처음으로 몽고와 접촉한 것은 몽고와 함께 거란족을 공략하면서부터이다. 몽고는 거란족을 토벌한 후 그 대가로 고려에 대해 막대한 공물을 요구해 왔다. 고려는 이를 매우 못마땅하게 여겨 그 뒤 두나라의 관계는 점차 나빠지게 되었다. 그러다가 고려에 왔던 몽고 사신이 본국으로 돌아가는 길에 피살되는 사건이 일어나 두 나라 사이의 국교가 단절되었다. 이 때 부터 몽고는 40여년에 걸쳐 6차례나 고려에 침입해 왔다. 계속되는 몽고의 침략으로 많은 인명 피해를 보았고, 전 국토는 황폐해졌다. 몽고의 침략이 시작되었을 때 고려의 군사력은 아주 약해서 제구실을 다 할 수 없었다. 더욱이 당시 집권자인 최우는 정예군사들을 사병으로 뽑아 자신의 신변을 보호하는 데 써 버렸다. 게다가 육지의 백성을 버리고 강화도로 수도를 옮긴 최씨 정권은 전과 다름없이 호화로운 생활을 누렸다. 국력을 모으고 전쟁을 총지휘해야 할 집권자가 자기 정권의 안전만을 도모하는데 급급하여 몽고의 침략에 소극적인 대책으로 일관하였다. 이에 나라를 구하고자 주로 농민과 천민들이 대몽항쟁의 주체로 나섰다. 이들은 정부의 아무런 뒷받침도 없이 스스로 방어군을 조직하여 몽고군과 대결하였다. 특히 초적, 노군, 잡류 등으로 불리는 농민, 천민군들이 자진하여 몽고군을 격퇴하러 나섰다. 고려가 40년 동안이나 몽고의 침략에 대항할 수 있었던 것도 수전에 의한 몽고군의 약점 때문이라기보다 육지에 남아 끈질기게 투쟁을 벌인 백성들의 항쟁 덕이었다. 그러나 백성들의 끈질긴 항쟁에도 불구하고 몽고와 결탁하여 왕권을 회복하고 정권을 유지하려는 왕실이 나섬으로서 몽고와 강화를 맺게 되었다. 몽고와의 강화가 체결되고 개경 환도가 결정되자 최씨 정권의 군사적 배경이며 대몽항쟁의 전위부대였던 삼별초가 개경 정부에 반대하여 반란을 일으켰다. 삼별초는 장군 배중손의 지휘아래 새 정부를 수립하고 강화도에서 진도로, 진도에서 제주도로 옮겨가며 저항을 계속하였다. 삼별초는 특히 전라도와 경상도 지역 백성들의 많은 호응을 받으면서 4년 동안이나 완강하게 항쟁하였으나 여, 몽 연합군에 의해 진압되고 말았다(1273). 그리하여 40여 년 간 계속된 대몽 항쟁은 끝나고 이후 80여 년 간 고려는 몽고의 간섭을 받게 되었다.

Tip

<핵심정리>

몽골과의 접촉:	13세기 초 칭기즈칸이 몽골족 통일 → 몽골군에 쫓긴 거란족이 고려 침입 → 고려군과 몽골군이 함께 강동성에서 거란족 격퇴(1218), 공식적인 외교 관계를 맺음.
몽골과의 전쟁	
몽골의 1차 침입(1231) :	몽골이 해마다 고려에 막대한 공물 요구, 몽골사신 저고여가 국경지역에서 피살 → 몽골군이 고려에 침입 → 박서가 귀주성에서 저항 → 몽골군이 개경 포위 → 최우 정권, 몽골과 강화 체결
박서의 귀주성 전투:	1231년(고종 18) 박서가 서북면 병마사에 재임할 때 몽골이 고려를 침략 하였다. 박서는 귀주성에서 1개월에 걸친 격전 끝에 몽골의 공격을 물리쳤다.
최우 정권의 강화도 천도(1232):	장기 항전 준비 → 몽골이 다시 고려에 침입
몽골에 맞선 고려의 저항:	김윤후가 처인성 전투에서 몽골군의 총사령관 살리타 사살, 팔만대장경 조성, 일반민중, 노비, 부곡민의 항전
전쟁의 피해:	국토 황폐화, 민생 파탄, 최씨 정권 붕괴 → 몽골과 강화 체결 → 개경 환도(1270)

71 삼별초의 항쟁

고려가 몽골과의 강화를 맺자 굴욕적이라고 이에 반대하여 배중손 등 삼별초군이 왕족 승화후 온을 추대하여 강화도에서 반란을 일으켰다. 삼별초는 최우의 집권기에 도둑을 잡기 위하여 사병으로 야별초를 설치한 것에서 시작되었다. 치안과 방범 등의 임무를 맡으며 그 숫자가 많아져 좌. 우별초와 몽고에 붙잡혔다가 도망 온 사람들로 부대를 하나 만든 신의군의 삼별초로 확대되었다. 활동 범위도 전국으로 확대되었고, 때때로 강화도를 나와 몽골침략군에 맞서 싸워 많은 전과를 올리기도 하였다. 무신정권이 무너지고 몽골과의 화의를 맺고 개경으로 환도한 원종은(1270) 삼별초를 해산하려고 하였다. 그러자 삼별초의 장군 배중손, 노영희 등은 몽골에 항복하지 말고 끝까지 싸우자고 하며 단결을 강화하고 강화도를 장악하였다. 삼별초군은 강화도가 개경에 너무 가까워 싸우기에 불리하다고 여겨 진도로 근거지를 옮겼다. 진도에 새로 기지를 건설한 삼별초군은 곧 전라도와 제주도 여러 고을을 장악하여 서남해안 일대에 세력을 형성하였다. 삼별초의 위세에 두려움을 느낀 조정에서는 몽골군과 합세하여 김방경을 대장으로 삼아 토벌하려고 하였다. 토벌군이 패하자 몽골은 삼별초군을 회유하려 하였다. 그러나 배중손은 몽골군의 사자를 죽이고 물러날 것을 요구하였다. 삼별초의 세력은 더 커졌다. 삼별초가 합포, 동래까지 진출하여 남해안 일대를 장악하자 개경 조정에서는 남쪽 지방의 곡식과 물자를 거두어들일 수도 없었다. 1271년 5월 토벌군이 진도를 기습하였다. 삼별초군은 배중손이 죽는 등 많은 피해를 당하였다, 다시 전열을 가다듬고 김통정이 지휘하여 제주도로 근거지를 옮겼다. 제주에 자리 잡은 삼별초군은 다시 남해안으로 나와 개경으로 물자를 운반하는 배들을 공격하고 멀리 안남도호부(경기 부천)까지 진출하기도 하였다. 1273년 4월 원과 고려의 연합으로 구성된 토벌군은 160척의 전함 1만여 명의 병력을 동원하여 제주도를 공격하였다. 삼별초군은 우세한 토벌군의 병력을 당할 수 없었고, 마침내 3년에 걸친 삼별초의 항쟁은 끝이 났다.

<핵심정리>

고려 정부의 개경 환도 결정에 반대 → 진도와 제주도로 근거지를 옮겨 가면서 대몽 항쟁

전개 → 고려 정부와 몽골 연합군에 의해 진압됨 (1273)

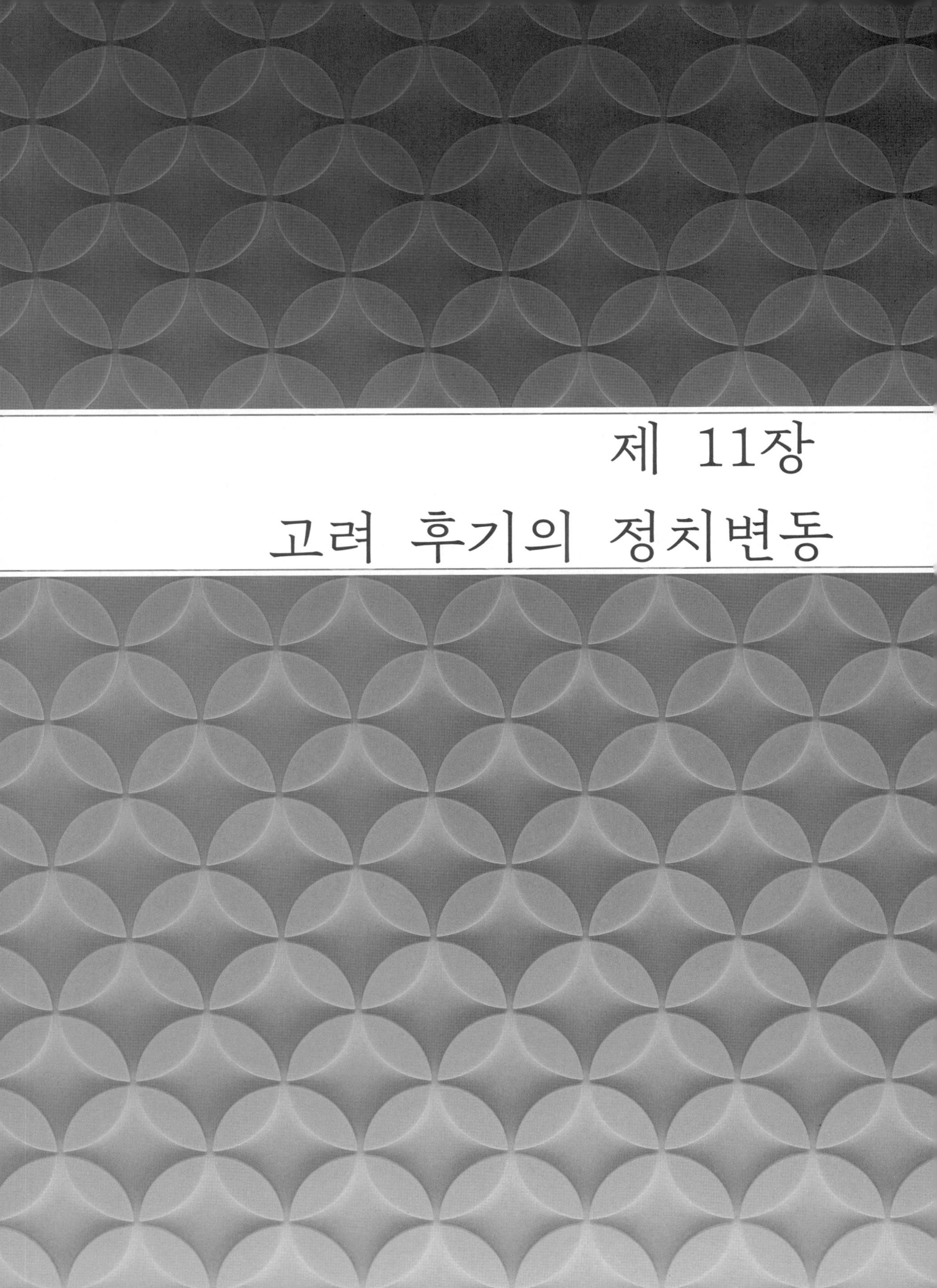

제 11장

고려 후기의 정치변동

72 ▌ 원의 내정 간섭

개경으로 환도한 고려는 원 제국의 직접 통치에서 벗어나 독립 국가의 지위를 유지하였다. 이는 40여 년에 걸친 치열한 대몽 항쟁으로 얻어진 결과였다. 그러나 원의 도움으로 고려의 왕정이 복구되었고, 삼별초의 저항을 진압할 수 있었으므로, 고려는 원으로부터 많은 정치적 간섭과 경제적 수탈을 받게 되었다. 먼저 원은 고려의 왕들을 원의 공주와 결혼 시키는 혼인 정책을 써서 고려 왕 을 독립국가의 국왕이 아니라, 원의 황실의 일원인 부마국 왕으로 지위를 떨어뜨렸다. 그리하여 고려의 왕들은 원 황실에 의도에 따라 즉위하거나 퇴위 당하였다. 또한 고려 왕족 가운데 심양왕을 임명하여 원에 거주하게 하였다. 고려의 관료들도 여러 세력으로 분열시켜 조종하였다. 원은 고려 왕실의 용어와 관제를 낮추어 충성을 표시하도록 강요하였다. 이에 따라 관제도 크게 바뀌었는데, 중서문하성과 상서성을 합쳐 첨의부로 6부를 4사로 축소하고 그 밖에 다른 관서들도 명칭이 고쳐지거나 지위가 낮아졌다. 또한 정동행성, 순마소 등의 관청을 두고 군관인 다루가치를 배치하여 고려의 내정을 간섭하고 감시하였으며 고려 영토의 일부를 원의 직할령으로 삼아 직접 통치하기도 하였다. 고려는 원으로부터 정치적인 간섭을 받았을 뿐 만 아니라 경제적 수탈도 당하였다. 원은 여러 가지 명목의 공물이나 특산물을 강요하였다. 특히 고려는 대몽 항쟁 직후 원의 일본 원정에 동원되어 군사적 손실은 물론, 막대한 경제적 피해를 보았다. 이로 인해 고려 백성들의 부담은 더욱 가중되어, 많은 농민들이 몰락하였다.

<핵심정리>

영토 상실:	쌍성총관부- 철령이북(화주), 동녕부(서경), 탐라총관부(제주도) 설치
왕실의 호칭과 관제 격하:	제후국수준으로 격하('폐하 → 전하' '태자' → '세자', 원에서 내린 '충'(忠)자를 왕의 시호에 사용 중서문하성과 상서성을 합쳐 첨의부라 하고, 6부가 4사로 통폐합되었으며, 중추원은 밀직사로 격하되었다.
내정간섭:	정동행성(일본 원정을 위해 설치 → 내정 간섭기구로 변화), 만호부 설치(고려 군사조직에 영향력 행사), 다루가치(감찰관) 파견

Tip

인적 물적 수탈: 두 차례 일본 원정을 추진하면서 전쟁 물자와 함께 인적 자원 수탈, 공녀 차출, 특산물(금, 은, 베, 인삼, 약재) 징발, 응방 설치(매 징발)

영향: 풍속의 변화(몽골풍 유행 → 몽골어, 몽골식 의복, 머리, 성명사용), 조혼 풍속, 자주성 손상(원의 압력과 친원파의 책동으로 비정상적으로 정치운영

Tip

73 ▌ 권문세족의 성장

고려에 대한 원의 영향력이 점차 심해지는 가운데, 원의 세력을 등에 업은 권문세족이라는 새로운 지배세력이 생겨났다. 이들 권문세족은 대체로 고려 전기의 문신 귀족가운데 그대로 살아남은 세력과, 무신정권시기에 새로이 떠오른 무신세력 그리고 원과의 관계를 통해 대두한 세력으로 이루어졌다. 권문세족은 대부분 원의 세력을 배경으로 삼아 높은 관직을 차지하고 넓은 농장을 소유하였다. 이들은 고려 말의 새로운 개혁을 반대하는 보수적인 사회 세력이었다. 권문세족은 전기의 문벌 귀족과는 달리 신분이 낮은 출신들이었으며 무신이나 원과의 관계를 통해 정치권력을 행사하고 사회 경제적 기반을 유지하였다.

<핵심정리>

특징: 친원적 성향, 고위 관직 독점, 음서를 이용하여 권력 세습, 대농장 소유

폐해: 농장 확대, 백성을 데려다 농장 경영 → 국가 재정 악화 → 충선왕과 충목왕이 개혁 시도 → 권문세족의 반발과 원의 압력으로 실패

Tip

74 공민왕의 개혁정치

공민왕은 개혁을 통해 원의 세력을 몰아내고 권문세족을 눌러, 약화된 왕권을 강화하려 하였다. 먼저 원과 연결된 세력을 몰아내고, 원의 관청인 정동행성을 없앴으며 원의 압력으로 바뀐 관제를 복구하였다. 또한 쌍성총관부를 공격해서 빼앗긴 땅을 다시 찾고 명에 사신을 보내 친명정책을 힘써 추진하였다. 한편, 안으로는 여러가지 사회적 모순을 일으켰던 권문세족을 누르고 왕권을 확립하기 위한 개혁정치를 추진하였다. 공민왕은 그동안 권문세족이 인사권을 장악하고 왕권을 견제하던 중심기관인 정방을 폐지하고 승려 신돈을 기용하여 개혁을 추진하려 하였다. 권문세족과 연결되지 않고 어느 세력에도 속하지 않았던 신돈은 권문세족 들을 몰아내고 대신 문벌이 낮은 신진사대부 세력을 등용하였다. 공민왕은 전민변정도감을 설치하여 권문세족들이 불법으로 빼앗은 토지와 노비를 원래의 주인에게 돌려주거나 해방시켜 권문세족의 경제적 기반을 줄여갔다. 한편으로는 성균관을 재건하고 과거제도를 고쳐 유교를 부흥시키고 신진사대부 세력을 양성하였다. 신돈의 개혁은 일반 백성으로부터 환영을 받았으나 곧 권문세족들의 반격을 받아 실패하고 말았다. 공민왕의 개혁 정치가 실패하게 된 것은 아직도 강력한 힘을 가진 권문세족에 비해 혁신정치를 뒷받침해줄 만큼 신진사대부의 힘이 크지 못했기 때문이었다.

<핵심정리>

배경: 원 간섭기 권문세족의 성장, 사회 모순 심화, 14세기 중반, 원, 명 교체기

내용: 반원 자주정책: 기철을 비롯한 친원 세력 숙청, 정동행성 내에 있었던 이문소 폐지, 관제복구, 몽골 풍속 금지, 쌍성총관부를 공격하여 철령 이북의 땅 수복, 요동 지방 공략

내정 개혁: 정방폐지, 전민변정도감 설치, 신돈을 등용하여 개혁 추진

결과: 권문세족의 반발로 신돈제거, 공민왕 시해 → 개혁 중단

Tip

*전민변정도감
(田民辨正都監)
원종(1269)때 토지, 노비를 정리하기 위해 설치한 기구였으나 폐지되고 충렬왕 때 다시 설치하였다. 고려 말에 권문세족들이 토지와 노비를 늘려 국가 기반이 크게 약화되자, 공민왕이 이를 바로잡기 위해 설치한 특별 기구이다. 공민왕은 권문세족이 빼앗은 토지를 원래 주인에게 돌려주게 하고, 억울하게 노비가 된 자를 양인으로 해방시켰다.

제 12장

신진 사대부와 신흥무인 세력

75 신진사대부

공민왕이 권문세족을 숙청하려면 그의 지원군이 필요했는데 이들이 새로운 신진사대부이다. 이들은 성리학을 새로운 시대의 비전으로 받아들였다. 안향에 의해 원나라로부터 처음 수입된 성리학은 명분과 의리를 중시하는 학문이었다. 이렇게 성리학으로 무장한 신진사대부는 대부분 중소 지주 출신으로 대지주였던 권문세족과 각을 세우게된다. 신진사대부가 중앙정계에 진출하자 이미 세력 기반을 닦은 권문세족과 충돌이 일어나게 되었다. 초기에는 권문세족에 비해, 신진사대부의 세력이 미약하였을 뿐만 아니라 권문세족들이 강대한 원의 세력과 결탁하고 있었기 때문에 개혁을 수행하기가 매우 어려웠다. 처음 신진사대부에 의한 충선왕 대의 개혁정치는 원과 결탁된 권문세족들의 거센 반발로 실패하였다. 신진 사대부들은 충목왕 때 또 한 차례 개혁 운동을 시도하였지만 역시 실패로 돌아갔다. 이후 신진사대부의 세력이 크게 성장하고 원의 세력도 약화되어 공민왕 때 비로소 신진사대부 세력을 기반으로 하여 개혁정치를 실행할 수 있었다. 비록 공민왕의 개혁은 완전하게 성공하지는 못하지만 이렇게 새로운 시대를 이끌 세력을 키워 놓았다는데 더 큰 의의가 있겠다.

<핵심정리>

출신: 대부분 지방의 향리나 하급관리의 자제, 과거를 통해 중앙관리로 진출

성장: 공민왕이 개혁을 추진하는 과정에서 성장, 명분과 도덕을 중시하는 성리학 수용 (불교의 폐단 비판) → 새로운 정치 세력으로 성장

개혁 추구: 농장을 확대하려는 권문세족과 충돌-권문세족의 비리와 불법을 견제하고 자신들의 기반을 유지하려고 노력

Tip

76 신흥무인세력

고려 말기에는 홍건적과 왜구 등 외적의 계속되는 침략과 새로이 대두한 명나라의 압력으로 큰 위기를 맞게 되었다. 홍건적은 원나라 말에 한족의 비밀결사인 백련교도를 이끌고 반란을 일으켰다가 원에 쫓기자 압록강을 건너 고려에 침입하였다. 고려는 두 차례에 걸쳐 홍건적의 침입을 받았다. 제1차 침입시 홍건적은 서경까지 점령하였으나 고려의 이승경. 이방실 등이 물리쳤다. 제2차 침입때에는 수도인 개경이 함락되고 공민왕은 복주(안동)까지 피난을 가기도 하였다. 계속 남하하는 홍건적을 이방실. 최영. 이성계 등이 물리쳤다. 고려 고종 때 침입이 시작되어 공민왕과 우왕 때 가장 극심하였던 왜구는 당시 일본의 국내 정세가 혼란해지고 백성들의 궁핍이 심해지자 일본 서부 연안 지역의 사람들이 중심이 되어 해적의 무리를 이루어 고려와 중국의 연안을 침탈한 것이다. 국방력이 약한 고려는 일본 정부와 외교교섭을 통해 왜구의 침략을 막아보려 하였으나 실패하였다. 이에 적극적으로 왜구 토벌에 나섰는데 이때 외적을 물리치는 데 공을 세운 이성계 등의 신흥 무인 세력이 성장하여 공민왕 이후 등장한 신진사대부 세력과 연결되면서 고려 말의 정계를 좌우하게 되었다. 왜구의 약탈로 전국의 해안 지방은 황폐해지고 농촌경제는 파탄되었고, 각 지방의 해상조세 운반이 어려워져 국가의 재정 수입은 큰 위기를 맞게 되었다. 한편 대륙에서는 원 세력이 약해지고 명이 새로이 등장하자 고려에서는 외교정책을 둘러싸고 친원파와 친명파가 대립하게 되었다. 친원파가 주로 이전부터 원과 연결되고 있던 권문세족들인데 비해 친명파는 공민왕을 중심으로 한 신진사대부였다. 양 세력의 대립 속에서 공민왕이 친원파에 의해 살해되고 중립적인 입장의 이인임에 의해 우왕이 왕위에 올랐다. 정권을 잡은 이인임은 명에 사신을 보내 우왕 즉위에 대한 승인을 요청하는 한편 원에도 사신을 보내 국교를 회복하는 외교를 펼쳤다. 이후 우왕 때 권문세족들의 토지 겸병이 확대되자 최영은 이성계와 신진사대부 세력의 지원으로 이인임 일파를 물러나게 하고 권력을 잡게 되었다.

<핵심정리>

홍건족의 침입:	홍건적의 일부가 고려에 침입 → 공민왕이 안동까지 피난
왜구의 침입:	왜구의 노략질로 해안 지방 황폐화 → 최영과 이성계의 활약으로 왜구 격퇴, 박위가 쓰시마 섬 토벌
신흥 무인 세력의 성장:	최영과 이성계 등이 홍건적과 왜구를 격퇴하는 과정에서 성장 → 최영이 이인임 일파 축출, 개혁 방향을 둘러싸고 갈등 발생

Tip

77 고려의 멸망

공민왕은 친명정책을 표방하면서 개혁을 추진하였으나 우왕 때 친원정책을 추구하자 명이 원의 쌍성총관부 관할 아래에 있던 철령 이북의 땅을 직속령으로 삼겠다는 통고를 해왔다. 이인임을 몰아내고 당시 정권을 잡고 있던 최영은 크게 분개하였다. 친원파인 우왕과 최영 등은 강력한 대응책인 요동 정벌론을 주장하고, 명이 차지하고 있던 요동 지방을 정벌하러 나섰다. 그러나 국내외의 불리한 정세를 들어 요동정벌에 반대하던 이성계가 위화도에서 군사를 돌려 최영을 몰아내고 정권을 장악하였다. 새로 집권한 이성계와 신진사대부들은 원과 외교 관계를 완전히 끊고 친명 정책을 폈다. 이성계는 공양왕의 폐위와 정동전. 배극렴. 조준 등 신진 사대부 혁명파의 추대와 도평의사사의 의결를 거쳐 선양(禪讓) 형식으로 왕위를 승계하고, 국호를 조선이라 개칭함으로써 고려는 멸망하였다.

<핵심정리>

위화도 회군(1388):	명의 무리한 공물 요구, 명의 철령위 설치 통보 → 우왕과 최영의 요동 정벌 추진 → 이성계가 4대 불가론을 들어 요동정벌에 반대 -이성계가 위화도에서 회군 → 우왕과 최영을 몰아내고 정권장악
신진 사대부의 분열:	개혁의 내용과 방법을 둘러싸고 온건파(이색, 정몽주)와 급진파(정도준, 조준) 로 분열
과전법 시행(1391):	권문세족과 사원의 농장 혁파, 신진 사대부의 경제적 기반 마련 고려 멸망: 이방원 등이 정몽주 등 온건파 제거 → 이성계를 왕으로 추대, 조선건국

Tip

*위화도 회군
- 4대 불가론

이성계는 위화도에서 회군을 하는데 그 이유는 사대 불가론 이라 하여 첫째 작은 나라가 명나라 같은 큰나라를 거스르는 것은 옳지 않고 둘째 여름철에 병사를 동원하는 것은 부적당하고, 셋째 요동을 공격할 때 왜구가 처들어 올 우려가 있다는 것, 네번째는 여름에 무덥고 비가 와 활의 아교라는 곳이 녹아 무기로 쓸수 없고, 병사가 전염병에 걸릴 위험이 있어서 불가하다는 명분을 세웠다.

제 13장
중세의 경제와 사회

78 고려의 경제 정책

고려의 경제정책은 중농 정책으로 재정의 토대가 되는 농업을 주요 산업으로 중시하였다. 황무지를 개간하면 일정 기간 동안 세금을 면제해 주고 주인이 나타나지 않으면 개간한 사람이 그 땅의 소유권을 가지도록 하였으며 농번기에는 농사에 전념할 수 있도록 하여 잡역 동원을 금지하였다. 또 한편으로는 농민안정책을 강화하여 재해 시 세금 감면, 고리대의 이자를 제한하고, 빈민을 구제하고 민생의 안정을 위하여 의창제를 실시하였다. 상공업 정책으로는 전반적으로 상업과 수공업의 발달은 농업정책에 비해 부진하였다. 상업은 개경에 시전을 설치하고 국영 점포를 개설하였으며 경제를 활성화 하기위해 화폐를 만들어 보급했으나 자급자족적인 경제구조와 물물교환 등으로 효과를 보지 못하였다. 수공업은 관청수공업이 있어 관청에 기술자가 소속되어 국가의 필요한 물품을 생산하였다. 특수행정구역이었던 소(所)에서는 생산된 제품을 공물로 납부하였다.

Tip

<핵심정리>

농업을 중시하는 정책추진

목적:	농민 생활의 안정, 국가 재정 확보
농업 장려책:	일정 기간 개간한 땅의 세금을 면제해 줌, 농번기에 잡역 동원금지
농민 안정책:	재해를 당하였을 때 세금감면, 고리대의 이자 제한, 의창제 실시
상업 정책:	개경에 시전 설치, 국영 점포 운영, 금속 화폐를 만들어 유통
수공업 정책:	관청에 기술자를 두어 물품생산, 소(所)에서 수공업 제품 생산 → 왕실과 국가에서 필요한 물품 조달

79 국가의 재정운영

고려는 신라 말의 문란한 수취체제를 정비하였으며, 왕실. 중앙 및 지방관리. 향리. 군인 등 국가와 관청에 종사하는 사람에게 조세를 수취 할 수 있는 수조권을 지급하였다. 양안은 경작지의 소유자와 크기를 적은 토지대장으로 20년마다 작성하였으며 호적은 호구장부로서 부부를 중심으로 이루어진 가족을 등재하였으며 3년마다 작성했다. 상황에 따라서는 여러세대의 가족이 한 호적에 기록되기도 하였다. 재정 지출은 관리의 녹봉. 일반비용. 왕실경비 등에 지출되었으며 특히 국방비에 많은 부분이 지출되었다.

<핵심정리>

국가 재정의 운영: 토지와 호구 조사 → 양안(토지대장)과 호적(호구장부) 작성
조세, 공물, 부역 등을 부과 -관리의 녹봉, 국방비, 왕실 경비 등에 지출

Tip

80 수취 제도의 정비

고려 시대 국가에 대한 일반 농민의 부담은 조세. 공물. 역 으로서, 국가재정의 주요 원천이었다. 조세는 양안 작성을 토대로 토지를 기준으로 거두는 세금을 말한다. 조세는 논과 밭을 비옥도에 따라 3등급으로 나누어 부과 생산량의 1/10을 징수하였다. 거둔 조세는 각 군. 현의 조창 까지 옮긴 후 조운을 통해 개경으로 운반하였다. 공물은 집집마다 토산물을 징수하였으며, 중앙관청에서 주현에 부과하였다. 주현은 속현과 향. 부곡. 소에 할당하고 각 고을의 향리들이 집집마다 징수했다. 역은 백성의 노동력을 무상으로 동원, 16세~60세까지 남자 대상, 군역과 요역으로 구성되었다.

<핵심정리>

조세: 양안(토지대장)작성, 조세(토지세) 수취, 논과 밭을 비옥도에 따라 3등급으로 구분.
생산량의 1/10 징수, 각 지방에서 거둔 조세는 조운을 통해 개경으로 운반.

공납: 중앙에서 필요한 특산물 징수- 속현. 향. 부곡. 소에 할당- 각 집마다 부과및 징수
매년 일정하게 징수하는 상공과 필요에 따라 수시로 징수하는 별공이 있음.

역: 호적 작성, 16세 ~60세 정남 대상 요역. 군역 부과

Tip

81 ▌ 전시과 제도와 토지소유

전시과는 모든 관리들에게 그 품계에 따라 토지를 분급하는 제도였다. 농경지인 전지(田地)와 수풀이 많은 척박한 토지인 시지(柴地)를 함께 나누어주었기 때문에 전시과라고하였다. 전시과는 경종 대부터 시행되어 여러 차례 개정을거쳐 문종 대에 최종적인 제도가 마련되었다. 전시과에는 지급되는 대상에 따라 여러가지 이름의 토지가 있었다. 문종 30년의 전시과 규정에 의하면, 위로는 문하시중에서 아래로는 경군에 이르는 문무양반과 군인에게 최고 전지 100결과 시지50결부터 최하 전지 18결까지 18등급으로 차등있게 토지를 주었다. 이것은 후손들에게 물려줄 수 있는 토지로서 귀족의 경제적 특권을 보장하는 장치가 되었다. 토지를 받은 관리들은 전주가 되어 그 토지를 경작하는 농민에게 수확물의 10분의1을 거둘 수 있는 수조권을 가졌으며 수조권은 그가 관직에 있는 동안 유지되었다. 그러나 대부분의 관리들은 자신이 소유하고 있는 토지에 수조권을 받아 자신이 부담해야 할 전세를 면제받았다.

<핵심정리>

역분전(태조): 후삼국 통일 과정에서 공로를 세운 사람들에게 준 토지

전시과: 국가의 관직이나 직역을 담당하는 이들에게 지위에 따라 전지와 시지를 차등있게(18등급) 나누어 주는 토지제도 로서 전지(곡물을 거둘 수 있는 땅)와 시지(땔감을 얻을 수 있는 땅)지급, 관직 복무 와 직역에 대한 대가로 지급, 토지를 받은 자가 죽거나 관직에서 물러나면 국가에 반납.

시정 전시과(경종,976): 관직의 고하와 인품을 반영하여 지급

개정 전시과(목종,998): 관직만 고려하여 전. 현직 관리 모두에게 지급, 지급량 재조정

경정 전시과(문종,1076): 토지부족 -현직 관료에게만 지급, 시지를 대폭 줄여 지급

토지의 종류

공음전: 문벌 귀족의 세습적인 경제적 기반, 5품 이상의 관료에게 지급, 자손에게 세습

Tip

한인전:	6품 이하 하급 관료의 자제로서 관직에 오르지 못한 사람에게 지급
군인전:	군역의 대가로 지급, 군역이 세습되면서 자손에게 세습
구분전:	하급 관료와 군인의 유가족에게 지급, 유가족의 생활 대책 마련
기타:	내장전(왕실의 경비 충당) 공해전(관청의 경비 충당), 사원전(사원에 지급)
민전:	매매, 상속, 기증, 임대 등이 가능한 사유지, 소유권 보장, 민전의 소유자는 국가에 일정한 세금 납부
전시과 제도의 붕괴:	귀족들이 토지를 독점하고 세습 -조세를 거둘 수 있는 토지가 점차 감소 -무신정변 이후 심화 -고려 말에 국가 재정 파탄.

Tip

제 14장

고려의 경제 활동

82 귀족의 경제생활

귀족은 대대로 상속받은 토지와 노비의 신공, 그리고 관료가 되어 받은 과전과 녹봉. 공음전. 공신전 등 여러 가지 경제적 기반을 가지고 있었다. 또한 권력을 바탕으로 고리대를 이용하여 농민으로부터 토지를 헐값에 사들이거나 심지어는 빼앗기도 하였다. 과전은 관료가 사망하거나 관직에서 물러나면 반납하는 것이 원칙이지만 유족의 생계유지라는 명목으로 그 토지를 일부분이라도 세습이 가능하였다. 공음전이나 공신전은 수확량의 1/2을 수취하였고 세습할 수 있었다. 녹봉은 문종 때 완비되었다. 제도에 따라 현직에 근무하는 관리들은 쌀, 보리 등의 곡식을 때로는 비단을 받기도 하였다. 귀족들은 자신의 소유지에서도 상당한 수입을 얻을 수 있었다. 귀족은 자신의 소유지를 노비에게 경작시키거나 소작을 시켜 생산량의 1/2을 거두었다. 또한 외거 노비에게 신공으로 매년 베나 곡식을 받았다.

<핵심정리>

귀족의 경제생활: 과전에서 생산량의 1/10 수취, 녹봉으로 1년에 두 번씩 곡식이나 비단 수령, 노비를 이용하여 소유지 경작, 고리대 등으로 토지확대(농장경영)

Tip

83 농민의 경제생활

농민은 조상이 물려준 토지인 민전을 경작하거나 국. 공유지나 다른 사람의 소유지를 경작하였다. 대개 농민은 소득을 늘리려고 황무지를 개간하고 새로운 농업 기술을 배웠다. 고려 후기에 이암은 농상집요를 소개. 보급하였는데, 이는 농업기술에 대한 학문적 연구에 영향을 주었다. 공민왕 때 문익점이 원나라에서 목화씨를 몰래 들여와 장인과 수차례 시험하여 시행착오 끝에 성공적으로 목화재배가 이루어져 일반 백성들의 생활에 편리함을 제공하게 되었다.

<핵심정리>

경작지 확대:	황무지 개간, 12세기 이후 연해안의 저습지와 간척지 개간, 강화 천도 이후에는 강화도에서 간척 사업 추진
농업 기술 발달:	농기구의 보급(호미, 보습 등), 소를 이용한 깊이갈이가 일반화됨, 시비법 발달, 2년 3작의 윤작법 보급, 고려 말에 모내기법이 남부 일부 지방에 보급, 중국의 농업 서적인 '농상집요' 보급, 목화 재배(문익점이 목화 보급)

Tip

84 수공업과 상업활동

고려의 수공업은 전기에는 관청 수공업, 소 수공업을 중심으로 이루어졌으며 후기에는 사원 수공업, 민간 수공업이 발달하였다. 고려의 상업은 도시를 중심으로 발달하였다. 개경에 시전을 설치하여 관청과 귀족들이 주로 이용 하였다. 개경. 서경. 동경 등의 대도시에는 관청의 수공업에서 생산한 물품을 판매하는 주점, 다점 등 관영상점을 두기도 하였다. 이외에도 비정기적인 시장이 있어 거주민이 일용품을 매매할 수 있었다. 또한 시전의 상행위를 감독하는 관청으로 경시서가 있었으며, 매점매석과 같은 상행위를 감독하였다. 고려 후기에는 시장의 규모가 확대되며 벽란도를 비롯한 항구들이 무역의 중심지로 발달되었다. 이때에 고려가 외국에 코리아라는 이름으로 알려지는 계기가 되었다.

<핵심정리>

수공업자의 활동

관청 수공업: 공장안에 오른 기술자가 무기, 가구류, 금은 세공품, 견직물 등 생산

소 수공업: 이들의 신분은 양인이었지만 이주의 자유가 없고 세금도 양인보다 더 많이 내야했음. 금, 은, 철, 구리, 실, 천, 종이, 먹, 차, 생강 등 생산 공물로 납부

민간 수공업: 농촌의 가내 수공업이 중심, 삼베, 모시, 명주 등 생산

사원 수공업: 사찰에서 많은 사람을 동원해 물건을 만들어 판매. 기술이 좋은 승려나 노비가 베, 모시, 기와, 술, 소금 등 생산

도시: 시전을 개경에 설치, 관청과 귀족이 주로이용, 경시서를 설치하여 상행위 감독

관영 상점: 개경, 서경, 동경, 등 대도시에 설치, 관청 수공업장에서 생산한 물품을 판매(서적점, 야점, 주점, 다점 등)

지방: 일용품을 교환하는 시장 개설, 행상이 지방을 돌아다니며 물품 판매

사원: 소유지에서 생산한 곡물과 승려나 사원 노비가 만든 수공업품 판매

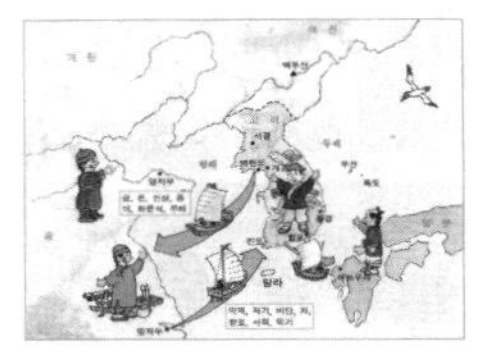

벽란도

고려후기: 시전의 규모 확대, 벽란도를 비롯한 항구들이 산업의 중심지로 발달, 행상의 활동이 두드러짐

화폐주조: 성종 때 건원중보, 숙종 때 삼한통보, 해동통보, 해동중보와 활구(은병) 제작-유통실패, 일반적인 거래는 여전히 곡식이나 삼베 사용

Tip

85 고려시대의 화폐정책

고려 성종 때 시행된 화폐유통은 제한된 범위를 제외하고는 목종 때 폐지된다. 그러다가 숙종 때 의천이 화폐 유통을 건의하면서 부활하는데, 숙종은 왕권 강화를 위해 이를 수용하였다. 하지만 생산력과 상품 화폐 경제의 미발달로 실효를 거두지 못하였다. 이러한 경향은 조선 전기까지 지속되었다.

<핵심정리>

성종: 철전인 건원중보를 만들었으나(996) 유통에는 실패하였다.

숙종: 삼한통보. 해동통보. 해동중보. 등의 동전과 활구(은병)라는 은전을 만들어 강제적으로 유통시키려 하였다. 공양왕 때는 최초의 지폐인 저화가 만들어졌다.

Tip

활구(은병)

86 대외 무역활동

국내 상업이 안정적으로 발전하면서 송. 요. 등 외국과의 무역이 활발해졌다. 예성강 어귀와 벽란도는 대외무역의 발전과 더불어 국제무역항으로서 아라비아 상인에 의해 코리아로 알려졌다. 고려의 무역에서 가장 큰 비중을 차지한 것은 송과의 무역이었다. 송나라의 입장에서 고려와는 정치적. 외교적 목적에서 교류를 하였으며, 고려 또한 문화적 .경제적 목적에서 송나라와 교류와 교역을 하였다. 고려는 거란과 여진과는 주로 공무역을 중심으로 전개하였다. 거란과 여진은 농사가 비교적 어려운 지역에 위치하고 있어 이들에게 고려는 농기구와 쌀 등 식량을 수출하였으며, 은과 모피, 말 등을 수입하였다. 일본과는 11세기 후반 이후 무역을 하였으며 교역량은 크지는 않았다. 대식국인 이라 불리던 아라비아 상인들도 고려에 들어와서 수은. 향료. 산호 등을 팔았다.

<핵심정리>

공무역 중심, 예성강 어귀의 벽란도가 국제 무역항으로 번성

송나라:	송나라의 선진 문물을 적극적으로 수용, 경제적, 문화적 실리 추구
거란과 여진:	주로 공무역을 중심으로 전개, 은, 모피, 말 등 수입 농기구, 식량 등 수출
일 본:	11세기 후반부터 교류, 사신의 왕래나 상인들에 의한 민간교류 활발
아라비아 상인:	수은, 향로 등을 가져와 판매, 고려가 '코리아'라는 이름으로 서방 세계에 알려짐

Tip

제 15장

고려 사회의 모습

87 고려 사회의 모습

후삼국 시대에는 골품제가 무너지고 진골 귀족을 대신하여 새로이 지방호족이 사회의 주도 세력으로 등장하였다. 지방호족들은 고려 건국 후 중앙집권체제가 성립되면서 점차 문벌을 이루어갔다. 고려 시대의 사회 신분은 귀족, 중간 계층, 양인, 천민 등으로 구성되었고, 이 중 지배층인 귀족과 중간 계층이 양인과 천민을 지배 하였다. 귀족은 왕족을 비롯하여 문벌이 좋으며 고위 관직에 오른 일부 특권층을 가리킨다. 이들은 과거와 음서를 통해 문무 양반의 관직을 독점하였으며, 국가로부터 공음전 등의 토지를 지급받아 막대한 경제력을 가지고 있었다. 하급관리, 남반, 서리, 하급 장교, 향리 등은 귀족과 같은 지배층이었지만 귀족에는 들지 못하는 중간 계층이었다. 이들은 상류 귀족은 아니었지만 지배층의 말단에 자리 잡고 행정 실무나 직역을 담당하면서 그 대가로 토지를 지급받았다. 양인은 백성의 대부분을 차지하는 농민, 상인, 수공업자 등 일반 평민이었다. 이들은 생산을 담당하였으나 특정한 직역이 없어 토지를 지급받지 못하였다. 이 중 백정이라 불리는 양인 농민이 가장 큰 비중을 차지하였는데 이들은 국가에 조세. 공납. 역의 부담을 졌다. 신분상 일반 양민이나 향. 부곡에 거주하는 사람들은 조세의 부담이 일반 양민인 백정보다 더 크고 이주의 자유에 제한이 있었다. 소에 거주하는 사람들은 수송업과 광업품 생산에 종사하였다. 천민은 대다수가 노비이고 공노비와 사노비가 있다. 공노비는 입역노비와 외거 노비로 사노비는 솔거노비와 외거노비로 구분되었다.

<핵심정리>

귀 족: 왕족과 5품 이상의 고위 관료, 음서와 공음전의 혜택을 받는 특권층

문벌귀족: 음서와 과거로 관직 독점(중서문하성과 중추원의 재상 독점), 주로 왕실이나 다른 문벌 귀족 가문과 혼인하여 지속적으로 정권 장악, 전시과 공음전, 고리대를 통해 많은 토지소유.

무 신: 무신 정변 이후 문벌 귀족의 세력약화 - 무신이 권력장악

권문세족 : 무신정권이 붕괴한 후에 등장, 친원적 성향, 고려 후기에 정계 장악, 농장 소유, 음서를 이용하여 권력 세습

Tip

신진사대부: 대부분 지방의 향리나 하급 관리의 자제, 과거를 통해 중앙 정계로 진출, 성리학 수용, 공민왕의 개혁 과정에서 성장, 권문세족과 불교 사원의 부패 비판

중류층: 성격: 지배층과 피지배층 사이에 위치, 지배 기구의 말단 행정직으로 존재
구성: 중앙관청의 말단 서리인 잡류, 궁중 실무 관리인 남반(고려시대 궁궐에서 숙직하며 국왕을 모시고 왕명을 전달하던 중류층), 지방 행정의 실무를 담당한 향리, 직업군인으로 하급 장교인 군반, 지방의 역을 관리하는 역리 등
특징: 직역 세습, 국가로부터 직역에 상응하는 토지를 받음

양 민: 일반양민: 일반 주. 부. 군. 현에 거주, 대다수는 농민(백정), 조세, 공납, 역 부담
향. 부곡. 소민: 향. 부곡에 거주하는 사람들은 주로 농업에 종사. 소에 거주하는 사람들은 수공업과 광업품 생산에 종사
역과 진의 주민: 역의 주민은 육로 교통, 진의 주민은 수로 교통에 종사

천 민: 대다수가 노비
공노비: 공공 기관에 소속, 입역 노비(급료를 받고 생활)와 외거 노비(농사에 종사, 일정액을 관청에 납부)
사노비: 개인이나 사원에 예속, 솔거 노비(주인집에 거주)와 외거 노비(신분적으로 주인에게 예속, 경제적으로는 독립된 경제생활 영위)

Tip

88 농민들의 생활모습과 사회제도

고려시대 농민들은 일상 의례와 공동노동 등을 통하여 공동체 의식을 다지면서 생활하였다. 공동체 조직의 대표적인 것이 불교의 신앙 조직인 향도다. 향도는 불교 신앙으로 나라나 마을에 위기가 닥쳤을 때를 대비하여 향나무를 바닷가에 묻었다가 이를 통하여 미륵을 만나 구원하고자 하는 염원에서 향나무를 땅에 묻는 활동을 하는데 이를 매향(埋香)이라고 한다. 이러한 매향 활동을 하는 무리들을 향도라고 하였다. 향도는 매향만을 하는 것 뿐만 아니라 불상. 석탑 등을 만들거나 절을 지을 때에도 대규모로 인력을 동원하여 주도적인 역할을 하였다. 이러한 향도는 지속적으로 발전하여 후기에 이르러서는 자신들의 이익을 위하여 조직으로 만들어져 마을 노역. 혼례와 상장례, 민속신앙과 관련된 마을 제사 등 공동체 생활을 주도하는 조직으로 발전하였다. 고려시대 사회 시책으로는 민생의 안정도모를 위하여 국가에서는 농민 보호책으로 농번기에 잡역을 면제하여 농업에 전념할 수 있도록 배려해주었으며 자연재해를 입은 경우 그 피해 정도에 따라 조세와 부역을 감면해주었다. 또한 이자 제한법을 만들어 고리대 때문에 농민이 몰락하는 것을 방지하기 위하여 법으로 이자율을 정하여 농민들이 경제적으로 피해를 입지 않도록 제도적 뒷받침을 해주었다. 사회 구제 기관으로는 의창과 상평창을 두어 농민의 생활 안정에 노력하였다. 의료기관으로는 동. 서 대비원을 만들어 가난한 백성을 위하여 의료 혜택을 시행하였고 혜민국은 예종 때에 설치해 의약을 전담하게 하였다. 한편으로는 구제도감이나 구급도감이라는 임시기관을 설치하여 재해가 발생 시 백성들을 구제하는데 힘을 기울였다. 제위보는 일정한 기금을 마련한 후 그 이자로 빈민을 구제하는데 활용하였다.

<핵심정리>

농민의 공동조직(향도):	불교의 신앙조직으로 매향 활동을 하는 무리
전 기:	향도가 매향 활동을 하면서 불상과 사찰을 지를 때 주도적인 역할 담당
후 기:	마을 노역, 혼례와 상장례, 마을 제사 등 공동체 생활을 주도하는 농민 조직으로 발전
사회 시책:	농번기에 잡역 면제, 자연재해 때에는 조세와 부역 감면

Tip

사회 제도: 의창(고구려의 진대법과 유사), 상평창(개경, 서경, 12목에 설치). 동. 서 대비원(환자 진료, 빈민 구휼), 혜민국(의약 전담), 구제도감, 구급도감, 제위보 등 설치

Tip

89 법률과 풍속

고려에서는 백성을 다스리는 기본법으로 중국의 당나라 법률을 참고하여 71개조의 법률이 시행되었다. 법률 시행에 있어서 대부분의 경우는 관습법을 따랐으며 중요 사건 이외에는 지방관이 재량권을 행사하여 사건을 처리하였다. 고려시대의 풍속으로는 장례와 제사, 명절과 각종 불교 행사가 있었다.

<핵심정리>

법 률:	당의 법률을 참고하여 만든 법률 시행, 대부분은 관습법 지방관이 사법권에 대해 재량권 행사, 반역죄, 불효죄는 중죄로 처벌
풍 속:	장례와 제사의 의례는 토착 신앙과 융합된 불교와 도교의 풍속을 따름 단오 때 격구, 그네뛰기, 씨름 등을 즐김
혼인 풍습:	왕실에서는 친족 간의 혼인 성행, 일부일처제가 일반적
여성의 지위:	유산의 자녀 균분 상속, 태어난 차례로 호적에 기재, 양자를 들이지 않고 딸이 제사, 비교적 자유로운 여성의 재가 등

Tip

제 16장
고려 후기의 사회변화

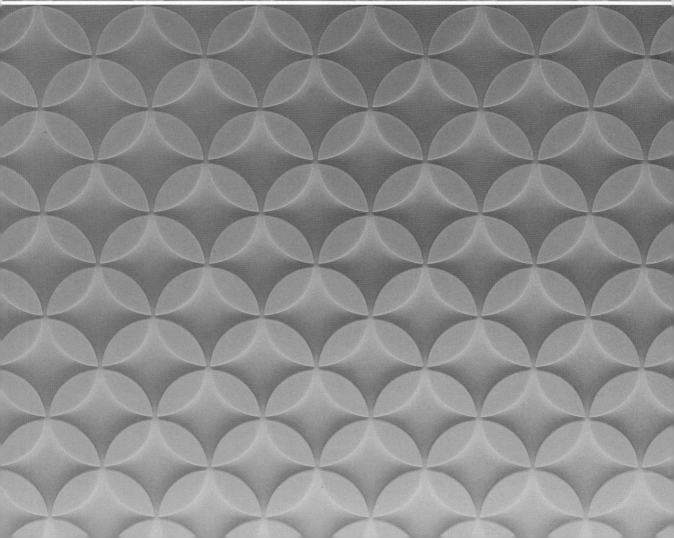

90 무신 집권기 농민과 천민의 봉기

무신 정권이 수립된 후 무신들 간의 대립과 지배체제가 붕괴되었다. 이로 말미암아 국가의 백성에 대한 통제력이 약화되었는데, 무신들의 백성에 대한 가혹한 수탈이 도를 넘어 이를 견디다 못한 백성들이 대규모의 봉기를 일으키기 시작하였다. 때로는 관민의 합세로 저항하였다. 전국적으로 농민과 천민들의 봉기가 계속 일어났는데. 농민 천민 봉기의 주된 원인은 정권을 장악한 무신들이 토지를 빼앗고 농민에 대해 과중한 수탈을 자행하여 농민 생활이 궁핍해지고 무신정변후 전통적인 신분질서가 문란해지면서 농민, 천민 등 하층민들이 사회적으로 의식이 변화하며 성장한 데 있었다. 특히 무신정권의 기반이 확고하지 못했던 명종, 신종 때에 농민봉기가 집중적으로 일어났다. 이들 농민, 천민의 봉기는 전국에 걸쳐 활발하게 일어났다. 대표적인 농민 항쟁으로 공주 명학소의 망이. 망소이 난(1176), 운문. 초전의 김사미. 효심의 난(1193) 등이 명종대에 일어났다. 그러나 끝내는 무신 정권에 의해 모두 진압되고 말았다. 특히 최충헌이 강력한 독재 정권을 수립하고 이들에게 무자비한 탄압을 가하자, 그 기세가 꺾이었다. 봉기가 실패한 까닭은 이들이 봉기를 성공시키기 위한 구체적인 계획을 갖지 못하였고 또 여러 계층이 서로 힘을 모을 수 있을 만큼 조직 능력이 충분하지 못하였기 때문이다. 당시의 무신 지배층은 봉기를 일으킨 농민과 천민들을 회유하기 위해 빼앗은 토지를 돌려주거나 탐관오리 들을 징계하고 향. 소. 부곡 등 차별을 받은 집단을 군현으로 승격 시켜주기도 하였다. 이후 만적 등 천민들의 신분 해방운동이 다시 발생하였다(1198). 만적은 '사람이면 누구나 공경대부가 될 수 있다' 고 주장하며 신분 차별에 항거하였다. 이러한 봉기를 통해 농민과 천민들은 사회의식이 크게 성장하였다. 이들의 봉기는 비록 실패하였지만 귀족 중심의 신분제 사회를 무너뜨리고 새로운 사회를 열어가는 구심점 역할을 보여주었다. 이후 농민들과 천민들은 대몽항쟁에서 나라를 지키기 위해 중요한 역할을 수행 하였다.

<핵심정리>

배 경: 무신 정변으로 인한 신분 제도의 동요, 무신들 간의 대립과 지배 체제의 붕괴로 백성에 대한 통제력 약화, 무신들의 농장 확대로 수탈 강화

내 용: 망이, 망소이의 봉기(공주 명학소), 관노의 봉기(전주), 김사미와 효심의 봉기(운문과 초전), 만적의 신분해방 운동(개경)

몽골의 침입과 백성의 생활: 몽골의 침입과 최씨 정권의 강화 천도-몽골군의 살육과 지배층의 과중한 수탈로 큰 피해를 봄

Tip

Tip

<더 알아보기>

만적의 난(1198)

"국가에서는 경계의 난 이래로 귀족 고관들이 천한 노예들 가운데서 많이 나왔다. 장수와 재상들이 씨가 따로 있는 것이 아니다. 때가 오면 아무나 할 수 있는 것이다. 우리들은 어찌 힘드는 일에 시달리고 채찍질 아래에서 고생만 하고 지내겠는가" 이에 노비들이 모두 찬성하고 다음과 같이 약속하였다. "우리들은 성 안에서 봉기하여 먼저 최충헌을 죽인 뒤 각각 상전들을 죽이고 천적을 불살라 버려 삼한에 천인을 없애자. 그러면 공경장상(公卿將相)을 우리 모두 할 수 있다."

<고려사>

91 ▌원 간섭기의 사회변화

원 간섭기 이후에 신분의 변화가 나타났다. 몽골어를 잘하여 통역관으로 출세한 자를 비롯하여 매를 사육하여 바치는 응방 출신으로 출세한 자, 향리. 평민. 부곡민. 환관 중에서 전공을 세우거나 몽골 귀족에 자신의 딸이 혼인을 해서 이를 말미암아 출세하는 사람들이 많았다. 이에 원 간섭기에는 친원 세력이 권문세족으로 성장하는 경우가 많았다. 원과 강화를 맺은 이후 두 나라 사이에는 자연히 사람과 물자의 왕래가 많아졌고 문물 교류가 활발하였다. 몽골풍이 유행이었는데 체두변발, 몽골식 복장, 몽골어가 궁중과 지배층을 중심으로 널리 퍼졌다. 몽골에는 전란 중에 포로 또는 유이민들과 강요에 의해 몽골에 들어간 고려 사람들에 의하여 고려의 의복. 그릇. 음식 등의 풍습이 몽골에 전해졌는데 이를 고려양 이라 한다.

<핵심정리>

친원 세력이 권문세족으로 성장, 고려에 몽골풍 유행(변발, 몽골식 복장, 몽골어 등)

몽골에 고려양 유행: 고려의 의복, 그릇, 음식 등

원의 공녀 요구-조혼 풍습 유발

제 17장
중세의 문화

92 ▌학문의 발달과 역사서 편찬

고려에서도 유학이 정치이념 기능을 하였다. 광종대에 관료를 선발하는 제도인 과거제도가 실시되었고 이를 통해 문신귀족으로 진출하면서 유학이 발달 할 수 있었다. 성종대에 유학자 최승로는 시무 28조의 개혁안을 담은 상소를 올려 유교이념에 따라 통치할 것을 주장하고 유교주의의 자주성과 주체성을 가진 여러가지 정책을 건의하였다. 그의 정책은 대부분 고려 국가체제의 정비에 받아들여졌다. 유학을 가르치는 공적 교육기관으로 국자감과 향교가 설치되고 여기서 유학을 배운 자들이 과거시험을 거쳐 관리로 등용되었다. 질서가 안정되고 문벌귀족사회로 발전하면서 유교사상은 점차적으로 보수적 성격으로 변화해 시문을 중시하며, 유교경전에 대한 전문적 이해가 깊어지고 한층 더 발전하였다. 그러나 무신정변이 일어나 문벌귀족들이 갑자기 몰락하는 사태가 발생하게 되어 고려의 유학은 이 기간 동안 침체기를 맞이하였다. 고려시대의 대표적인 유학자로는 최충과 김부식을 꼽을 수 있다. 문종 때 최충은 해동공자로 칭송 받았으며 그의 호를 따서 문헌공도라고 하였다. 문헌공도는 9개의 전문 강좌인 9재학당을 설립하여 유학교육을 가르쳤다. 김부식은 인종 때 인물로 삼국사기를 저술하였다. 고려 중기의 보수적이면서 현실적인 성격의 유학을 보여주었다. 이러한 사학의 설립자들은 고위 관직을 지냈거나 과거 시험관인 지공거를 지낸 인물이었다. 당시 귀족 자제들은 사학으로 몰려들었다. 과거에 급제하면 그 시험관을 좌주라 하고 급제자는 문생이라 하였는데, 좌주와 문생의 관계는 마치 부자관계처럼 관직에 나아간 뒤에도 계속되어 정치적 영향력을 행사하는 학벌을 형성하였다.

<핵심정리>

고려초기

태조:	최언위, 최응, 최지몽 등이 태조에게 유교주의에 입각한 국가 경영 건의
광종:	과거제 시행 - 유학을 공부한 인재를 관료로 등용
성종:	최승로가 건의한 시무 28조 개혁안을 받아 들여 유교 정치 이념 확립, 유학 교육 기관 정비, 유학 교육 장려
고려 중기:	문벌 귀족 사회의 발달과 함께 점차 보수적으로 변화, 최충이 9재 학당을 세워 유학 교육에 힘씀

Tip

93 성리학의 수용

무신 집권기 이후에는 유교와 불교가 서로 영향을 끼치면서 유.불 융합 현상이 나타나기도 하였다. 이러한 사상적 배경 아래 새로운 유학인 성리학이 수용되었다. 성리학은 송의 주희가 완성한 것으로 우주의 근본원리와 인간의 심성문제를 철학적으로 규명하려는 새로운 유학이었다. 또한 정치적인 도덕으로서 군신간의 의리를 강조하고 대의명분을 존중하였으며 이단을 날카롭게 배척하는 학문이었다. 고려 말 권문 세족의 횡포와 불교의 폐해 속에서 새로운 지도 이념을 추구하던 신진 사대부에 의해 수용된 성리학은 당시 사상계에 일대 전환을 가져왔다.

<핵심정리>

특징: 인간의 심성과 우주의 원리 문제를 철학적으로 탐구하는 신유학

수용: 충렬왕 대 안향이 고려에 처음으로 소개 -이제현이 이색 등의 제자 양성 -이색이 정도전, 권근, 정몽주 등의 많은 제자 양성 - 새로운 정치 세력 형성

사상계의 변화: 신진 사대부들이 성리학 수용, 일상생활과 관계되는 실천적 기능강조 -'소학'과 '주자가례' 중시, 권문세족의 불법성 비판, 불교의 폐단 비판, 국가 사회의 새로운 지도 이념으로 등장

Tip

94 고려의 교육 기관

고려 시대는 유교적 소양을 함양시키고 이에 적합한 관리를 양성하기 위해 교육기관을 설립하였다. 초기 태조 때에는 신라 6두품 계통의 학자를 중용하고 개경. 서경에 학교를 설립하였고 장학재단인 학보를 설립 운영하였다. 성종 때에는 국립대학인 국자감(국학)이 992년에 설치되었다. 지방에는 향교가 설립되어 지방 관리와 서민들의 자제들이 교육을 받았다. 이렇게 고려는 유학 교육의 진흥을 위해 중앙과 지방에 교육 기관을 설치하였다. 국자감의 입학 기준으로는 유학부에는 문무관 7품 이상 관리의 자제가, 기술학부에는 8품 이하의 관리나 서민의 자제가 입학하였다. 고려 중기로 넘어 오면서 최충의 문헌공도를 비롯한 사학이 발달하였다. 사학에서 교육을 받은 학생들이 과거에 좋은 성적으로 합격자를 다수 배출하자 국자감의 관학교육은 위축되었다. 이에 관학 교육 을 진흥시키기 위해 예종은 전문강좌인 7재를 설치하여 전문성을 높이고 장학기관인 양현고와 학문연구소인 청연각. 보문각. 임천각. 천장각 을 설치하여 경연을 도입하는 등 관학 진흥을 위해 노력하였다.

<핵심정리>

관학과 사학

관학:	국자감: 개경에 설치, 유학부(국자학, 태학, 사문학)와 기술학부(율학, 서학, 산학 등)로 구성 -경사 6학 (인종 때 정비) 향교 : 지방에 설치, 지방 관리와 서민 자제의 교육 담당
사학:	고려 중기에 최충이 세운 9재 학당(문헌공도)을 비롯한 사학 12도라는 사립학교 설립, 유학 교육 담당 -국자감의 관학 교육 위축
관학의 진흥 추진:	예종 때 국자감에 전문 강좌 설치, 장학 재단(양현고) 설치
국자감의 변화:	국학으로 불리다가 충렬왕 때 성균관으로 개칭 -공민왕 때 순수한 유교 교육 기관으로 개편

Tip

95 역사서의 편찬

고려는 건국 초 고구려 계승의식을 분명히 표방했다. 고려의 역사서로는 초기에 왕조실록이 편찬되었으나 거란의 침입으로 소실되었다. 이후 태조에서 목종에 이르는 7대 실록을 현종 때 편찬하여 덕종 때 완성하였으나 이 또한 오늘날 전해지지 않는다. 고려중기로 넘어오면서 유교적 사관이 발달할 무렵 신라 계승의식이 반영되어 인종 때 김부식에 의해 삼국사기가 저술되었다. 이는 기전체 역사서로서 현존하는 가장 오래된 역사서이다. 고려 후기 무신정변 후의 사회적 혼란과 몽고의 침입으로 위기를 겪은 뒤, 민족적 자주 의식의 발로로 기존의 유교 사관에 대항하여 한국의 고대사를 자주적 입장에서 이해하려고 시도하였다. 유교적 역사의식에 입각하여 편찬된 삼국사기에 대하여 유교적 사관을 비판하면서 이규보의 동명왕편, 일연의 삼국유사, 이승휴의 제왕운기 등이 편찬되었다. 이들은 이민족의 침입으로 인한 민족적 고난과 자국의 역사 전통에 대한 강한 자부심을 담은 것이었다. 삼국유사는 사대적 유교 사관에 입각하여 쓰여진 삼국사기와는 달리 불교사를 중심으로 설화와 야사를 많이 수록하였고, 특히 단군을 민족시조로 받드는 자주적 의식을 나타내었다. 그러나 고려 후기로 들어 오면서 유교 사관이 다시 발달하고, 정통 의식과 대의명분을 강조하는 성리학적 사관이 나타났다.

<핵심정리>

관학과 사학

고려전기: 태조에서 7대 목종 때까지의 "7대 실록" 편찬

고려 중기: "삼국사기" 편찬 -김부식이 유교적 합리주의 역사관에 근거하여 편찬, 사마천의 사기 의 형식 본떠서 기전체 서술.
신라 계승 의식 반영, 현재 남아 있는 가장 오래된 역사서

무신 집권기, 원 간섭기

특징: 민족적 자주 의식 글 바탕으로 전통문화를 올바르게 이해하려는 경향 대두

"해동고승전" (각훈): 삼국시대 승려 30여 명의 전기 수록(현재 일부만 남아 있음)

"동명왕편" (이규보): 고구려 계승 의식 반영-만주벌판을 호령했던 옛 고구려의 영광을 되새기며 몽골 침입을 물리쳐 보겠다는 고려인의 소망이 담겨 있는 역사서

Tip

“삼국유사” (일연):	불교사와 고대 민간설화나 전설기록을 수록. 처음으로 단군의 건국 이야기 수록
“제왕운기” (이승휴) :	우리나라의 역사를 단군에서부터 서술 우리나라 역사를 중국의 역사와 대등하게 파악. 발해를 우리 역사에 포함시킴.

고려후기

“사략” (이제현):	개혁을 단행하여 왕권을 중심으로 국가질서를 회복하려는 정통 의식과 대의명분을 강조하는 성리학적 유교사관 반영.

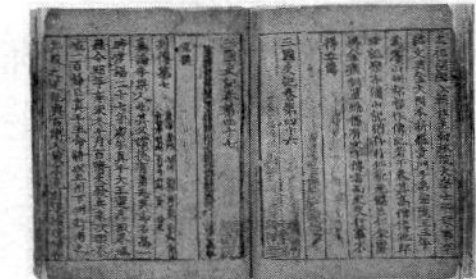
삼국사기

삼국유사

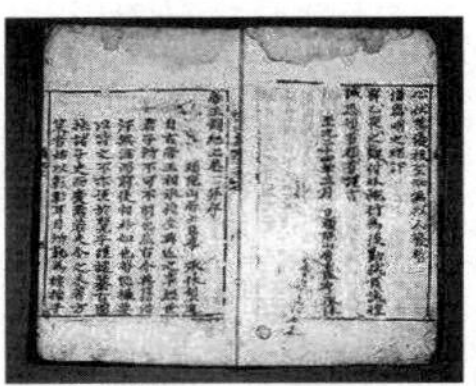
제왕운기

96 불교 사상과 신앙

불교는 고려 시대 국교로 숭앙 되었다. 태조는 후삼국을 통일하는 과정에서 여러 선승과 관계를 맺고 그들을 우대하여 민심을 수습하고자 하였다. 또 개경에 여러 사원을 창건하였다. 후손들에게 경계하여 내린 훈요 10조에서도 가장 먼저 불교를 강조하여 첫 번째 조항에서 고려가 대업을 이룬 것은 부처의 호위에 힘입은 것이므로 불교를 숭앙하고 각 종파에 속한 사원과 승려는 그 소속을 엄격히 지키도록 하였다. 연등회는 고려 태조 때부터 시작된 불교 행사로서, 등불을 밝히고 다과를 차려 음악. 춤 등으로 큰 축제를 베풀어 부처와 조상에게 제사 지내는것으로 지금도 음력 4월 8일에 불교 행사로 행하고 있다. 광종 때에는 사원과 승려들을 교종과 선종으로 나누어 정리하고 국가에서 통제하였다. 승려들에게도 과거를 실시하였는데 승과는 교종과 선종으로 나누어 시험을 치르고 선발된 승려는 승직을 받고 전시과 규정에 의한 토지도 지급받았다. 승직도 여러 등급으로 나뉘어 져 있었고 맨 위에는 왕사와 국사가 있었다.

<핵심정리>

태조: 불교를 적극 지원, 훈요 10조에서 불교 숭상과 연등회, 팔관회 등 불교 행사를 성대하게 개최할 것 당부

광종: 과거 시험에 승과 제도 설치, 국사와 왕사를 두어 나라와 임금의 스승으로 삼음. 사원에 토지 지급, 승려에게 면역의 혜택 수여

사회인식: 귀족들은 유교와 불교를 조화롭게 수용, 일반인은 현세적인 기복 신앙으로 불교 신봉

Tip

97 ▌ 불교 통합 운동과 천태종

고려 초기에는 화엄정이 유행하였고 선종에도 관심을 가졌었다. 특히 화엄사상을 바탕으로 하는 종파인 화엄종과 유식사상을 중심으로 하는 종파인 법상종이 고려 불교의 두 주축을 이루었다. 그러나 11세기에 들어서면서 종파간의 대립과 분열상이 나타나기 시작하였다. 이후 교단통합운동이 전개되는데 고려 중기 대각국사 의천은 왕자 출신으로 출가하여 당나라에 유학했다. 이후 국청사를 창건하여 천태종을 창시하고 불교 통합운동을 하였으며 화엄정을 중심으로 통합운동을 전개하였다. 의천은 이론의 연마와 실천을 강조하고 교관겸수를 주장했다. 화엄 사상을 바탕으로 하는 종파인 화엄종과 유식사상을 중심으로 하는 종파인 법상종은 교종의 두 종파로서 선종과 함께 고려 불교의 주축을 이루었다.

<핵심정리>

불교의 변천:	초기에는 균여의 화엄정 성행, 선종에 대한 관심 증가 -왕실과 귀족의 지원으로 화엄종과 법상종 융성 -11세기에 종파 간의 분열 발생
의천이 교단 통합 운동 전개:	화엄종을 중심으로 교종 통합 노력 -선종 통합 노력(천태종 창시, 교관겸수 제창) -새로운 교단 분위기 형성 -의천이 죽은후 교단 분열, 귀족 중심이 불교 지속

Tip

98 결사 운동과 고려 불교

고려 후기에 선종이 조계종으로 통합되어 크게 번성하고 지방에서는 신앙 결사 운동이 활발하게 전개되었다. 그동안 왕실과 문신 귀족들의 보호를 받으면서 성장해온 교종은 무신 정권이 수립되면서 가혹한 탄압을 받아 쇠퇴하고 의천 이후 침체되어 있던 선종 세력이 최씨 정권의 후원을 받으면서 새로이 대두하였다. 선종은 경전을 통한 복잡하고 어려운 이론을 배격하고 참선에 의한 불교 신앙을 중심내용으로 하였기 때문에 무신들에 의해 수용될 수 있었다. 또 선종의 혁신성은 종래 문신귀족 중심의 기성 질서를 무너뜨리고 성립한 무신 정권의 성향에 알맞은 것이었다. 이 당시 보조국사 지눌은 불교계의 타락을 비판하면서 새로운 불교 이론을 세우고 이를 바탕으로 불교혁신 운동을 전개하였다. 지눌은 개경의 불교계를 비판하면서 뜻이 맞는 동지를 모아 선정과 지혜를 같이 닦는다는 정혜쌍수(定慧雙修)를, 또한 내가 곧 부처라는 깨달음을 위한 노력과 함께 꾸준한 수행으로 깨달음의 확인을 아울러 강조한 돈오점수(頓悟漸修)를 주장했다. 지눌의 이러한 사상은 선종을 위주로 교종을 융합하려는 것으로서 교종과 선종이 통합되었다. 의천의 해동 천태종이 교종을 중심으로 선종을 포섭하려는 것인데 비해 지눌의 조계종은 선종의 입장에서 선종과 교종의 조화를 주장한 것으로 교리적으로 한층 발전된 것이었다. 혜심은 유불 일치설을 주장하며 심성의 도야를 강조하여 장차 성리학을 수용할 수 있는 사상적 토대를 마련하기도 하였다. 요세는 천태종 계열 결사 운동인 백련결사를 제창하였다. 그러나 대몽 전쟁 이후 불교계의 혁신 운동은 점차 약해졌고 그 성격도 바뀌어 갔다. 즉 무신 집권시기의 서민불교는 원과 고려 왕실 및 권문세족의 후원을 받으면서 막대한 농장을 소유하고 심지어 고리대나 상업 활동을 통해 경제적 부를 축적하는 등 점차 타락 하기 시작하였다. 불교는 더 이상 혼란한 고려사회를 이끌어갈 수 있는 정신적 이념이 될 수 없었고 마침내 성리학의 공격을 받아 사상계의 주도적인 위치에서 완전히 밀려나게 되었다.

<핵심정리>

지눌의 수선사 결사 운동: 불교계의 타락상 비판, 수선사 결사 제창, 선종을 중심으로 교종을 포용하여 선교 일치를 이루고자 함. 정혜쌍수와 돈오점수를 수행방법으로 제시

혜심의 유불일치설:	유교와 불교는 근본에 있어 하나라고 주장- 성리학 수용의 사상적 토대 마련

요세의 백련 결사 운동:	법화 신앙에 바탕을 둔 백련결사 제창(강진 만덕사), 지신의 잘못을 진정으로 참회하면 극락왕생 할 수 있다고 주장 - 지방민의 호응을 얻음.
원 간섭기 이후:	불교개혁운동 약화, 권문세족의 후원을 받아 많은 토지 소유, 상업과 고리대 등으로 재산 축적 -신진 사대부가 불교의 폐단 비판

<더 알아보기>

돈오점수(頓悟漸修)

불교에서 돈오란, 문득 깨달음이다. 점수란 점진적으로 수행 하는 것을 말한다. 돈오 이전에 점수 과정이 있어야 한다는 주장과 돈오 후에 점수한다는 주장이 있다. 고려 시대 지눌(知訥)의 '돈오점수론'도 이런 영향을 받았는데 그는 오(悟)'는 햇빛과 같이 갑자기 만법이 밝아지는 것이고 수(修)'는 거울을 닦는 것과 같이 점차 밝아지는 것과 같다는 비유를 들면서, 만일 깨우치지 못하고 수행만 한다면 그것은 참된 수행이 아니라 하여 '선오후수'를 강조했다. 불교의 수행은 아래와 같이 네 가지가 있다. '돈오돈수(頓悟頓修)'는 단번에 깨달아서 더 닦을 것이 없이 공행을 다 이루어 바로 부처의 경지에 도달하는 것을 말한다. 돈오점수(頓悟漸修)는 단번에 진리를 깨친 뒤 번뇌를 차차 소멸시키는 것을 말한다. 점수돈오(漸修頓悟)는 단계를 밟아서 차례대로 닦아 일시에 한꺼번에 깨닫는 것을 말한다. 점수점오(漸修漸悟) 차츰 닦아 가면서 조금씩 깨닫는 것을 말한다.

*정혜쌍수(定慧雙修)
초기 불교는 선정, 교학, 계율이 중요한 수행법이었다. 중국 불교는 선정과 교학은 대립하게 되었다. 한국도 중국 불교를 수입한 이래 고려시대까지 마찬가지였다. 선종 승려 지눌은 선정과 교학이 결코 대립적인 관계에 있지 않으며, 선의 입장에서 교를 포용하는 입장을 내세웠다. 이러한 주장의 근거는 화엄교학에서 발견할 수 있다. 화엄종의 종교적 수행을 뒷받침하는 이론과 선불교도들의 수행이론이 근본적으로 같다는 사실에서 그 근거를 찾은것이다. 지눌은 화엄교학의 성기설이 마음이 바로 부처라고 하는 선종의 근본 가르침과 같다는 것을 증명했고, 화엄교학의 중생과 부처는 같으며 어리석음과 깨달음은 상과 용에 불과하다는 것을 밝혀 선에 대한 통찰력을 강화·심화시킬 수 있었다.

99 대장경 간행

고려시대에는 많은 불교 경전을 집대성한 대장경이 간행되었다. 현종 때 거란이 침략하여 개경이 함락되자 남쪽으로 피난하였던 고려 조정에서는 부처의 힘을 빌려 외적을 물리치고자 대장경을 조성하였다. 삼국시대에 불교를 수용한 이후 여러 차례에 걸쳐 중국에서 많은 불경을 들여왔는데 고려도 초기부터 중국에서 대장경을 들여왔다. 현종 대에는 당시 정교하기로 이름난 거란대장경도 들여왔다. 고려대장경은 여러 대장경 판본을 모으고 대조하여 그것을 바탕으로 판각한 것이다. 따라서 정확하고 정교하여 목판인쇄술의 높은 수준을 보여주고 있다. 특히 현종은 불우했던 자신의 부모의 행복을 빌기 위해 현화사를 창건하고 대장경을 현화사에 봉안하여 장엄하려고 하였다. 이후 70여 년 동안 판각사업이 이루어져 1087(선종4)대장경이 완성되었다. 이것을 초조대장경이라고 한다. 그러나 초조대장경의 판목은 몽골의 침략으로 불타버리고 현재는 당시 찍어 낸 불경의 일부만 전해지고 있다. 대장경의 완성에 이어서 의천은 속장경을 만들었다. 속장경은 불경 연구서들을 수집하여 간행한 것으로 고려뿐 아니라 송, 요, 일본의 자료까지 수집하여 당시까지 불교학 연구성과를 집대성하였다. 10여 년에 거쳐 약 4000권의 서적을 판각하였으나 이 판목 역시 몽골의 침략으로 1232년(고종 19) 흥왕사가 불타 소실되어 현재는 일본의 동대사(東大寺) 도서관 등에 인본(印本)이 일부 보관되어 있으며 우리나라에는 조선 초에 중수·간행된 것이 순천 송광사에 전해오고 있다. 재조대장경은 팔만대장경 이라고 더 알려져 있다. 고종 때 고려 고종 23년(1236)부터 38년(1251)까지 16년에 걸쳐 완성한 대장경은 부처의 힘으로 외적을 물리치기 위해 만들었는데 최우가 강화도에 대장도감을 설치하고 몽골침입의 격퇴 의지를 담아 제작하였다. 경판(經板)의 수가 8만 1258판에 이르며 완성된 경판은 강화도 서문 밖에 있는 대장경판에 두었는데 후에 조선 태조 때 경남 합천 해인사로 옮겨 보관하고 있다.

<핵심정리>

대장경: 경. 율. 논의 삼장으로 구성, 불교 서적을 집대성하여 편찬

경. 율. 논: 경(經)은 부처가 말한 것으로 불교의 근본 교리이고, 율(律)은 교단에서 지켜야 할 윤리 조항과 생활 규범이며, 논(論)은 경과 율에 대한 승려나 학자들의 의론과 해석을 일컫는다.

대장경 간행

Tip

초조대장경: 현종 때 거란의 침입을 부처의 힘을 빌려 격퇴하기 위해 간행
70여 년에 걸쳐 목판에 새겨 간행
몽골의 침입 때 소실. 인쇄본 일부가 현재까지 전해짐

교　장: 대각국사 의천이 간행
고려, 송, 요의 대장경에 대한 주석서를 수집하여 편찬
목록인 "신편제종교장총록" 발행, 교장도감 설치,4,700여 권의 전적 간행

팔만대장경: 초조대장경의 소실, 부처의 힘으로 몽골의 침략의 물리치기위해 간행
고종때 대장도감 설치,16년만에 완성, 현재 경상남도 합천 해인사에 보존
8만 장이 넘는 목판으로 팔만대장경으로 불림
대장경을 보관하는 장경판전이 유네스코 세계 문화유산으로 지정

Tip

100 | 도교와 풍수지리설

고려 시대에는 유교, 불교와 함께 도교도 성행하였다. 도교는 불로장생과 현세의 구복을 추구하는 것을 특징으로 하며, 은둔적이다. 여러 가지 신을 모시면서 재앙을 물리치고 복을 빌며 나라의 안녕과 왕실의 번영을 기원하였다. 이를 위하여 도교 행사가 자주 베풀어졌고, 궁중에서는 하늘에 제사를 지내는 초제가 성행하였다. 예종 때 도교 사원이 처음 건립되었고 여러곳에서 하늘과 별들에게 제사를 지내는 도교 행사가 개최되었다. 풍수지리설은 신라 말 도선에 의해 체계화된 것으로, 송악(개경)을 중심으로 전국을 재편성하는 인문지리적 인식을 바탕으로 한 것이었다. 이후로 풍수지리설은 미래를 예언하는 도참설과 결부되어 묘청의 난과 같은 정치적 사건에 많이 이용되었다.

<핵심정리>

도교

특 징: 불로장생과 현세의 이익 추구

발 전: 불교 및 여러 민간 신앙의 요소가 뒤섞여 발전,
예종 때 도교 사원인 복원궁 설치, 왕실에서 하늘에 제사 지내는 초례 개최

풍수지리설

특 징: 미래의 좋고 나쁨을 예언하는 도참사상과 결합하여 고려 시대에 크게 유행

발 전: 초기에 서경 천도와 북진 정책을 합리화 시켜주는 역할을 함 - 문종 이후에 북진 정책의 퇴조와 함께 남경이 명당이라는 주장 제기

Tip

제 18장

중세 과학기술의 발달

101 | 천문학과 의학

고려 시대에는 고구려. 백제. 신라의 발달된 과학기술을 계승하고 한편으로는 중국과 이슬람의 과학기술도 수용하였다. 최고 교육기관인 국자감에서는 율학. 서학. 산학 등의 잡학을 교육하였으며, 과거제도 에서도 기술관을 등용하기 위한 잡과가 실시되어 과학기술이 발전할 수 있었다. 천문과 역법을 맡은 관청으로 사천대가 설치되었고 이곳의 관리들은 첨성대에서 관측업무를 수행하였다. 일식. 혜성. 태양의 흑점 등에 관한 관측 기록이 매우 풍부하게 남아있고 이런 기록들은 당시 과학기술 분야에 앞서있던 이슬람 문명의 기록과 비교할 수 있을 정도로 훌륭한 것으로 평가되고 있다. 역법 연구에서도 착실한 발전이 이루어져 신라 때부터 쓰기 시작하였던 당의 선명력을 후기 충렬왕 이후에는 원의 수시력을 채용하고 공민왕 때에는 대통력을 받아들여 사용하였다. 의학에서는 태의감에서 의료업무를 맡아서 교육을 실시하고, 의원을 뽑는 의과를 시행하여 고려 의학이 발전할 수 있는 바탕이 마련되었다. 고려 중기의 의학은 당. 송 의학의 수준에서 한 걸음 나아가 우리나라의 실정에 맞는 자주적인 의학으로 발전하여 '향약방'이라는 고려의 독자적 처방이 이루어졌다. 13세기에 편찬된 '향약구급방'은 현존하는 우리나라 최고의 의학서적으로 각종 질병에 대한 처방과 국산 약재 180여 종이 소개되어 있다.

<핵심정리>

발달 배경: 국자감에서 잡학(율학, 서학, 산학) 교육, 잡과를 실시하여 기술관 선발

천문학: 천문 관측: 사천대(서운관)에서 천문과 역법 담당, 첨성대에서 관측 업무 수행
역법 계산: 초기에는 당의 선명력 사용, 충선왕 때에는 원의 수시력 채용

의 학: 의료 업무를 맡은 태의감에서 의학 교육 실시, 의원을 뽑는 의과 시행
고려 중기에 향약방 이라는 고려의 독자적 처방이 이루어짐 -13세기에 "향약구급방" 편찬(현재 전해지는 우리나라에서 가장 오래된 의학서)

Tip

*수시력(授時曆)

중국의 원나라에서 사용한 역법으로, 고려시대부터 조선 중기까지 사용되었다. 고려 충선왕 때에 전래되어 그 일부만이 사용되었고, 1442년(세종 24)에 이르러 수시력과 대통력이 (칠정산내편)으로 편찬되어 효종이 1653년 시헌력(時憲曆)으로 바꾸어 쓸 때까지 사용되었다. 수시력에서는 1년을 365.2425일로 계산하였다. 이것은 서양의 그레고리우스력과 같다.

102 인쇄술의 발달

고려 시대의 기술학에서 가장 뛰어난 것은 인쇄술의 발달로서 목판인쇄에서 움직일 수 있는 활판인쇄로 발달하였다. 건국 초기부터 개경과 서경에 도서관을 설치하고 많은 책들을 수집하였다. 그리하여 수만 권의 진귀한 책들이 보관되었고, 송에서도 구하여 갈 정도였다. 국가적인 대장경 조판사업으로 팔만대장경 등이 있으며, 사찰의 불경간행, 유교정치와 과거제도에 의한 유학서적 등이 간행되었다. 대표적인 금속활자본으로는 의례서인 상정고금예문(1234)과 청주 흥덕사에서 간행한 직지심체요절(1377)이 있다.

<핵심정리>

Tip

배 경:	국가 차원에서 대장경을 조판하고 불경 간행
목판 인쇄술:	한 가지의 책을 다량으로 인쇄하는데 적합, 몽골의 침략을 물리치려는 염원을 담아 팔만대장경 제작
활판 인쇄술 (금속 활자 인쇄술):	금속 활자 발명: 목판 인쇄술, 청동 주조 기술, 인쇄에 적합한 먹과 종이의 제조 등이 어우러진 결과 - 세계 최초로 금속 활자 인쇄소 발명 금속 활자 인쇄물: "상정고금예문"(1234, 인쇄하였다는 기록은 있으나 현재 전하지는 않음). "직지심체요절"(1377, 청주 흥덕사에서 인쇄, 현재 전해지는 세계에서 가장 오래된 금속 활자본) 제지술의 발달: 전국적으로 닥나무 재배 장려, 종이 제조를 전담하는 관서 설치

103 농업 기술의 발달

논농사에서는 직파법을 실시하였고 후기에는 남부 일부 지방에 이앙법이 보급되기도 하였다. 밭농사는 1년 1작에서 2년 3작의 윤작법으로 점차 변화되어갔다. 우경으로 깊이갈이가 발달하여 휴경기간의 단축과 생산력의 증대 등을 가져왔다. 또한 축산물의 배설물이나 재를 이용하는 시비법이 발달하여 농업생산력이 증가되었으며, 녹비(綠肥)법의 발달로 휴경기간이 단축되었다. 이암이 원의 <농상집요>를 소개하여 농업기술의 학문적 연구를 촉진하였고 공민왕때 문익점이 원으로부터 목화를 몰래 들여와 의생활에 큰 변화를 초래하였다.

<핵심정리>

개간과 간척, 수리시설개선, 모내기법이 남부 일부 지방에 보급

2년 3작의 윤작법, 깊이갈이, 시비법 발달

고려 후기에 이암이 중국의 농서인"농상집요" 소개. 문익점이 목화도입

Tip

104 화약 무기 제조와 조선술 발달

고려 말에 홍건적과 왜구의 침입이 잦아 국가적으로 대비책이 시급하였다. 최무선은 왜구의 침입을 격퇴하기 위해서는 화약무기의 사용이 꼭 필요하다고 생각하고 화약 제조기술의 습득에 힘을 기울였다. 당시 원나라는 화약 제조기술을 비밀에 붙여 고려는 이를 알 수 없었다. 그러나 최무선의 끈질긴 노력으로 화약 제조법을 터득하게 되었다. 1377년(우왕 3)에 화통도감을 설치하고 최무선을 중심으로 화약과 화포를 제작하였다. 최무선은 실전에 이 화포를 활용하여 진포 싸움에서 왜구를 크게 격퇴하였다. 고려 시대에는 배를 만드는 기술도 발달하였다. 송나라와 해상무역이 활발해짐에 따라 길이가 96척이나 되는 대형 범선이 제조되었다. 각 지방에서 징수한 조세미를 개경으로 운송하는 조운 체계가 확립되면서 1,000석의 곡물을 실을 수 있는 대형 조운선도 등장하였다. 이는 주로 해안 지방의 조창에 비치되었다.

<핵심정리>

화약무기: 고려 말 최무선이 화약 제조법 터득 - 화약 제조를 담당하는 화통도감 설치, 화약과 화포를 제작하여 진포(금강하구) 싸움에서 왜구 격퇴

조 선 술: 길이 96척의 대형 범선과 1,000석의 곡물을 실을 수 있는 대형 조운선 제작(주로 해안 지방의 조창에 배치) -고려 말에는 배에 화포 설치, 왜구 격퇴에 활용

Tip

제 19장
귀족문화의 발달

105 건축과 예술의 발달

고려의 건축은 궁궐과 사원 중심이었다. 궁궐은 개성 만월대 터를 통하여 보면 이 궁궐이 축대를 쌓고 건물을 계단식으로 배치한 것으로 짐작하여 알 수 있음을 나타낸다. 사원도 발달하여 안동 봉정사극락전, 영주 부석사무량수전, 예산 수덕사대웅전과 같은 주심포 양식과 사리원 성불사응진전과 같은 다포식 건물도 등장하였다. 전기에는 주로 주심포 양식이 유행했다. 13세기 이후에 지은 일부 건축물인 안동 봉정사극락전, 영주 부석사무량수전, 예산 수덕사대웅전 등이 있다. 후기에 들어오면서 다포 양식의 건축물 등장하여 성불사응진전이 건축 되었으며, 이러한 양식이 조선 시대 건축에 영향을 끼쳤다. 석탑으로는 다각 다층탑이 유행했다. 안정감이 부족하였으나 자연스러운 모습을 지녔다. 또한 개성 현화사7층석탑, 평창 월정사8각9층석탑이 있으며, 개성 경천사지10층석탑은 고려 후기에 원의 영향을 받아 제작했다. 승탑으로는 다양한 형태의 승탑이 제작되었다. 여주 고달사지 승탑은 신라 후기의 팔각원당형을 계승하였고 원주 법천사지 지광국사탑은 고려시대 승려 지광국사 해린(海麟)을 기리기위해 건립한 불탑이다. 불상으로는 하남 하사창동 철조석가여래 좌상, 영주 부석사 소조여래좌상 등, 대형 철불이 조성되었다. 거대한 석불도 제작하였다. 논산 관촉사 미륵보살입상, 안동 이천동 마애여래입상 등이 제작되었으며, 금동관음보살좌상은 라마교의 영향으로 화려하게 치장한 불상이다.

<핵심정리>

건 축: 주심포 양식: 지붕의 무게를 기둥에 전달하면서 건물을 치장하는 장치인 공포가 기둥 위에만 짜여 있는 기둥양식 -영주 부석사 무량수전, 안동 봉정사 극락전(우리나라에서 가장 오래된 목조 건물)

다 포 양식: 공포가 기둥 위뿐만 아니라 기둥 사이에도 짜여 있는 건물로 웅장한 지붕이나 건물을 화려하게 꾸밀 때 쓰였다.-성불사 응진전

석 탑: 현화사 7층 석탑-신라 양식 일부 계승, 평창 월정사 8각 9층 석탑- 송의 영향, 다각 다층탑, 경천사 10층 석탑 -원의 영향 -조선 원각사지 10층 석탑에 영향

불 상: 전기- 하남 하사창동 철조 석가여래좌상(광주 춘궁리 철불), 논산 관촉사 석조미륵보살입상, 파주 용미리 마이내불 입상
중기-영주 부석사 소조아미타여래좌상(신라 전통 계승)
후기- 혜허의 수월관음도 불화유행

Tip

Tip

안동 봉정사 극락전

영주 부석사 무량수전

수덕사 대웅전

성불사 응진전

개성 현화사 7층 석탑

평창 월정사 8각9층 석탑

개성 경천사지 10층 석탑

여주 고달사지 승탑

영주 부석사 소조여래좌상

안동 이천동 마애여래입상

106 고려청자와 문화

고려 시대에는 귀족의 생활과 관련된 공예품이 발달하였다. 귀족사회의 전성기인 11세기에는 비취색의 순청자를 만들었으며, 12세기 중엽에는 상감기법(象嵌技法)을 도입하여 상감청자를 만들었다. '상감'이란 건조된 그릇 표면에 무늬를 새겨 파내고 그 자리에 다른 흙으로 메워 색과무늬를 내는 기법이다. 13세기에는 몽골과의 전쟁 중에서도 상감청자가 더욱 발전하였으나, 원 간섭기 이후 고려청자의 기법이 변하면서 쇠퇴하였다. 고려 말에는 분청사기가 만들어졌다. 고려시대에는 금속공예도 발달하였는데 불교 도구를 중심으로 발전하였다. 또한 옻칠한 바탕에 자개를 붙여 무늬를 나타내는 나전칠기 공예도 발달하였다. 서예로는 고려전기 구양순체로 탄연이 유명했고 후기에는 원나라의 송설체가 유행했는데 이암의 문수원장경비가 유명했다. 회화로는 고려 전기에 도화원을 설치하여 전문화원을 양성했다. 대표적 화가로는 인종 때 예성강도를 그린 이령과 그의 아들 이광필이 있었다. 그러나 그림은 전하지 않는다. 고려 후기에는 문인이나 승려의 사군자 중심의 문인화가 유행하였으나 현재 전해지는 것은 없고 공민왕의 천산대렵도가 있다. 음악으로는 송나라에서 수입된 대성악이 궁중음악으로 발전하였고, 우리의 고유음악이 당악의 영향을 받아 발달한 향악이 있다.

<핵심정리>

청 자 : 전통적인 자기기술 +12세기 초 잔, 연적, 향로, 기와 등 다양한 형태로 제작 -12세기 중엽 독자적인 기법인 상감법 개발 → 몽골과의 전쟁 이후 점차 쇠퇴

금속공예 : 청동그릇 표면을 얇게 파낸 뒤 은실을 박아 문양을 새겨 넣는 은입사 기술 발달(청동 은입사 포류수금문 정병)

목칠공예 : 옻칠한 바탕위에 자개를 붙여 장식하는 나전칠기 공예발달

서 예 : 전기에는 구양순체 유행(탄연)→후기에는 송설체 유행(이암)

그 림 : 이영('예성강도')과 이광필이 유명, '천산대렵도'(원 화풍의 영향을 받음), 불화(혜허의 '양류관음도')와 사경화 유행

아악 : 송에서 수입된 대성악이 궁중 음악으로 발전.
아악은 고려 때 송나라에서 수입된 궁중음악으로, 주로 제사에 쓰였다. 고려와 조선 시대의 문묘 제례악이 여기에 해당한다.

향악(속악): 우리의 고유 음악이 당악의 영향을 받아 발달

Tip

상감청자

청동은입사 포류수금문 정병

천산대렵도

혜허-양류관음도

제 20장
근세의 정치

107 조선의 건국

고려 말 의 사회는 안으로는 권문세족의 토지겸병에서 빚어지는 사전(私田)의 폐단과 밖으로는 원의 간섭에서 벗어나는 일 등 어려운 문제를 안고 있었다. 공민왕은 원에 빼앗겼던 동북부의 땅을 무력으로 되찾고 정치제도를 원의 간섭하기전의 상태로 되돌리는 등 상당한 성공을 거두었다. 그러나 이 개혁은 홍건적의 침입과 원의 간섭으로 중단되었다. 이어 즉위한 우왕 때에는 권문세족의 횡포가 더 심해졌으며 왜구가 자주 침입하여 극성을 부렸다. 이를 막아내면서 이성계 등 새로운 무인 세력이 성장하기 시작했다. 신흥 무인 세력은 차츰 신진사대부와 연결되면서 권문세족과 가까운 최영 등 기존의 무인 세력과 다투게 되었다. 이 때 명이 동북 지역의 철령 이북의 땅을 명의 직속령으로 삼겠다고 통고하자 최영은 이성계 등을 내세워 요동을 공격하게 하였다. 이 때 국내외의 정세를 들어 출병을 반대하였던 이성계와 조민수는 위화도에서 군사를 돌려 최영 등을 몰아내고 정치적 실권을 장악하였다(1388). 이들은 군사력을 바탕으로 곧 사전개혁에 착수하였다. 조준이 사전개혁을 주장하는 상소를 올리자, 전국적으로 토지 조사 사업을 벌여 새로운 토지대장을 만들었다. 한편, 지배층 가운데에서 토지를 나누어 줄 대상을 가려내면서 은밀하게 혁명을 추진하였다. 과전법을 시행하여 구귀족의 기반을 약화시키고 국가 재정을 확보하는 동시에 사대부의 인심를 모았다. 이어 정몽주 등 반대파를 제거 한 후 도당 회의에서 이성계를 새로운 왕으로 추대하였다(1392).

<핵심정리>

위화도 회군 (1388):	이성계 등 신흥 무인 세력과 정도전 등 신진 사대부가 권력 장악
과전법 실시 (1391):	권문세족과 사원이 소유한 농장 혁파 → 문란해진 토지 문제 해결
조선건국 (1392):	고려 왕조를 유지하려는 정몽주 등 일부 온건파 신진 사대부 제거, 이성계를 왕으로 추대
태조(이성계):	한양 천도(1394). 정도전의 활약(재상 중심의 정치 추구, "불씨잡변"에서 불교의 폐단 비판) → 성리학적 통치 이념 확립
한 양:	풍수지리설에서 명당으로 꼽히던 곳으로, 한반도 중앙에 있고 한강이 흐르고 있어 교통이 편리하였다. 또 북악산과 남산으로 둘러싸여 방어에도 유리하였다.

Tip

108 국가의 기틀 마련

조선에서는 나라의 안정을 위해 왕권을 확립하려 하였다. 고려 말 외적의 침입을 막아내는 과정에서 군사들은 국가의 공적인 지휘체계보다도 장군 개인의 명령을 따르는 사병이 되고 말았다. 정도전 등 조선건국을 주도한 공신들은 국가 차원의 군사 훈련을 강화하여 장군들의 세력을 약화하려 하였다. 그러자 왕자들과 공신들이 이에 반발하였다. 결국 이방원(태종)은 정도전 일파를 없애고 실권을 잡았다. 이방원은 사병을 없애고 군사 지휘권을 왕 아래 속하게 하고 고려 때부터 존속해 온 장군방을 없앴다. 이어 즉위한 태종은 친위병을 크게 늘리고, 병조의 권한을 강화하였다. 왕의 기준에 맞는 무신을 선발하기 위해 무과를 두고 급제자를 우대하면서 장군들 사이의 개인적인 교류를 막았다. 이후 태종은 관제를 왕 중심으로 고쳐나갔다. 먼저 언론을 맡는 사간원을 의정부에서 분리하여 대신들의 언론 간섭을 배제하였다. 왕의비서기구인 승정원을 중추부에서 독립시켜 대신들이 왕명 출납에 간여하는 것을 막았다. 나아가 태종은 직접 관료 기구를 틀어쥐려 하였다. 최고행정기관인 6조의 우두머리를 정 2품으로 올려 판서로 하고 의정부 업무 가운데 전례가 있는 일은 모두 6조로 옮겼다. 6조 아래에는 각각 속관을 두어 6조를 크게 강화하였다. 그 후 6조로 하여금 왕에게 바로 업무를 보고하게 하여 행정의 결정권을 왕이 거의 다 틀어쥐었다. 또 3품 이하의 관서를 모두 6조 아래 나누어 속하게 하여, 행정 체계를 왕과 6조 중심으로 정비하였다. 그 외에 왕족을 종친부로 묶어 왕위계승에서 생겨날 다툼을 미리 막았다. 돈령부를 두어 외척을 예우하면서 지나친 정치 간여를 막으려 하였다. 또한, 세력이 큰 공신이나 외척 세력을 여러 빌미로 없애 나갔다. 태종으로부터 왕위를 물려받은 세종대왕은 집현전을 설치하여 인재들이 학문과 연구에 전념하도록 하였으며 이를 바탕으로 훈민정음을 창제하였다. 세종대왕은 태종과는 반대로 의정부 서사제를 실시하여 왕권과 신권의 조화를 이루기위한 정치를 시행하였다.

<핵심정리>

태 종: 국왕 중심의 정치 강화: 6조 직계제 실시, 사간원 독립, 공신과 왕족이 거느린 사병 혁파

6조 직계제: 6조 직계제는 왕의 명령을 집행하는 행정 기관인 6조에서 의정부를 거치지 않고 곧바로 사안을 국왕에게 올려 재가를 받아 시행하는 제도이다.
왕권을 강화하는 방법의 하나로, 태종, 세조 때에 실시되었다.
경제기반 확보: 양전 사업, 호패법 실시, 사원의 토지 몰수

Tip

세 종: 업적: 집현전 설치, 훈민정음 창제, 전세 제도 정비, 의정부 서사제 실시, 경연실시
왕권과 신권의 조화 추구: 일반 사무는 의정부에서 처리, 인사와 군사에 관한 일은 왕이 직접 주관

의정부 서사제: 의정부 서사제는 6조에서 올라오는 모든 일을 의정부에서 논의한 다음, 합의 된 사항을 국왕에게 올려 결재를 받는 제도이다. 왕권과 신권의 조화를 이루기 위한 방법의 하나로, 세종 대에 실시되었다

단 종: 왕권 약화 → 재상들이 정치적 실권 장악(김종서, 황보인)

세 조: 6조 직계제 실시, 집현전 폐지, 경연 중단, 군사 제도 정비, 공신과 왕실의 친인척 등용, 직전법 실시 "경국대전" 편찬 시작 -왕권강화

성 종: 홍문관 설치(집현전 계승), 경연 활성화, "경국대전" 완성(1485) -유교 중심의 중앙집권적 통치 체제 완성

경국대전: 중앙 정치 조직인 6조 체제에 맞추어 이전 , 호전, 예전, 병전, 형전, 공전의 6전으로 구성 되었다. "경국대전" 에는 국가운영과 관련된 내용뿐만 아니라 백성의 일상생활과 관련된 내용도 실려 있다.

Tip

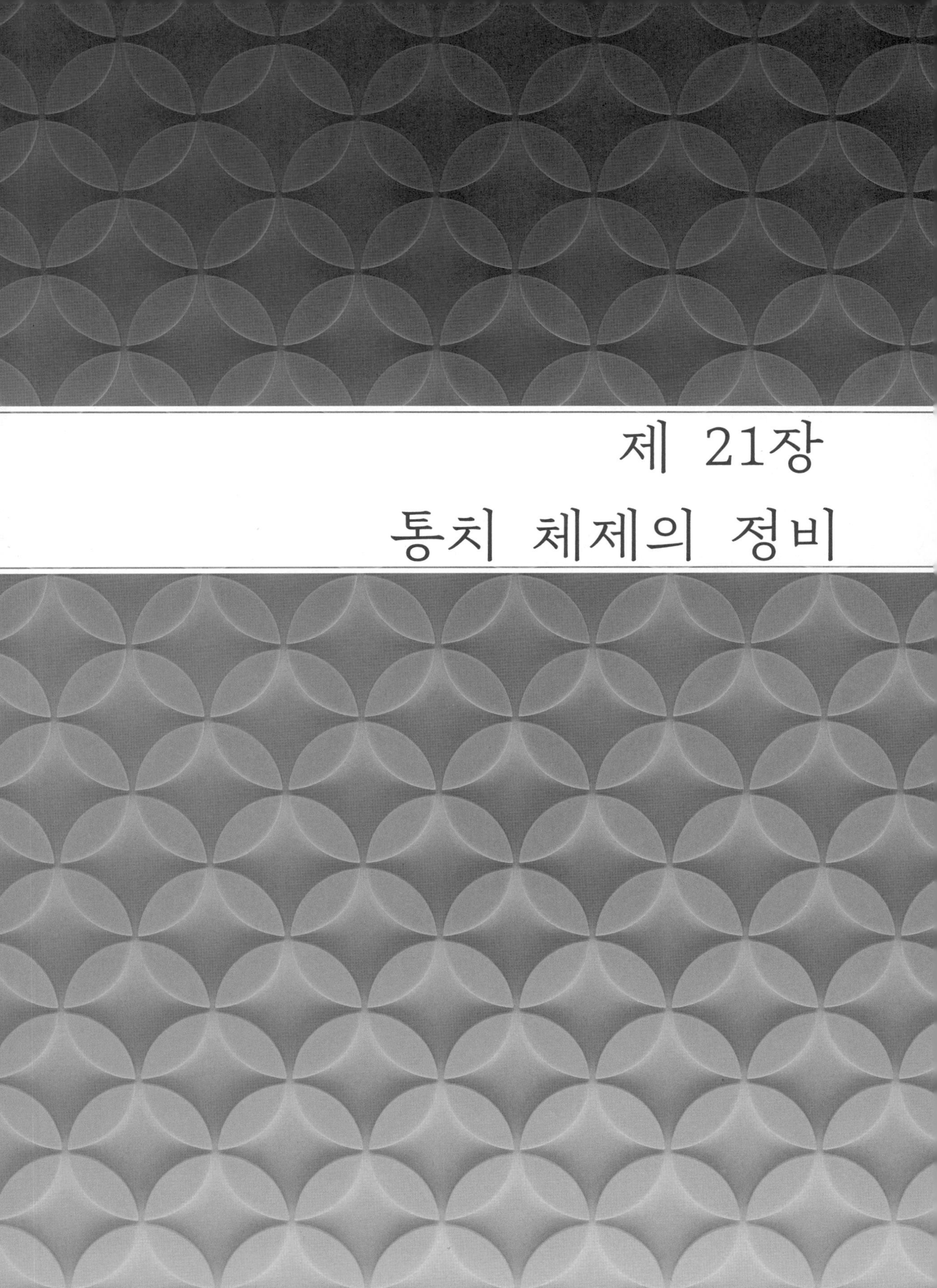

제 21장

통치 체제의 정비

109 중앙 정치 제도

조선의 정치제도는 품계에 따라 관직을 설치하고 그 품계를 지닌 관원이 그 자리를 맡도록 짜여 있었다. 중앙의 구조는 왕의 아래에 비서기관인 승정원이 있었고, 최고의정기구로 의정부와 최고행정기구로 6조가 있었다. 6조에는 각각 속관을 두어 행정업무를 분담하도록 하였으며, 6조 아래에 중앙의 모든 일반관서를 속하게 하였다. 홍문관. 사헌부. 사간원이 함께 언론 활동을 맡았으며 춘추관이 역사편찬을 맡았다. 의금부는 사법기구로서 국가와 관련된 중죄를 다스렸다.

<핵심정리>

Tip

통치조직

의정부: 3정승(영의정 , 좌의정, 우의정)이 합의를 통해 국정 총괄

6조: 왕의 명령을 집행하는 행정기관, 나라의 주요 업무를 나누어 맡아 집행
이조(인사), 호조(조세), 예조(교육), 병조(국방), 형조(법), 공조(건축)

승정원: 왕의 비서기관 역할, 왕명의 출납을 담당(왕의 명령 전달, 왕에게 중요 사안보고)

의금부: 반역죄 등 나라의 큰 죄인을 다스림- 국왕 직속의 사법기관
의금부와 승정원은 왕권의 강화와 유지를 위한 핵심적인 기관이므로 6조 직계제와 함께 강화 되었다.

3사: 한성부: 수도의 행정과 치안 담당
춘추관: 역사책 편찬 -사초, 시정기 등을 바탕으로 실록 등 역사서 편찬및 보관
성균관: 최고 국립 교육 기관, 유학 교육 담당

110 지방 행정 제도

조선은 전국을 8도로 나누고 도 아래에는 다시 격에 따라 부. 목. 군. 현을 두었다. 각도에는 행정책임자인 관찰사와 군사책임자인 병마절도사. 수군절도사를 파견하였다. 수령은 군주의 분신(分身)으로 직접 백성을 다스리며 지방의 행정. 사법. 군사권을 행사하였다. 향리(鄕吏)는 고려. 조선시대에 행정실무를 담당하였던 하위 관리로서 신분과 직역이 세습되었다. 그 외 국방상 중요한 지역에는 따로 진이나 보를 두었다. 전국은 각 군현을 지역 단위의 방위 체제로 편성한 진관 체제였고, 각 고을의 수령이 격에 따라 군사 지휘관을 겸하였다.

<핵심정리>

행정구역:	전국을 8도로 나누고, 부, 목, 군, 현, 면, 리, 통등 설치 고려 특수 행정구역 향. 부곡. 소 소멸
8 도:	함경도, 평안도, 황해도, 강원도, 경기도, 충청도, 경상도, 전라도
관찰사:	수령을 지휘. 감독하기 위해 각 도에 파견, 자신이 다스리는 도의행정. 재판. 군사 업무 등을 총괄하는 최고의 지방 장관. 임기360일
수 령:	고려 시대보다 품계와 권한 강화, 지방의 행정. 사법. 군사 업무 담당. 모든 군. 현에 파견(속현 소멸) 수령(사또)
향 리:	수령의 행정 실무 보좌, 신분과 직역 세습, 고려 시대보다 지위 하락
면리제 실시:	군현. 아래에 설치, 향민 중에서 책임자 선임

Tip

111 유향소와 경재소 설치

유향소는 지방 양반 사족들이 구성한 향촌 자치적 성격을 갖는 기구였다. 향안에 등재된 지방 양반층인 유향, 품관 등으로 구성되었고 임원으로 장인 좌수(향정)와 별감이 있었다. 조직과 권능을 규정한 향규가 있었으며 주로 수령 감시 및 보좌. 향리규찰. 풍속교정. 민정대표 등의 기능을 수행하였다. 경재소는 해당 지방출신의 중앙고관을 책임자로 임명하여 유향소와 중앙정부의 연락을 담당하였다. 유향소를 중앙에서 통제하려는 목적이 있었으나 사림들의 세력이 강해지면서 폐지되었다. 유향소의 임원임면권, 향안의 작성, 향규의 제정, 부세운영에 관여하였다.

<핵심정리>

Tip

유향소(향청): 지방의 양반들이 자발적으로 운영, 일종의 향촌 자치 기구(수령 보좌, 향리의 비리감시, 풍속 교정 등의 역할 담당), 좌수와 별감 선출, 자율적 규약 제정, 향회 소집

경재소: 서울에 설치. 중앙의 고위 관리가 자신의 출신 지역 경재소 관장. 유향소와 정부 사이의 연락 기능담당 -유향소에 대한 중앙의 직접 통제 가능

112 군사제도와 군사조직

조선시대의 군사제도는 양인개병제와 농병일치제로서, 16세 이상 60세에 이르는 양인 장정들은 의무적으로 군역을 담당하여 현역의무병인 정군(정병)이 되거나 군인의 비용을 충당하는 보인(봉족)이 되었다. 정군은 1년 중 4~6개월을 복무하며 복무기간 중에는 요역이 면제되고 봉족이 지급되었다. 종친. 외척. 공신이나 고급관료의 자제들도 고급특수군에 편입되어 군역을 부담하였다. 예외사항으로써, 양반. 서리. 향리 등의 현직관료와 학생은 군역이 면제되었다. 군사는 양반지휘관과 농민 병졸로 이루어졌다. 농민은 그 경제력에 따라 군졸이 되는 정군과 그 정군을 경제적으로 뒷바라지하는 보인으로 나뉘었다. 양반은 갑사가 되거나 그 외 관직경력으로 바로 이어지는 군역을 주로 부담하였으며 이것은 농민이 의무인 군역과는 성격이 크게 달랐다.

<핵심정리>

군역의 부과

원 칙: 양인개병제(16세 이상 60세 까지 양인남자),현직 관료와 학생, 향리 등은 군역 면제

편 성: 정군(현역 군인)과 보인(봉족, 정군의 비용 부담)으로 편성

고급 특수군: 종친. 외척. 공신. 고급 관료의 자제로 구성

군사조직

중앙군: 5위: 궁궐과 한성수비, 정군과 갑사. 특수병으로 구성
농부가 병사가 되는 농병 일치가 되며 이들이 배치되는 곳은 중앙은 5위, 지방은 영진군에 배치-
영진군중 수군에 배치되면 극심한 고생을 겪어야했다.
갑사: 간단한 시험을 거쳐 선발된 일종의 직업 군인으로, 근무 기간에 따라 품계와 녹봉을 받았다.

지방군: 각 도에 병영과 수영 설치. 병마절도사(육군 통솔)와 수군절도사(수군 통솔) 파견.
15세기 진관 체제 - 16세기 제승방략 체제.

잡색군: 신량역천. 노비 등으로 구성된 예비군, 평상시에 생업에 종사하다가 유사시에 향토 방위를 맡음.

Tip

113 교통, 통신 체제

조선시대에는 전국의 주요교통요지에 역을 설치하여 공문서전달과 공무 연락 및 보급품 운송 등을 하였다. 역마를 이용할 때는 마패를 신분증으로 사용하였으며 병조에서 관장하였다. 이들을 위해 역전이 지급 되었다. 원(院)은 공무수행중인 관원이나 일반민들이 이용하는 숙소로서 전국에 걸쳐 1,220개소가 있었다. 서울의 이태원동이 그 유래를 알려주고 있다. 긴급을 요하는 통신제도로 불과 연기를 이용하여 연락을 취하는 봉수제가 있다. 모든 봉수는 서울 목면산에 모여들게 하였다. 날씨의 영향으로 불과 연기로 신호할 수 없을 때에는 특사인 봉수군이 차례로 달려가 보고하였다. 이를 통하여 중앙집권적 행정 운영이 용이해졌다. 임진왜란 당시 역. 원제가 무너지자 공문의 급송을 위해 설치되었으며 보발과 기발이 있었다. 사람의 운송에는 주로 마필과 가마가 쓰였고, 화물 운송 수단으로 육로에는 우마가 끄는 수레가 수로에는 판선이 이용되었다.

<핵심정리>

봉수제: 국경 지역의 군사적인 위급 상황을 횃불이나 연기로 중앙에 신속히 전달, 산 정상에 봉수대 설치

역원제: 중앙과 지방의 신속한 연락, 마패를 소지한 여행자의 편의를 위해 설치

Tip

114 관리 등용 제도

조선 시대의 관리는 과거와 음서. 천거. 취재를 통하여 선발되었다. 과거시험은 문관을 뽑는 문과와 무관을 뽑는 무과, 기술관을 뽑는 잡과가 있었다. 그중에서도 고위관원이 되기 위해서는 문과에 합격하는 것이 유리하였다. 응시자격은 평민층도 응시가 가능하였다. 과거시험은 3년마다 시행하는 정기시험(식년시)과 부정기시험인 증광시. 알성시. 등의 별시가 있었다. 원칙적으로 천인을 제외하고는 응시 자격에 특별한 제한이 없었으나 탐관오리의 아들, 재가한 여자의 아들과 손자, 서얼은 문과 응시가 제한되었다. 음서는 2품 이상 관료의 자제로 제한했고, 또한 고위 관료로 승진하기도 어려웠다. 고려 시대 음서에 비해 매우 까다로웠고 개인의 능력을 중시하는 경향이었다 .천거는 고위관리가 추천하는 제도로 대부분 기존 관리를 대상으로 하였다. 취재는 특별채용시험으로 하급 실무직을 뽑는 제도였다.

<핵심정리>

관리 선발 제도

과거제: 문과(문신 선발), 무과(무신 선발), 잡과(기술관 선발)로 구분

문 과: 소과 - 문과의 예비 시험(생원과, 진사과) - 소과 합격자에게는 성균관에 입학하거나 대과에 응시할 수 있는 자격 부여, 하급 관리로 진출
대과 - 초시(각 도의 인구 비례로 선발) - 복시(33명 선발) - 전시에서 순위 결정

시험종류: 식년시 - 3년마다 열리는 정기시험
특별시험 - 증광시, 알성시-성균관 유생 대상

무 과: 초시에서 200명 선발
문과와 같은 절차로 진행, 최종적으로 28명 선발, 전시에서 순위결정
상민이나 향리의 자제가 주로 응시

잡 과: 역과, 율과, 의과 음양과로 구성, 기술관이나 향리의 자제가 주로 응시

천 거: 능력이나 품행이 뛰어난 사람을 관리로 추천하는 제도, 고관의 추천에 의해 등용-주로 기존의 관리를 대상으로 실시

Tip

음 서: 2품 이상 관료의 자제 - 고려 시대에 비해 혜택을 받는 대상이 축소.
고위관료로 승진제한 - 고려보다 개인의 능력을 중시함

취 재: 하급 실무직 선발을 위한 특별 채용 시험

Tip

115 인사 관리 제도

관리의 등용에 있어서는 권력 집중과 부정을 방지할 목적과 공정성 확보를 위해 상피제와 서경제를 실시하였으며, 근무성적평가제도를 마련하여 승진이나 좌천 자료로 활용 했다.

<핵심정리>

상피제: 가까운 친인척과 같은 관서에 근무하지 않도록 하거나, 출신 지역의 지방관으로 임명하지 않는 제도 - 부정과 권력 집중 방지

서 경 5품 이하의 관리를 임명할 때, 사헌부와 사간원의 동의를 얻는 것 - 인사의 공정성확보

Tip

116 조선 전기의 대외관계

조선은 건국 직후 명과 외교 관계를 수립하는데 어려움을 겪었다. 명은 조선에 대하여 경계를 늦추지 않고 무리한 요구를 해왔다. 특히 고려 말 요동을 두고 명과 고려가 대립하여 요동 정벌이 강행되었고 안으로는 위화도 회군이 일어났다. 조선 건국 후에도 요동에 대한 양국의 관심은 변하지 않았고 양국 간의 관계도 순조롭지 않았다. 그 후 두 나라의 국내 사정이 안정되어가면서 조선의 적극적인 노력으로 관계는 차츰 개선되어 나아갔다. 태종 때에 이르러 관계가 정상화되고 세종 때에는 끈질긴 노력으로 명이 요구해 오던 공물의 종류와 양을 크게 줄이게 되었다. 이후 조선이 요동에서 방향을 돌려, 여진을 북으로 몰아내고 그 곳으로 백성을 이주시키는 정책을 강화하자 명과의 관계가 좋아지게 되었다. 조선은 명의 문물을 수용 하는데 적극적이어서 한해에도 여러 차례의 사신을 명에 보내는 등 교류는 더욱 늘어났다. 조선의 말. 인삼. 베. 등과 명의 비단. 도자기. 약재. 서적 등이 교역되었다. 문물을 수용하고 왕래가 잦아지자 조선에서는 지나치게 친명정책으로 흐르는 경향이 나타났다. 조선은 일본과 여진에 대해서는 강경과 회유의 양면정책을 폈다. 여진과의 관계는 강경책과 회유책으로 교린정책을 펼쳤다. 세종 때 최윤덕. 김종서가 여진족을 몰아내고 4군 6진을 설치한 후 압록강과 두만강의 국경선을 확정하였다. 이곳에 삼남 지방의 백성을 북방으로 이주시키는 사민정책을 실시하였으며, 평안도. 함경도의 토착민을 행정책임자로 임명하는 토관정책을 실시하였다. 또 한편으로 귀화해오는 여진인에게 관직과 토지를 수여하고 국경지방에 무역소를 설치하여 무역을 허용하였다. 사신 접대 장소로는 북평관을 설치하였다. 고려 말에 극성을 부리던 왜구는 조선이 수군을 강화하고 연안의 방비를 강화하자 줄어들었다. 조선에서는 왜구를 없애기 위하여 병선을 개조하고 화약 무기를 개량하여 세종 초에 병선 200여척을 모아 쓰시마섬을 정벌하였다. 조선이 국방을 강화하는 한편 정상적인 교역을 장려하자 노략질이 어려워진 왜구들은 교역을 청해오기에 이르렀으며 조선에서는 포구를 열어 조공의 형식으로 무역을 제한하였다. 조선의 쌀. 무명. 삼베. 서적. 공예품 등과 일본의 구리. 향. 향로. 약재 등이 교역되었다.

<핵심정리>

조선 외교 정책의 기본: 사대교린의 외교 원칙에 따라 주변국과 교류

Tip

명과의 관계: 태조: 정도전 요동 정벌 주장, 여진과의 관계를 둘러싸고 불편한 관계 유지
태종이후: 사대 정책을 펴 친선 관계 유지(조공,책봉)
명과의 관계를 경제적, 문화적으로 교류하는 통로로 활용(실리 추구, 왕권 안정 도모)

여진과의 관계: 여진족을 몰아내고 4군(평안도) 6진(함경도) 설치
세종 때 백성을 국경지역으로 이주-사민정책
평안도, 함경도 토착민을 행정 책임자로 임명
사절 왕래를 위하여 한양에 북평관 설치

일본과의 관계: 세종 때 이종무가 왜구의 소굴인 쓰시마 섬 토벌, 일본에 대한 회유책으로 3포(제포, 부산포, 염포)를 개항 하여 제한된 교역 허용 동남아시아와의 관계: 조공과 진상 형식으로 전개

<더 알아보기>

쓰시마 섬 토벌

왜구의 소굴인 쓰시마 섬에 대한 토벌은 고려말과 조선 초에 걸쳐 이루어졌다. 1419년(세종 1)에 이종무는 병선 227척, 병사 1만 7,000여 명을 이끌고 쓰시마 섬을 정벌하여 왜구의 근절을 약속받고 돌아왔다.

*왜관(倭館)
조선시대에 일본과 교역을 할 때 입국하는 왜인의 숙식 등을 마련하였던 기구로 삼포 왜란 이후에는 왜관을 제포에만 두어 점점 금지 조항을 많이 만들었다. 중종 때는 왜관을 부산포로 옮겼고 숙종 때는 다시 초량으로 옮겼다. 왜관에는 주위에 성을 쌓고 그 안에 거류민. 공청(公廳). 시장. 상점 등을 두었다.

제 22장
사림의 대두와 붕당의 출현

117 훈구와 사림

훈구세력은 조선 건국 초기의 혁명파 사대부가 그 중심이었다. 이들은 중앙집권체제를 지향하였다. 훈구파는 계유정란을 통하여 세조가 집권하는데 공을 세움으로서 그 세력을 확장하여 실권을 장악했다. 이들은 막대한 토지를 소유한 대지주층으로서 조선 초기 경제적인 모든 분야에서 경제적 이득을 취하였다. 학풍은 고려 말 관학파를 계승하였으며, 시와 문장을 중시한 사장을 중시하였고 타 사상에 대해서 개방적인 모습을 보였다. 훈구파는 중앙집권체제를 통하여 부국강병을 추구하였다. 이와 반면 사림은 고려 말의 정몽주, 이색, 길재와 같은 온건개혁파가 시초로 영남과 기호지방을 중심으로 성장했다. 건국 초기에 급진세력의 정치적 공격을 피하여 지방으로 내려가 후진을 양성하고 학문연구에 몰두하였다. 이들은 왕도정치에 바탕을 둔 향촌자치를 추구하였다. 이후 사림파를 형성하여 16세기에 성리학을 사상적 배경으로 정계에 진출하였다. 사림파는 유교주의적 사회질서를 수립하기 위하여 다른 사상을 배격하였고 관념적. 원칙론에 의한 향촌자치와 왕도정치를 강조했다.

<핵심정리>

훈 구: 세조 집권이후 정치적 실권 장악, 관학파의 학풍 계승, 중앙의 주요 관직, 막대한 재산 소유. 문물제도 정비에 기여, 성리학 이외의 사상에 관대. 중앙 집권 체제와 부국강병 강조. 15세기를 이끈 역사 주도 세력을 훈구파라고 함.

사 림: 영남과 기호 지방 중심의 지방 사족. 정몽주와 길재의 학통 계승. 대부분 중소지주, 주로 3사에 진출하여 훈구세력 비판, 성리학 이외의 사상 배척. 향촌 자치와 왕도 정치 추구

Tip

118 사림의 성장과 사화

훈구세력을 견제하고 사림과 훈구세력 간의 균형을 유지하기 위하여 등용되었다. 성종 때에 김종직과 그 문인을 중심으로 본격적으로 진출하였다. 사림들은 과거를 통해 전랑과 3사의 언관직에 등용되어 권세를 이용한 훈구세력의 부정부패와 대토지 소유에 대해 비판하였다. 또 한편으로 사림들은 유향소를 다시 세우고 사창제, 향사례, 향음주례를 실시할 것을 주장하였다. 이처럼 사림이 자기 목소리를 내고 성장하자 훈구세력들은 이에 반발하여 연산군 즉위 후 반격을 시도했다. 이에 연산군 때는 사림세력의 언론활동을 억압, 통제하였고 이로 말미암아 무오. 갑자사화가 발생하여 영남사림이 몰락하였다. 중종 때는 조광조를 중용하여 사림이 중요 관직에 진출하였으나 조광조의 급진적 개혁에 불만을 가진 훈구세력에 의해 기묘사화가 발생하여 사림세력이 제거되었다. 명종 때에는 외척과 척신들의 권력 다툼으로 인해 을사사화가 발생하여 사림의 피해를 가지고 왔다.

<핵심정리>

정계 진출:	성종이 훈구 세력을 견제하기 위해 김종직과 그 문인을 언관직에 등용
사화의 발생:	사림이 훈구 세력의 비리비판 -연산군 즉위 후 훈구 세력의 반격
무오사화(연산군) (1498년):	김종직이 쓴 '조의제문'을 사초에 올린 것을 빌미로 훈구 세력이 사화를 일으켜 사림제거 - 김종직 부관참시, 김일손 등 사림파 화를 입음.
갑자사화(연산군) (1504년):	연산군이 자신의 친어머니가 폐비된 사건과 관련된 자들을 축출하는 과정에서 발생 -훈구 세력과 사림 모두 피해를 봄
기묘사화(중종) (1519년):	중종이 조광조를 비롯한 사림 중용 - 조광조가 급진적인 개혁 추진 - 중종과 공신들이 조광조를 제거하고 많은 사림들이 축출 당함.
을사사화(명종) (1545년):	윤원형 일파인 소윤이 윤임 일파인 대윤을 몰아내는 과정에서 사림이 피해를 봄 - 윤임일파 제거(인종 외척),윤원형 일파 정국주도(명종외척)

Tip

Tip

<더 알아보기>

양재역 벽서사건(1547년 명종 2년)

당시 외척으로서 정권을 잡고있던 윤원형(尹元衡)세력이 반대파 인물들을 숙청한 사건이며, 정미사화라고도 불린다. 중종 말년부터 경원대군의 외숙인 윤원로·윤원형을 중심으로 한 소윤(小尹) 일파와 세자의 외숙인 윤임(尹任)을 중심으로하는 대윤(大尹) 일파 사이의 대립이 심화되었다. 중종의 뒤를 이은 인종이 재위 8개월 만에 병으로 죽고 경원대군이 즉위하는 한편, 윤원형의 누이인 문정왕후(文定王后)가 수렴청정을 실시하자, 소윤 세력은 역모를 씌워 대윤을 중심으로한 반대 세력을 숙청하였다. 이것이 이른바 을사사화로, 그 과정에서 사림(士林)계열의 인물들까지도 많이 희생되었다.

119 사림의 집권과 붕당의 형성

사림 사회가 발전하여 감에 따라 사림의 여론이 정치에 영향을 미치게 되었다. 처음에는 사림의 여론을 업은 사림파가 사헌부와 사간원의 관직을 맡아 훈구 대신을 비판하는 형식이었다. 이후 훈구와 사림간의 갈등이 날카로워지자 그를 조정하는 장치들이 모색되면서 한편으로 사림의 여론을 모으고 반영하는 장치도 더욱 발전되어 갔다. 선조 초에 이르러 사림이 중앙정치의 주도권을 잡아나가자 붕당에 대한 생각도 바뀌어 붕당 자체를 나쁘게 보는 대신에 소인의 당만을 나쁘게 보았다. 사림이 정국을 장악하자 이제 훈척 정치를 청산하는 문제가 주요 정치 문제로 등장하였다. 이 때 훈척을 비호하는 보수적인 집단과 철저한 청산을 주장하는 집단으로 나누어졌고 이에 따라 붕당이 형성되었다. 각 붕당은 서로 정치 구조의 핵심을 장악하려 하였다. 주도권을 장악한 붕당은 자기 당에 유리하도록 여론을 조종하고 비변사의 합의를 이끌어내어 자기 당의 지배를 합리화하려 하였다. 그리고 각 붕당은 차츰 학문적인 입장과 관련하여 학파와 연결을 가지게 되어 동인과 서인으로 나누어졌다. 동인은 이황과 조식의 제자들이 주류였고, 서인은 이이와 성혼의 동료, 제자가 주류였다. 붕당 정치는 전제 군주제하에서 양반 중심으로 전개된 정치 형태였다. 지배층 전체의 이익을 보전하는 범위 내에서 제한된 관직을 효율적으로 나누어 가지고 경쟁하는 방식으로 마련된 것이 붕당 정치였다. 붕당정치의 중요한 목표는 가능한 지배층의 합의를 확보하면서 농민을 효율적으로 지배해 가는 데 있었다. 붕당은 왕권이 약화되고 정치기강이 문란해지면서 그 대립과 분열이 더욱 격화되었다. 붕당의 경제적인 토대는 각 지방의 서원과 족당을 중심으로 한 인적 결속 관계도 중요한 기반이 되었다. 붕당 정치는 이를 기반으로 언론을 통하여 전개되었다.

<핵심정리>

사림의 분화

사림의 정국 주도: 서원과 향약을 통해 세력 확대 -선조 이후 주도권 장악

붕당의 발생: 척신 정치의 청산문제와 이조 전랑의 임명 문제로 분화시작
동인: 신진 사림, 척신정치 청산에 적극적
- 이황, 조식, 서경덕의 문인 중심
서인: 기성 사림, 척신 정치 청산에 소극적
- 이이 . 성혼의 문인 중심

Tip

Tip

붕당의 특징: 상대 붕당과의 학문적 차이 인정 -견제와 균형의 정치 추구

선 조: 동인 우세-정여립 모반 사건으로 남인과 북인(급진파)으로 분화 -남인이 정국 주도-왜란 이후 북인이 정국 주도

광해군: 북인이 정권독점, 명과 후금사이의 중립적 외교전개 -인조반정으로 몰락

인 조: 서인이 남인과 연합하여 정국주도 -상호 비판적 공존체제 형성

현 종: 예송으로 서인과 남인의 대립 심화(1차 예송은, 서인, 2차 예송은 남인 승리)

숙 종: 경신환국 이후 붕당 정치 변질

<더 알아보기>

기축옥사 - 정여립

조선 선조 때인 1589년에 정여립을 비롯한 동인의 인물들이 모반의 혐의로 박해를 받은 사건. 기축사화(己丑士禍)라고도 한다. 1589년 선조 22년에 정여립이 반란을 꾀하고 있다는 고변에서 시작해 선조는 정철을 역모사건의 최고재판관의 자리인 위관으로 임명한다. 그 뒤 서인 출신인 정철에 의해 1591년까지 그와 연루된 수많은 동인의 인물 1,000여 명이 죽임을 당하게 된다. 기축옥사는 동인(東人)과 서인(西人)의 대립과 갈등의 골이 깊어지는 계기가 된 사건이기도 하다.

120 임진왜란(1592) - 극복

조선에서는 오랫동안 평화가 유지되자, 군사 체제가 해이해지고 국방도 소홀해졌다. 이에 비해 일본에서는 내전이 끝나고 통일세력이 형성되었다. 일본은 국내의 불만 세력을 해외로 쏠리게 하고 명과 직접 교역하기 위해 조선을 침공하였다(1592). 전쟁 초기에 조선은 크게 패하여 서울이 함락되고 왕이 의주까지 피난 갔으나, 수군의 승전과 전국적인 의병의 항전으로 점차 전세가 호전되어 갔다. 이순신이 이끈 수군은 옥포와 한산도 앞바다에서 왜의 수군을 크게 무찔러, 왜군이 서해안을 통해 물자를 보급 하는것을 가로막고 왜의 연락로를 위협하였다. 전쟁이 조금 소강상태에 빠지자 원군으로 온 명은 일본에 화의를 제기하였고 물자 보급에 곤란을 겪던 왜군은 이를 받아들여 남해안으로 후퇴하였다. 한편 각 지방에서는 의병이 봉기하여 왜군에 저항하였다. 의병 활동은 지방의 양반이 왕명을 받아 자기의 노비나 소작 농민을 동원하는 식으로 이루어졌다. 의병들은 지리에 밝은 이점을 잘 살려 군수물자의 수송을 습격하는 등 유격전을 벌여 왜군에 커다란 타격을 주었다. 억압받고 천시 당하던 노비와 승려들도 싸움에서 큰 힘을 발휘하였다. 이렇게 민중이 힘을 모아 싸워 이긴 대표적인 예가 진주성대첩과 행주대첩이다. 3년을 넘게 끌어오던 화의가 결렬되자 왜군은 다시 침공하였으니 이를 정유재란이라 한다(1597). 이 때에는 조선도 군사를 가다듬고, 화포와 비격진천뢰 등 새로운 무기로 대비하여 왜군을 막아 낼 수 있었다. 조선군은 육전에서 밀려난 왜군의 퇴로를 차단하고 싸워 노량해전에서 승리함으로써 7년간에 걸친 전쟁은 막을 내리게 되었다. 7년간에 걸친 전쟁으로 조선 사회는 커다란 손실을 입었으나 이후 정부와 지방, 양반, 농민의 노력으로 빠른 속도로 복구되었다. 임진왜란 뒤에 일본은 조선의 사정에 밝은 대마도주를 통해서 조선과 국교를 정상화하려고 3차례(1599~1600)나 조선정부에 통교 허용을 간곡히 요청해 왔다. 조선은 일본의 요청을 받아들여 일본과 기유약조(1609)를 체결하고 외교 관계를 다시 맺었다. 일본의 요청으로 조선에서 일본에 파견한 통신사는 일본 문화의 발전에 큰 영향을 끼쳤으며 당시 일본으로부터 담배, 고구마, 고추, 토마토 등이 전래되었다.

<핵심정리>

임진왜란의 발발

원 인: 도요토미 히데요시가 일본의 전국시대 통일, 대륙 진출 도모

경 과:	조선 침략(임진왜란, 1592) -부산과 동래 함락-충주에서 신립장군의 군대 패배 수도 한성 함락 -선조가 의주까지 피란, 명나라에 원군 요청

수군과 의병의 활약

수군의 활약:	이순신이 이끄는 수군이 옥포, 당항포, 한산도 등지에서 왜군 격파 -전라도 지방의 곡창 지대 보호, 왜군의 물자 보급로 차단
의병의 활약:	유생(곽재우) 등과 승려(휴정. 유정)등이 농민들을 모아 의병 조직 -익숙한 지리를 이용하여 왜군에 큰 타격을 줌
관군의 활약:	명의 연합군과 함께 평양성 탈환, 권율이 행주산성에서 크게 승리
일본의 재침략:	전세가 불리해진 왜군이 휴전 제의 -3년간 휴전 회담 결렬 -왜군이 다시 조선침략(정유재란, 1597) -이순신이 이끄는 수군이 노량 해전에서 승리- 전쟁종결 (1598)

왜란의 영향

국 내:	인구 격감, 국가 재정 궁핍(토지 대장과 호적 소실), 신분제 동요(공명첩의 대량 발급), 문화재 소실(불국사, 경복궁, 사고 등) 많은 문화재 유출
일 본:	에도 막부 성립(도쿠가와 이에야스), 조선 문화를 받아들여 문화발전 이룩
중 국:	명의 국력 쇠퇴, 여진족이 성장하여 후금 건국(1616)
일본과의 국교 재개:	에도 막부의 요청으로 국교 회복, 대규모의 사절단인 통신사 파견

Tip

121 광해군의 중립외교와 호란의 발발

임진왜란으로 많은 손실을 입은 명의 세력이 약해지자, 누르하치는 만주지역에서 여진족을 통합하여 후금을 세웠다. 후금은 명의 변경을 침입하였고, 조선은 중국 내부의 전쟁에 휘말리지 않기위해 신중한 중립외교정책을 폈다. 광해군은 명이 변방을 방어하고자 병력을 요청하자 거절하기 어려워 강홍립에게 1만 명의 병력을 파견하였다. 그러나 후금과 적대관계를 가지는 것은 적절하지 못하다고 보고 조명연합군이 후금군에게 무너지자 강홍립은 바로 항복하여 충돌을 피하였다. 누루하치 역시 조선에 대해 친화적인 태도를 표명하였다. 광해군이 명과 후금 사이에서 중립 외교를 전개하자 명과의 의리를 중시하던 서인은 강한 반발을 하였고, 광해군의 실정을 이유로 인조반정을 일으켜 인조를 왕으로 추대하였다. 서인은 정권을 잡은 후 친명배금 정책을 실시하였다. 이후 만주의 대부분을 차지한 후금은 명과 단절된 교역을 메우기위해 조선을 침공하였으니 이것이 정묘호란이다(1627). 후금은 압록강을 넘자 바로 화의를 제의하여 명과의 관계를 끊고 후금과 형제 관계를 맺을 것, 무명. 베를 바칠 것, 회령 등지에서 시장을 열어 교역할 것 등을 요구하였다. 조선에서 이를 받아들이자 화의가 이루어져 후금은 군사를 되돌렸다. 얼마 후 후금이 내몽고 지배에 성공하여 만주 전체를 차지한 뒤 국호를 청이라 하고 조선에 신하의 예로 섬기기를 강요하였다. 이를 거절하자 조선을 침공하였으니, 이것이 병자호란이다(1636). 청은 조선의 항복을 받아내어 후방을 안정시키고 경제적으로는 물자를 빼앗아가려 하였다. 청의 침입을 맞아 왕은 남한산성으로 들어가고 왕자는 강화도로 들어가 항전하였다. 그러나 이듬해 강화도가 함락되자 청에 화의를 제의하여 항복하였다.

<핵심정리>

광해군의 정책

대내적: 전쟁의 뒷수습을 위해 노력 -대동법 실시, 토지 대장과 호적 작성, 성곽과 무기수리, 허준이 펴낸 "동의보감"을 널리 보급

대외적: 명과 후금 사이에서 중립 외교 전개 -명과의 의리를 중시하던 서인의 반발 초래

인조반정: 광해군이 영창대군을 죽이고 인목 대비 유폐 -서인세력이 중심이 되어 광해군을 몰아내고 인조를 왕으로 추대(인조반정,1623)

정묘호란 (1627): 서인의 친명 배금 정책 -후금의 침략 -후금과 화의 체결

후금의 성장:	국호를 청으로 바꾼 후 조선에 임금과 신하의 관계를 맺으라고 요구 -조선에서 주화론과 주전론 대립 -주전론 우세(청의 요구 거절)
병자호란 (1636):	청의 침략 -청군의 공격으로 한성 함락 -인조가 남한산성으로 피신 - 삼전도에서 굴욕적인 강화 체결, 청과 군신관계를 맺고 청에 조공을 바치기로 약속
호란의 영향:	서북 지방 황폐화, 청에 대한 적개심 심화 -북벌론 제기
북벌 운동의 전개:	효종이 송시열 등과 북벌 준비 -효종의 죽음으로 북벌 계획 중단.

Tip

제 23장

근세의 경제와 사회

122 과전법의 시행과 변화

위화도 회군으로 정치권력을 장악한 급진 개혁파인 신진사대부는 토지개혁을 단행했다. 고려말 권문세족이 불법적으로 소유한 토지를 몰수해 신진사대부에 수조권을 나눠주는 과전법의 실행이었다. 과전법은 직급에 따라 토지를 나눠주는 제도인데 고려말에 시행된 이 제도는 조선 건국 이후 세조가 직전법을 시행할 때까지 운영되었다. 과전법은 전직과 현직 관료에게 경기도 땅에 한해서 수조권을 나누어주었다. 경기도 지역에 한해서만 지급되고, 전직과 현직 모두에게 수조권을 지급되니 시간이 지날수록 나눠줄 수조권 토지가 부족해지자 그동안 묵시적으로 인정하였던 수신전, 휼양전 등 일부 세습된 토지들에 대해 세조는 결단을 내리게 되는데 수조권을 현직에게만 주고 수신전과 휼양전을 없애는 직전법을 단행한다. 이후 현직 관리들이 농민들에 대한 수탈이 도가 지나쳐 심각한 문제가 발생하게 되었다. 이에 성종은 수조권을 받은 관리가 농민에게 직접적으로 조세를 거두지 못하도록 하고 이를 대신해 국가에서 조세를 받아 해당 관리에게 전달하는 관수관급제가 시행하게 된다. 이러한 관수관급제는 명종 때 완전히 소멸되고 녹봉제도만 남게 되었다.

<핵심정리>

과전법 시행(1391)

시행 목적: 국가의 재정 기반과 신진 사대부의 경제 기반 확보

운영 원칙: 관등을 기준으로 전. 현직 관리에게 과전 지급(수조권만 지급), 경기 지역의 토지를 과전으로 지급. 원칙적으로 세습 불가

직전법 실시(세조,1466)

배경: 세습 토지의 증가(수신전, 휼양전, 공신전 등) -과전부족

내용: 현직 관리에게만 수조권 지급

관수관급제 시행(성종, 1470)

배경: 수조권을 가진 양반 관료가 과도하게 수취

내용: 현직 관리에게만 수조권 지급.

직전법 폐지 (명종, 1556): 토지의 사유화가 확대되면서 관리에게 녹봉만 지급(녹봉제 실시)- 국가의 토지 지배권 강화

Tip

*녹봉

국가가 관리에게 쌀, 보리, 명주, 베, 돈 따위를 봉급으로 지급하는 것으로, 1년이나 반년, 또는 1년에 네 차례 지급하였다. 1701년 숙종 때는(숙종 27) 이후에는 매월 녹봉을 지급하였다.

123 수취 체제의 확립

조선은 건국 후 15세기에 수취 체제에 대해 정비를 한다. 과전법은 수확량의 1/10을 부과하고, 조세는 1결당 30두를 부과 하였다. 세종 때에는 공법으로 전분6등법과 연분9등법을 시행하고 1결당 최하4두를 부과했다. 연분은 고려 시대에서 실행한 필지 단위가 아니라 군·현 단위로 책정했다. 공납은 중앙에서 각 군현에 물품과 액수를 할당하면 가호를 기준으로 특산물을 징수하며, 특산물이 없으면 구입하여 납부했다. 역은 양인개병의 원칙으로 하여 16세 이상 남성에게 부과하였으며 군역과 요역이 있었다.

<핵심정리>

과전법:	수확량의 10분의 1 징수, 매년 풍흉을 조사하여 수확량에 따라 납부액 조정
전분6등법, 연분9등법 (세종):	토지 비옥도와 풍흉에 따라 1결당 최고 29두에서 최소 4두의 조세 징수
조세 운반:	군. 현에서 거둔 쌀, 콩 등의 조세를 조창으로 운반 -바다와 강을 이용하여 경창으로 운송
잉류 지역:	평안도와 함경도의 조세는 경창으로 운송하지 않고 사신 접대비와 군사비로 사용
공납:	토산물을 조사하여 중앙 관청에서 군. 현에 물품과 액수 부과 -군. 현에서는 집집마다 할당하여 토산물 징수(수공업 제품, 수산물, 모피, 약재 등)
군역과 요역:	호적에 등재된 정남에게 부과
군역:	정군(일정기간 군사 복무) 이나 보인(정군의 복무 비용 보조)이 되어 군역 의무 수행, 현직관리, 서리, 향리 등은 면제(실제적으로 양인 농민이 군역 전담)
요역:	국가 공사에 노동력 동원, 1년 중에 동원할 수 있는 날을 6일 이내로 제한

Tip

*공법(貢法)
세종대왕은 즉위 후 백성들이 어떻게 하면 잘 살수 있을까 하는 마음을 가지고 있었다. 농업은 조선시대 경제의 근본이 되고 조세의 원천이 되는 만큼 백성들의 국가에 대한 세금납부는 매우 중요하였다. 세종대왕은 토지 비옥도를 6등급으로 나누고, 그해 풍흉에 따라서 9등급으로 나누어 계산을 하여 최소 1결당 4두를 내도록 했다. 이후 관행적으로 1결당 4두만 내는 방식으로 서서히 바뀌어 갔는데 이러한 조선 전기 토지에 대한 세금 제도가 공법이다.

124 수취제도의 문란

조선은 16세기 이후에 수취제의 폐단이 더욱 심해져 몰락 농민이 증가하였다. 수취제도에 각종 폐단이 발생하여 문람함이 나타났다. 중앙 관청의 서리가 공물을 대신 내는 대가로 이익을 많이 챙기는 방법의 폐단이 나타났으며, 농민들의 요역 기피로 군인을 요역에 동원시키는 군역의 요역화와 대립. 방군수포제 등이 있었으며, 환곡의 폐단이 나타났다. 이 때문에 많은 농민이 몰락하고 명종 때 임꺽정 등 일부 농민이 도적화 되기도 하였다.

<핵심정리>

Tip

공 납: 생산되지 않는 공물배정, 1~2년 동안 거둘 공물을 한꺼번에 징수, 중앙 관청의 서리가 공물을 대신 내고 과다한 대가 수취(방납의 폐단 발생)-유망농민의 증가 -이이와 유성룡 등이 공물을 현물 대신 쌀로 걷자고 주장(수미법)

역: 군역의 요역화 발생(농민의 요역 동원 기피로 농민대신 군인을 각종 토목공사에 동원) -방군수포와 대립 성행 -군포 징수제 확산(1년에 2필 부과) -군포 부담의 과중, 군역 기피 현상 발생

환 곡: 곤궁한 농민에게 곡물을 빌려주고 10분의 1정도의 이자를 거두는 환곡제 시행 -운영 과정에서 규정 이상의 이자를 받음. -고리대로 변질

<더 알아보기>

방군수포제(放軍收布制)와 대립(代立)

조선은 건국 이후 임진왜란이 발생하기 이전까지 지엽적인 전투나 전쟁은 있었으나 국가의 위기감을 초래하는 큰 전쟁은 없었다. 이러한 비교적 평온한 공백기에 일반 백성들이 군에 가서 하는 일은 대부분 요역이었다. 이러한 현상을 군역의 요역화 현상이라 하는데 백성들은 군대에 안가려고 하였다. 이에 군대를 가지않기위하여 돈을 주고 빠지는데 당시는 옷감이 주로 사용됐다. 이러한 것을 방군수포제라 한다. 또한 군역이나 부역의 의무가 있는 사람이 다른 사람을 돈을 주고 사서 대신 군역을 부담케 하는 것을 대립이라고 하는데 이 과정에서 사또들이 무리한 요구를 하는 폐단이 나타났다.

125 조선 전기의 경제생활

조선 시대 경제 활동은 농업에서 개간을 장려하고 조세 부담 경감을 위한 중농정책을 실시하였다. 또한 윤작법과 이앙법의 일부 시행 등 농업기술의 발달이 이루어졌다. 상업은 시전상인이 있었는데 주로 왕실과 관청에 물품을 공급하고 특정 상품에 대한 독점 판매권인 금난전권의 특권을 부여 받았다. 또 한편으로는 경시서를 설치하여 불법적인 상행위를 감독했다.

<핵심정리>

목 적: 농업을 육성하여 국가 재정 확충과 민생 안정 도모

중농 정책: 토지 개간 장려, 양전 사업 실시, 새로운 농업 기술과 농기구를 개발하여 민간에 보급

상공업에 대한 통제: 상공업자가 허가 없이 마음대로 영업하는 것을 규제, 상공업자에 대한 차별 대우

농업 기술: 조. 보리. 콩의 2년 3작 확산, 남부 일부 지방에 모내기법 보급, 밑거름과 덧거름 사용(-휴경지 소멸), 농기구 개량(쟁기, 낫, 호미 등)

농서 간행: "농사직설", "금양잡록" 등을 간행하여 보급

Tip

126 수공업 생산 활동과 상업활동

조선 전기에는 고려와 마찬가지로 전문적 기술자를 공장안에 등록하고 관청에서 필요로 하는 물품을 제작. 공급하도록 했다. 관영 수공업, 민영수공업, 가내수공업이 있었다. 공장안은 서울과 지방의 공장(工匠,수공업자)을 기록한 장부이며, 공장세를 부과할 목적으로 작성되었다. 공장안은 공조와 소속 관청 및 도.읍.에 보관하였다. 상업 활동에 있어서는 시전에 대한 통제가 엄격하였으며, 종로거리에 상점가를 따로 조성하였다. 독점판매권을 부여했으며 경시서를 설치하여 정부의 통제의지를 보여주고 있다. 15세기 후반에는 농업생산력의 발달로 장시가 발생했다. 정부는 장시를 억제하기 위하여 노력을 하였으나 커져가는 경제규모를 줄일 수는 없었다. 일부 장시는 정기시장으로 발전하며 5일장 등이 생겨났고 16세기 중엽에는 전국적으로 확대되었다. 이때 보부상들이 나타나 농산물, 수공업 제품, 수산물, 약재 등을 판매하였다. 정부는 저화(楮貨)라는 지폐와 조선통보를 주조하여 보급하였다. 그러나 아직 경제의 미흡한 발달로 인하여 유통은 부진하였으며, 농민은 주로 쌀과 무명을 이용하여 물건을 교환하였다.

<핵심정리>

Tip

관영 수공업: 공장안에 등록된 장인이 관청에서 필요로 하는 물품 제작 -16세기이후 부역제의 해이와 상업발전으로 쇠퇴

민영 수공업: 주로 농기구와 양반의 사치품 생산

가내 수공업: 자급자족 형태로 생활필수품 제작 -공물로 내거나 시장에서 판매

시전 상인 : 왕실이나 관청에 물품을 공급하는 대가로 특정 물품의 독점 판매권 부여

경시서 설치: 정부가 시전에서의 불법적 상행위를 통제하기 위해 설치

장 시: 15세기 후반에 등장, 정부의 억제책에도 확산 -일부 장시는 정기 시장(5일장)으로 정착 -16세기 중엽 장시가 전국적으로 확대

보부상의 활동: 일용잡화와 소금, 그릇, 문방구 등을 방문하여 판매

화폐: 저화와 조선통보 보급 -유통부진, 농민은 쌀과 무명을 화폐로 사용

127 양반중심의 관료 사회

조선의 신분제는 고려 귀족 사회에 비하여 양반과 농민 간의 격차가 한층 더 줄어든 제도였다. 이는 고려 말 농민이 농업을 발전시키고 외침을 막아 낸 역사적 사실이 반영된 것이다. 조선 시대의 사회 신분은 크게 양인과 천인으로 나누어졌다. 양반은 원래 문반과 무반을 아울러 부르는 명칭이었는데 뒤에 사족을 의미하는 말로 변하였다. 조선의 지배층인 양반은 고려의 귀족에 비해 그 수가 아주 많아 전국에 거쳐 살게 되었다. 양반이 모두 관인이 되는 것은 불가능하여, 양반과 한량의 구분이 어렵게 되었다. 양천제는 양인과 천인을 엄격하게 차별하고 양인 내부에는 정치적 처지에 따라 단계적인 차등을 두었다. 양인은 원칙적으로 권리상의 차별을 받지 않았으므로, 의무상의 차별도 받지 않게 되어 있었다. 경제력이 없는 양반이 국가의 여러 부담을 견디지 못하고 몰락하면, 양반의 사적인 지배를 받게 되었다. 조선의 양천제는 노비와 토지를 가진 양반이 노비와 농민을 자연스럽게 지배하는 구조이다. 이 같은 경제적 불평등은 양반이 관직을 독차지함으로써 정치적 불평등으로 확대되며 고정되어 갔다. 양반이 농민을 차별하고 부리는것이 사회 풍조로 굳어갔으며, 양반들은 사회현실의 불평등을 성리학 사상을 빌려 자연의 당연한 법칙으로 합리화 하였다. 그리하여 양반은 노비를 거느리는 도덕군자 이며 농민은 무지하고 마음이 바르지 못한 상놈이라는 생각이 점차 굳어져 갔다. 조선의 양반은 행정을 돕는 실무를 맡아 오던 서리와 향리를 정치적으로 차별하여 갔으며, 문과 출신자가 아닌 양반도 차츰 차별하는 경향을 보였다. 그리하여 문반을 중심으로 된 양반 가운데에도 가문의 격에 따른 우열이 나타나게 되었다.

<핵심정리>

양천제: 법적인 규정으로만 존재. 자유민인 양인과 비자유민인 천민으로 신분 구분, 갑오개혁 때까지 유지

반상제도: 실질적으로는 지배층인 양반과 피지배층인 상민 간에 차별을 둠- 양반, 중인, 상민, 천민의 신분 구분 정착

Tip

양 반:	초기에 문. 무반을 함께 부르던 명칭 -점차 그 가족이나 가문까지 포함. 기득권 유지 노력: 사족과 이서층 분리, 서얼의 관직 진출 제한 특권: 과거, 음서, 천거 등을 통해 주요 관직 독점, 각종 부역 면제
중 인:	양반과 상민의 중간 계층, 좁은 의미로는 기술관만 의미
성 격:	대개 전문 기술이나 행정 실무 담당(역관 -사신 수행, 향리 -수령보좌)
서리, 향리, 기술관 :	직역 세습, 같은 신분 안에서 혼인
서 얼:	어머니가 첩인 양반 자녀, 문과 응시금지, 무과나 잡과에 응시(승진에 제한을 둠)
상 민:	저화와 조선통보 보급 -유통부진, 농민은 쌀과 무명을 화폐로 사용
농 민:	상민이 대부분 차지, 각종 세금 부담
수공업자:	대부분 관청에 소속되어 필요한 물품 생산, 남는 것은 시장에서 판매
상 인:	시전상인, 보부상 -국가의 통제 아래 상업 활동에 종사, 상인세 납부
신량역천:	신분상 양인이지만 천역을 담당하던 계층
천 민:	노비, 백정, 광대, 무당, 창기 등 -노비가 대부분을 차지
공노비:	국가 기관이나 왕실에 속한 노비 선상 노비: 매년 일정 소속 관청에 노동력 제공 납공 노비: 매년 일정량의 신공 납부
사노비:	개인에게 속한 노비
솔거 노비:	주인과 함께 살면서 노동력 제공
외거 노비:	주인과 따로 거주하면서 신공 납부
노비의 지위:	재산으로 취급되어 매매. 상속. 증여의 대상이 됨. 부모 중 한쪽이 노비 이면 그 자녀도 노비가 됨.

Tip

*양천제(良賤制)
우리나라에서 양천제가 법제화 된것은 조선초기로 세조 때 시작해서 성종 때 완성된 <경국대전>에 신분제 규정이 있다. 법적으로 양인과 천민으로 나누는 것이며, 사회적으로 양반, 중인, 상민으로 분화되는데 이를 반상제라 한다. 법적으로는 양천제지만 현실적으로는 반상제가 운영되었다. 우리나라 욕 중에 상놈이라는 말은 양반들이 일반 상민을 무시하며 부를때 쓰던 말이었다.

*신량역천((身良役賤)
신분은 양인인데 천한 일에 종사하는 사람을 일컫는다. 배에서 노 젓는 일을 하는 수군, 관청의 잡역 담당하는 조례, 형사 업무를 담당하는 나장, 지방 고을 잡역을 하는 일수, 봉수를 올리는 봉수군. 역에 근무하는 역졸, 조운 활동에 종사 하는 조졸 등 일곱 가지 부류를 말하며 힘든 일에 종사하였다. 고려시대에는 향. 부곡. 소민들이 있었다.

128 사회 정책

조선은 성리학적 명분론에 입각한 사회 신분질서를 유지하고, 농민생활의 안정을 도모하기 위하여 농본정책을 실시하였다. 정부는 농민들의 몰락방지를 위해 의창, 상평창 등을 설치하고 빈민을 구제하였다. 사창제도는 양반 지주들이 향촌의 농민생활을 안정시켜 양반중심의 향촌질서를 유지하기 위해 실시하였다. 의료시설에는 혜민국, 동. 서대비원, 제생원, 동. 서 활인서, 진제장이 있었다. 법률제도는 경국대전과 대명률로 대표되는 법전에 의해 형벌과 민사에 관한 사항을 규율하였다.

<핵심정리>

Tip

사회제도: 사회 질서 유지와 농민 생활 안정을 목적으로 운영

환곡제: 의창과 상평창에서 운영 담당, 빈농 구제 목적

사창 제도: 향촌에서 양반 지주들이 자치적으로 운영 - 향촌의 농민 생활을 안정시켜 양반 중심으로 향촌 질서를 유지하려는 목적

의료 시설: 동.서 활인서(유랑자의 수용과 구휼)

129 ▌ 법률 제도

조선 시대 법률제도는 경국대전과 대명률로 대표되는 법전에 의해 형벌과 민사에 관한 사항을 규율하였다. 유교를 국가의 운영의 이데올로기로 삼았던 조선은 반역죄와 삼강오륜을 어긴 강상죄(綱常罪)에는 가장 엄한 처벌을 하였고 연좌제를 시행하여 부모. 형제. 처자까지도 처벌받았다. 민사에 관하여는 각 지방에 재판권을 가지고 있는 관찰사와 수령 등 지방관이 관습법에 의거 송사 등을 처리하였다.

<핵심정리>

Tip

형법: '경국대전'의 법 조항이 간략하여 대부분 적용
반역죄와 강상죄는 연좌제 시행 -부모, 형제, 처자까지도 처벌
형벌은 태. 장. 도. 유. 사의 5종이 기본적으로 시행

민법: 관찰사와 수령 등 지방관이 관습법에 따라 처리
초기에는 노비 소송중심 -중기이후 산송(남의 산에다 자기 조상의 묘를 쓰는데서 발생) 이 주류를 이룸

사법기관: 중앙: 사헌부, 의금부, 형조,- 관리의 잘못 및 국가의 중대한 사건을 담당하여 처리함
한성부: 수도의 치안 담당
장례원: 노비와 관련된 문제 처리
지방: 관찰사와 수령이 관할 구역 내에서 사법권 행사

<더 알아보기>

5형 제도(五刑制度)

태형: 작은 형장으로 치는 것, 태 10~50대 까지 5등급으로 구분

장형: 큰 형장으로 치는 것. 장 60~100대 까지 5등급으로 구분

도형: 관에서 잡아놓고 일을 시키는 것. 도 1~3년 까지 5등급으로 구분

유형: 멀리 떨어진 곳으로 쫓아내는 형벌, 유 2,000~3,000리 까지 3등급으로 구분

사형: 교형과 참형 2등급으로 구분

130 향촌 사회의 조직과 운영

향촌은 중앙과 대칭되는 개념으로 향은 행정 구역상 군현의 단위였다. 촌은 촌락이나 마을을 의미한다. 조선은 전국을 8도로 나누고 그 아래 부, 목, 군, 현을 두어 각각 중앙에서 지방관을 파견하였다. 군, 현 밑에 면, 이(里) 등을 설치하였으나 중앙에서 관리가 파견되지는 않았다. 조선의 유향소와 경재소는 고려 시대 사심관 제도가 분화 발전한 것이었다. 유향소는 지방 자치를 위하여 설치한 것으로 수령을 보좌하고 향리를 감찰하며 향촌 사회의 풍속을 바로잡기 위한 기구였다. 또한 경재소는 중앙 정부가 현직 관료로 하여금 연고지의 유향소를 통제하게 하는 제도로서 중앙과 지방의 연락 업무를 담당하였다. 경재소 혁파(1603) 이후 유향소는 향소 또는 향청으로 명칭이 변경되었다. 이후 사족(士族)들이 향촌 사회에서 지주로 농민을 지배하였다. 향촌 사회의 지배층인 지방 사족의 명단인 향안을 임진왜란을 전후하여 각 군현마다 보편적으로 작성하였다. 향회는 향안에 이름이 오른 사족들의 총회로 자신들의 결속을 다지고 지방민을 통제하는 기능을 하였다. 또한 향규는 향회의 운영규칙을 의미한다. 향약은 중종 때 조광조에 의하여 처음 시행된 이후 전국적으로 확산되었다. 향약은 향안. 향규와 함께 지방 사족 중심의 향촌 사회 운영 질서를 확립하기 위해 설치하였다.

<핵심정리>

Tip

향촌의 의미:	향(행정구역상의 군. 현), 촌(자연 촌락이나 마을)
유향소 설치:	지방 양반 중심의 향촌 자치 기구, 수령보좌, 향리 감찰 -경재소 혁파(1603) 이후에 향소 또는 향청으로 명칭 변경
경재소 설치:	정부가 유향소를 통제할 목적으로 설치, 중앙과 지방의 연락 업무 담당
향 약:	공동체 조직에 유교 윤리가 결합한 향촌 자치 규약
보 급:	중종 때 조광조가 중국의 "여씨 향약"을 번역하고 4대 덕목 전파 -이황과 이이 등 사림의 노력으로 전국으로 확산
역 할:	지방 농민들을 성리학 윤리에 맞추어 교화, 향촌 사회의 질서 유지와 함께 치안까지 담당
영 향:	서원과 함께 지방에서 사림의 지위를 강화시켜 줌

Tip

촌락의 구성:	신흥 사족이 향촌으로 이주하면서 반촌(주로 양반 거주)과 민촌(주로 평민 거주)발생, 대부분 촌락은 모든 신분층이 함께 거주
면리제:	자연촌 단위의 몇 개의 이(里)를 한의 면(面)으로 묶은 것.
오가 작통제:	다섯 집을 하나의 통으로 묶고, 통수를 두어 통을 관장하게 함.
촌락 공동체 조직:	두레(공동 노동의 작업 공동체), 향도(주로 상을 당하여 상을 당하였을 때나 어려운 일이 생겼을 때 서로 도와줌)

<더 알아보기>

향약의 4대 덕목

16세기 조선시대에는 농업 생산력이 늘어났다. 이에 따라 경제적으로 부유하게 되었는데, 이 때 향촌사회에 관리들의 수탈과 비리가 심화되었다. 이에 이러한 부폐기관들의 철폐와 더불어 향약이 보급되기 시작되었다. 그 내용은 좋은 일은 서로 권하는 덕업상권(德業相勸), 과실은 서로 꾸짖는 과실상규(過失相規), 예의바른 풍속으로 서로 교제하는 예속상고(禮俗相交),재난이 발생하면 서로 도와주는 환난상휼(患難相恤) 이다.

제 24장
근세의 문화

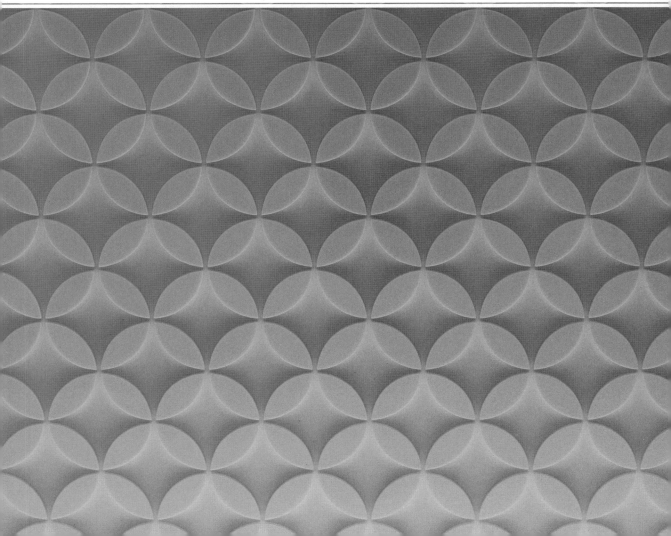

131 ▌ 훈민정음의 창제

조선 초기의 가장 중요한 문화적 성과는 한글 창제라고 할 수 있다. 지배층과는 달리 일반민에게는 우리말을 마음대로 쓸 수 있고 배우기 쉬운 문자가 필요하였으며, 지배층으로서는 그들을 가르치는 훈민정책이 필요하였다. 한글은 세종의 명령을 받은 집현전 학자들이 만들었다는 설과 세종대왕이 직접 만들었다는 설이 있다. 뛰어난 언어학자였던 세종은 어느 정도의 음운 연구가 이루어지자 경복궁 안에 정음청을 짓고 한글 창제를 시작했다. 한글 창제에는 천지인의 삼재와 주역 팔괘의 원리가 활용되었는데, 특히 한글은 발음기관의 모양을 본떠서 만든 매우 독창적인 문자였다. 1443년(세종25) 새 글자 28자를 만들고 훈민정음이라고 명하였다. 세종은 한글을 직접 보급하려는 노력도 꾸준히 하였다. 조선의 창업과정을 찬양하는 <용비어천가> 부처를 찬양하는 <월인천강지곡>을 비롯하여 여러 종류의 불경, 그리고 유교 경전을 비롯하여 사회 실천사상으로서 <삼강행실도> 등이 언해본으로 간행되었다. 궁중 여성들도 내간이라고 하는 언문 편지를 썼고 국왕이 직접 언문 교지를 내리기도 하였다. 양반들은 한글 창제 이후로도 한문을 계속 사용하였으며 관청의 서리들도 각종 문서에 계속 이두를 사용하였다. 그러나 한글은 시가와 산문 문학에도 더러 이용되었고, 특히 평민이나 여자들의 일상 속에 자리 잡게 되었다.

<핵심정리>

배 경:	국가의 통치 이념을 백성에게 직접 전달할 필요성이 대두
창 제:	세종과 집현전 학자들이 28자의 표음문자로 된 훈민정음을 창제하여 반포(1446)
특 징:	과학적이고 독창적인 문자. 일반 백성도 자신의 생각을 마음대로 글로 표현하는 것이 가능
서적 편찬:	"용비어천가" "월인천강지곡" "삼강행실도" 등을 훈민정음으로 편찬. 불경. 농서. 병서 등을 훈민정음으로 번역하여 편찬
보급 확대:	훈민정음을 시험하여 하급 관리 선발, 부녀자들의 한글 편지 교환
의의:	일반 백성들도 문자 생활 가능, 민족 문화 발달의 토대 마련

Tip

132 교육 기관

조선시대 인문교육기관 으로서 성균관과 중등교육기관인 4부학당, 향교, 서당이 있다. 성균관은 조선시대 최고의 교육기관으로 생원. 진사와 15세 이상의 양반자제가 입학하였으며, 여기에서 수업한 학생은 대과에 응시할 수 있었다. 성균관 유생은 알성시 특혜와 국정에 관한 공관(등교 거부). 권당(단식투쟁). 공재(기숙사 탈출) 등 시위를 할 수 있는 특권이 있었다. 4부학당은 중앙에 설치된 중등교육기관으로 문묘가 없으며, 소학, 사서(四書)를 중심으로 교수. 훈도가 지도하였다. 또한 향교는 지방에 설치된 중등교육기관으로 지방양반. 향리의 자제 및 양인이 입학하였다. 서당은 사학이자 초등교육기관으로 훈동. 접장에게서 교육받았다. 서원은 조선 중기 이후 학문연구와 선현제향(先賢祭享)을 위하여 사림에 의해 설립된 사설 교육기관인 동시에 향촌 자치운영기구로, 1543년(중종 38) 풍기군수 주세붕이 고려 말 학자 안향을 배향하고 유생을 가르치기 위하여 경상도 순흥에 백운동서원을 창건한 것이 그 효시이다.

<핵심정리>

성균관

특 징: 국립 교육 기관(최고 학부). 문묘를 두어 공자에게 제사를 지냄

입학자격: 초기에는 생원. 진사가 원칙 (각 100명씩 총 200명)

4부 학당

특 징: 서울의 중등 교육 기관, 서학. 동학. 남학. 중학으로 구성

정 원: 각 100명

향교

특 징: 지방의 중등 교육 기관. 모든 군. 현에 설치, 문묘를 두어 공자에게 제사를 지냄, 중앙에서 교관인 교수 또는 훈도 파견

입학자격: 양인 이상으로 8세 이상, 정원은 군. 현의 인구 비율로 정함

서당

Tip

특 징: 초등 교육을 담당한 사립 교육 기관, 마을 단위로 설치

입학자격: 4부 학당이나 향교에 입학하지 못한 선비와 평민 자제로 구성(8, 9세~15, 16세 정도)

서원

기 원: 중종 때 주세붕이 세운 백운동 서원 -이황의 건의로 명종으로부터 소수 서원이라는 현판을 받음(사액 서원)

기 능: 덕망 높은 유학자를 기리면서 지방 양반 자제들을 교육, 정치 여론 형성

확 대: 사림이 중앙 정계로 진출, 국가의 서원 설립 장려, 국가에서 토지, 노비, 서적 등 지원 - 전국 각지에 서원 건립

영 향: 성리학의 보급과 지방문화의 성장에 크게 이바지 - 사림의 세력 확대

Tip

133 조선 전기 편찬 사업

조선 건국의 정당성 확보와 성리학적 통치 규범을 정착시키기 위해 역사서, 지도, 지리서, 윤리서, 의례서, 법전과 농업서적 등 민족 문화 융성의 지평을 여는 편찬사업을 이루었다. 특히 조선왕조실록은 왕의 역사를 후대에 남기기 위해 태조부터 철종까지 427년의 역사를편년체(編年體)로 기록 사초와 시정기를 바탕으로 실록청에서 춘추관 관원들이 편찬 업무에 참여 하였다. 임진왜란 이전에는 4대 사고에 보관했으나, 왜란 이후 5대 사고에 보관하였다.

<핵심정리>

역사서의 편찬:	왕조의 정통성과 성리학적 통치 규범 정착이 목적`
조선왕조실록:	태조에서 철종 때까지 25대 472년간 의 역사를 연월일 순서에 따라 기록. 전국의 사고에 분산하여 보관
역사서 편찬	
"동국사략":	태종 때 권근 편찬 - 단군조선 ~삼국 시대까지의 고대사 정리
"고려사":	문종 때 김종서. 정인지. 편찬 -고려의 정치 .경제. 사회 .문화. 인물 등을 기전체로 정리
"고려사절요":	문종 때 김종서 편찬 - "고려사"를 보완하여 편년체로 편찬
"삼국사절요":	성종 때 노사신. 서거정 편찬 -"삼국사기에 빠진 고조선의 역사 보완. 편년체
"동국통감":	성종 때 서거정 편찬 -고조선부터 고려 말까지의 역사를 편년체로 정리
"동국사략":	중종 때 박상이 편찬 -고조선부터 고려 시대까지의 역사 기록, 이색과 정몽주 재평가 -사림의 정치. 문화 의식 반영
지도/지리지의 편찬:	중앙 집권과 국방의 강화가 목적

Tip

지 도: '혼일강리역대국도지도' (태종, 동양에서 가장 오래된 세계지도). '팔도도'(세종, 압록강 이북까지 상세히 기록). '동국지도'(세조), '조선방역지도'(16세기에 제작)

지리지: 성종 때 "동국여지승람" 편찬(군. 현의 연혁, 지세, 인물, 풍속, 산물, 교통 등을 자세히 수록) - 중종 때 보완하여 "신증동국여지승람" 편찬

윤리서와 의례서: 유교적인 사회질서의 확립이 목적

15세기: "삼강행실도" (충신, 효자, 열녀의 이야기를 그림과 함께 설명), "국조오례의" (국가 행사에 필요한 제사 의식, 혼례, 군사 의식, 장례, 사신 접대 등의 다섯 가지 의례정리)

16세기: "이륜행실도"(연장자와 연소자, 친구 사이에 지켜야 할 윤리 강조). "동몽수지" (어린이가 지켜야 할 예절 기록)

법 전: 유교적 통치 규범의 성문화가 목적

건국 초기: "조선경국전", "경제문감"(정도전). "경제육전"(조준)
"경국대전" 완성: 조선 왕조의 기본 법전으로 6전 체제로 구성 -조선 초기에 정비된 유교적 통치 질서와 문물제도 완성

Tip

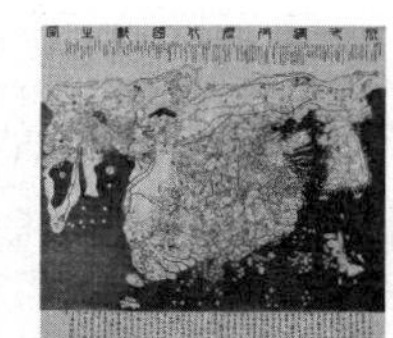
혼일강리역대국도지도

조선왕조실록

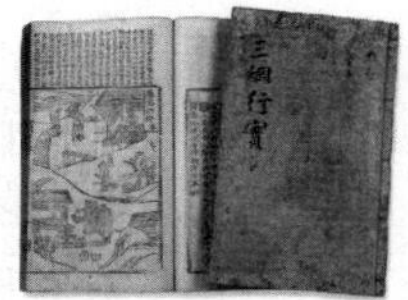

삼강행실도

이륜행실도

Tip

<더 알아보기>

조선왕조실록(朝鮮王朝實錄)

<조선왕조실록>은 조선 태조부터 철종까지 472년 동안의 역대 왕들의 역사적 사실을 연월일의 순서에 따라 편년체로 기록된 역사서이다. 조선왕조실록은 총 1,893권 888책으로 되어 구성되었다. 조선 시대에는 한 국왕이 죽으면 다음 국왕 때 춘추관을 중심으로 실록청을 설치하고 사관이 국왕 앞에서 기록한 사초, 각 관청의 문서를 모아 만든 시정기 등을 종합하여 이를 정리하여 실록을 편찬하였다. 해당 실록이 완성된 후 사초는 모두 물에 씻겨졌는데 이를 세초라고 한다. 이렇게 만들어진 실록은 사고에 각각 1부씩 두어 보관하였는데, 이렇게 보관된 실록은 후대의 왕이나 신하들은 열람할 수 없도록 하였다. 임진왜란과 병자호란을 거치면서 사고의 실록들이 불타 없어지기도 하였으나 그때마다 보수하여 정족산, 태백산, 적상산, 오대산 사고에 각각 1부씩 전하였다. 이후 정족산, 태백산 사고의 실록은 광복 후 규장각에 소장되었고, 오대산 사고의 실록은 일본으로 반출되었다가 관동 대지진 때 소실되어 27책만 남아있고, 적상산본은 6.25 전쟁 때 북한이 가져가 보관하고 있다. <조선왕조실록>은 각 왕들의 재임기간의 정치, 경제, 사회, 외교, 제도, 법률, 산업, 교통 등이 사실적으로 기록되어있으며, 완전하게 보존되었다는 점을 인정받아 1997년 10월에 유네스코 세계기록 유산으로 등재되었다.

134 성리학의 발달

조선 사회가 안정적으로 유지되면서 사회는 유교적인 분위기로 바뀌어 갔다. 수백 년간 지속된 불교문화의 흐름이 왕실, 중앙 관인과 양반에 의해 바뀌기 시작하였다 조선의 교육 제도가 더욱 정비되고 과거시험의 합격이 더 어려워지자 유교 지식의 수준이 더 높아졌다. 국가 차원에서 유교 의례가 정비되어 정기적으로 시행되자, 유교에 바탕을 둔 지배층의 여러 의식은 변할 수 없는 것이 되었다. 이러한 상황에서 사림을 중심으로, 유교의 왕도 정치를 기준으로 현실 정치를 비판하는 운동이 생겨났고, 성리학적 도덕규범을 그대로 실천하려는 흐름이 강화되어 갔다. 이를 흔히 사림파의 소학 실천 운동이라고 한다. 사림들은 소학의 가르침을 제대로 터득하고 실천하기 위하여 향약을 보급하는 운동을 벌이기도 하였다. 사림이 나름대로 연구하고 터득한 성리학을 무기로 삼아, 중앙 정치의 잘못을 바로잡으려는 노력을 벌일 때마다 사화라는 박해를 받았다. 중앙 정치의 무대에서 밀려난 사람들은 자신의 학문에 대해 반성하면서 한편으로 비판적 논리를 체계화하여 갔다. 정치에서 이루지 못한 사림은 학문을 통해 완성함으로써 훈척 정치에 대한 비판 기준을 확보하고, 사림의 정치적 입지를 넓혀 나갔다. 이 과정에서 이기론과 같은 성리학 철학에 대한 체계적인 이해가 이루어졌다. 대표적인 경우가 이황으로 그는 벼슬에 뜻을 두고 과거에 급제하였으나 정치의 주도권에 접근할 수 없는 처지에서 훈척 정치에 불만을 안고 자신의 뜻을 학문 연구에 담을 수밖에 없었다. 이황은 인간의 심성에 대하여 많은 관심을 가지고 깊이 연구하였다. 그는 바른 정치를 위한 바른 학문의 길을 확보하여 사림 정치의 토대를 마련하였다. 이황의 학문은 사림의 여론이 힘을 발휘하면서 점차 중앙 정부의 인정을 받았다. 사림이 정치의 주도권을 잡게 되자 이이는 중앙 정치에 주도적으로 참여하면서 자신의 사상체계를 갖추어갔다. 이이의 사상은 사림이 중심이 되어 현실 문제를 적극적으로 해결해야 하는 당시의 상황에 따른 것이었다. 이후 성리학의 흐름은 학문적 자세에 따라 선생을 기준으로 학파를 이루었고 나아가 정치적 입장과 연결되어 갔다. 지방에서는 서원이 학파를 형성하고 유지하는 데 중요한 기능을 담당하였다. 서원에서는 훌륭한 선배 학자를 제사 지내고 양반의 자제를 교육하였다. 정부는 서원에 이름을 내려 공인하는 사액 서원제를 시행하여 서원을 공인하고 장려하였다. 그 후 서원은 정치 세력이 모이고 여론이 소통되는 거점이 되었다.

<핵심정리>

Tip

성리학의 정착

고려 말의 성리학:	조선 건국의 사상적 기반 제공
관학파:	새로운 문물제도 정비와 부국강병 추진, 성리학 이외의 사상 포용, "주례"를 국가 통치 이념으로 중시
사림파:	형벌보다는 교화에 의한 통치 강조, 공신. 외척의 비리와 횡포를 성리학적 명분론에 근거하여 비판

성리학의 융성

서경덕:	기(氣)를 중심으로 세계 이해, 불교와 노장 사상에 개방적
조 식:	노장 사상 포용. 학문의 실천성 강조
이언적:	일반 백성들도 문자 생활 가능, 민족 문화 발달의 토대 마련
이 황:	"주자서절요" "성학십도" 저술, 인간의 심성 중시, 근본적, 이상주의적 성격. 일본 성리학 발전에 영향을 끼침. 예안 향약을 만들어 백성 교화
이 이:	"동호문답" "성학집요" 저술, 기(氣)의 역할 강조, 현실적 ,개혁적 성격, 각종 사회 개혁 주장, 서원향약 과 해주 향약을 만들어 널리 보급

예학의 발달

배경:	"소학"과 "주자가례" 보급, "주자가례" 연구(16세기) -양난 후 유교 질서 회복 방안으로 예치(禮治) 강조(17세기)
기능:	양반 사대부의 신분적 우월성 강조, 성리학 중심의 사회질서 유지에 기여
연구 심화:	김장생 . 정구. 등이 예학 연구, 각 학파 간 예학의 차이가 전례 논쟁을 통해 표출(현종 때 두 차례에 걸쳐 예송 전개)

135 불교와 도교, 민간 신앙 - 불교의 정비

조선은 건국이념이 성리학을 바탕으로 이루어졌다. 그러나 불교는 우리나라 고대 국가에서부터 전래된 국가 존재의 기본사상이었다. 때문에 불교의 생명력은 억불숭유 정책을 실시하는 조선에서 조차 그 존재감은 드러낼 수 밖에 없다. 조선 초기 태조 때에 도첩제를 실시하고 사원의 토지와 노비를 회수하여 불교를 억압하였으며 세종 때는 교단을 정리하여 선종. 교종 의 사원 36개의 사찰만 인정하였다. 성종 때에는 도첩제를 폐지하여 출가를 막았다. 또 한편으로는 사림의 불교에 대한 비판의 수위가 높아지면서 산속에서 불교를 유지하는 산간 불교화가 되었다. 그러나 일부 왕실의 보호 아래 일시적으로 중흥기를 맞이하게 된다. 세조 때는 간경도감을 설치하여 불경을 간행하고 한글로 번역하여 보급하였다. 이후 문정왕후가 불교 회복정책을 실시하며 승려 보우를 중용 하였으며, 임진왜란 때 승병들의 활약으로 국난을 극복하는 등 불교계의 위상을 새롭게 다지기도 하였다. 도교는 국가의 안녕과 번성을 바라는 초제를 실시하기 위해 소격서를 설치하였다. 풍수지리설과 도참사상은 한양 천도, 묘지선정에 영향을 주었으며 산송문제를 초래하기도 하였다. 이밖에 무격신앙, 산신신앙, 삼신숭배 등 유교 이념과 융합되어 민간신앙이 나름대로 자리를 지키고 있었다.

<핵심정리>

태조~세종:	사원의 토지와 노비 회수, 도첩제 실시(승려의 출가 제한), 교단 정리
성종 이후:	성종 때 중앙 정계에 진출한 사림이 적극적으로 불교 비판 -산간 불교화
세 조:	적극적인 불교 진흥책 -간경도감 설치(불교 경전을 한글로 번역하여 간행하고 보급), 원각사 10층 석탑 건립 -일시적으로 불교 중흥
명 종:	문정 왕후의 불교 중흥정책 -보우 중용, 승과 부활
임진왜란:	승병이 크게 활약 (휴정, 유정) -불교계의 위상을 새롭게 정립
소격서:	조선 시대에 하늘과 땅. 별에 지내는 도교의 초제를 맡아보던 관서이다. 중종때 조광조를 비롯한 소격서의 혁파를 중종에게 요청하기도 하였다.
풍수지리설과 도참사상:	한양 천도에 반영. 양반의 묘지 선정에 작용하여 산송문제를 일으키기도 함

Tip

*도첩제
승려가 출가할 때에 국가가 그 신분을 증명해 주던 제도이다. 본래는 군역 면제자인 승려의 수를 제한하여 군정을 확보하려는 것이었으나 불교를 억압하려는 것도 중요한 목적이었다.

136 과학 기술의 발달 - 천문, 역법

조선 초에는 국가의 기간산업인 농업과 관련된 천문기상학이 크게 발전하였다. 태조 대에는 천문도가 제작되었으며, 세종 대에는 경복궁 안에 천체 관측시설인 간의대를 설치하여 여러 가지 관측기구를 갖추고 천체 운행을 살피기도 하였다. 세종은 과학기술자를 우대하였는데, 즉위한 다음 해에 천문학에 밝은 학자 네 명을 선발하여 서울에서 가까운 고을의 수령으로 보내기까지 하였다. 이천과 장영실은 천문을 관측하는 대소간의, 천체의 운행을 측정하는 혼천의와 간의를 비롯하여 앙부일구(해시계), 자격루(물시계)등을 제작하였고, 세계 최초로 측우기를 이용하여 전국 각지의 강우량을 측정 하였다. 또한 강물의 높이를 재는 수표(水標), 바람의 세기와 방향을 측정하기위해 풍기대가 만들어졌다. 특히 장영실은 천민 출신이었는데 세종이 발굴하여 재능을 크게 발휘하였다. 이러한 높은 수준의 천문기상학을 바탕으로 정흠지, 정초 등은 새로운 달력인 <칠정산내외편>을 편찬하였다. 내편은 서울을 표준으로 작성하였고 외편은 회회력(이슬람역)인데 우리나라에서는 쓰이지 않고 참고로 작성하였다.

<핵심정리>

배 경: 부국강병과 민생 안전을 위해 과학 기술의 중요성 인식 -국가적 차원에서 지원

관측. 측정 기구의 제작: 천체의 운행 측정(혼천의, 간의)
시간측정(앙부일구, 자격루), 강수량 측정(측우기),
토지 측량(인지의, 규형)

천문도 제작: 천상열차분야지도(태조 때 완성. 고구려의 천문도를 바탕으로 제작)

독자적인 역법서 편찬: "칠정산" (세종, 중국의 수시력과 아라비아의 회회력을 참고하여 제작, 한양을 기준으로 천체 운동 계산)

간의

자격루

천상열차분야지도

혼천의

앙부일구

측우기

137 농업 기술과 의학의 발달

조선 초기에는 국가적인 권농정책과 더불어 농업기술도 발달하였다. 지력을 높이는 시비법이 개발되었고 곡식에 따라 파종법도 개선되어 다모작이 기능하였다. 수리시설을 개선하여 저수지를 보수하기도 하고 하천을 막아 보를 쌓기도 하였다. 이에 따라 매년 경작하는 상경전(常耕田)이 늘어났고 수전의 비율도 훨씬 높아졌다. 수전은 대부분 경기도와 삼남 일대에 치우쳐 있었지만 북부지역에도 만들어졌으며 이는 농업생산의 발전을 촉진시켰다. 세종 때에 왕명에 따라 정초 등이 <농사직설>을 편찬하였다(1429). 여기에는 삼남지방을 중심으로 각지의 노농(老農)들의 농사 경험이 수록되어 있다. 이 책은 우리의 농업전통과 농업기술을 제대로 정리한 최초의 농서였다. 성종 때 강희맹의 <금양잡록>은 금양(지금의시흥)을 중심으로 한 경기도 일대의 농사기술을 담고 있다. 농사직설이 관찬인데 반해 이 책은 저자 개인의 경험과 견문으로 이루어진 것으로 당시 경기도 일대의 농업 사정을 살피는데 매우 중요한 자료이다. 또 국가의 근본이 되는 인구 증가에 관심을 기울이면서 각종 질병을 예방, 치료하는 의학에 힘을 기울였다. 노중례 등은 <향약집성방>을 편찬하였는데(1433), 우리나라의 산과 들에서 나는 약재를 가지고 병을 고칠 수 있는 처방들이 종합되어 있다. 김순지 등은 동방의학을 집대성한 백과사전인 <의방유취>를 만들었는데(1445), 여기에서는 병을 89개 부문으로 분류하여 병의 증세와 발생원인, 그리고 치료법에 대해서 자세히 기록하고 있다. 이처럼 의서는 고려 후기 우리나라 순수 약재를 활용하는 향약의술이 발달하면서 이루어졌다고 볼 수 있다. 이와 같은 조선의 독자적인 향약론의 전통을 기반으로 17세기 초 허준의 <동의보감>이 간행되었다.

< 핵심정리 >

농업 기술

농서 편찬:	"농사직설"(우리나라 최초의 농서), "금양잡록"(경기 지방의 농법 정리)
농업 기술의 발달:	2년 3작 확대, 남부 일부 지방에 이모작 보급, 시비법 발달
의 학:	"향약집성방" (우리 풍토에 알맞은 약재와 치료 방법 등을 종합적으로 연구), "의방유취"(의학 백과사전, 당시의 의학 집대성)

농사직설

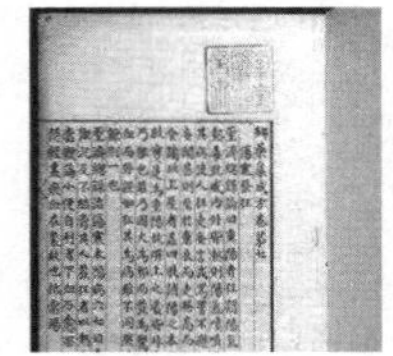

향약집성방

138 인쇄술과 군사 기술의 발달

조선시대는 고려시대의 금속활자 발명에 이어 주자소를 설치하고 계미자, 갑인자를 제조하였다. 특히 세종 때 자판 조립방법을 창안하여 식자판을 만들어 인쇄술의 발전을 한 단계 끌어올렸다. 제지술은 정부에서 조지서를 설치하여 종이를 대량생산하고 다양한 서적을 인쇄하였다. 군사 부문에 있어서는 조선 초기에 국방력을 강화하려는 노력으로 많은 병서가 편찬되고, 각종 무기의 제조기술이 발달하였다. 화약 무기로 최무선의 아들인 최해산의 활약으로 화포를 개량하고 신기전을 발명했다. 태종 때 거북선을 제작하였고, 세종 때 비거도선을 제조하여 수군의 전투력을 강화시켰다.

<핵심정리>

활자 인쇄술: 주자소 설치, 계미자(태종). 갑인자(세종) 주조, 식자판에 활자를 조립하여 인쇄하는 방법 창안 -서적 편찬 활발

제지술: 종이를 생산하는 관청인 조지서 설치 - 다양한 종이를 대량으로 생산

군사 기술

병 서: "총통등록"(화약 무기 제작법), "동국병감"(전쟁사), "병장도설"(훈련 지침서)

화약 무기 제조: 화포의 성능 개량, 신기전과 화차 제작

병선 제조 기술 발달: 거북선(태종), 비거도선(작고 빠른 병선) 제조

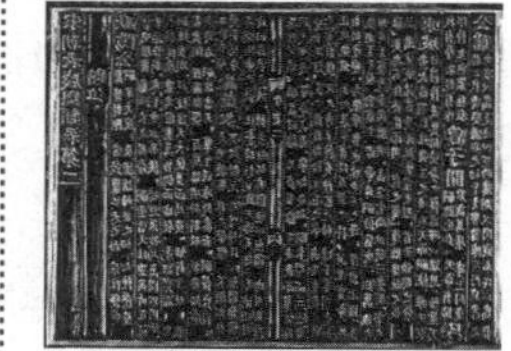
계미자

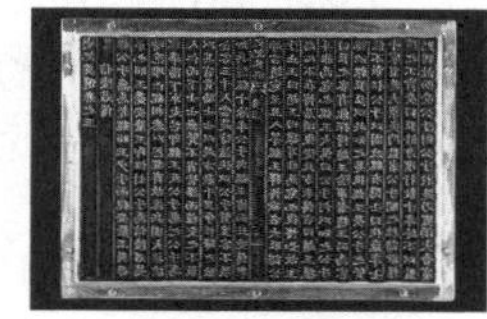
갑인자

거북선

139 문학과 예술의 발달 - 문학의 발달

조선을 세우는데 앞장섰던 세력은 주로 악장과 한문학을 통하여 새 왕조의 탄생과 자신들의 업적을 찬양하는 한편, 우리 민족의 자주 의식을 드러냈다. 서거정은 삼국 시대부터 조선 초기까지의 시와 산문 중에서 빼어난 것을 골라, 동문선을 편찬하고 우리나라의 글에 대한 자주 의식을 나타내었다. 고려 말부터 나타났던 시조는 조선 초기에 이르러 두 가지 경향을 보여 주는데, 한글의 창제로 더욱 발전하게 되어 우리나라 특유의 시가로 정형화 되었다. 16세기 사림이 정계의 주도권을 장악하자 사림문학이 주류가 되었다, 사림문학은 표현 형식보다는 흥취와 정신을 중요하게 여겼다. 이에 따라 한시와 시조. 가사분야가 활기를 띠었다.

<핵심정리>

15세기: 우리 민족의 자주의식 표출 -한문학(서거정의 "동문선"). 시조(김종서. 남이. 길재)
설화문학("필원잡기", "용재총화" 등)

16세기: 사림 문학이 주류, 표현 형식보다 흥취와 정신강조
-여류 문인의 활동(신사임당. 허난설헌 등).시조 (순수한 인간의 감정 표현 -황진이, 윤선도 등)
가사문학(관동별곡. 사미인곡. 속미인곡.),
패관잡기(문벌제도와 적서 차별의 폐단 폭로)

신사임당

허난설헌

140 예술의 발달

조선 초기에는 사원 위주의 고려 건축과는 달리 궁궐. 관아. 성문. 학교 등이 건축의 중심이 되었다 건물은 신분에 따라 크기와 장식에 일정한 제한을 두었다. 이러한 것은 국왕의 권위를 높이고 신분 질서를 유지하기 위해서였다. 16세기에 들어와 사림의 진출과 함께 서원의 건축이 활발해졌다. 서원은 산과 하천이 가까이 있어 자연의 이치를 탐구할 수 있는 마을 부근의 한적한 곳에 위치하였다. 서원 건축은 가람배치 양식과 주택양식이 실용적으로 결합된 독특한 아름다움을 지녔다. 15세기의 그림은 도화서에 소속된 화원들의 그림과 관료이자 문인이었던 선비들의 그림으로 나뉠 수 있고, 이들은 중국 역대 화풍을 선택적으로 수용하고 소화하여 우리의 독자적인 화풍을 개발하였다. 16세기에는 15세기의 전통을 토대로 다양한 화풍이 발달하였다. 강한 필치의 산수화를 이어가기도 하고 선비들의 정신세계를 사군자로 표현하기도 하였다. 서예는 양반이라면 누구나 터득해야 할 필수 교양이었기 때문에 뛰어난 서예가들이 많이 나타났고 독자적인 서체를 개발한 사람도 많았다. 실용과 검소를 중요하게 여긴 기품을 반영한 조선의 공예는 고려시대와는 달리 사치품보다는 생활필수품이나 문방구 등에서 그 특색을 나타내었다. 대표적인 공예분야는 자기였다. 궁중이나 관청에서는 금이나 은으로 만든 그릇 대신에 백자나 분청사기를 널리 사용하였다. 분청사기는 흙으로 빚은 자기에 백토의 분을 칠하고 무늬를 새겨 넣은 것으로 조선 전기에 유행 하였다. 음악부문에 있어서 조선 시대에는 음악을 백성의 교화수단으로 여겼다. 이는 국가의 각종 의례와 밀접히 관련되었기 때문에 매우 중요시하였다. 세종 때 악곡과 악보를 정리하게하고 아악을 체계화함으로써 아악이 궁중음악으로 발전하게 되었다. 성종 때 성현은 악학궤범을 편찬하였다 궁중과 관청의 의례에서는 음악과 함께 춤이 따랐다. 민간에서는 농악무. 무당춤. 승무 등 전통 춤을 계승하고 발전시켰으며 산대놀이라는 탈춤과 인형극인 꼭두각시놀이도 유행하였다. 우리나라의 글에 대한 자주 의식도 나타내었다.

<핵심정리>

15세기: 궁궐, 관아, 성문 등의 건축 중심. 불교 건축(강진 무위사 극락전. 합천 해인사 장경판전)

16세기: 서원 건축 활발. 주위의 자연과 조화(경주의 옥산 서원, 안동의 도산 서원)

15세기: 중국의 역대 화풍을 선택적으로 수용 -독자적인 화풍 개발
안견의 '몽유도원도' 강희안의 '고사관수도'

16세기: 산수화, 사군자 등 다양한 화풍발달
이상좌의 '송화보월도'(노비 출신 전문 화가의 그림),
신사임당의 '초충도'

공 예: 분청사기와 백자 유행(15세기) -백자 유행(16세기 이후)

음 악: 궁중 음악인 아악을 체계적으로 정리(세종), 종묘제례악 완성(세조), "악학궤범" 편찬(성종, 궁중의 음악을 그림과 함께 설명)

무 용: 궁중(처용무), 민간(농악무, 무당춤, 승무, 산대놀이, 꼭두각시놀이)

<더 알아보기>

종묘제례악(宗廟祭禮樂)

세종은 음악을 통해서 조선의 국가체제를 정비하려 하였다. 더 나아가 중국 음악에서 탈피해 우리만의 음악을 만들기 위해 혼신의 힘을 기울였다. 세종 당대 에는 새로 만든 음악이 널리 사용되지 못했으나, 세조 이후에는 세종이 작곡한 음악만 사용하라는 것을 명령하여 <정대업>과 <보태평>이 종묘제례악으로 채택되었다. 이렇게 탄생한 종묘제례악이 지금까지 500년 넘게 원형 그대로 전해져오고 있다. 국가 무형 문화재 제1호 이자 유네스코 지정 세계 문화유산이다.

몽유도원도

강진 무위사 극락전

합천 해인사 장경판전

옥산서원

도산서원

초충도

분청사기

송화보월도 고사관수도

제 25장
근대 태동기의 정치

141 비변사(備邊司)

비변사는 중종 초에 여진족과 왜구의 침입에 대비하기 위해 설치한 임시회의기구였다. 여기에서 군사와 관련한 사항을 합의하여 처리하였다. 이 후 명종 때 을묘왜변(1555)이 일어나 임시기구에서 상설기구로 전환하여 의정부와 병조의 대신과 재상이 모여 대책을 마련하였다. 임진왜란 이후에는 전. 현직 정승을 비롯하여 공조를 제외한 6조의 판서와 참판, 군영의 대재학 등 고위직 관원으로 확대되었으며, 외교. 재정. 사회. 인사 등을 처리하는 국정 총괄 기구로 부상하였다. 이로 말미암아 왕권이 약화되는 결과를 초래하였으며, 기존 의정부와 6조의 기능이 약화되었다. 이후 비변사는 공론을 반영하기보다는 각 붕당의 이해관계를 중시하였으며 특히 인사권을 담당한 전랑은 후임자 추천권을 세력 확대의 수단으로 이용하는 등 변질되었다.

<핵심정리>

Tip

비변사:	여진과 왜구의 침입에 대비하기 위해 설치한 임시회의 기구 - 임진왜란과 호란을 거치며 최고 정치 기구로 발전(군사, 외교, 재정, 인사 등 모든 국가의 업무 총괄)
영향:	왕권 약화, 의정부와 6조의 기능 축소
3사의 기능 변질:	공론보다 각 붕당의 이해관계 대변 - 상대 세력에 대한 비판을 통해 자기 세력 유지와 상대 세력 견제에 앞장섬
이조 전랑의 권한 변질:	중하급 관원들에 대한 인사권과 자기 후임자 추천권 행사 - 자기 세력 확대, 상대 세력을 축출하는 데 앞장섬.

<더 알아보기>

비변사(備邊司)

조선 시대 변방의 적들에 대비하기 위해 만든 관청은 3포 왜란 때 설치된 기구이다. 중종 때 3포 왜란을 계기로 임시회의 기구를 설치하였는데 명종 때에 을묘왜변이 전쟁수준에 이를 정도로 큰 사건이 발생했다. 이에 임시기구로 설치한 비변사는 상설기구로 전환되었으며, 선조 때는 임진왜란을 계기로 구성원이 고위 관리로 확대되어 국정최고기구가 되었다. 이후 고종 때는 왕권 강화를 위해 비변사의 기능을 삼군부와 의정부로 분리하여 비변사를 폐지하였다.

142 군사 제도의 변화

조선 초기 5위 중심의 중앙군은 16세기 이후 군역의 대립제로 그 기능을 상실하게 되었다. 임진왜란이 발생하고 전쟁을 치루면서 5위군은 붕괴되었다. 이후 효과적인 편제와 군사훈련방식을 만들어가는 과정에서 새롭게 군제도가 설치되었다. 훈련도감은 임진왜란 중 유성룡의 건의로 설치되었으며(1593), 포수(조총). 사수(활), 살수(창과 칼)의 삼수병으로 구성됐다. 대부분 급료를 받는 상비군으로서 군사 훈련을 하였으며 수도를 방어하는 역할을 했다. 어영청은 인조 때 설치(1623) 설치하여 수도인 한성을 방어하고 북벌을 추진하기 위한 주력부대로 편성되었다. 총융청도 인조 때 후금과의 항쟁과정에서 설치했다. 북한산성에 위치하여 경기 일대를 방어하는 임무가 맡겨졌다. 수어청 역시 인조 때 설치(1626)하였다. 남한산성에 위치하여 수도 남부를 방어하는 기능을 하였다. 금위영은 숙종 때 설치(1628)하여 기. 보병 중심의 군사로 수도방어와 왕실호위를 강화했다, 이렇게 하여 조선후기의 중앙군 편제가 완성되었다.

<핵심정리>

배 경: 기존의 중앙군인 5위의 기능 상실-임진왜란 초기의 패전 초래

5군영 체제

훈련도감: 임진왜란 중인 선조 때 설치(1593) -포수. 살수. 사수의 삼수병으로 편성, 수도 방위, 국왕 보위

어영청: 인조 때 설치(1623) - 왕실 호위, 북벌 준비

총융청: 인조 때 설치(1623) - 북한산성에 주둔, 경기 일대 방어

수어청: 인조 때 설치(1626) - 남한산성에 주둔, 수도 남부 방어

금위영: 숙종 때 설치(1682) - 한양에 주둔, 왕실의 호위 강화

특 징: 일정한 급료를 받는 상비군, 직업군인

Tip

*훈련도감 (訓鍊都監)
임진왜란 당시 왜군의 조총에 대항하기 위해 설치된 군영으로, 기존의 활로 무장한 사수와 창으로 무장한 살수 외에 조총으로 무장한 포수 등 삼수병으로 편제되었다.

<더 알아보기>

어영청(御營廳)

임진왜란 후 5위 대신에 설치된 3군문의 하나. 1623년 개성 유수로 있던 이귀가 장정260명을 모집하여 화포술 을 가르치고 어영군이라 한 것이 시초이다. 효종 때는 북벌 계획의 본영 구실을 하기도 했는데 갑오경장 때 폐지되었다.

143 지방군의 개편

지방군에도 방어 체제의 변화가 있었는데 15세기 진관체제인 방어체계에서 16세기 제승방략 체제로 변화했는데 임진왜란 때 충주 탄금대에서 대패하여 임진왜란이 끝난 후 다시 진관체제로 바꾸었다. 17세기이후 속오군은 양반에서 노비까지 신분 고하를 막론하고 편성하였다. 평상시에는 생업에 종사하고 유사시에는 전투에 동원되는 예비군의 성격으로서 결과적으로 양반의 회피로 일반상민과 노비만 남았다.

<핵심정리>

Tip

지방 방어 체제의 변화: 진관 체제(조선 초기) -16세기 후반 제승방략 체제로 개편, 임진왜란 중 효과 미흡 -진관 복구, 속오군 체제로 정비

속오군 편성: 양반에서부터 공. 사노비에 이르기까지 모든 신분으로 구성, 평상시에는 생업에 종사하다가 유사시에 전투에 투입

한계: 양반들이 속오군에 편제되는 것을 회피 -상민과 노비만의 군대로 전락

<더 알아보기>

진관(鎭管) 제승방략(制勝方略), 속오군(束伍軍)체제

조선시대 초기 지방 방어 체제로는 진관체제가 있었다. 이는 각지역의 관리나 수령이 자체적으로 군사기능을 지휘하는 군. 현단위의 방어 체계를 말한다. 제승방략 체제는 진관체제가 무너지자 실시된 수비체제로 중앙에서 파견된 장수가 각 지역의 군사를 한곳에 모아 지휘하는 체제이다. 그러나 임진왜란 전쟁 시 충주 탄금대에서 일본군에 대패함으로써 다시 진관체제로 복구되었다. 속오군 체제는 진관을 복구하고 양반들이 노비와 함께 속오군으로 편제되었으며 임진왜란 휴전기때 만들어졌다. 이는 평상시에는 생업에 종사하고 유사시에는 전쟁에 동원되는 일종의 예비군 성격을 가지고 있었으나 양반들이 군편제 회피로 인하여 유명무실해졌다.

144 붕당 정치의 변질

조선 후기의 붕당정치는 처음에는 서인 이후에는 남인이 우세한 상황에서 비교적 상호 인정하며 공존을 토대로 붕당정치의 원칙이 잘 지켜졌다. 이후 숙종 때 경신환국이 발생하면서 서인이 집권하여 남인을 배제한 후 일당 전제화가 대두되면서 붕당정치가 무너지기 시작하였다. 이후 붕당의 대립이 심화되었는데 서인이 노론과 소론으로 분열되었다. 분열된 초기에는 노론. 소론. 남인이 정국의 주도권을 놓고 대립하였으나 남인이 몰락한 이후에는 노론과 소론의 대립이 격화되었다. 붕당 정치의 변질은 예송논쟁에서 그 배경을 찾을 수 있다. 현종때 두 차례의 예송논쟁이 일어났다. 효종이 사망하자 효종의 새어머니인 자의대비의 상복 착용 기간을 두고 논쟁을 벌였는데 서인은 효종이 적장자가 아닌 차남으로 왕도 사대부와 같은 예를 따를 것을 주자가례를 근거로 주장했으나, 남인은 왕실의 예는 사대부와는 다르다며 예외를 둘 것을 주례의 예기를 근거로 주장했다. 1659년 효종의 사망시 서인은 차남에 해당하는 1년설(기년설)을 주장하고 남인은 국왕에 해당하는 3년설을 주장했다. 1차 예송(기해예송)은 서인의 승리였다. 1674년 효종비의 사망으로(현종15) 다시 조대비의 복상을 착용 기간을 몇 년으로 할 것인가를 둘러싸고 논쟁이 일어났다. 서인은 둘째 며느리에 해당하는 9개월을 주장하고, 남인은 왕비에 해당하는 1년설을 주장했다. 이때에는 남인의 승리로 끝났다. 이를 2차 갑인예송이라고 한다. 숙종이 즉위한 이후 국왕의 주도로 정국을 주도하는 환국 정치가 발생했다. 그 목적은 왕권을 강화 하는것 이었다.

Tip

<핵심정리>

붕당 정치의 변질: 현종 때 두 차례의 상복(喪服)의 예송을 거치며 변질

1차예송: 서인은 기년복, 남인은 3년복 주장 - 서인승리(기해예송)

2차예송: 서인 9개월, 남인 기년설 주장- 남인 승리(갑인예송)

숙종 즉위 이후 서인과 남인의 정치적 갈등 심화

환국의 발생

배경: 숙종이 왕권 강화와 정치적 안정을 위해 집권 붕당을 수시로 교체

숙종 때의 환국

경신환국(1680): 남인의 전횡에 대한 숙종의 견제 -서인의 군권 장악 '삼복의 변' 발생
- 남인 몰락, 서인 집권 - 남인에 대한 처벌 수위 등의 문제로 서인이 노론과 소론으로 분화

기사환국(1689): 장희빈 소생의 원자 책봉 문제 -숙종의 세자 책봉 강행과 서인의 반대, 인현왕후 폐위 -서인몰락. 남인 집권

갑술환국(1694): 숙종의 인현왕후 폐위에 대한 후회, 서인의 인현왕후 복위 운동 -남인의 서인 제거 계획 및 숙종의 남인 견제

환국의 영향: 집권붕당의 잦은 교체를 통해 일시적으로 왕권 강화, 붕당 간 균형붕괴, 건전한 견제와 비판이 사실상 사라짐.

Tip

*삼복의 변
숙종 때 정원로가 당시 남인의 영수였던 허적의 서자 허견이 인조의 손자이며 인평 대군의 세 아들인 복창군 .복선군. 복평군 등과 함께 역모를 도모하였다고 고변한 사건이다. 이 사건 으로 허적과 윤휴 등 남인의 중진들이 많이 죽거나 유배되었다.

<더 알아보기>

노론과 소론 (老論, 小論)

조선 제19대 임금인 숙종 때 서인이 남인을 물리쳐 정권을 잡은 후 남인에 대한 처벌을 강하게 하자는 노론과 유연하게 하자는 소론으로 나뉘어 졌다. 노론은 송시열을 중심으로 결집하여 대의명분을 중시하고 민생안정을 강조했다. 소론은 윤증을 중심으로 결집, 실리를 중시하고 적극적인 북방개척을 강조했다. 송시열의 문인이었던 윤증은 송시열과 절교를 하고난 이후 양자 사이의 개인적. 정치적 감정은 더욱 심화되었다. 왕위 계승에 관련하여 영조를 지지하는 노론과 경종을 지지하는 소론으로 나누어져 결정적으로 갈라서는 계기가 되었다.

145 탕평론의 대두

봉당 정치의 변질로 집단 간의 세력균형이 붕괴되고 왕권이 불안해지게 되어 약해진 왕권을 강화하고 정치적 안정을 도모하기 위하여 강력한 왕권을 토대로 정치세력간의 균형을 유지하기 위한 방법을 모색하는 것이 탕평론의 본질이라고 할 수 있다. 이후 숙종은 공정한 인사관리를 통하여 붕당 간의 세력균형을 유지하고자 하였다. 그러나 오히려 편당적인 인사관리로 잦은 환국이 발생하여 정치가 혼란해지는 결과를 초래하였다.

<핵심정리>

Tip

배경:	붕당 정치의 변질로 정치 집단 간의 세력 균형 붕괴 -왕권 불안 -정치세력간의 세력 균형 유지 필요
탕평의 의미:	임금의 정치가 한쪽을 편들지 않고 사심이 없으며, 당을 이루지도 않는 상태에 이르는 것을 의미
숙종의 탕평론 제시:	인사 관리를 통한 세력 균형 유지, 붕당 간 해소추구 -편당적 인사 관리로 환국 발생의 빌미 제공, 노론과 소론의 대립 격화

146 영조의 탕평 정치

영조는 각 당파를 고루 등용하는 탕평책을 실시하여 전제왕권의 권위를 세우려 하였다. 영조는 즉위 직후 탕평의 교서를 발표하여 어지러운 정국을 바로잡으려 했으나 자신이 노론과 소론을 번갈아 등용하여 오히려 정국을 어지럽게 하였다. 정책에 있어서는 오랫동안 논의되어 온 양역변통문제를 균역법(1750)으로 풀어 나갔다. 이러한 것은 군정에 대해서는 군포를 절감하면서 대신 선무군관포나 토지의 결작 등으로 부담을 나누는 형태여서 대동법과 함께 매우 중요한 재정정책의 변화였다. 또 각 붕당의 군사. 경제기반이 되어왔던 군영도 정비되어 훈련도감. 금위영. 어영청 세 군문이 도성을 나누어 방위하는 체제가 갖추어졌다. 또 청계천을 준설하여(1760) 수도 서울을 정비하기도 하였다. 영조는 이인좌의 난을 계기로 붕당 간의 관계를 다시 조정하여 왕과 신하 사이의 의리를 확립할 필요가 있음을 절감하였다. 영조는 붕당의 뿌리를 제거하기 위하여 공론의 주재자로서 인식되던 산림의 존재를 인정하지 않고, 그들의 본거지인 서원을 대폭 정리하였다. 또한 이조 전랑의 권한을 약화시키기위하여 그들이 자신의 후임자를 천거하고 삼사의 관리를 선발할 수 있게 해 주던 관행을 없앴다.

<핵심정리>

즉위 초의 정치적 상황:	붕당 간의 싸움이 가져온 폐단 심화, 이인좌의 난 발생
탕평정치:	노론과 소론의 온건파를 중심으로 각 붕당의 인재를 고르게 등용 재야 산림의 존재 부정, 붕당의 지지 기반인 서원을 대폭 정리 이조 전랑이 3사의 관리를 선발하던 관행 폐지(이조 전랑의 후임자 추천권은 정조 때 완전히 폐지)

Tip

탕평비

<더 알아보기>

이인좌의 난

1728년(영조 4) 에 소론 강경파와 일부 남인이 영조의 탕평책에 반대하여 일으킨 반란으로, 영조와 노론이 경종의 죽음과 관련되었다는 것을 반란의 이유로 내세웠다. 당시 서인에서 분리된 노론과 소론 사이에 일어난 당쟁의 쟁점은 경종(景宗) 이모(異母)의 동생 이었던 영조의 즉위를 노론이 지지한데 대해 소론이 반대하면서 일어났다. 그러나 영조는 즉위 후에 소론에 보복하지 않고 양파의 균형을 유지하는 정책을 실시하여 왕실 내부의 안정을 유도하였다. 하지만 여전히 그의 즉위에 불만을 갖고 있던 소론의 과격파가 남인 일부와 손을 잡고 괴사한 소현세자의 증손인 밀풍군(密豊君) 탄(坦)을 왕으로 추대하려고하는 과정에서 이인좌의 난이 일어나게 되었다. 이러한 상황에서도 영조는 계속 인내하면서 이들을 더 이상 문책하지 않고 조정 내부의 안정을 유지해 나갔다.

Tip

*탕평비 (蕩平碑)
1742년에 영조가 탕평책을 알리기위해 성균관 입구에 세운 비석으로, '편당을 짓지 않고 두루 화합함은 군자의 공평한 마음이요, 두루 화합하지 아니하고 편당을 지음은 소인의 사심 이다' 라는 예기의 한 구절을 새겨 넣었다.

147 영조의 개혁 정책

영조의 개혁 정치는 환국이 가져온 폐단과 이인좌의 난이 발생한 것이 그 배경 이었다. 영조는 민생의 안정과 산업진흥에 초점을 두었다. 정치적으로 탕평파 중심으로 정국을 운영하였고, 노론 강경파 대신 소론, 남인의 온건파를 등용했다 성균관에 탕평비를 건립하여 붕당 간의 다툼을 금지하도록 했다. 한편으로 공론의 주재자인 산림의 존재를 부정하고 붕당의 근거지 역할을 한 서원을 대폭 정리하기도 하였다. 그동안 당파 싸움의 원인중 뿌리가 되었던 이조전랑의 후임자 추천권을 폐지하여 전랑의 권한을 약화시켰으며, 백성의 여론을 정치에 반영하기위해 신문고를 부활했다. 경제적으로는 균역법을 제정하여 농민의 군역 부담완화를 위해 군포를 1년에 1필로 경감했다. 사회적으로는 형벌제도를 완화하여 가혹한 형벌을폐지 시키고, 사형수에 대해서 삼심제를 시행하였으며 노비공감법, 상전의 노비 사형금지 등을 실시하였다. 문물제도는 <속대전>을 편찬함으로써 조선 초기 경국대전 이후 법 체제를 정비하여 국가를 통치하였다.

<핵심정리>

신문고 부활: 백성의 여론을 정치에 반영할 목적

균역법 실시: 백성의 군역 부담을 1년에 2필에서 1필로 줄여줌

군영 정비: 훈련도감, 금위영, 어영청 이 도성을 나누어 방위하는 체제로 정비

가혹한 형벌 금지, 사형수에 대한 삼심제 시행, 노비종모법 실시, "속대전"과 "동국문헌비고" 편찬, 청계천 정비

성 과: 강력한 왕권으로 붕당의 다툼을 일시적으로 억제

한 계: 사실상 노론에 의존하여 정치 운영 -외척 세력 성장

Tip

Tip

<더 알아보기>

어사 박문수(朴文秀) 1691~1756

조선후기 호조참판, 병조판서, 함경도관찰사 등을 역임한 문신으로서 영조의 신임을 두텁게 받은 인물이다. 박문수는 서인이 주도하여 일으킨 이인좌의 난이 일어나자 사로도순문사 오명항의 종사관으로 출전, 전공을 세워 경상도관찰사에 발탁되었다. 이어 분무공신 2등에 책록되고 영성군에 봉해졌다. 같은 해 도당록에 들었다. 박문수는 서인 이었다. 백성을 사랑하고 백성들의 안정적인 삶을 바라는 마음은 영조 때 부여받은 암행어사시절 백성들의 삶의 현실을 온몸으로 체험한 경험이 매우 컸다. 이 후 영조의 개혁정치인 균역의 문란을 시정하기위해 나온 균역법, 어장이나 염전에 부과하던 어염세 등 많은 부분에 관여하여 관철시켰다. 이에 따라 기득권을 가진 양반들, 특히 노론 세력으로부터 많은 시기와 모함을 받았으며 역모사건에 연루되어 생을 마감했다. 암행어사 박문수에 대한 설화가 오늘날 많이 전해지고 있다.

148 정조의 개혁 정치

영조를 이어 왕위에 오른 정조는 영조와는 다른 방향으로 탕평책을 실시하였다. 그는 영조 대의 탕평파 대신을 내치고 이들을 비판하였던 계열을 등용하였다. 정조는 정치운영의 중심을 비변사에서 의정부로 옮기려 하였다. 그리고 즉위와 함께 규장각을 설치하여(1776) 학술과 정책 연구기능을 강화하면서 인재를 발탁하는 기구로 삼았다. 여기서 신진 인물이나 중하급 관원 가운데 능력 있는 사람들이 많이 기용되었다. 그리고 장용영을 설치하고 병조 밑에 두어서 각 군영의 독립적 성격을 약화시키고 병권을 일원화하여 왕권을 뒷받침하는 군사적 기반도 갖추었다. 이 밖에도 서얼과 노비에 대한 차별을 완화하였고, 신해통공을 시행하여(1791) 육의전을 제외한 일반 시전이 소유하고 있던 금난전권을 폐지하여 상업활동을 자유롭게 할 수 있도록 하는 등 사회 전반에 걸쳐 제도와 운영을 개선하고자 하였다. 또한 수원에 최신 서양식 공법을 이용하여 화성을 쌓아 이곳에 신도시를 건설하고자 노력하였다. 화성은 건설 과정이 잘 남아있으며, 현재 유네스코 세계문화유산으로 지정되어 있다.

<핵심정리>

배경:	사도세자의 죽음을 둘러싼 시파와 벽파의 갈등
탕평 정치	
준론 탕평:	노론 세력을 견제하면서 소론과 남인 세력을 적극적으로 등용
규장각 설치:	규장각들 강력한 정치 기구로 육성, 인재 양성
초계문신제 실시:	젊고 유능한 관리를 재교육하여 개혁 세력으로 육성
장용영 창설:	왕권을 뒷받침하는 군사적 기반으로 삼음 1785년 종전의 숙위소를 폐지하고 금위 체제의 조직으로 개편 한 것이다.
화성 건설:	정치적. 군사적. 경제적. 기능을 갖춘 새로운 도시로 육성, 정약용이 참여
서얼과 노비에 대한 차별 완화:	박제가, 유득공, 이덕무 등 서얼 출신이 관직에 등용
신해통공(1791):	육의전을 제외한 시전의 금난전권 폐지 -부분적으로 자유로운 상업 행위 허용

Tip

편찬 사업: “대전통편”. “동문휘고”, “탁지지”, “추관지”, “무예도보통지” 등 편찬

한계: 붕당의 폐단을 근본적으로 해결하지는 못함, 유력 가문과 손잡고 개혁 추진- 정조가 죽은 후 세도 정치 등장

Tip

<더 알아보기>

금난전권 (禁難廛權)

시전상인이 한양 도성 안은 물론이고 도성 밖 10리 지역까지 정부의 허가를 받지 않고 상행위를 하는 난전을 금지할 수 있는 권리이다. 육의전, 시전 상인으로 대표되던 봉건적 특권상인들은 자신들의 기득권을 유지하려고 하였고 정부도 봉건적 상업 질서를 보호하고 관청의 수요와 사행에 필요한 세공을 확보할 목적으로 이들 상인에게 국역 부담을 조건으로 난전을 규제할 수 있는 권리를 부여하였다.

149 세도 정치의 전개

정조의 죽음으로 순조가 11살의 나이로 왕위에 오르자 당시 왕을 보좌하던 김조순이 자신의 딸을 왕비로 삼으며 권력을 장악하였다. 그리고 그의 집안인 안동 김씨가 정치권력을 장악하게 되었다. 그 뒤 역대 왕들과 척족관계에 있는 양반관료가 실제 정치권력을 장악하였다. 이를 세도정치라고 한다. 순조 말년부터 헌종 때까진 헌종의 외가인 풍양 조씨에 의한 세도정치가 진행되었다. 이 기간 동안 왕권은 명목에 불과하였고 조정의 요직은 권문일족들의 사유물이 되었다. 세도정치는 근본적으로 그동안의 당쟁의 결과물이었다. 당쟁을 통해 정치기반이 극도로 축소되어 노론, 그 가운데서도 외척가문에 권력이 집중되었다. 그리고 급격한 사회변동에 대응하여 보수지배층은 반동적 권력구조로 정치를 재편하지 않을 수 없었다.

<핵심정리>

세도 정치의 대두

배 경: 정조가 죽은 후 정치 세력 간의 균형 붕괴, 왕실과 혼인 관계를 맺은 몇몇 가문이 정권을 장악하고 권력 행사

전 개: 순조 때 노론 벽파가 신유박해를 통해 규장각 출신 제거, 순조의 장인이 김조순을 중심으로 안동 김씨의 세도 정치 전개 -순조, 헌종(풍양 조씨), 철종(안동 김씨)의 3대 60여 년 동안 지속

Tip

150 세도 정치의 폐단

18세기 영조, 정조 시기에는 탕평책 및 균역법, 노비종모법의 실시 등 다수의 개혁 정책에 의해 정치적으로 안정이 유지되었다. 그러나 영조의 탕평책은 진정으로 모든 당파를 정권에 균등하게 참여시키는 것이 아니었다. 노론층이 우위를 차지한 가운데 일부 온건한 소론를 참가시키고 국왕이 권력의 정점에서 이들의 세력관계를 조정하는 것이었다. 이런 가운데 지배층의 대립은 내부적으로 계속되다가 노론이 소론을 제거하고 독재를 하게되었다. 당시 영조를 대신하여 정치를 하고 있던 사도세자가 내심 소론을 지지하자, 이에 불안을 느낀 강경파 노론은 사도세자를 영조와 이간시켜 사도세자를 죽이도록 하였다. 이를 계기로, 노론은 사도 세자의 죽음을 당연시하는 벽파와 이를 동정하는 시파로 갈라졌다. 벽파와 시파의 대립 속에 정조가 즉위하게 되었다. 이후 정조는 체제공 등 남인 층을 등용하고 벽파를 견제였으며 친위 세력을 형성하였다. 노론 벽파가 남인 층의 천주교 신앙 등을 빌미로 정치적 공세를 펼치기도 하였으나, 정권은 상대적으로 안정되었다. 그러나 정조가 갑자기 죽자, 정치 정세는 크게 변하였다. 나이어린 순조를 대신하여 노론벽파 계열인 영조의 계비 정순 왕후(경주 김씨)가 수렴청정을 하게 되었다. 이리하여 경주 김씨 계에 의한 세도정치가 시작되었는데, 이 세도정치 시기에도 몇 차례의 정권 변동이 있었다. 처음 노론 벽파가 천주교 신앙을 구실로 남인 층을 대거 숙청하였다(1801, 신유사옥). 이를 계기로 남인세력은 완전히 꺾였으나 노론 시파 계열은 여전히 남아있었다. 수렴청정이 끝나면서 노론 시파인 안동 김씨가 정권을 잡게 되었으나, 헌종이 즉위하자 헌종의 외척인 풍양 조씨 조인영에게 정권이 넘어갔다. 철종이 즉위하면서 다시 안동 김씨가 외척으로서 정권을 잡게되었다. 세도정치는 특정 가문에 국가의 권력이 집중된 것으로 형식적 절차로서 관료기구를 통해 정치권력을 행사하였다. 모든 권력을 비변사에 모아, 세도가문에서 비변사의 우두머리(수당상)를 맡았으며, 정권 유지를 위한 무력적 기반인 5군영 등 군문의 대장을 장악하였다. 조선 시대는 유교적 명분과 관료적 절차를 존중하는 사회로서 형식적 절차를 무시할 수 없었으며 권력의 기반은 무력의 장악과 밀접한 관계를 갖고 있었다. 이런 과정에서 권력의 분배가 일부에 집중됨으로써 소외된 양반층의 몰락은 더욱 빨라졌다. 이제 세도정치는 정치기강의 문란을 야기시켰다. 과거제 시험의 부정 합격자의 남발과 돈으로 벼슬을 사고파는 매관매직이 세도정치 기간 중 기승을 부렸다. 이렇게 매관매직으로 벼슬을 산 사람들은 자기가 갈다 바친 금액을 보충하기위해 백성을 착취하는 등 온갖 수탈을 자행하였다. 여기에 삼정의 문란까지 더해져 결과적으로 전국 각지에서 민란이 발생하게 된다.

<핵심정리>

Tip

왕권 약화: 세도 가문이 비변사와 주요 관직 차지, 군영의 지휘권 장악

정치 기강 문란: 관직을 돈으로 사고파는 매관매직 성행, 과거 시험의 비리

삼정의 문란: 수령과 향리의 부당한 수탈 심화, 정해진 액수보다 더 많이 세금 징수-백성의 부담 증가

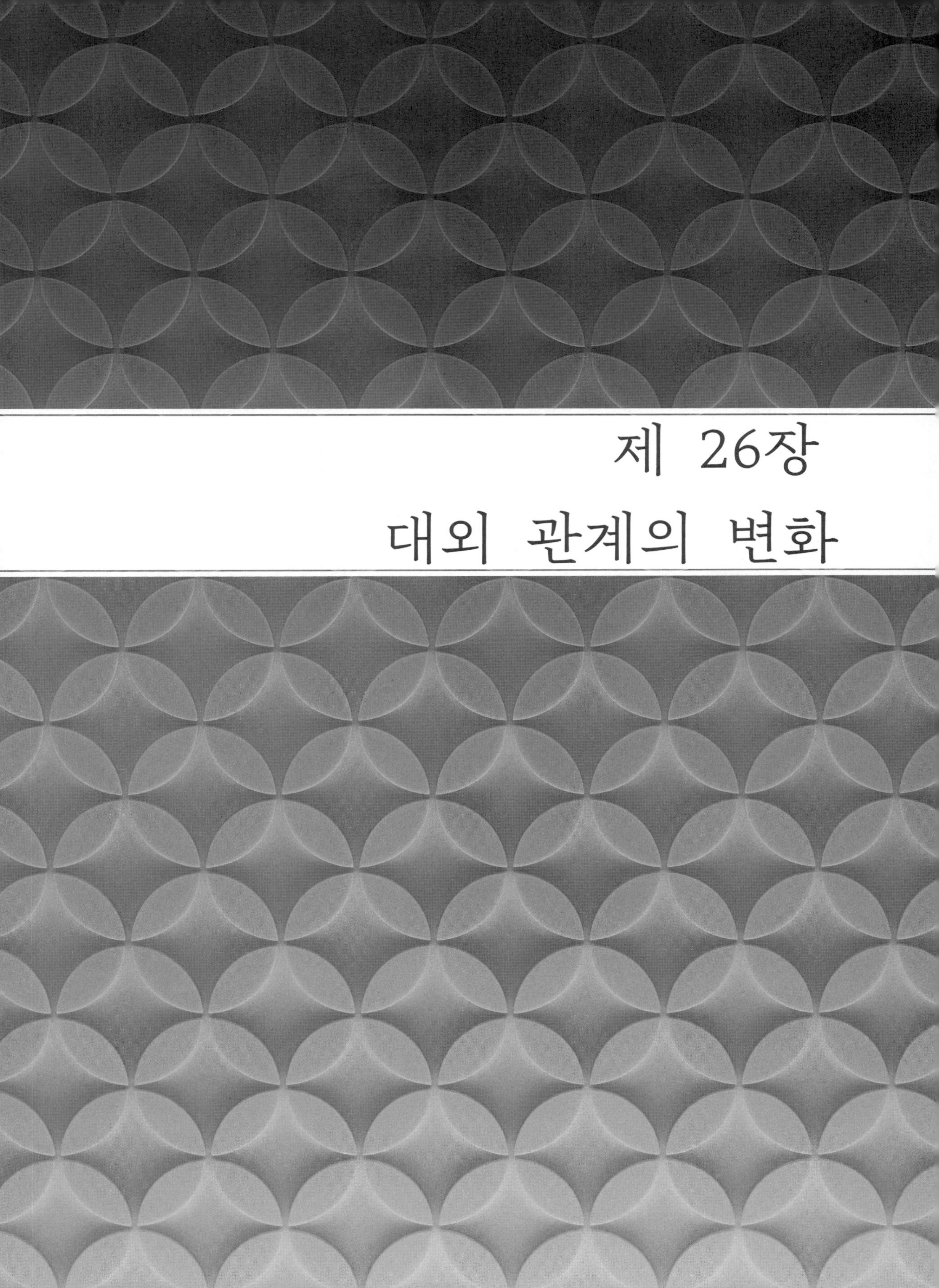

제 26장

대외 관계의 변화

151 청과의 관계

청의 문물이 발달하면서 청나라를 방문하는 사신들과 일반민들의 기행문과 보고서를 통하여 청나라의 사정이 전파되며 그동안 적대감정으로 대했던 청나라에 대한 시각이 달라졌다. 즉 청을 무조건 배척하지말고 우리에게 이로운 것은 배우자는 주장이 북학파 실학자들에 의해 펼쳐졌다. 한편으로는 17세기 후반에 들어오면서 두만강. 압록강 지역이 개발되어 청과의 무역이 활발해졌다. 이 때 청나라는 자신들의 본거지인 만주지역을 출입금지 구역으로 정하는 봉금정책을 취했는데 이 당시 조선인들의 만주 이주로 인하여 청과의 국경분쟁이 발생하였다. 이러한 분쟁을 조정하고 백두산 경계를 확정하기위해 양국의 대표가 상호 답사하여 백두산정계비를 건립하였다. 내용은 '서쪽으로는 압록강, 동쪽으로는 토문강'을 경계로 하는 비문인데 훗날 영토 귀속 문제에서 분쟁이 일어나게 된다.

<핵심정리>

북학론 대두: 청의 선진문물을 적극적으로 받아들일 것을 주장
-청을 통해 천리경, 자명종, 화포, "천주실의" 등 전래

국경문제 발생

배 경: 청이 만주 성역화 시도, 우리 민족이 두만강 이북 지역에서 활동

전 개: 조선과 청의 대표가 백두산 일대를 답사하고 백두산정계비 건립(1712) -19세기 후반 토문강의 위치를 두고 간도 귀속 문제 발생

<더 알아보기>

백두산정계비

1712년 조선의 박권과 청의 목극동이 백두산 일대를 답사하고 세운 비석이다. 비문에는

'오라총관 목극동이 성지를 받들어 변경을 답사하여 이곳에 와서 살펴보니 서쪽은 압록이 되고 동쪽은 토문이 되므로 분수령 위에 돌에 새겨 기록한다. 강화 51년(1711) 5월15일' 이라고 새겨져 있다.

백두산정계비

152 일본과의 관계

임진왜란으로 일본과의 관계는 끊겼으나 도쿠가와 막부의 요청에 따라 조선은 다시 일본과 국교를 맺었다. 그러나 조선은 일본 사신이 서울에 들어오는 것을 금하였다. 동래의 왜관에서만 일을 보게 하고 돌려보낸 반면, 조선통신사는 일본 에도(도쿄)까지 가서 극진한 대접을 받았다. 통신사는 1607년부터 1811년까지 12회에 걸쳐 파견되었으며 이로써 250년간 평화를 유지하였다.

<핵심정리>

Tip

국교 재개: 일본의 요청으로 기유약조 체결(1609) -부산포에 왜관을 설치하고 제한된 범위 내에서 교섭 허용

통신사 파견: 일본 에도 막부의 요청에 따라 파견, 1607년~1811년 까지 12회 에 걸쳐 파견 -조선의 선진 문화를 일본에 전파

울릉도와 독도: 숙종 때 안용복이 일본 어민 축출, 일본에 건너가 조선의 영토임을 확인받고 돌아옴 -대한 제국 때 울릉도를 군으로 승격시키고 독도까지 관할하게 함(대한 제국 칙령 41호, 1900)

<더 알아보기>

조선통신사(朝鮮通信使)

통신사는 조선 국왕의 명의로 일본의 막부장군에게 보낸 공식적인 외교사절로서 일본 문화에 많은 영향을 주었다. 반면 일본은 이를 비판하는 입장에서 국학운동이 일어나고 조선통신사에 대한 반대 여론이 확산되었다. 그 결과 1811년에는 통신사를 대마도에서 일을 보고 돌아가게 하였으며, 그 뒤 통신사는 막을 내렸다. 통신사에 관해서는 일본에도 많은 그림이 있고 또 통신사들이 다녀와서 남긴 견문록도 있다. 신유한의 <해유록>. 조엄의<해차일기>등이 대표적이다. 여기에는 일본이 군사강국이라는 점과 재침략의 우려를 지적하고 있다.

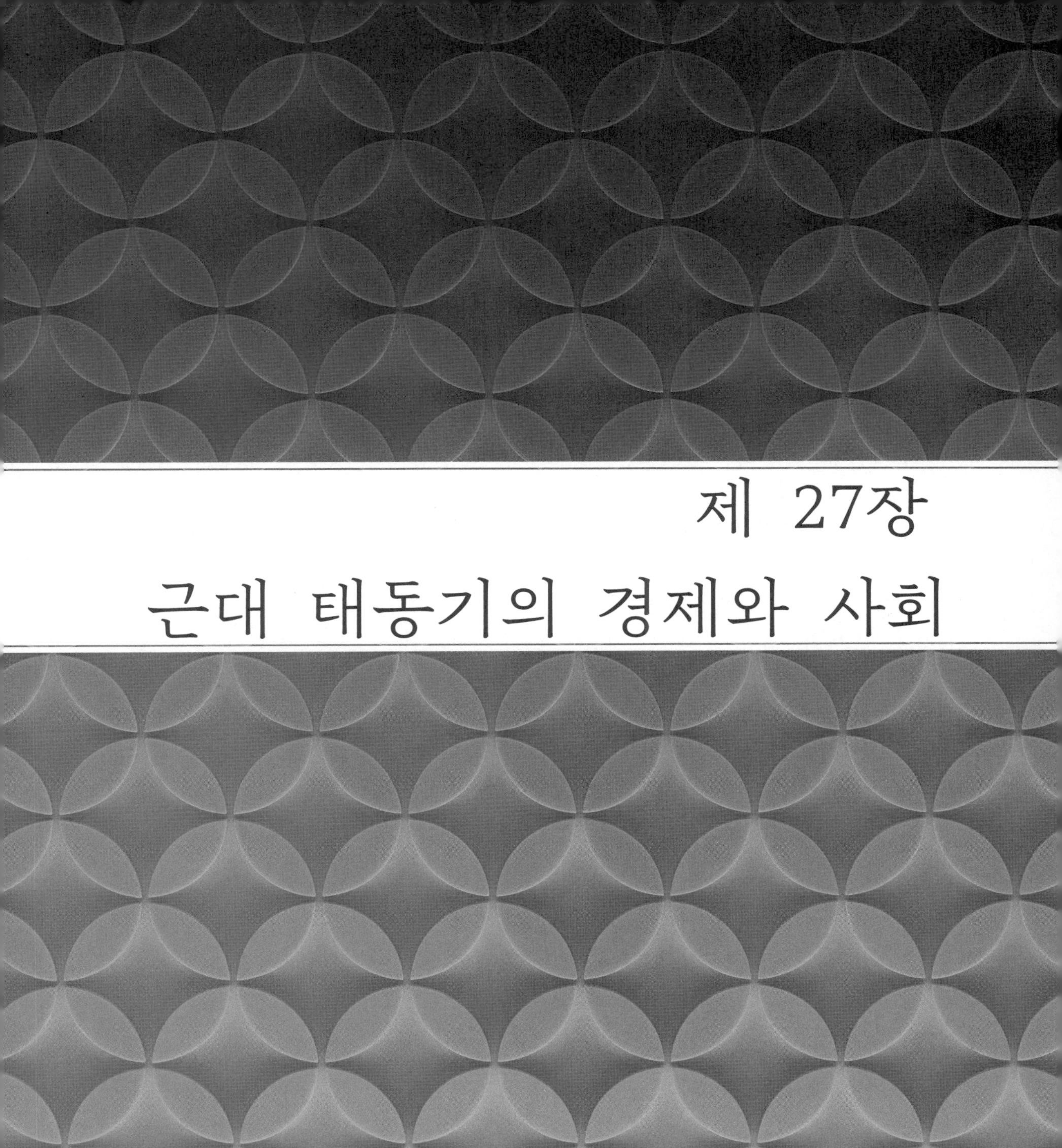

제 27장
근대 태동기의 경제와 사회

153 수취 체제의 개편

임진왜란과 병자호란 의 양난 이후 농경지의 황폐화와 전세제도의 문란으로 인하여 백성들의 과중한 조세부담을 덜어주기 위하여 인조 때 영정법을 만들러 시행하였다. 내용은 풍흉에 관계없이 토지 1결당 쌀 4두로 고정시킨 것으로 기존의 연분9등법을 폐지하였다. 대동법은 방납의 폐단을 개선하기위해 시행했다. 이전 조광조에 이어 이이. 유성룡 등이 방납의 폐단을 위해 수미법을 주장해왔고 1608년 광해군 때 재상 이원익의 주장에 따라 경기도에서 처음 실시했다. 이후 숙종 때 전국으로 확대 실시되었다. 영조는 균역법을 만들어 시행하였다. 이러한 배경에는 군포 면제 양반의 증가로 농민들의 과중한 군포 부담을 덜어주기 위한 것이었다. 이로 인하여 농민들의 부담이 감소하였으나 지주가 결작을 소작농에게 전가하여 오히려 농민의 부담 증가로 군적의 문란이 심화되었다.

<핵심정리>

영정법 실시(1635, 인조)

내 용: 연분9등법을 따르지 않고 전세(田稅)를 토지 1결당 쌀 4두로 고정

결 과: 지주와 자작농의 부담 완화 -여러 명목으로 부가세를 징수하여 농민 부담증가

대동법 실시

배 경: 방납의 폐단(弊端)으로 농민의 부담 증가

시 행: 광해군 때 경기에 실시(1608) -효종 때 김육의 건의로 충청. 전라도까지 확대 실시-숙종 때 잉류 지역을 제외한 전국으로 확대(1708)

내 용: 민호에게 부과하던 토산물을 토지 결수에 따라 쌀, 삼베, 무명, 동전으로 징수

결 과: 농민의 부담 감소: 토지가 없는 농민은 과세 대상에서 제외, 토지가 있는 농민은 1결당 쌀 12두의 대동세 납부

공인 등장: 왕실과 관청에서 필요로 하는 물품을 대량으로 구입하여 조달 -상품 수요 증가, 상공업 발전에 크게 기여

Tip

한 계: 현물 징수 잔존(별공, 진상 등), 대동세가 소작농에게 전가

Tip

균역법 실시(1750, 영조)

배 경: 군적의 문란, 수령과 아전의 농간으로 농민의 군포 부담 증가

내 용: 농민의 군포 부담을 2필에서 1필로 축소 -줄어든 재정은 결작(지주에게 토지 1결당 쌀 2두 징수), 선무군관포, 어장세, 선박세 등으로 보충

결 과: 일시적으로 농민의 군포 부담 감소 -결작이 소작농에게 전가, 군포 징수 과정의 폐단 잔존

154 서민 경제의 발달

조선 후기 들어 이앙법의 확대로 인해 벼와 보리의 이모작이 가능해져 농업 생산력이 증대되었다. 또 한편으로 수리시설 확충, 농기구와 시비법의 개량과 새로운 농법인 견종법이 시도되었다. 이러한 발달은 일 인당 경지면적이 확대되어 광작을 가능하게 하였고 부농층이 생기고 그 외 다수는 임노동자로 전락하는 결과가 나왔다. 또 쌀. 목화. 담배. 인삼 등을 재배하여 상품작물로 나와 농업경영의 움직임이 나타났다. 이시기 고구마. 감자. 고추 등의 외래 작물이 들어와 구황작물로 재배되었다. 지대납부 방식도 변화하는데 기존의 타조법은 병작반수라 하여 수확물의 반을 지주에게 납부하였지만 이제 도조법으로 변화하여 수확량의 1/3 정도 납부하고 나머지는 소작인이 소유하는 계약관계로 진일보하였다. 소작인의 자율성이 보장되었던 것이다.

<핵심정리>

농업 기술의 발달

논농사: 모내기법이 전국적으로 보급 -쌀 생산량 증가, 벼와 보리의 이모작 가능

밭농사: 보리와 콩 등의 씨앗을 밭고랑에 뿌리는 방법(견종법)이 널리 보급

농업 경영 방식의 변화

광작 유행: 모내기법의 보급으로 노동력이 크게 절감 -경작지의 규모 확대

상업적 농업: 상품 작물의 재배 확대, 쌀의 상품화로 밭을 논으로 바꾸는 현상 활발

농민층의 계층 분화

부농층: 모내기법, 상품 작물 재배, 광작 등을 통해 부 축적 -지주로 성장

빈농층: 부세 부담 증가, 소작지 상실 -상공업자나 임노동자로 전락

지대 납부 방식의 변화

도조법 등장: 일부 지방에서 타조법 대신 도조법 등장

Tip

영 향: 작인이 지주의 간섭 없이 자유로운 영농추구 -농업 생산성 향상, 지주와 작인의 관계가 계약적 관계로 전환

Tip

<더 알아보기>

도조법(賭租法)

농부들 중에서 모내기법에 자신이 있는 농부는 지주와 소작료의 양을 미리 정하는 계약관계법이다. 기존에는 병작반수라 하여 수확량의 반을 지주와 나누었는데 이것을 타조법이라고한다. 이제는 풍년이건 흉년이건 따지지 않고 지주에게 계약한대로 이행하는 것으로 지주(地主) 입장에서는 손해 볼 게 없다. 이에 따라 증대를 위해 농부는 혼신의 힘을 들여 타조법이 시행되던 때보다 더 많은 생산량을 가져갈 수 있었다.

155 수공업의 발달

상품화폐 경제의 발달로 제품의 수요가 증가한다. 조선 후기에는 수공업자가 장인세 납부후 제품을 생산하여 민영 수공업이 발달하였다. 또한 선대제는 공인과 대상인에게 자금과 원료를 미리받아 제품을 생산하게 되는데 이는 상업자본의 발전을 의미한다. 한편으로는 사인(私人) 자본에 예속되는 부작용도 발생하였다. 점촌도 형성되었는데 수공업자들이 집단적으로 거주하는 마을을 가리킨다.

<핵심정리>

민영 수공업 발달

배 경:	도시 인구의 급증과 대동법 실시로 제품 수요 증대, 부역제의 붕괴로 관청 수공업 쇠퇴, 상품화폐 경제의 발달
내 용:	장인세만 내면 자유롭게 제품 생산 가능, 장인 등록제 폐지(정조 때)로 자유로운 생산 활동 가능
농촌 수공업 발달:	자급자족을 위한 부업의 형태에서 전문적인 상품 생산으로 전환
선대제 수공업 성행:	수공업자의 영세성으로 공인이나 사상들에게서 자금과 원료를 미리 받아 제품 생산 -상업 자본의 수공업 지배 의미
독립 수공업자 등장:	18세기 후반 이후 독자적으로 제품을 생산하고 직접 판매

Tip

*선대제(先代制)
조선후기 모내기법의 전국적 확산을 통하여 전국적으로 농업 생산량이 비약적으로 증대한다. 이로 말미암아 잉여 생산물이 생기게 되는데, 이를 가지고 다른 물건과 교환을 하게 된다. 이러한 생산력의 발전은 상업의 발달을 가지고 오게 되었다. 이때 상인들이 성장하게 되는데 이 상인들이 수공업자에게 미리 돈을 주고 물건을 대량으로 만들것을 주문하게 되는데, 이를 선대제라 한다. 조선 후기 자본주의의 모습을 나타낸다.

156 광업의 발달

광업은 조선 전기에는 정부의 독점 채굴이었다가 17세기 정부가 광산 채굴을 허용하는 설점수세로 변화하게 된다. 18세기 민영수공업의 발달로 광산물의 수요가 증가하고 금광.은광 개발과 잠채(潛採)가 성행했다. 광산 경영에서는 상인 물주의 자본에서 경영 전문가인 덕대가 채굴업자와 노동자를 고용하여 운영했다. 이로 인하여 노동의 분업화와 경영의 전문화가 발생하였다.

<핵심정리>

배 경: 수공업 발달에 따른 광산물의 수요 증가, 청과의 무역 확대로 은에 대한 수요증가

설점수세 정책: 초기에는 국가가 직접 광산 개발 - 17세기 이후 민간인의 광산 개발을 허용하고 세금을 징수하는 형태로 변화

광산 개발: 은광 개발 성행(17세기) - 상업 자본의 참여로 금광 개발 성행(18세기)

잠채 성행: 몰래 광산을 개발하여 불법적으로 채굴

광산 경영: 덕대(광산 경영인)가 상인 물주로부터 자금을 조달받아 혈주(채굴업자)와 노동자를 고용하여 운영 -분업과 협업의 생산 방식 발달

Tip

157 상품 화폐 경제의 발달

조선 후기 상업의 발달은 공인과 사상의 활동이 두드러진다. 공인은 대동법 실시 이후에 증가하는데, 공가를 받아 관청에서 필요로하는 물건을 납품하였다. 이 후 독점적 도매 상인인 도고로 성장한다. 사상의 활동은 조선 후기에 상업의 발달을 주도적으로 했다는데서 큰 의미를 가지고 있다. 사상은 정부의 금난전권 폐지로 인해 자유로운 상업활동을 보장받자 서울과 지방, 지방과 지방의 장시를 연결하여 활동을 하였다. 경강상인은 운송업에 종사하며 성장했으며, 송상은 인삼의 재배와 판매를 통하여 막대한 이익을 취했으며, 전국에 송방을 설치하여 영업을 하였다. 만상은 책문 후시 등을 통하여 청나라와 무역을 하였고, 내상은 왜관을 통해 대일 무역을 하였다. 장시는 15세기 말 남부 지방에 개설되어 18세기 중엽에 전국에 1,000여 개가 개설되었다. 이 때 보부상이 여러 장시를 무대로 활동하여 장시를 하나의 유통망으로 연계하였으며 보부상단을 조직하여 만들었다. 포구 상업도 발달하여 선상은 배를 이용해 물품 구입후 포구에서 판매하였고 전국의 포구를 하나의 유통망으로 형성했다. 객주. 여각은 포구에서 선상들의 상품을 매매. 중개. 보관. 숙박. 영업을 하였으며 금융 업무에도 종사하였다. 대외무역으로는 청나라와는 개시(공무역)와 후시(사무역)가 성행했다. 수출품은 은. 종이. 무명. 인삼 등이었으며 수입품은 비단. 약재. 문방구 등이었다. 또 한편으로 화폐가 유통되는데 상공업의 발달로 동전이 전국적으로 유통하고, 대동법 실시 이후 조세와 지대의 금납화가 이루어졌으며, 18세기 후반에는 상평통보가 전국적으로 유통하였다. 아울러 환어음등 신용화폐가 등장하게 된다. 이러한 상품화폐 경제의 발달로 전황이 발생하는 부작용이 결과로 나타났다.

<핵심정리>

배 경: 농업 생산력 증대, 수공업 생산 활발, 인구의 도시 유입 활성화, 부세와 소작료의 금납화, 신해통공(정조)

공인의 등장: 대동법 시행으로 등장, 조선 후기의 상업 발달 주도

사상의 등장: 18세기 이후 도성 주변과 지방 도시에서 활동-도고로 성장

송 상: 개성 중심, 전국에 송방 설치, 인삼을 재배하여 가공하고 전국에 판매 대외 무역에 관여

상평통보

경강상인:	서울 한강을 근거지로 ,세곡 운송업, 곡물 도매에 종사하며 성장 선박 건조와 생산에 까지 진출
만 상:	의주 중심, 대청 무역 주도
내 상:	동래중심, 대일 무역 주도
장시의 발달:	물품을 거래하는 장소로 장시가 발달 -18세기 중반 전국에 장시가 1,000여개 존재, 지역적 시장권 형성, 일부는 상설 시장으로 발전, 보부상들의 활동
포구 상업 발달	
포 구:	세곡. 소작료의 운송 기지 -18세기 이후 새로운 상업 중심지로 성장
포구 상인의 활동:	선상(전국의 포구를 하나의 유통권으로 형성), 객주 . 여각(상품의 매매 중계. 운송. 보관. 숙박. 금융업 등에 종사, 지방의 큰 장시에서도 활동)
무역의 발달	
대청 무역:	공무역(개시)과 사무역(후시) 전개, 수출품(은. 종이. 인삼 등), 수입품(비단. 약재. 문방구 등)
대일 무역:	공무역(왜관 개시)과 사무역(왜관 후시) 전개, 수출품(인삼. 쌀. 무명 등), 수입품(은. 구리. 황 등)
무역 상인:	만상(대청 무역), 내상(대일 무역), 송상(만상과 내상의 중계무역)
화폐 유통	
화폐 사용의 확대:	상공업의 발달, 각종 세금과 지대를 화폐로 납부 -상평통보가 전국적으로 유통(18세기 후반), 신용 화폐(환 .어음) 등장
전황 발생:	화폐를 고리대나 재산 축적에 이용 -유통화폐가 크게 부족해짐

Tip

Tip

<더 알아보기>

송상(松商)

지금의 개성에서 활동하던 상인을 말한다. 상공업의 발달로 전국에서 사상(私商)들이 활동하는데 의주 만상, 개성 송상, 한양 경강상인, 동래 내상이 유명했다. 그중에서도 개성 송상이 유명하였다. 이들은 주로 인삼을 가지고 많은 돈을 벌었다. 또한 이들은 전국에 송방이라는 지점을 내고 영업을 하였으며 중국과 일본을 잇는 중계무역을 담당하였다. 고려시대 송도(개성)를 중심으로 쓰인 개성부기인 사개치부법 등, 각종 장부들을 사용해 상업발전에 큰 영향을 미쳤다.

158 신분제의 변화와 동요

붕당 정치의 변질로 인하여 일당 전제화로 권력을 잡은 양반과 정치적. 경제적으로 몰락한 양반인 잔반과 벼슬길에는 오르지 못하고 양반의 명맥만 유지하고 있는 향반 등으로 분화되었다. 또 한편으로 임진왜란과 병자호란으로 토지대장과 호적이 소실되었으며, 이로 인하여 국가재정이 감소하였다. 이러한 재정부족분을 보충하기 위하여 공명첩을 발급하였고 납속책을 시행했다. 이와 더불어 나라에 곡식이나 돈을 바치면 신분 상승이 가능하였다. 결과적으로 양반 수는 증가하였고 이에 비례하여 일반 상민과 노비의 수는 감소하여 양반 중심의 신분 체제에 동요가 일어났다.

<핵심정리>

양반층의 분화: 붕당 정치의 변질 -양반 일부는 적극적으로 토지를 개간하여 더 많은 토지 장악, 일부는 향반이 되거나 일반 농민과 다를 바 없는 잔반으로 몰락

상민들의 신분 상승: 사회 .경제적 변화를 바탕으로 부 축적 -합법적 수단(군공을 세우거나 납속책 활용, 공명첩 구매)과 불법적 수단(호적위조, 족보의 매입이나 위조 등)을 동원하여 양반으로 신분 상승 추구

결 과: 양반 수 증가, 상민과 노비의 수 감수-양반 중심의 신분 체제 동요

<더 알아보기>

공명첩(空名帖)

임진왜란과 병자호란 의 양난 이후에 조선 정부는 경제적으로 무척 어려움을 겪고 있었다. 이를 타개하기 위하여 양반직을 돈을 받고 파는 정책을 시행하게된다. 물론 실제 관리로 등용 시키는것은 아니고 명예직 양반제도 이다. 양반이 되면은 군대를 안가도 되어 군포를 안 내도 된다는 이점이 있어 부유한 상민은 공명첩을 통해 양반으로 신분상승을 꾀하였다. 정부는 곡식을 받고 양반직을 주는 납속책을 시행했는데 공명첩은 그 방법중 하나이다. 글자 그대로 이름이 비어있는 양반 임명장이 공명첩이다.

공명첩

159 서얼과 중인의 신분상승 운동

임진왜란 이후 서얼에 대한 차별이 비교적 완화되었다. 서얼은 납속책. 공명첩을 통해 양반이 되기 시작하여 관직으로 진출하게 된다. 영. 정조 때에는 집단 상소 운동을 전개하여 정조 때에는 이덕무, 박제가, 유득공, 서이수가 규장각 검서관으로 등용되어 국왕의 국정 운영에 중요한 업무를 맡아 종사하였다. 이후 철종 때 서얼 차별을 철폐하였다 (신해허통1851). 중인층도 신분 상승 운동을 하는데 이들은 상업과 무역으로 경제력을 축적하였다. 특히 역관이 외래 문화수용에 주도적인 역할을 하였다. 이 당시 역관은 외국어에 능통하여 사신이 청나라 등을 위시하여 주변 국가를 방문할 때에는 상호 의사소통관계 및 정세분석 보고 등 역관이 없어서는 안되는 매우 중요한 업무를 맡고 있었으며, 특히 청나라와의 무역에 관여하여 막대한 부를 쌓기도 하였다. 이들 중인들은 철종 때 대규모로 소청운동을 전개하였으나 실패하였다. 또 한편으로는 시사(詩社)를 결성하여 문학 활동을 전개하였다.

<핵심정리>

서얼

신분 차별:	각종 사회 활동 제한(문과 응시 금지 등)
신분 상승 노력:	납속책과 공명첩을 이용하여 신분 상승, 청요직 진출을 요구하는 집단 상소 전개
활 동:	정조 때 서얼 다수가 문. 무 관직에 진출 -유득공. 이득무. 박제가 등

중인

신분 차별:	고위 관직으로의 진출 불가
신분 상승 노력:	축적한 경제력과 실무 능력을 바탕으로 대규모 소청 운동 전개
활 동:	전문직으로서의 역할 부각. 역관-외래문화를 받아들이는 데 선구적 역할 담당

Tip

160 노비의 신분상승 운동

임진왜란과 병자호란 이후 꾸준히 성장한 노비들은 영조 대에 이르러서는 함부로 노동력을 수탈당하지는 않았다. 물론 개인에게 속한 사노비는 예외가 되겠지만 공노비의 경우는 그 이전처럼 국가의 공역에 의무적으로 동원되는 일이 없어졌던 것이다. 영조 대에 편찬된『속대전』에서 조정이 국가사업에 필요한 인력은 임금을 주고 데려다 사용했음을 밝혀놓고 있는 사실에서 이는 확인된다. 공노비 중에서 독립노비의 경우 원래 노(奴, 남자)는 면포 2필, 비(婢, 여자)는 1필 반을 자기가 속한 기관에 바치도록 되어있었다. 하지만 현종 8년인 1667년과 영조 31년인 1755년에 이 같은 신공은 각각 반 필씩 줄어든다. 그리고 영조 50년인 1774년에는 비의 신공은 완전히 없어지고 노의 신공도 면포 1필로 줄어든다. 이는 양민 장정이 국가에 내는 세금과 같은것으로 노비는 이때부터 경제적으로는 완전히 해방되었음을 알 수 있다. 이 같은 노비에 대한 신공 규정은 물론 사노비와 공노비 모두에게 해당되는 것이었다. 이처럼 노비의 신분 상승이 꾸준히 이뤄졌지만 전국 각지에서 노비가 도망하는 일이 급증하고 있었다. 말하자면 노비들은 이제 단순히 경제적 부담을 벗어던진데서 만족하지 않고 신분적인 상승을 꾀하여 자유로운 몸이 되려고 했던 것이다.

<핵심정리>

노비

노비의 신분 상승 추구:	군공과 납속 등을 통해 신분 상승, 신분적 속박에서 벗어나기 위해 많은 노비가 도망을 감
국가의 노비 정책:	군역 대상자와 재정을 보충하기 위해 노비를 서서히 풀어줌
공노비의 납공 노비화:	공노비 가운데 입역 노비를 납공 노비를 서서히 풀어줌
노비종모법 시행:	영조 때 어머니가 노비인 경우에만 그 자식이 노비가 되도록 규정한 노비 종모법 시행 -상민 인구를 늘려 재정 기반의 확충 도모
공노비 해방 :	순조 때 중앙 관서의 노비 6만 6천여명 해방(1801)
사노비 해방:	갑오개혁 때 신분제 폐지(1894)-노비 제도 해체

Tip

제 28장

사회구조의 변동

161 가족 제도의 변화와 혼인

조선 전기에서 중기까지에는 부계와 모계가 함께 영향을 미치는 가족제도로, 혼인후 여자 집에서 생활하였으며, 자녀의 균분상속과 형제와 딸들이 돌아가며 제사를 분담했다. 조선 후기로 들어오면 부계 중심의 가계 제도가 확립하게 되고 혼인을 하게되면 친영제도의 보편화로 여자가 남자의 집에서 생활하였다. 또한 과부의 재가를 금지하였고 큰아들 상속을 우대하였으며, 아들이 없을 경우 양자입양이 일반화되었다.

<핵심정리>

조선 중기 이전:	부계와 모계를 함께 반영, 자녀 균분 상속
17세기 이후:	부계 중심의 가족 제도 강화, 장자 중심으로 재산 상속, 양자 제도 일반화, 부계 위주의 족보 편찬, 동성 마을 형성
혼인 형태:	남귀여가혼(조선 중기 이전) -친영 제도(17세기 이후), 일부일처제가 기본, 부인과 첩 사이의 엄격한 구별(서얼 차별)
가족 제도를 유지하려는 정책:	윤리 덕목으로 효와 정절 강조 -효자와 열녀 표창, 과부의 재가 금지

Tip

162 향촌 질서의 변화

조선후기 부농층의 성장으로 일부 양반들이 임노동자로 전락하는 경우가 발생하여 양반의 권위가 약화되었다. 양반들은 촌락 단위로 동약을 실시하고, 동성마을, 서원, 사우를 건립하는 등 지위 유지를 위해 노력하였다. 부농층은 새로운 양반이 되어 구향 간의 대립이 발생하게 되는데 정부에 입장에서는 재정에 도움이 되는 신향에 지원하였다. 이에 더하여 수령 중심의 관권과 결탁한 신향층은 향권(鄕權)에도 도전하여 향안. 향회. 향임직에 진출하였고 정부의 부세제도 운영에도 참여했다. 향촌은 수령과 향리의 권한이 이전보다 강화되었다 향회는 수령이 세금을 부과할 때 묻는 자문기구 역할을 하였으며, 세도정치기에는 농민에 대한 수령과 향리의 수탈이 증가되었다.

<핵심정리>

양반의 향촌 지배 약화

배 경:	평민과 천민 중 일부가 부농층으로 성장, 몰락 양반 증가 부농층의 향촌 지배권 도전: 관권과 결탁하여 향회에 참여, 향임직에도 진출하여 자신들의 영향력 확대
결 과:	향촌 사회에서 양반(사족)들의 권위약화, 수령과 향리의 권한 강화 -19세기 세도정치 때 수령과 향리들의 농민 수탈 심화
부농층의 대두:	납속이나 공명첩 매매 등을 통해 합법적으로 신분상승-종래 사족이 담당하던 정부의 부세제도 운영에 적극 참여

Tip

163 사회 변혁의 움직임 - 예언 사상의 유행

세도정치기에 탐관오리의 횡포가 갈수록 심화하고, 자연재해와 전염병이 빈발하는 등 전체적으로 양반 중심의 지배체제에 동요가 일어났다. 또 한편으로 이양선이 출몰하여 민심이 어수선하였다. 이시기에는 말세가 도래하고 왕조가 바뀐다는 도참설이 유행했고 조선이 망하고 정씨가 새 세상을 연다는 도참서인 정감록이 유행하였다.

<핵심정리>

Tip

배 경: 지배층의 조세 수탈로 농민 경제 파탄,
이양선이 자주 출몰, 도적 횡행

예언 사상 유행: 말세의 도래와 변란을 예언하는 사상 유행 -
"정감록" 확산, 무격신앙과 미륵 신앙 유행

164 천주교의 수용과 확산

사회적 모순이 확대되는 가운데 사람들은 종교 속에서 마음의 평안과 구원을 얻으려고 하였다. 처음 천주교는 서학으로서 우리나라에 들어왔다. 여기에는 서양의 과학. 학문과 천주교 신앙이 들어있었다. 사람들의 주된 관심은 과학. 학문 분야였으며 천주교 신앙에 유교의 덕목을 보충할 수 있다는 입장에서 부분적으로 인정하였으나, 천당, 지옥설 같은것은 황당하다고 배척하였다. 18세기 후반 이벽 등 남인계 학자들이 처음 천주교를 신앙으로서 받아들였다. 이승훈이 베이징에 가서 최초로 세례를 받고 온 후 활동이 더욱 활발해졌다. 천주교에는 인간 평등주의가 내재하였기 때문에, 천주교 신앙의 확대는 기존의 가부장적 가족주의 및 신분 질서와 충돌을 일으켰다. 남인 학자들은 이런 요소 때문에 천주교를 받아들였고, 당시 신분 질서에 예속에서 고통을 받던 민중에게도 환영를 받아 천주교의 교세가 급속히 확대되었다. 정부는 이에 위협을 느껴 천주교를 사교로 규정하고 탄압을 꾀하였다. 그러나 정조 때에는 천주교에 대하여 비교적 관대한 정책을 썼기 때문에 커다란 탄압은 없었다. 순조가 즉위하자 집권 노론 벽파는 곧 대대적인 탄압을 시작하였다(1801). 이후 세도정치하에서 정부의 금지와 탄압에도 불구하고 천주교 신자는 꾸준히 늘어났다 이 시기는 사회 모순이 격화하여 민중의 고통이 더욱 심해지고 기존체제가 해체되는 때였으므로, 민중들은 이런 절실한 동기에서 천주교를 받아들였다.

<핵심정리>

수 용: 17세기 중국에 다녀온 사신들에 의해 서양 학문(서학)의 하나로 소개 -18세기 후반 남인 계열의 일부 학자들이 신앙으로 수용

정부대응: 초기에는 방관적 입장 -천주교가 제사를 거부하고 양반 중심의 신분 질서를 부정한다고 하여 사교로 규정 -순조 즉위 후 대대적으로 탄압(신유박해)

확산: 세도가의 횡포, 프랑스 선교사들의 활동, 천주교의 평등사상과 내세 신앙-백성들의 호응을 얻어 교세가 꾸준히 확대

Tip

Tip

<더 알아보기>

천주교 탄압

천주교의 전파와 탄압이 있었다. 우리 나라에서 천주교 신자에 대한 탄압은 크게 4대 박해로 설명되어진다. 1791년 신해박해는 전라도 진산에서 윤지충, 권상연 등이 위패를 소각하고 모친상에 신주를 모시지 않았고 제사를 드리지 않고 천주교 의식에 따라 제사를 치루어진 것이 알려지자 이들을 사형에 처하였다. 신유박해(1801)는 정조가 죽은 뒤 정권을 잡은 노론 벽파가 자신들의 권력기반을 강화하기 위해 천주교에 대한 대대적인 박해를 가하였는데 이를 신유박해라고 한다. 노론 벽파는 신유박해를 통해 천주교와 연관된 개혁적 인물을 대대적으로 숙청하였다. 천주교도였던 이승훈, 이가환, 정약용, 등은 처형당하거나 유배되었고, 천주교와 관련이 없었던 박지원, 박제가 등도 관직에서 물러났다. 기해박해(1839)는 헌종 때 벽파인 풍양 조씨가 정하상 등 신도 200여명과 프랑스 신부를 처형하였고, 병인박해(1866)는 천주교 교세에 대한 불안과 남종삼으로 하여금 프랑스가 러시아의 남하저지를 꾀한것이 실패가 되어 오히려 천주교가 탄압받아 프랑스 신부 12명 중 9명이 처형당한 사건이다.

165 동학의 창시

민간신앙 및 천주교의 유행이라는 사상적 분위기와 세도정치하의 민중의 고통 속에서 동학이 발생하였다. 동학을 처음 제창한 사람은 경주의 몰락 양반 최제우다. 그는 고통받는 민중을 구제하고 외세의 위협과 천주교의 확산 등에 대항하고자 새로운 종교를 개창하였다. 그리하여 서학을 반대하는 입장에서 동학이라 하였다. 동학의 교리는 동경대전과 용담유사에 나타나 있는데 이는 민중 속에 있는 소박한 평등 의식과 전통적인 민간 신앙을 기초로 하여 유. 불. 선의 3교를 융합한 것이다. 사람이 곧 하늘이라는 인내천 사상과 새 시대가 온다는 하늘 운수의 순환론, 인간은 하늘의 도에 따라야 된다는 사상이 동학 교리의 핵심을 이루고 있다. 동학은 민간 신앙을 기초로 하였기 때문에 긍정적인 요소 이외에 부적, 주술과 같은 미신적 요소도 담고 있다. 문제를 근본적으로 해결하기 위해서는 사회제도의 모순을 개혁해야 하지만, 당장 이를 실현할 수 없는 민중은 이런 미신적인 요소를 통해 현실적 위안을 얻으려 하였다. 동학사상 속에 담겨있는 평등사상은 당시 지배체제를 위협하는 것이었다. 또 동학은 포. 접 등의 조직을 갖고 날로 교세를 확장하고 있었고 이 교단 조직 속에는 많은 재야 지식인과 사회 불만 계층이 포함되어 있었다. 또한 사회 모순을 가장 많이 느끼는 민중이 일반 교도를 이루고 있었기에 결정적인 계기가 주어지면 얼마든지 폭발 할 수 있었다. 동학도의 세력이 날로 번성해지자 정부에서는 세상을 현혹시키고 속인다는 혹세무민을 이유로 교조 최제우를 체포하여 처형하였다(1864).그러나 동학교도들은 이에 굴하지 않고 제 2대 교주인 최시형이 충청도 보은을 근거지로 포교 활동을 계속하여 경상도뿐만 아니라 충청도. 전라도까지 뻗어 나갔다.

<핵심정리>

창 시: 경주 출신의 몰락 양반 출신인 최제우가 동학 창시(1860) 교리 및 주장

유교, 불교, 도교를 바탕으로 민간 신앙의 요소 융합

'사람이 곧 하늘(인내천)'이라는 사상을 내세워 인간의 존엄성과 평등강조

'보국안민' 을 앞세워 서양과 일본 세력의 침략 배척

지금 세상은 운이 다했고 새로운 세상이 열린다는 후천개벽 사상 제시

신분 차별이나 노비제에 반대, 여성과 어린이의 인격을 존중하는 사회추구

정부의 탄압:	농민들의 공감을 얻어 교세 확장 -세상을 어지럽히고 민심을 현혹하는 종교라 하여 포교 금지 -최제우 처형(1864)
동학 재정비:	2대 교주 최시형이 주도 - "동경대전"과 "용담유사"를 펴내 교리 정비, 교단 조직 정비, 활발한 포교 활동 -삼남 일대로 교세 확장

최제우

166 농민 봉기의 발생

지배층에 의한 수탈의 강화와 농민의 궁핍화는 민중의 저항을 불러일으켰다. 농촌 사회가 피폐하여 가는 가운데, 농민들의 정치, 사회적 의식은 오히려 보다 강해져 갔다. 처음에는 지방 관청에 가서 부당함을 진정하거나 담벽에 몰래 글을 써 붙이는 소극적인 형태로 저항하였다. 그러나 곧 무리를 지어 관청을 습격하거나, 향리를 살해하고 지방관을 내쫓는 적극적인 방식으로 항거하기 시작하였다. 민란 가운데 가장 규모가 크고 대표적인 것이 1811년에 일어난 홍경래의 난으로, 이는 우발적이라기보다 오랫동안 계획된 대규모의 반란이었다. 여기에는 농민층의 몰락 외에도 서북인을 관리로 등용치 않는 것, 서북 지역의 사상층의 분화, 몰락 양반층의 형성이라는 여러 요인이 작용하였다. 난의 주도층이 된 것은 몰락 양반. 신향. 도시 빈민층이었다. 처음의 참여계층은 돈으로 고용된 사람들이 많았으나 후에 정주성에서 농성할 때에는 몰락 농민층이 적극적으로 참여하였다. 또 이 난은 다른 민란과는 달리 조선왕조 타도를 전면에 내걸었으나 삼정의 문란이나 지주제에 대해서는 문제 삼지 않았다. 그러나 자발적으로 참여한 농민층은 근본적으로 이런 문제들에 대한 불만을 가지고 있었다. 홍경래의 난은 세도정권에 커다란 위기의식을 불러일으켜 세도정권은 더욱 보수적인 태도를 취하게 되었다. 이후 농민층에 대한 조세 수취는 더욱 강화되고, 이런 가운데 민란은 계속 일어났다. 조세 수취와 아울러 농민을 괴롭힌 것은 지주층의 가혹한 지대 수취였다. 표면상 농민들은 조세 수취에 저항하기 위해 봉기하였으나, 그 바탕에는 지주 전호제하의 가혹한 지대 수취라는 모순이 깔려 있었다. 지대와는 달리 조세는 군현 단위로 납부하는 것이어서 그 군현의 농민층 모두의 공동 이해에 관련된 문제였다. 민란에는 몰락 농민층만이 아니라 부농층. 몰락 양반 등도 참여하였다. 처음 청원 운동의 단계에서는 부농층이나 몰락 양반층이 주도층이었으나, 전면적으로 봉기하여 폭력화되자 점차 몰락 농민층이 난을 주도하였다. 민란의 당면 목표는 삼정의 모순을 시정하려는 것으로 초기 단계에는 향리. 지방관 및 삼정에 관련된 향반층 등을 공격하였지만, 중반 이후 난이 격렬해지면서 지주층도 공격의 대상이 되었다. 1862년(임술년)에 진주를 시작으로 삼남지방 및 전국 여러 곳에서 민란이 터져 나왔다. 민란이 발생하게 된 표면상의 이유는 수령 아전들의 횡포와 수탈이었으나 지주와 전호, 부농과 빈농 간의 경제적 대립과 신분관계 등이 근본적 원인이었다. 이 구조적 원인이 어느 곳에나 존재하여 그 모순이 확대되어 한계에 이르자 동시에 민란이 터진 것이다. 민란이 발생하자, 정부는 중앙에서 관리와 지방관 및 향리를 처벌하고 난의 주모자를 체포, 처형하는 등의 방법을 취하였다. 그러나 전국에서 난이 터져 나오자, 정부는 근본적인 대책이 필요하다고 여겨 삼정이정청을 설치했다. 여기에서 제기된 방안은 첫째, 조세제도 자체는 그대로 두고 그 운영만을 개선하자는 것이었고 둘째, 부분적으로 제도를 개혁하고 운영을 개선하자는 것이며, 셋째, 조세제도를 전면적으로 개혁하자는 것이었다. 특히 가장 문제가 되는 환곡을 전세로 바꾸자는 것이 제기된 개혁안이 골자였다. 삼정 이정청에서는 제도개혁보다는 대체로 제도의 운영을 개선하는 방안에 초점을 두고 이를 위해 삼정이정절목 을 작성, 공포하였다. 그러나 민란의 기세가 점차 수그러지자 이런 운영 개선방안조차도 실행되지 못하였다. 문제점을 근본적으로 해결하기 위해서는 조세제도를 개혁하고 지주전호제의 모순을 없애려 했으나 민란에 대한 근본적 대책의 결여는 결국 세도정권의 몰락을 촉진 하였다.

<핵심정리>

배 경:	세도 정치에 따른 삼정의 문란 심화
농민의 저항:	소청, 벽서 등의 소극적인 형태에서 적극적인 농민봉기로 발전
홍경래의 난 (1811):	서북(평안도) 지역에 대한 차별 정책, 세도정치의 폐단 - 몰락한 양반인 홍경래가 중소 상공인, 광산 노동자, 빈농과 함께 봉기 -청천강 이북의 대부분 지역 장악 - 정주성 싸움에서 관군에 패배 -봉기 실패
임술봉기의 발생 (1862):	전개: 삼정의 문란 심화 - 진주에서 농민이 관아를 습격하고 진주성 장악(진주 농민 봉기) - 삼남 지방을 중심으로 전국으로 확산(임술 농민 봉기) 정부의 대응: 삼정의 문란을 바로잡고자 노력(삼정이정청 설치) -미봉책에 그침

Tip

167 삼정의 문란

세도정치기에는 농민에 대한 수탈이 가속화되었다. 이로 인해 삼정(전정. 군정. 환곡)이 점차 문란해졌다. 삼정의 문란은 지방관이나 향리층의 자의적인 수탈과 부정부패의 결과가 아니라 당시 사회적으로 구조적인 문제에서 비롯되었다. 전정의 경우 면세지, 탈세지가 증가하여 세금을 내는 토지가 감소하고 있었다. 그러나 군현 단위의 세금 총액은 정해져 있어, 세금을 내는 토지에 대한 부담은 가중되었으며, 지주는 소작인에게 이 전세를 부담시켰다. 군정의 경우 신분제가 해체되는 상황에서 군역을 부담하는 상민층이 급격히 줄어들어, 이들에 대한 부담은 더욱 심해졌다. 군현 단위로 미리 결정된 금액을 채우기 위해 죽은자와 갓난아이에게까지 군포를 부담시켰다. 이런 가운데 향리와 교섭하여 뇌물을 주고 군역에서 빠지는 무리가 생겨나기도 하였다. 이로 인해 남은 사람들의 부담은 더욱 가중되었다. 환곡은 원래 곡식이 없는 봄에 식량과 종자를 빌려주고 가을에 이를 다시 거두어들이는 진휼책으로 시작 되었다. 그러나 이자를 받아 재정에 보태게 되었는데 이것이 나중에는 세금처럼 되어버렸다. 삼정 가운데 환곡문제가 가장 심각하였는데 이는 일정한 기준이 없었기 때문이다. 이외에도 지방 관청을 운영하기 위한 잡세가 있었다. 이를 위해 농민들이 스스로 민고를 설치하였으므로, 민고세라고도 하였다. 이 밖에도 관청에서는 고리대를 실시하여, 거기에서 생긴 수입으로 재정을 충당하였다. 지방관청의 세금과 고리대가 늘어난 것은 지방재정에 충당하던 대동미의 일정 비율이 줄어들고, 지방관청의 기구가 점차 늘어났기 때문이다. 한편 이러한 구조적인 모순에 의한 수탈 이외에 세도가에게 뇌물을 주고 지방관에 임용되는 경우가 많았고, 그 임기도 짧아 재임중 지방관은 지방 사정에 어두워 향리들이 농간을 부리기 쉬워 수탈이 더욱 심해질 수 밖에 없었다. 지방관의 수탈 대상이 된것은 가난한 농민층뿐만이 아니며 신분적 보호를 받지 못하는 부유한 농민, 상인, 수공업자도 그 대상이 되었다. 몰락 양반들도 이와 비슷한 처지에 있었다. 게다가 토지가 지주에게 집중됨으로써 소작인과 토지를 상실하는 농민이 늘어나, 농민층의 궁핍은 극심하였다.

<핵심정리>

전 정: 토지에 부과하는 세금 . 여러 명목의 부가세를 합쳐 과다하게 징수하는 폐단 발생

군 정: 상민에게 군포를 징수하는 것
황구첨정, 백골징포. 족징, 인징 등의 폐단발생

환 곡: 농민에게 곡식을 대여하는 사회제도
수령과 향리의 고리대 수단으로 이용되면서 폐단 발생

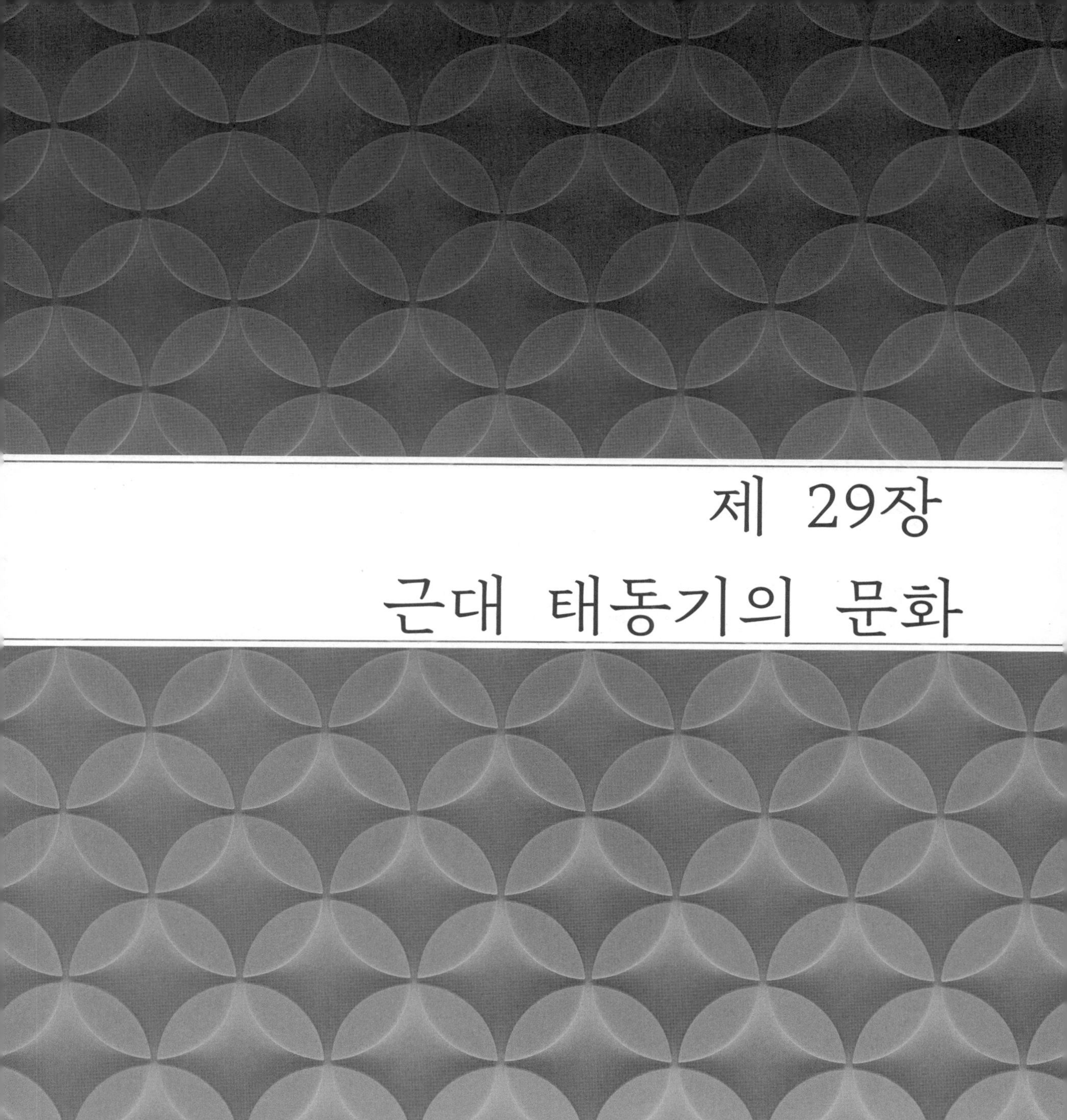

제 29장

근대 태동기의 문화

168 성리학의 절대화 경향

조선의 지배이념이었던 성리학은 왕을 비롯한 지배층의 정치윤리, 정책내용, 행동규범에 까지 폭넓은 영향을 미쳤다. 퇴계 이황과 율곡 이이는 성리학의 이론을 한층 심화시켜 중국의 성리학을 능가하는 계기를 마련하였으며, 성리학의 영향력이 일반 서민의 일상생활 규범에 까지 확대되었다.

<핵심정리>

성리학의 절대화: 인조반정 이후 송시열을 중심으로 한 서인이 명분론 강화 - 주자 중심의 성리학 절대화

성리학의 상대화 움직임 탄압

윤 휴: 유교 경전에 대한 독자적인 해석 시도

박세당: 양명학과 노장사상을 기반으로 주자의 학설 비판

서인(노론)의 공격을 받아 사문난적으로 배척됨

이기 논쟁(16세기 후반)
이황 학파와 이이 학파 사이에 이기론(理氣論)에 대한 논쟁 전개

서인의 분화: 숙종 때 노론과 소론으로 분화

노 론: 송시열 중심, 이이의 사상 계승, 주자 중심의 성리학 절대시

소 론: 윤증 중심, 절충적 성격을 지닌 성혼의 사상 계승, 양명학 과 노장 사상 수용

호락논쟁(18세기): 이이 학파를 계승한 노론들 사이에서 전개

호 론: 충청도 지방의 노론, 인간과 사물의 본성이 다르다는 인물성이론(人物性異論) 주장 위정척사 사상에 영향을 끼침

낙 론: 서울과 경기 지방의 노론, 인간과 사물의 본성이 같다는 인물성동론 (人物性同論) 주장 -북학사상과 개화사상에 영향을 끼침

Tip

*송시열(宋時烈) (1607~1689)
조선 중기의 대학자로 서인(노론)을 대표하는 인물이다. 김장생에게 학문을 배우고 발전시켰다. 인조 때에는 봉림대군의 스승이 되어 학문을 가르쳤다. 병자호란 이후 정계를 떠나 제자들을 가르쳤다. 봉림대군(효종)이 왕위에 즉위해 다시 벼슬길에 오르게 되어 이조판서. 좌의정. 영중추부사를 지냈다. 송시열은 효종을 도와 북벌을 추진하였다. 숙종 때 경종의 세자 책봉에 반대하는 상소문을 올렸다가 정읍에서 사약을 받고 세상을 떠났다.

Tip

<더 알아보기>

윤휴와 사문난적(斯文亂賊)

윤휴(1617~1680)는 호는 백호(白湖)로 조선 중기의 문신이며 뛰어난 학자로 인정받아 여러 차례 벼슬이 내려졌으나 사양하다가 숙종 때인 1674년에 58세에 벼슬을 시작했다. 윤휴는 유교경전을 중국식으로 해석하는 것을 거부하고 조선의 실정에 맞도록 독자적인 해석을 하게 된다. 윤휴는 이로 말미암아 유교의 교리를 어지럽히고 사상에 어긋나는 행동을 하는 사람이라고 비난을 받았다. 사문난적은 조선 후기에 집권세력인 노론이 남인과 소론 계열의 학자들을 정치적으로 탄압하는데 이용하였다.

169 양명학의 수용

양명학은 중국의 왕양명이 창안한 철학사조로 중종 때 전래 되었다. 성리학이 인간의 심성과 우주의 진리를 탐구하는 학문인 반면 양명학은 인간의 마음이 곧 이(理)며 아는 것을 실천하는 것이 진정한 앎이라고 주장한 사상으로 17세기 소론 학자들에 의해 연구되어졌으며, 18세기 초 정제두가 강화학파를 만들었다.

<핵심정리>

Tip

수 용:	중종 대 조선에 전래, 성리학의 절대화와 형식화 비판, 실천성 강조-17세기 후반 일부 소론 학자들이 연구하기 시작
특징	
심즉리 (心卽理):	인간의 마음(心)이 곧 이(理)라고 주장
치양지 (致良知):	인간의 천리(天理)인 양지(良志)의 실현을 통해 사물을 바로 잡을 수 있다고 주장
지행합일 (知行合一):	아는 것을 실천하는 것이 진정한 앎이라고 주장
강화 학파 형성:	18세기 초 정제두가 양명학을 체계적으로 연구 -강화에서 양명학 연구와 제자 양성에 노력(소론 중심), 집안의 후손과 인척을 중심으로 계승

170 실학의 등장과 발달

성리학은 고려 말 중소 지주층인 신진 사대부에 의해 수용되어 당시 사회의 모순을 시정하는데 일부 기여하였다. 그러나 조선 후기에 이르러서는 사회발전에 기여하기보다는 기존 체제를 유지하려는 방향으로 기울였다. 이에 대하여 당시 중세 사회를 해체하고 사회를 발전시키고자 하는 학문으로서, 실학이 발생하게 되었다. 사회 모순을 개혁하는 실학의 방법론으로는 두 가지가 있었다. 하나는 농업을 중시하는 것이었고 다른 하나는 상공업을 중시하는 것이었다. 농업 개혁을 중시하는 쪽은 주로 기호 지방의 남인 계열로 유형원. 이익. 정약용으로 이어졌다(경세치용학파). 유형원은 농민들이 토지를 균등하게 소유하게 하는 균전_제, 이익은 토지 소유를 제한하는 한전제. 정약용은 공동농장 제도인 여전제 및 정전제을 주장하였다. 이 주장들은 당시 토지를 갖지 못한 농민들이 많은 상황에서 농민에게 토지를 주자는 것이었다. 한편 유형원, 이익, 정약용은 신분적 문제에는 다소 다른 견해를 갖고 있었는데 이는 같은 조선 후기이면서도 셋 사이에 시대적 차이가 있었기 때문이다. 유형원은 양반제를 인정하였으며, 이익은 이에 회의적이면서도 전면적으로 부정하지는 못하였으나 정약용은 양반제를 완전히 부정하였다. 정약용은 이익과 달리 상공업 진흥에 대해 관심이 많았다. 상업을 중시하는 쪽은 유수원. 홍대용. 박지원. 박제가 등 이용후생 학파로, 유수원이 소론인 것을 제외하면, 이들은 대체로 노론 계열에 속하였다. 유수원은 이용후생 학파의 선구자로 상공업을 진흥시키기 위해 상인들의 합자를 통한 경영규모의 확대와 양반도 상업에 종사할 것 등을 주장했다. 홍대용은 상공업 진흥 외에도 균전제를 주장하였으며 박지원은 한전론을 주장하였다. 박제가는 서얼 출신으로 상공업 진흥론을 내세워 외국과의 통상을 주장하였다. 홍대용, 박지원, 박제가 등은 청의 발달된 문물을 도입하고자 하였으므로 북학파라고 불리었다. 유득공, 이덕무 등도 이 계열에 속하였다. 실학 가운데 북학파의 사상은 개화파에 연결되었으며 정약용의 사상은 광무개혁, 계몽운동 등에 큰 영향을 주었다.

<핵심정리>

배 경: 17~18세기 사회. 경제적 변동에 따른 사회 모순 심화, 성리학이 현실 사회의 문제를 해결하지 못함 -일부 학자들이 실용적이고 실증적인 방법으로 학문 연구

초기 실학자

이수광: "지봉유설" 저술 -우리나라와 중국의 전통과 문화 정리

김 육: 대동법 확대 실시와 동전의 보급 주장, 시헌력 도입에 기여

특 징: 민생 안정과 부국강병을 목표로 한 사회 개혁 주장 -실증적, 근대 지향적 성격

171 농업 중심의 개혁론

17세기 중엽부터 주로 남인 가운데에서 현실 문제에 관심을 둔 실학자들에 의해서 주장되었다. 이들은 자영 농민에 기반을 둔 이상국가의 건설 추구, 농촌 사회 안정을 위해 토지제도를 비롯한 각종 제도의 개혁 주장하였다.

<핵심정리>

유형원:
- "반계수록"
- 균전론: 관리, 선비, 농민 등 신분에 따라 차등 있게 토지를 재분배
- 자영농 육성을 통한 병농일치의 군사 조직과 사농일치 의 교육 제도 주장
- 양반제도, 과거제도, 노비제도 의 모순 비판

이 익:
- " 성호사설"
- 한전론: 한 가정의 생활을 유지하는데 필요한 최소한의 토지를 영업전으로 설정, 영업전의 매매 금지
- 성호 학파 형성
- 나라를 좀먹는 여섯 가지의 폐단(노비제도, 과거제도, 양반 문벌제도, 사치와 미신, 승려, 게으름) 지적

정약용:
- "목민심서" "경세유표"
- 여전론: 마을 단위의 공동 소유, 공동 경작, 노동량에 따른 분배 정전제 실시 주장
- 백성의 의사가 정치에 반영될 수 있는 정치 제도의 개선 모색
- 과학 기술과 상공업 발달에도 관심을 둠

성호사설

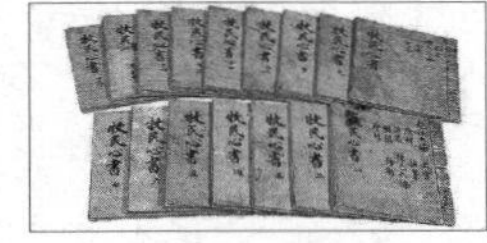

목민심서

172 상공업 중심의 개혁론

북학파는 18세기 후반 한양에 거주하던 중상학파 일부 노론 학자들에 의해 주장되어진 실학 사상이다. 이들은 상공업의 진흥과 기술혁신을 통한 부국강병을 주장하였고 청과 적극적으로 교류하면서 선진 문물을 수용하려고 하였다. 이러한 북학파의 영향은 19세기 후반 개화사상으로 계승되었다.

<핵심정리>

유수원:
- "우서"
- 북학 사상의 선구적 학자, 상공업을 천시하는 풍토 비판
- 상공업을 진흥시키기 위해 사. 농. 공. 상을 평등한 직업으로 만들어야 한다고 주장

홍대용:
- " 임하경륜" "의산문답"
- 서양의 과학 기술을 적극적으로 받아들일 것을 주장
- 기술을 혁신하고 중국 중심의 세계관에서 벗어날 것을 주장

박지원:
- "열하일기"
- 수레와 선박의 이용, 화폐 유통의 필요성 강조
- "양반전"과 "호질" 등에서 놀고먹는 양반 비판

박제가:
- "북학의"
- 청에서 행해지는 국제 무역에 참여할 것을 주장
- 상공업의 육성과 신분 제도의 타파 주장
- 배와 수레의 이용, 벽돌 이용 강조
- 생산과 소비의 관계를 우물에 비유 -생산을 자극하기 위한 적절한 소비강조

Tip

열하일기

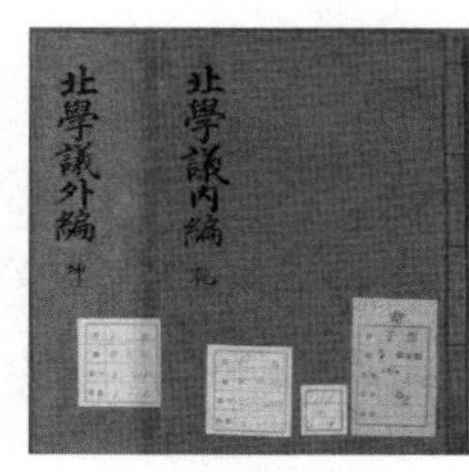

북학의

173 실학사상의 의의와 한계

조선 후기의 사회 모순은 갈수록 심화되었다. 그동안 사상적 이데올로기로서 조선을 이끌어온 성리학에 대해 회의(懷疑)를 가지며, 이로부터 이탈하고자 하는 양반층과 지식인들이 나타나기 시작하였다. 이들은 그동안 누적된 사회적 모순을 탈피하고 이를 극복하고자 많은 노력을 기하였다. 이러한 것을 바탕으로 실용적인 학문을 추구하고자 하는 실학이 18세기에 여러가지 유형으로 등장하였는데 서울. 경기 지역의 남인계 인물들이 초기에 실학을 주도하였다. 이후 18세기 중엽에 새로운 학풍으로서 북학파가 형성되어 홍대용. 박지원. 박제가. 유득공. 이덕무 등이 조선의 현실을 개혁하고자 힘을 기울였다. 이들 북학파는 청의 문화를 도입할것을 주장하며, 화이론적(華夷論)적 명분론에서 탈피하여 현실적인 조선의 이상사회를 구현 하고자 했다. 특히 상공업 발전에 힘을 기울여 이를 위해 국가의 뒷받침을 주장하였다. 이들의 활동은 19세기까지 실학자들의 활동으로 이어져 서유구. 최한기. 이규경 등의 실학자들에 의해 발전되어져 왔다. 그러나 정조 사후 세도 정치가 기승을 부리면서 남인들과 서얼 출신 등에 대한 숙청 작업이 전개되어 실학이 추구한 진취적인 학문적, 실용적 개혁 작업은 정체상태에 머물게 되었다.

<핵심정리>

의 의: 실학사상은 학문의 목적을 실용에 두고 실증적인 방법으로 학문을 연구하고 실생활에 적용할 수 있는 구체적이고 실용적인 개혁 방안을 제시하였다.

한 계: 실학자 대다수가 관직에 진출하지 못하여 개혁안이 국가 정책에 반영되지 못하였으며, 유교적인 사상 체계의 틀에서 완전히 벗어나지 못한 한계를 가지고 있었다.

Tip

Tip

<더 알아보기>

정약용 (1762 ~1836)

호는 다산(茶山) 성호 이익의 영향을 받아 학문을 이어받았으며 실학사상을 체계적 학문으로 정립하였다. 28살에 과거에 급제, 이후 암행어사, 동부승지, 곡산부사 등의 벼슬을 지냈다. 이 시기 정조의 신임을 얻어 소신껏 활동을 할 수 있었으며 당파에 구별 없이 인재를 등용할 것을 주장하였다. 수원성을 쌓는데 기중기, 도르레, 달구지 등을 발명하여 이를 활용하였다. 정약용은 다방면으로 유능하고 총명한 인물이었다. 정조는 정약용이 있었기에 정조일 수 있었고 정약용은 정조가 있었기에 정약용일 수 있었다. 왕 혼자 나라를 다스릴 순 없었기에 자신과 국정철학을 같이하고, 그 철학에 걸맞은 능력을 갖춘 근신, 충신이 필요했다. 왕과 신하들의 궁합이 잘 맞으면 그 시기는 태평성대였고 그렇지 않으면 나라는 위기에 빠지곤 했다. 그렇기에 왕은 늘 인재를 찾았고, 그 인재를 제대로 키우는 일에 골몰했다. 그 인재가 바로 정약용 이었다. <경세유표> <목민심서> <흠흠신서> <마과회통> <전례고> <대동수경> <아방강역고> 등 수 많은 저서를 남겼다.

174 ▌ 국학의 발달

사회 개혁에 대한 실학의 관심이 높아져 역사. 지리. 언어. 문화 등을 비롯한 국학에 대한 연구가 진흥되었다. 이 시기의 대표적인 역사책으로는 안정복의 <동사강목>, 이긍익의<연려실기술>, 한치윤의<해동역사>가 있다. 동사강목은 주자학의 정통론적 입장에 있다는 한계를 갖고 있으나, 고증이 치밀하고 매우 체계적이다. 해동역사는 외국의 사료를 광범위하게 수집, 수록하였으며 연려실기술은 사건 중심으로 서술한 기사본말체이다. 그 외 고구려, 발해 역사를 중시한 것으로 이종휘의 <동사>, 유득공의<발해고>등이 간행되었다. 이것은 조선후기 만주 지역의 영토 회복 의식과 관련된 것으로 신채호, 정인보 등의 민족 사학에 큰 영향을 주었다. 이밖의 역사책으로 유계의 <여사제강>, 홍여하의<휘찬여사>, 오운의<동사찬요>,임상덕의<동사회강>, 홍만종의<동국역대총목>이 있다. 국가에서는 <승정원일기>. <비변사등록>. <일성록>. 등의 자료를 바탕으로 실록을 편찬하였다. 역사지리에 관한 연구로는 한백겸의 동국지리지를 필두로 신경준의 강계고, 정약용의 아방강역고 등이 있다. 이들은 삼한의 위치를 대체로 한강 이남에 두고 삼한과 고조선을 한강을 경계로 엄격히 나누었다. 이밖에도 유형원의 여지지, 정약용의 대동수경, 한치윤의 <해동역사지리고>, 김정호의 <대동지지>가 있다. 인문 지리서로는 택리지가 있으며, 지도로는 정상기의 <동국지도>, 김정호의 <청구도>와 <대동여지도>가 있다. 자연지리의 발전은 지도의 발달과 더불어 종래 중국을 중심으로 생각하던 사고를 변화시켰다. 조선 후기 생산력의 발전은 천문학, 자연지리, 기상학, 농학, 동식물학, 수학, 과학기술의 발전과도 관련이 있다. 천문학에서는 김석문이 지전설을 주장하였고 홍대용이 이를 수용하였으며 이익은 지구중심설을 주창하였다. 이는 종래의 천원지방설인 지구 중심설을 부정하는 것이었다.

< 핵심정리 >

Tip

국학의 발달

배 경: 우리 문화에 대한 자부심과 현실에 대한 관심 고조
우리의 역사와 국토, 국어 등에 대한 연구가 활발해짐

한글연구: 신경준의 "훈민정음운해", 유희의 "언문지". 이의봉의 "고금석림"(우리 방언과 해외 언어 정리)

역사 연구

이긍익: "연려실기술" 기사본말체서술, 실증적, 객관적 서술
조선 시대의 정치와 문화 정리

안정복: "동사강목": 고조선부터 고려에 이르는 역사를 강목체로 저술
중국 중심의 역사관에서 탈피, 우리 역사의 정통론 주장(삼한 정통론)

한치윤: "해동역사" 고조선부터 고려까지의 역사서술, 민족사 인식의 폭 확대

이종휘: "동사" 고조선과 삼한, 그리고 부여와 고구려 계통의 역사와 문화를 다룸

유득공: "발해고" 발해사를 우리 역사에 본격적으로 편입, 고대사의 영역을 만주지역 까지 확대, 남북국시대론 주장

김정희: "금석과안록" 북한산비가 진흥왕 순수비중의 하나임을 확인

지리서 편찬

이중환: "택리지" 각 지방의 자연환경과 인물, 풍속 , 물산 등을 자세히 서술한 인문 지리서 -자연과 인간생활의 관계를 인과적으로 이해하려고 함

정약용: "아방강역고" 우리나라의 강역을 문헌을 중심으로 살피고 고증해서 쓴 지리서

지도 제작

김정호: '대동여지도' 산맥, 하천, 포구, 도로망 등을 정밀하게 표시한 지도
- 전체 22첩으로 되어 있으며, 이를 이어 붙인 전체 지도는 가로 2.7m, 세로 6.4m 에 달한다

정상기: '동국지도' 100리 단위의 축척 개념을 적용하여 제작한 지도

백과사전류의 서적 편찬

이수광: "지봉유설" 우리나라 최초의 백과사전. 학문의 여러 영역을 항목별로 나누어 체계적으로 정리

이 익: "동국문헌비고" 영조의 명을 받아 편찬, 우리나라의 역대 문물 정비

진흥왕 순수비

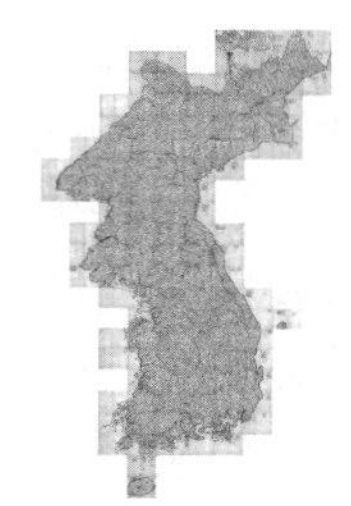
대동여지도

지봉유설

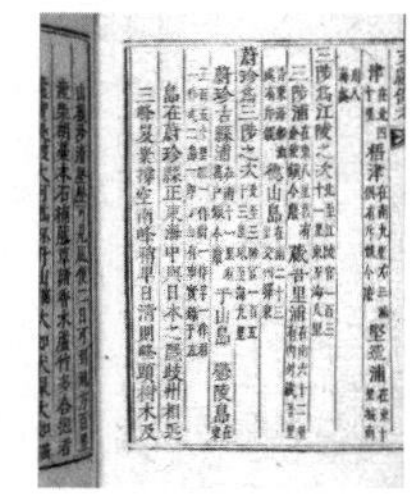
동국문헌비고

175 서양문물의 수용과 과학 기술의 발달

청나라와의 교류를 통하여 서양의 과학과 지식이 전래되었다. 선조 때는 세계지도인 곤여만국전도가 전래되었고, 인조 때는 화포, 천리경. 자명종 등이 전래되었다. 이와 더불어 과학 기술도 발달하여 각 분야에 많은 발전이 있었다. 천문학 분야로는 김석문. 홍대용이 지전설을 주장하며 성리학적 세계관을 비판하고 근대적 우주관을 형성하였다. 홍대용은 지구가 우주의 중심이 아님을 주장하며 화이(華夷)의 구분을 부정했다. 효종 시기에는 김육 등 많은 인원이 노력하여 청나라에서 사용하던 시헌력을 도입하였다. 의학서로는 허준의 동의보감을 저술하여 전통 한의학을 체계적으로 정리하였다. 이 책은 일본과 중국에서도 널리 유명해졌으며, 최근 유네스코 세계유산에 등재되었다. 허임은 침구경험방을 지어 침구술을 집대성 하였으며, 이제마는 사람의 체질연구를 한 동의수세보원을 저술하여 사상의학을 확립하였다. 정약용은 마과회통을 저술하여 호역과 종두법을 연구하였다. 농서로는 신속이 벼농사 농법을 소개한 농가집성을 편찬했다. 박세당은 색경을 저술하여 채소. 과수. 화초 재배법을 소개하였다. 서유구가 지은 임원경제지는 농촌생활 백과사전이다. 또한 정약용은 한강의 배다리를 설계하였고 중국의 기기도설을 참고하여 거중기를 설계하여 수원 화성 건설 시 사용했다.

<핵심정리>

서양 문물의 수용: 17세기 초부터 중국을 왕래하던 사신을 통해 서양의 새로운 문물 수용(서양의 과학 서적, 화포, 천리경, 자명종 등)

천문학: 홍대용이 지구가 자전한다는 사실을 논리적으로 설명, 지구가 중심이 아니라는 무한 우주론 제기

역법: 김육 등의 노력으로 청으로부터 서양식 역법인 시헌력 도입

농서

신속: "농가집성" - 벼농사 중심의 농법소개, 모내기법이 전국으로 확산하는데 공헌

박세당: "색경" - 채소 재배법, 화초 재배법 등 상업적 농업에 필요한 기술 소개

홍만선: "산림경제" 농업, 임업, 축산, 양잠에 관한 내용 저술

Tip

서유구: "임원경제지" 농업과 농촌 생활에 필요한 것을 종합한 농촌 생활 백과사전

Tip

의학의 발달

허준: "동의보감" -우리의 전통 한의학을 체계적으로 정리, 중국과 일본에서도 간행

허임: "아방강역고" 우리나라의 강역을 문헌을 중심으로 살피고 고증해서 쓴 지리서

정약용: "마과회통" - 마진(홍역)에 관한 의서, 자신이 연구하고 실험한 종두법 소개

이제마: "동의수세보원" -사람의 체질을 넷으로 구분하여 치료하는 사상 의학 확립

지도 제작: 마태오 리치가 제작한'곤여만국전도' 전래 -조선인의 세계관이 크게 확대, 지도 제작 기술 발달 기술 개발 노력: 정약용 -거중기 제작 (수원 화성을 쌓을때 사용), 배다리 설계

<더 알아보기>

홍대용(洪大容) (1731~1783)

중상학파 실학자 홍대용은 1765년초 청을 방문한 것을 계기로 서양과학의 영향을 깊이 받아 과학 연구에 힘썼다. 김석문과 함께 지구가 하루에 한 번씩 자전한다는 지전설을 제시하였다. 또한 지구가 우주의 중심이 아니라는 무한 우주론을 내세워 중국 중심의 세계관을 비판 하였다.

김석문(金錫文) (1658~1735)

조선 후기의 학자로 김석문은 우리나라에서 최초로 지전설(地轉說)을 주장하였다. 김석문은 외국서적을 통하여 수학과 과학, 우주에 대해 지식을 습득하여 깊이 있는 공부와 연구를 하였다. 이를 바탕으로 <역학이십사도총해>를 저술하였으며, '지구는 둥글며, 1년에 366번이나 돈다'라고 주장하였다. 즉, 태양의 둘레를 도는 별들이 모두 제각기 궤도를 따라 돌고 있으며, 지구도 남북극을 축으로 하여 제자리에서 1년에 366번 돌고 있다는 것을 주장하였다.

176 서민 문화의 발달

상공업의 발달과 농업생산력 증대로 인하여 서민의 경제적 지위가 향상되었다. 또한 서당 교육의 보급으로 서민들은 기본교육을 받음으로써 의식수준이 높아졌다. 서민문화는 판소리부문에서는 이야기를 창가와 사설로 엮어 솔직한 감정표현을 하였고, 이것은 서민 문화의 중심이 되었다. 이러한 것을 바탕으로 19세기 후반 신재효가 판소리 여섯마당으로 정리하였다. 향촌에서는 마을 굿의 일부로 공연하였으며, 산대놀이가 민중오락으로 정착하였다. 양반과 승려의 부패와 위선을 해학적으로 풍자하여 이 시대 서민의 애환을 달래주었다. 한글소설도 발달하였다. 허균의 홍길동전은 한글 최초의 소설이었으며, 서얼에 대한 차별 철폐와 탐관오리의 응징을 주장하였다. 소설 춘향전은 신분 차별의 비합리성을 표현하였고, 토끼전, 심청전, 장화홍련전 등이 발표되어 서민들의 감정과 사회개혁 의지를 표현하였다. 사설시조는 자유로운 형식으로 서민들의 감정을 솔직하게 표현하였으며, 남녀의 사랑과 현실에 대한 비판을 표현하였다. 또 한편으로 중인계급은 시인동호회인 시사를 조직하여 창작활동을 하였으며, 일반 상민층까지 확산되었다.

<핵심정리>

배 경: 서민들이 경제적으로 성장, 서당 교육의 보급
-서민의 의식 수준 성장

참여층: 양반 이외에 중인층 (역관, 서리), 상공업 계층, 부농층 참여

특 징: 자신의 감정과 생각을 자유롭게 표현, 양반의 위선적 모습 비판, 사회의 부정과 비리를 풍자하고 고발

Tip

177 조선 후기 문학과 예술

조선 후기 문학에서는 한글 소설과 사설시조가 유행하였다. <홍길동전>, <춘향전> 등의 한글 소설은 서민들의 소망과 양반 사회에 대한 비판을 담았고, 사설시조는 시조의 형식과 내용에서 벗어나 서민들의 현실적인 감정이나 현실에 대한 비판을 담고 있다. 한문학은 실학사상의 유행과 더불어 조선 후기 사회의 부조리한 현실을 비판하였다. 다산 정약용은 조선 후기 삼정의 문란에 대해 한시를 지었으며, 박지원은 양반 사회의 허구성을 비판하며, 양반전, 허생전, 호질, 민옹전 등의 작품을 저술했다.

<핵심정리>

Tip

한글소설: 사회의 모순과 비리비판, 평등 의식 고취 - "홍길동전"(서얼 차별 비판), "춘향전"(신분을 뛰어넘는 사랑 이야기), "심청전"

사설시조: 일정한 형식에 구애받지 않고 서민의 삶과 감정을 쉽고 폭넓게 표현, 비유를 통해 현실 비판

판소리와 탈춤 : 주로 지방 장시나 포구 등 사람들이 많이 모이는 곳에서 공연

판소리 : 열두 마당 중 춘향가, 심청가, 흥보가, 적벽가, 수궁가 등 다섯 마당만이 전함
- 19세게 후반 신재효가 판소리 사설을 모아 정리

탈 춤: 주로 양반의 위선을 폭로하거나 사회 모순 풍자

한문학: 양반의 위선과 무능 비판 - 박지원의 '호질' '허생전' '허생전' 등

178 진경산수화와 풍속화, 민화

진경산수화는 조선 후기 유행한 우리나라 산천을 소재로 그린 산수화로서 중국의 남종 화법과 북종 화법을 결합하여 우리의 고유한 자연과 풍속에 맞추 새로운 화법을 탄생시켰다. 대표적인 화가로 정선의 인왕제색도와 금강전도가 있다. 풍속화로는 김홍도와 신윤복이 유명했다. 김홍도는 18세기 조선 후기의 서민들의 생활모습과 사회모습을 소탈하고 익살스럽게 묘사하였다. 신윤복은 양반. 부녀자들의 생활과 유흥과 남녀 사이의 애정 표현을 감각적과 해학적으로 묘사했다. 또 한편으로는 그림 제작과 화평(畵評)활동을 주로했던 강세황이 서양화 기법을 소개하였으며, 장승업은 강렬한 필법과 채색법을 사용하여 안견, 김홍도와 함께 조선시대 3대 화가로 불렸다. 민화도 이 시기에 발달하였는데 대체적으로 작가 미상으로 주로 해. 달. 나무. 꽃. 동물. 농경. 무속 등의 풍속을 그렸다. 민화는 일반 민중의 미적 감각을 표현하였으며, 소원을 기원하고 생활공간을 장식하거나, 소박한 정서를 반영하였다. 서예는 이광사가 동국진체를, 김정희는 추사체를 창안하였다.

<핵심정리>

진경산수화: 회화로 우리의 자연을 사실적으로 표현 -정선의 '금강전도', '인왕제색도' 등

김홍도: 서민들이 살아가는 모습을 간결하고 소박한 필치로 익살스럽게 표현

신윤복: 주로 양반의 풍류와 부녀자의 생활 모습을 섬세하게 표현

민 화: 서민들에게 친숙한 소재(나무, 꽃, 동물, 문자 등)나 전통사회에 전해 내려오는 이야기를 서민의 미적 감각에 맞게 표현, 주로 실내 공간을 장식하는데 사용

서 예: 조선의 독자적인 기풍 등장 -김정희가 추사체 확립

공 예: 실생활에 필요한 물품이 많이 제작, 백자와 청화백자 유행

김홍도 <서당>

신윤복 <월하정인도>

179 건축의 변화와 발달

조선시대는 유교를 숭상하는 정책을 실시하여 초기 불교의 지위는 약해졌고 서원 등이 세워졌었다. 17세기 이후 불교의 사회적 지위가 향상되고 양반 지주층이 경제적으로 성장 하면서 사원의 재건축이 활발하게 진행되었다 이 시기에 만들어진 대표적인 건축물로는 김제 금산사 미륵전. 구례 화엄사 각황전, 보은 법주사팔상전이 있으며, 18세기의 건축물의 특징은 부농과 상인의 지원에 힘입어 장식성이 강한 사원을 건축하였다. 논산 쌍계사. 부암 개암사. 안성 석남사 등이 대표적인 건축물 들이다. 또 정조 때에는 공격과 방어를 겸한 성곽시설로 종합적인 도시계획 아래 건설된 수원 화성이 건설 되었으며 세계문화유산으로 지정 되었다. 19세기에 들어와서 흥선대원군에 의해 경복궁의 근정전. 경회루가 국왕의 권위를 높이기 위해 중건되었다.

<핵심정리>

17세기 건축: 금산사 미륵전. 화엄사 각황전. 법주사 팔상전

18세기 건축: 논산 쌍계사. 부안 개암사. 안성 석남사. 경주 불국사 대웅전 중건(영조41)

19세기 건축: 경복궁의 근정전. 경회루 중건

법주사 팔상전

논산 쌍계사

부안 개암사

근정전

경회루

Tip

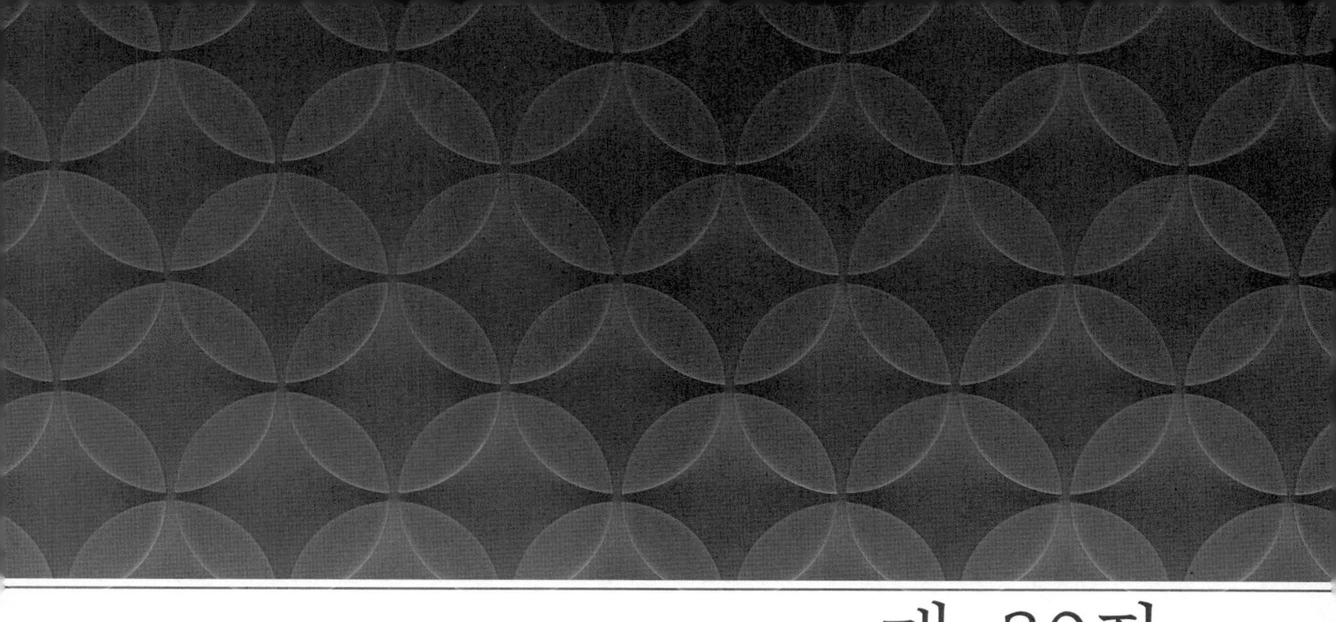

제 30장
근대 국가 수립 운동

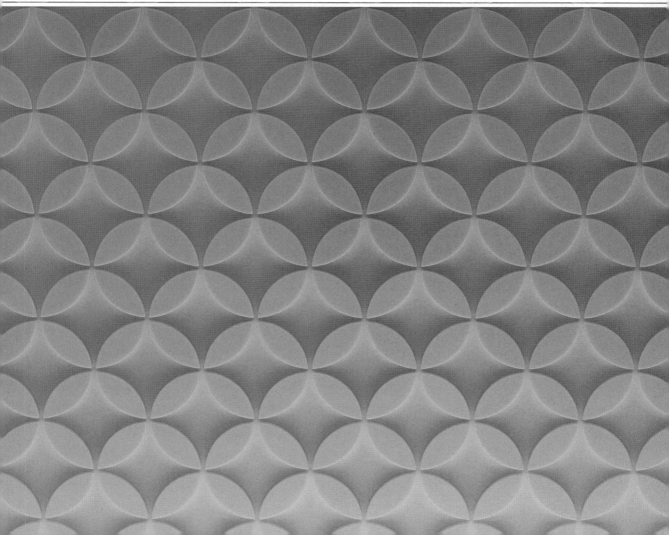

180 흥선 대원군의 정책

1860년대의 우리나라는 대내적으로는 세도정치 아래 사회적 모순이 격심하여 민란이 격렬하게 일어나고, 대외적으로는 서양의 제국주의적 침략의 첨병으로서 이양선이 출몰하고 있었다. 한편 철종의 뒤를 이어 고종이 왕위에 오르게 되었다. 안동 김씨의 세도정권 아래에서 큰 정치적 포부를 가지면서도 일부러 어리석은 사람처럼 지내며 집권층의 횡포를 피할 수 있었던 대원군은 왕실의 어른인 풍양 조씨계 조대비와 연결하여 고종을 철종의 후사로 삼아 즉위 시켰다. 따라서 국왕의 생부인 이하응이 정치의 실권을 잡게 되었다. 대원군은 실권을 장악하자, 약화되었던 왕권을 강화하고 흔들리는 조선왕조 체제를 다시 굳건히 하려는 입장에 서서 당시 국내외의 여러 가지 문제에 대처하였다. 농민 생활을 안정시키기 위해 토지 개혁을 실시할 수는 없었으나 조세제도의 운영 개선과 제도 자체의 개혁만은 강력히 실시하고자 하였다. 우선 지방관과 향리의 중간 수탈을 없애고 양반에게도 군포를 물리는 호포제를 실시하였으며, 환곡제를 개혁하여 사창제를 실시하였다. 서원을 철폐한 것도 당시 서원이 세금과 요역을 기피하는 수단 및 농민을 수탈하는 기구로 전락했기 때문이다. 지방 양반층은 여기에 반발하고 나섰으며 이는 뒤에 대원군이 몰락하는 원인의 하나가 되었다. 한편 세도정권의 권력이 모인 비변사를 혁파하고 의정부를 복구하였으며 군사력을 장악하기위해 삼군부를 설치하였다. 아울러 제도를 정비하기 위해 대전회통. 육전조례, 종부조례 등을 간행하였다. 또한 당파에 관계없이 비교적 인재를 확보하기도 하였다. 이러한 것은 왕권을 중심으로 자신의 정치적 기반을 마련하기 위한 것이었다. 또한 왕권 강화를 위한 노력으로 왕실의 위엄을 보이기 위해 경복궁을 중수하였다. 여기에 막대한 비용이 들었고, 농민을 강제로 동원하는 등 백성들에게 많은 부담을 주어 원성을 사게 되었다. 19세기 초 서구 열강의 자본주의는 팽창 일로에 있어 자국 내에서의 발전에는 한계가 있었으므로, 군함 등 무력과 기독교를 앞세우고 해외로 뻗어 나왔다. 영국은 아편 수입을 금지하는 중국에 전쟁을 일으켜 강제로 개항시켰고, 또 미국은 페리 제독이 함포로 위협하여 일본을 개항시켰다. 한편 조선 연안에도 서양의 함선이 출현하였으며, 의주. 동래 등을 통해 외국 물건이 들어오고 있었다. 이러한 정세는 대원군을 비롯한 조선의 지배층에 위기의식을 불러일으켰다. 따라서 대원군은 우선 외세를 방어하기 위해 쇄국정책을 취하였다.

<핵심정리>

19세기 국내외 정세

국내 정세:	세도 정치의 폐단: 정치 기강 문란, 부정부패 극심 삼정의 문란: 전국 각지에서 농민 봉기 발생(홍경래의 난, 임술 농민 봉기 등) 동학과 천주교의 확산
국외 정세:	조선 해안에 이양선이 자주 출몰하여 통상 요구, 서양 선교사의 활동과 서양 상품의 유입 서양 열강의 베이징 점령과 러시아의 연해주 차지 -위기의식 확산
안동 김씨 세력 견제:	능력에 따라 인재 등용
비변사 폐지:	의정부(정치)와 삼군부(군사)의 기능 부활
법전 편찬:	"대전회통" "육전조례" 등
경복궁 중건:	왕실의 권위 회복이 목적 -원납전 강제 징수, 당백전 남발, 백성을 강제로 공사에 동원- 백성의 불만 고조
삼정의 문란 개혁:	전정(토지 겸병 금지, 은결 적발), 군정(양반에게도 군포 징수), 환곡(마을 단위로 자치적으로 운영하는 사창제 실시)
서원 정리:	만동묘 철폐, 47개소만 남기고 나머지는 모두 철폐-붕당의 근거지 척결, 지방 통제력 회복, 국가 재정 확충, 민생 안정

Tip

181 통상 수교 거부 정책

홍선대원군은 왕조의 통치체제를 강화하기위해 내부적 불만들을 감수하며 개혁을 실시하였다. 그러나 이러한 개혁은 국내적으로 정국을 일시적으로 안정시키는데 효과를 보았지만, 이 시기 천주교의 확산과 서양 물건들의 국내 유입과 더불어 유럽을 위시한 열강들의 통상 요구가 지속적으로 이어지면서 위기의식이 고조되었다. 이러한 와중에 미국 상선인 제너럴셔먼호가 평양 부근에서 통상을 요구하며 우리 국민에게 패악질을 저질러 우리 백성들에 의해 배가 침몰되는 사건이 발생했다. 같은해 대원군은 천주교 신자들에 대한 탄압을 하였다. 이 때 프랑스 신부들과 남종삼 등 수 천명의 천주교 신자들이 처형을 당했다. 이를 병인박해라 한다. 프랑스는 병인박해 때 살해된 프랑스 선교사들의 죽음을 구실로 로즈제독 지휘로 일곱척의 프랑스 함대가 강화도에 침입하였다. 이를 병인양요라 한다. 조선은 양헌수 부대가 정족산성에서, 한성근이 문수산성에서 프랑스와 전투를 벌여 물리쳤다. 이 때 프랑스는 강화도의 외규장각 문서와 문화재 그리고 금. 은 등을 약탈해갔다. 또 한편으로 독일 상인인 오페르트는 조선 정부와 통상을 요구하며 홍선대원군의 아버지인 남연군의 묘를 도굴하려 하였으나 실패하였다. 이 사건은 오히려 홍선대원군의 통상 거부의지를 더욱 강화시켰을 뿐만 아니라 서양인에 대한 인식을 더 나쁘게 만들어 쇄국정책으로 굳혀 나가는 빌미를 제공했다.

<핵심정리>

제너럴셔먼호 사건(1866): 미국 상선 제너럴셔먼호가 평양 부근에서 통상요구-약탈 행위 자행, 인명 살해 -대동강에서 평양 군민들이 공격하여 침몰시킴

Tip

182 병인양요(1866)

대외적 위기 속에서 대원군은 천주교를 대대적으로 탄압하였다(1866). 천주교의 인간 평등의 가르침은 유교적 전통윤리에 배치되는 것이었다. 이 탄압으로 조선에서 활동하던 프랑스 신부들과 수 천명의 신자들이 처형되었다.(병인사옥). 이를 구실로 프랑스군은 강화도에 침입하여 약탈을 자행하였다. 조선 정부는 완강히 저항하여 이들을 물리쳤으니, 이것이 병인양요이다.

<핵심정리>

Tip

원 인:	프랑스를 이용하여 러시아를 견제하려는 흥선 대원군의 시도 실패 -병인박해(천주교 탄압, 프랑스 선교사 처형) 대원군은 9명의 프랑스 선교사를 스파이로 체포해 처형해 버렸다. 이에 프랑스 측은 극동 함대 7척을 강화도로 보내, 처형에 대한 사과와 개국을 요구했다. 그러나 대원군은 격퇴를 명령했고, 전투가 시작되었는데 이 싸움이 병인양요이다.
경 과:	프랑스군의 강화도 점령 -문수산성(한성근), 정족산성(양헌수)에서 조선군의 항전 - 프랑스군이 물러가면서 외규장각 도서 약탈
오페르트 도굴 사건(1868):	독일 상인 오페르트가 조선 정부에 통상 요구 -조선 정부가 거절하자 남연군의 묘 도굴 시도

183 신미양요 (1871)

한편 미국상선 제너럴셔먼호가 대동강에 침입하였다가, 평양 군민의 공격을 받고 침몰된 사건이 있었는데 미국은 이를 구실로 함대를 이끌고 우리나라를 침공 하였다(1871.신미양요). 미국의 우세한 화력에 맞서 두 차례의 외침을 격퇴한 대원군은 자신감을 얻어 쇄국정책을 더욱 굳혔고 국민을 각성시키기위해 전국 주요 지역에 척화비를 세웠다. 그러나 대원군은 외국 문물을 배척하기만 한 것이 아니라 외국의 우수한 과학기술등을 도입하려고 하였다. 대원군의 정책은 왕권의 입장에서 당시 사회의 모순을 완화하고 외세에 대한 방비를 굳건히 함으로써 조선왕조체제를 유지하려는 것이었으, 외세에 대한 저항의식은 이후 민중의 반외세 투쟁의 출발점이 되었다.

<핵심정리>

원 인: 미국이 제너럴셔먼호 사건을 구실로 조선 정부에 배상금 지불과 통상 조약 체결 요구 -조선 정부의 거절

경 과: 미군의 강화도 침략 -광성보에서 어재연 부대의 항전 -미군 철수

결 과: 전국 각지에 척화비 건립

Tip

184 불평등 조약의 체결

임진왜란 직후 일본에 막부 정권이 들어선 이후 조선과 일본은 비교적 우호적인 관계를 유지해 왔다. 1868년 일본에서 메이지유신이 일어나 정권이 천황에게 옮겨진 이후 상황은 갈라졌다. 일본의 새 정부는 조선과 새로운 외교관계를 맺으려 하였으나 일본이 보내온 외교문서가 오만불손하다 하여 대원군의 조선 정부가 이를 거절하였다. 1875년 일본은 군함 운요호를 조선에 파견하여 강화도에 접근 조선측의 포격을 유도하고 이에 반격을 가하면서 영종도에 상륙하는 등 침략적 도발을 감행하였다. 일본 정부는 이 사건을 빌미로 조선측에 수호 조약을 체결할 것과 개항을 요구해 왔고 이를 거절하는 경우에는 전쟁도 불사하겠다는 태도로 나왔다. 일본의 무력 앞에 대응할 바를 모르던 조선의 민씨 정권은 박규수 등의 의견과 청의 권고에 따라 결국 일본과 강화도조약을 체결하고(1876) 이어 '수호 조규 부록', '통상장정'을 체결하였다. 일본은 조약을 통해 조선은 자주국이라 함으로써 조선에 대한 청의 간섭을 배제하고 조선의 세 곳의 항구를 개항시켰다. 또한 조선과 일본 간의 무역에 있어 관세를 부과하지 않게 하였으며, 일본인에 대한 치외법권을 인정하였다. 이 조약은 일본이 조선을 침략하는 데 발판이 된 불평등조약이었다. 한편 조선이 일본에 개항한 이후 일본은 조선과의 무역을 통해 이익을 독점하였다.

<핵심정리>

배경

흥선 대원군의 하야 (1873):	고종의 친정 발표, 민씨 세력의 집권
통상 개화론 대두:	박규수, 오경석, 유홍기 등이 문호 개방 주장
일본에서 정한론 대두:	일본이 메이지 유신 이후 조선과 새로운 외교 관계를 맺으려다 실패
운요호 사건 (1875):	일본 군함 운요호가 강화도 앞바다에서 무력시위 전개 - 조선에 문호 개방 강요

일본과의 조약 체결
강화도 조약(조, 일 수호 조규, 1876)

조선이 자주국임을 명시:	조선에 대한 청의 간섭 배제 의도
3개 항구 개항 (부산, 원산, 인천):	일본의 경제적, 군사적, 정치적 거점 마련

Tip

치외 법권과 해안 측량권 허용:	조선의 주권침해, 불평등 조항
조, 일 수호 조규 부록:	개항장 10리 이내에서 무역 허가, 개항장에 일본인 거류지 설정, 일본 외교관의 내지 여행 허가, 개항장 내 일본화폐의 유통 허용
조, 일 통상 장정 (무역 규칙):	일본의 수출입 상품에 대한 무관세 원칙, 조선 양곡의 무제한 유출 허용
강화도 조약 체결의 의의 및 한계:	조선이 외국과 맺은 최초의 근대적 조약, 불평등 조약

Tip

185 서양 열강과의 수교

청은 일본을 견제하기 위해 조선으로 하여금 미국 등과 조약을 체결하도록 하였다. 조선 측에서도 이와 같은 생각을 하고 있었으므로, 1882년 이후 미국을 비롯하여 영국. 독일.러시아. 프랑스 등과 수호 통상조약을 체결하였다. 미국과의 조약에서도 일방적인 치외법권과 최혜국 대우 규정이 들어갔으며 영국 독일과의 조약에서는 내륙 통상을 허가하였다.

<핵심정리>

조, 미 수호 통상 조약(1882)

배 경: "조선책략" 유포: 러시아의 남하를 막기 위해서는 미국과 수교를 맺어야 한다고 청의 외교관 황쭌셴이 주장
청이 수교 알선: 러시아와 일본을 견제하고 청의 종주권을 확인하려는 목적

내 용: 거중 조정 조항(양국 중 한 나라가 다른 나라의 핍박을 받으면 반드시 서로 돕고 분쟁을 원만히 해결하도록 주선한다)과 수출입 상품에 대한 관세 부과 조항 규정
치외 법권: 최혜국 대우, 협정 관세 등도 포함-불평등 조약

의 의: 조선이 서양과 맺은 최초의 근대적 조약
서양 각국과 조약 체결 : 영국. 독일(1883), 이탈리아(1884), 러시아(1884, 청의 알선 없이 독자적으로 수교), 프랑스(1886, 천주교의 포교 인정)와 조약 체결, 불평등 조약 (최혜국 대우 규정에 따라 유리한 조항이 외국에 자동적으로 적용)

Tip

186 개화 정책의 추진

개항 이후 근대화의 이론적 토대가 된 개화사상은 북학파의 실학사상에 의해 계승되었으며 국외에서는 청의 양무운동, 일본의 문명개화론 영향을 받았다. 개화사상의 선구적 인물로는 박규수, 오경석, 유홍기 등이 있었으며 19세기 중엽부터는 자주적으로 문호를 개방하고 외국과 통상할 것을 주장하는 통상개화론이 대두되면서 개항 이후 본격적으로 개화 세력이 형성되었다. 개화운동은 두 개의 파로 나누어졌는데 온건 개화파와 급진 개화파로 나누어졌다. 온건 개화파는 친청세력인 민씨 정권과 결탁하여 청과의 관계를 중요시 여겼고 청의 양무운동을 수용한 동도서기론을 바탕으로 하여 점진적인 개혁을 추구하였다. 대표적인 인물로 김홍집, 김윤식, 어윤중 등이었으며, 이와 반면 급진개화파는 일본의 메이지유신을 바탕으로 한 문명개화론을 사상적 기반으로 하였다. 대표적인 인물로는 김옥균, 박영효, 홍영식, 서광범, 서재필 등이다.

<핵심정리>

Tip

개화 세력의 형성

배 경: 북학파의 실학 계승, 청의 양무운동과 일본의 메이지유신 영향

개화파 형성: 규수. 오경석. 유홍기 등이 김옥균, 박영효 등 젊은 양반 자제들에게 영향을 끼침 - 개화파 형성, 개항을 전후하여 정치 세력 형성

성 장: 1880년대 정계에 대거 진출 -핵심 실무 관료로 활동

개화파의 분화: 청에 대한 정책과 개화 정책의 추진 방법을 둘러싸고 분화

온건 개화파(수구당, 독립당)

인 물: 김홍집, 김윤식, 어윤중

정치성향: 친정 사대 정책, 민씨 정권에 적극 참여

개혁방향: 동도서기론, 청의 양무운동 모방, 점진적인 개혁 추구

급진 개화파(개화당, 독립당)

인 물: 김옥균, 박영효. 홍영식. 서광범

정치성향: 청의 간섭의 반대, 민씨 정권에 비판적, 입헌 군주제 추구

개혁방향: 일본의 메이지 유신 모방, 급진적인 개혁 추구

187 정부의 개화 정책 추진

개화파들은 개화정책을 추진하기 위해 통리기무아문(統理機務衙門)을 설치한다. 먼저 외국에 인재를 파견하여 문물들을 보고 배워오는 것으로 일본에 수신사를 두 차례 파견하고, 조사시찰단을 보내 일본의 근대 제도와 시설을 시찰하고 조사하였다. 청나라에는 영선사를 파견하여 무기 제조법과 군사훈련법을 배우고 이후 미국과의 수교로 인하여 민영익, 홍영식등이 보빙사로 미국에 파견되어 서구 문물을 시찰하고 돌아왔다. 국내적으로 신식 군대인 별기군을 설치하였다. 이러한 것은 조선 후기 5군영이 구식군대로 전락하여 차별 대우를 받는 원인이 되었다.

<핵심정리>

해외 사찰단 파견

수신사:	두 차례에 걸쳐 일본에 파견 -제1차 수신사(1876, 김기수 일행이 근대 시설 시찰), 제2차 수신사(1880, 김홍집 일행이 "조선책략" 소개)
조사 시찰단 (1881):	일본의 학교와 공장 등 근대 시설 시찰, 법률과 조세 제도 등 근대 제도 조사 -개화 정책을 추진하는 데 뒷받침이 됨 -예전에는 신사유람단 명칭
영선사(1881):	청에 유학생과 기술자 파견, 무기 제조법과 근대식 군사 훈련법 습득 - 귀국 후 근대식 무기 제조 공장인 기기창 설치(1883)
보빙사(1883):	미국과 수교한 이후 민영익, 홍영식, 서광범 등을 미국에 파견
근대화 추진 기구:	통리기무아문(개화 정책 총괄), 12사(실무 담당)
군제 개편:	5군영을 2영(무위영. 장어영)으로 개편, 신식 군대인 별기군 창설
근대 시설:	박문국(인쇄), 기기창(무기 제조), 우정총국(우편), 전환국(화폐)

Tip

188 위정척사 운동

위정척사사상은 병자호란 뒤 등장한 숭명반청 사상인 존왕양이(尊王攘夷)의 화이론을 계승한 것으로, 의리와 도덕성을 강조하는 유교문화를 수호하고 청을 오랑캐로 규정한 지배 이데올로기였다. 이 같은 화이론이 1860년대 제국주의열강과 부딪히면서 힘의 논리를 앞세우는 서양과 일본으로 확대되어 위정척사론으로 발전했다. 위정척사사상이 급격히 고양된 것은 1866년 병인양요 이후였다. 이때 경기도 양평 근교의 노론 산림학자이던 이항로와 호남의 기정진은 프랑스와 통상하는 것을 반대하고 끝까지 싸워 문화와 국가를 지켜야 한다는 주전론을 주장했다. 이들이 서구와의 교류를 배척하는 이유는 서양은 조선의 재화를 약탈하고 서양 문물이 들어오면 온 나라가 짐승의 지경에 빠지게 될 것이라는 것이다. 이러한 주장은 개항 이후 최익현, 유인석 등 재야 봉건 유생층의 광범위한 호응을 얻어 반 개항. 반개화운동의 이념적 지주가 되었다. 위정척사론은 안으로 조선 후기 이래 무너지기 시작한 조선 봉건체제를 강화하고 밖에서 밀려오는 구미 열강과 일본의 근대문명이 지닌 침략성을 인식한 점에서 반침략적 성격을 띠었다. 그러나 제국주의 침략을 봉건체제의 위기와 결부시킨 점에서 이 사상은 봉건 지배층의 이익를 앞세운 것이었다. 따라서 위정척사론은 봉건적 민족주의의 한계를 지닌 사상이었다.

<핵심정리>

Tip

전개

1860년대

배 경: 열강의 통상 요구, 병인양요

주도인물: 이항로, 기정진

운동내용: 통상 반대 운동, 척화주전론

1870년대

배 경: 문호 개방 전후, 강화도 조약 체결

주도인물: 유인석, 최익현

운동내용: 개항 반대 운동, 왜양일체론

1880년대

배 경: "조선책략" 유포, 개화 정책 추진

주도인물: 이만손, 홍제학

운동내용: 개화 반대 운동, 영남 만인소와 홍재학의 척사소

1890년대

배 경: 을미사변, 단발령

주도인물: 유인석, 이소응

운동내용: 항일 의병 운동(을미의병)으로 계승

한 계: 양반 중심의 성리학적 질서 고수 -개화 정책 추진에 걸림돌이 됨

의 의: 반외세. 반침략의 자주적 민족 운동 -항일 의병 운동으로 계승

Tip

*조선책략(朝鮮策略)
러시아의 남진(南進)에 대비하기 위해 조선이 펼쳐야 할 외교 정책을 다룬 책으로 2차 수신사로 간 온건 개화파 김홍집이 일본에 체류하고있는 중국 외교관 황쭌센에게 받아옴. 러시아를 막기위해 친 중국, 결 일본, 연 미국해야 한다는 조언이 담겨있다. 미국과 수교하라는 내용 때문에 유생들이 들고 일어남. 이만손이 주도한 영남 만인소 사건. 그러나 결국 1882년 조.미 수호통상 조약 체결 -최혜국 대우 조항

189 임오군란(1882)

개항 이후 민씨 정권은 고식적이나마 어느 정도 개화정책을 추진해 왔다. 그러나 민씨 정권은 여러 정치적 반대세력에 둘러싸여 있었는데 이들은 잠재적인 정치세력을 유지하고있던 대원군 일파와 재야의 위정척사세력이었다. 거기에 민씨 정권의 극심한 봉건적 수탈과 부정 부패로 민중 또한 민씨 정권을 반대하게 되었다. 이러한 와중에서 구식 군대와 도시 빈민이 민씨 정권에 대항하여 일으킨 폭동이 바로 임오군란이다. 임오군란은 신식 군대인 별기군에 비해 구식 군대에 대한 대우를 소홀히 한 데서 비롯되었다. 구식 군인들은 1년이 넘도록 녹봉미조차 지급받지 못하여 이들의 불만은 극에 달해있었다. 1882년 6월 5일 선혜청에서 겨우 1개월의 녹봉미를 받은 구식 군인들은 그것마저 반은 모래와 겨로 채워져 있음을 알고 이에 항의하였다. 그러자 선혜청 당상 민겸호는 주동자를 체포하도록 지시하였다. 이에 군인들은 도시 빈민들과 합세하여 민겸호의 집을 습격하고, 대원군의 도움을 요청하였다. 이어 동별영에서 무기를 약탈하고 포도청에 갇혀있는 동료들을 구출하였으며, 의금부를 습격하여 척사론자들을 석방하였다. 이들은 전 선혜청 당상 김보현이 관찰사로 있는 경기감영을 습격하였으며, 기타 민씨 일파와 개화파 관료들의 집과 일본공사관을 습격하였다. 다음날 민겸호, 김보현을 잡아 죽이고 민비를 잡으려 하였으나 민비는 혼란의 와중에서 궁궐을 탈출하였다. 국왕 고종은 결국 대원군에게 다시 정권을 넘겨주고 군란의 수습을 맡기지 않을 수 없었다. 대원군은 정권을 장악한 뒤 민비의 국상을 선포하고 민씨 정권이 추진했던 개화 정책을 다시 원점으로 돌려 놓았다. 별기군은 폐지되고 5군영이 부활되었으며 통리기무아문도 폐지되고 의정부가 기능을 되찾았다. 대원군의 재집권으로 폭동은 수습되었지만 군란 이후 조선을 둘러싼 외교 관계는 복잡하게 전개되었다. 조선의 내정에 간섭할 기회만을 엿 보고 있던 청은 군란 당시 청에 머무르고 있던 영선사 김윤식과 어윤중의 요청으로 조선에 삼천여 명의 군대를 파견하였다. 청군은 대원군을 납치하여 톈진으로 압송하고, 왕십리. 이태원 등지를 습격하여 군민을 학살하는 만행을 저질렀다. 이로써 대원군 정권은 붕괴하고 다시 민씨 정권이 들어섰다. 한편, 군란 중에 공사관을 피습당한 일본측은 조선 정부의 사죄와 일본인 거류민 보호를 위해, 일본 군대가 서울에 주둔할 수 있도록 조선 정부에 요구하여 제물포 조약을 맺었다. 민씨 정권이 다시 들어서는 데 결정적 역할을 한 청은 이후 계속 군대를 조선에 주둔시키고, 이어 '상민 수륙 무역 장정'을 통하여 청이 조선의 종주국임을 인정하게 하는 한편, 조선의 내정에 일일이 간섭하여 실질적인 종주국 행세를 하려 들었다. 또한 청은 묄렌도르프를 고문으로 파견하여 조선의 내정과 외교 문제에 간여하였고 청 상인들이 조선의 상권을 장악하도록 뒷받침해 주었다.

<핵심정리>

Tip

배 경: 구식 군인에 대한 차별 대우, 정부의 개화 정책에 대한 반발, 일본의 곡물 유출에 따른 쌀값 폭등으로 도시 하층민의 불만고조

전 개: 구식 군인의 봉기 -정부 고관과 별기군의 일본인 교관 살해, 일본 공사관 습격 도시 하층민이 봉기에 참여 -흥선 대원군 재집권 -청의 군사 개입(흥선 대원군 납치) -민씨 세력의 정권 장악

결 과

청의 내정 간섭 심화: 서울에 청군 주둔, 마젠창(내정)과 묄렌도르프(외교)를 고문으로 파견, 조. 청 상민 수륙 장정 체결(1882, 청 상인의 내륙 진출 허용)

제물포 조약 체결(1882): 일본 공사관에 경비병 주둔 허용, 일본에 배상금 지불

의 의: 반외세. 반침략의 자주적 민족 운동 -항일 의병 운동으로 계승

190 갑신정변(1884)

임오군란 이후 청이 조선의 내정에 간섭하고 있는 가운데 개화 사상을 지닌 개화파 세력이 갑신정변을 일으켰다. 개화사상은 북학파의 해외통상론과 신분제 비판론 등을 계승한 박규수와 오경석 등에 의하여 형성되기 시작하였다. 이들은 중국에서 들여온<해국도지> <영환지략> 등의 책을 읽고 세계정세를 인식하게 되었다. 박규수는 1870년대 초 관직에서 은퇴한뒤 자신의 집 사랑방에 김옥균, 박영효, 김윤식, 유길준, 서광범, 등 명문가의 청년들을 모아놓고 북학사상과 세계정세에 대하여 교육하였다. 그는 당시의 상황에서 서양의 과학기술을 수용할 필요가 있음을 깨우쳐주었다. 1870년대 중반 이후 개화사상을 가진 젊은 청년 지식인들은 점차 관직에 진출하였고 개항 이후 민씨 정권이 개화정책을 추진하는데 실무 관료의 역할을 하였다. 그리고 이들은 1880년 이후 일본과 청에 신사 유람단과 영선사로 각각 파견되어 서양문명을 접할 수 있었다. 이 과정에서 개화파는 점차 두 가지 입장으로 나뉘어 갔다. 즉 일본에 파견된 개화파들은 메이지유신 이후의 일본처럼 정치. 사회 전반에 걸쳐 급진적으로 개혁할 것을 주장하였다. 반면, 청에 파견된 개화파들은 청처럼 서양의 과학기술문명은 수용하되, 정치. 사회 체제는 전통적인 것을 유지하면서 점진적으로 개혁할 것을 주장하였다. 전자의 입장을 내세운 김옥균. 박영효. 홍영식 등은 급진 개화파, 후자의 입장을 내세운 김윤식. 어윤중 등은 온건 개화파, 또는 동도서기론자라고 불리고 있다. 임오군란 이후 온건 개화파는 민씨 정권과 밀착하여 민씨 정권이 정책을 세우는 데 이념적으로 뒷받침하였으며, 청에 대해서는 전통적인 시대관계에 입각하여 종주국으로 대하였다. 반면, 급진 개화파는 청이 조선에 주둔하며 내정에 간섭하는 것은 조선의 독립을 침해하는 것으로 보았다. 이들은 청의 비호를 받는 민씨 정권을 붕괴시킨 뒤 청과의 사대 관계를 청산하고 독립된 정권을 세워 근대화를 추진해 나가고자 하였다. 이러한 의도로 자신들의 세력을 양반. 군인. 상인. 유학생 등 각계 각 층으로 확대해 나가는 한편 개혁을 수행하는 데 필요한 재정을 확보하기 위해 일본과의 차관 교섭에 힘썼다. 이를 위험하게 여긴 민씨 정권은 급진 개화파의 소장 관료들을 점차 요직에서 몰아냈다. 위기에 몰린 급진 개화파는 정권을 탈취하려는 계획을 구체화하였다. 한편 일본 정부는 김옥균 등의 이러한 계획을 알고 조선에 일본 세력을 심을 수 있는 좋은 기회라고 판단하여 개화파의 정변을 지원하겠다고 나섰다. 김옥균 등은 마침내 조선에 주둔하는 일본군의 지원을 받아 1884년 12월 4일 우정국 개국 축하연을 이용하여 정변을 일으켰다. 김옥균은 왕과 왕비를 경우궁으로 옮기고 왕명으로 민씨 정권의 요인들을 경우궁으로 불러들여 암살 하였다.

다음날, 급진 개화파는 새 정권의 수립을 선포하는 한편, 개혁 정강을 발표하였다. 그러나 이러한 개혁 방안은 정변이 삼일천하로 끝남으로써 실행에 옮겨지지 못하고 말았다. 정변이 일어나자 민씨 정권의 잔존 세력과 온건 개화파들은 위안스카이에게 청군의 개입을 요청하였다. 고종은 창덕궁으로 환궁하였고 청군은 일본군이 경비하고 있던 창덕궁을 공격하였다. 일본군은 갑자기 청군에 소극적으로 대항하였고, 독자적인 방어력이 없는 개화파들은 고종을 궁궐 밖으로 내보내고 자신들도 탈출할 수 밖에 없었다. 이 과정에서 홍영식. 박영교는 피살되고, 김옥균. 박영효. 서광범. 서재필 등은 일본으로 망명하였다. 개화파가 이처럼 쉽게 무너진 것은 외세, 즉 일본의 군사력을 빌려 정권을 탈취하려 한 계획자체가 무모하였다는 데에 일차적 원인이 있었다. 또한 일본 측의 외교 방침이 갑자기 바뀌어서 개화파에 대한 지원이 중지된 것도 중요한 이유의 하나였다. 정변이 끝난 뒤 일본 측은 일본 공사관이 불타고 40여 명의 인명이 살상된 데 대해 조선 측의 사죄와 배상금을 요구 한성조약을 체결하였다. 또 일본과 청은 조선에 주둔하는 양국 군을 철수하고 유사시 군대를 파견할 때 상호 통고한다는 내용 등을 규정한 톈진조약을 체결하였다. 이는 청. 일 양국이 조선을 둘러싸고 본격적으로 세력 경쟁에 들어갔음을 뜻한다.

<핵심정리>

배 경: 청의 내정 간섭 심화, 일본의 군사적. 재정적 지원 약속, 청, 프 전쟁으로 조선에 주둔한 청군 일부가 철수, 급진 개화파의 차관 도입 실패

전 개: 우정총국 개국 축하연을 이용하여 정변을 일으킴 - 민씨 관료 처단 -개화당 정부 수립 -14개 항목의 개혁 정강 발표 -청군의 개입으로 3일 만에 실패 -김옥균, 박영효 등이 일본으로 망명

개혁내용: 청에 대한 사대 관계 청산, 내각 중심의 정치 실시, 지조법 개혁, 재정 일원화(호조), 혜상공국 폐지, 문벌 폐지, 인민 평등권 확립

결 과: 청의 내정간섭 심화: 친청 보수 세력의 장기 집권, 개화 세력 약화

김옥균

한성조약 체결: 일본에 배상금 지불, 조선이 일본 공사관 신축비
(조선-일본) 부담

Tip

텐진조약 체결: 조선에서 청. 일 양국 군대 철수, 조선에 군대를
(청- 일본) 파병할 때 상대국에 미리 알릴 것 등을 약속
-청. 일 전쟁의 배경으로 작용

의의와 한계

의 의: 근대 국가 건설을 목표로 한 최초의 정치 개혁 운동

한 계: 일본 공사관에 경비병 주둔 허용, 일본에 배상금 지불

191 갑신정변 이후의 국내외 정세

갑신정변은 국제 사회에 한반도의 위치를 새롭게 인식시켰다. 강화도 조약. 임오군란, 갑신정변 등은 조선을 둘러싼 청과 일본의 대립을 격화시키는 계기가 되었다. 이 당시 갑신정변 이후 러시아의 한반도 침투에 대항하여 영국이 거문도를 점령함으로써 조선을 둘러싼 국제 분쟁은 더욱 가열되었다. 이때 조선 중립화론이 대두되었는데, 임오군란 이후 일본이 조선 정부에 중립화를 제안한 적이 있으며, 갑신정변 직후 독일부영사 부들러가 건의하기도 하였다. 거문도사건 이후 유길준이 청과 열강이 보장하는 한반도 중립화론을 제기하였다. 이와 같은 중립화론은 실현되지는 못하였지만 당시 조선을 둘러싼 국제 정세의 긴박한 사정을 입증해 주는 것이었다.

<핵심정리>

조선 정부의 자주적 외교 정책 추진:	조. 러 비밀 협약 추진, 미국과 일본에 공사관 개설
거문도 사건(1885):	조선과 러시아가 통상 조약 체결(1884) -영국이 러시아의 남하를 저지한다는 핑계로 거문도 불법 점령 -영국과 러시아의 대립 관계 완화-영국군 철수
조선 중립화론 대두:	조선 주재 독일 부영사 부들러와 유길준이 제기

Tip

192 갑오개혁의 추진

6천여 명의 군대를 인천에 상륙시킨 일본은 동학 농민군이 해산했음에도 불구하고 군대를 철수시키지 않고 조선의 내정 개혁을 요구하고 나왔다. 민씨 정권은 교정청을 설치하는 등 자주적인 내정개혁을 위해 노력하는 한편 일본군의 철수를 요구하였다. 그러나 일본은 이를 거부하면서 무력으로 궁궐을 점령하고 민씨 정권을 붕괴시켰다.(1894) 이어 대원군을 앞세우고 소장 개화 관료를 중심으로 한 친일 개화파 정권을 수립하였다. 갑오개혁과 을미개혁은 이들 친일 개화파 정권에 의하여 이루어졌는데 개혁을 담당한 주체에 따라 크게 3시기로 나누어진다. 첫 번째 시기는 1894년 7월부터 12월까지로 제1차 김홍집 내각에 의해 개혁이 이루어진 시기이다. 김홍집. 김가진. 안경수. 유길준 등은 입법권을 갖는 초정부적 기관인 군국기무처를 설치하고 208건에 걸친 각종 개혁 법안을 의결하였다. 두 번째 시기는 1894년 12월부터 다음해 5월까지로 김홍집. 박영효 연립 내각에 의해서 개혁이 이루어진 시기이다. 청. 일 전쟁에서 승기를 잡은 일본은 이 기회에 조선을 아예 보호국으로 만들 생각으로 이노우에를 특명 전권공사로 파견하여 조선에 좀 더 확실한 친일 세력을 심고 내정에 간여하고자 하였다. 이노우에가 부임하자마자 군국기무처를 폐지하고 대원군을 정부에서 축출하였으며 박영효를 귀국시켜 그로 하여금 개혁을 주도하도록 하였다. 그러나 이 개혁은 박영효가 반역 음모 혐의로 다시 망명의 길을 떠남으로써 중단 되었다. 세 번째 시기는 1895년 8월 을미사변 이후부터 1896년 2월 아관 파천까지의 시기로 제3차 김홍집 내각에 의해서 개혁이 이루어진 시기이다. 1895년 봄 일본은 청.일 전쟁에서 승리하였으나 러시아가 주도한 삼국간섭으로 청으로부터 할양받은 요동 반도를 청에게 돌려주지 않을 수 없었다. 고종은 삼국간섭으로부터 일본의 지위가 격하되는 것을 보고 친미. 친러파를 등용하여 새로 내각을 구성하였다. 이에 따라 일본은 기존 세력조차 제대로 유지할 수 있을 것인가 하여 불안감을 갖게 되었다. 이에 신임 일본 공사 미우라는 일본의 무뢰배들과 조선군 내의 불평 세력 및 대원군을 끌어들여 궁궐을 침범하고 민비를 시해하였으니 이것이 을미사변이다. 이들은 이완용. 이범진. 등 친미. 친러파를 정부에서 몰아내고 김홍집. 유길준. 등 소장 개화파를 중용하여 내각을 개편하였다. 이후 유길준 등은 일본의 간섭을 받으면서 140여 건의 법령을 제정, 공포하였으니 이것이 이른바 을미개혁이다. 을미개혁 가운데 중요한 것은 근대적 우편 제도와 단발령의 실시, 연호 제정 등이 있다. 을미사변과 단발령은 민심을 격분시켜 위정척사론 계열의 유생들은 1896년 1월부터 전국 각처에서 의병을 조직하여 봉기하였다. 당시 비교적 규모가 큰 의병 부대를 이끈 의병장은 춘천의 이소응, 제천의 유인석, 선산의 허위, 진주의 노응규, 장성의 기우만 등이었다. 이 때 봉기한 일부 의병들은 친일 내각을 받드는 지방 관리들을 처단하고 관군 혹은 일본군과 전투를 벌이는 등 한때 기세를 올리기도 하였다.

<핵심정리>

Tip

제1차 갑오개혁

과 정: 교정청에서 개혁 추진 -일본군의 경복궁 침범 -조선의 내정 개혁 강요 -흥선대원군을 섭정으로 하는 제1차 김홍집 내각 성립, 군국기무처 설치

내 용

정 치: 개국 연호 사용(중국 연호 폐지), 왕실 사무(궁내부)와 정부 사무(의정부) 분리, 국왕의 전제권 제한(의정부에 권한 집중), 6조를 8아문으로 확대, 과거제 폐지, 경찰제도 실시(경무청 설치)

경 제: 국가 재정의 일원화(탁지아문), 조세의 금납화, 도량형 통일, 은 본위 화폐 제도 채택

사 회: 신분적 차별 폐지, 조혼 금지, 과부의 재가 허용, 고문과 연좌법 폐지

제2차 갑오개혁

과 정: 청. 일 전쟁에서 승세를 잡은 일본이 조선 내정에 간섭 -군국기무처 폐지, 2차 김홍집. 박영효 연립 내각 성립 -2차 개혁 추진

내 용

정 치: 홍범 14조 반포, 8아문을 7부로 개편, 지방 제도를 8도에서 23부로 개편, 경찰권 일원화

경 제: 육의전 폐지, 보부상 단체인 상리국 폐지

사 회: 재판소 설치(지방관의 권한 축소), 교육 입국 조서 반포

제3차 갑오개혁(을미개혁)

과 정: 삼국 간섭 -박영효 실각 -제3차 김홍집 내각성립(친러파 우세) -을미사변(명성황후 시해사건) -제4차 김홍집 내각성립(친일적 내각) -을미개혁 실시

내 용

정 치: '건양' 연호 사용, 친위대(중앙)와 진위대(지방) 설치

사 회: 단발령 시행, 태양력 사용, 소학교 설립, 종두법 시행, 우편 사무 실시

중 단: 항일 의병 운동(을미의병)과 아관 파천(1896)으로 중단

갑오개혁의 의의와 한계

의 의: 개화 세력과 동학 농민군의 요구를 일부 반영, 전제 군주제를 극복하는 새로운 정치 체제 시도

한 계: 개혁 주도 세력이 일본의 무력에 의존, 국방력의 강화나 상공업의 진흥과 같은 개혁에 소홀, 토지 제도의 개혁 외면

Tip

제 31장

동학 농민 운동 ~ 구국 민족 운동의 전개

193 동학 농민 운동

1894년 전라도의 고부에서 시작된 농민 봉기는 전국으로 번져 동학농민운동으로 발전하였다. 이 같은 전국적인 농민봉기가 일어난 것은 개항 이후 외국 상품의 대량 유입으로 인한 영세한 농민. 상인. 수공업자 층의 몰락과 민씨 정권의 극도에 달한 부패, 그리고 민중 사이에 동학이라는 새로운 종교가 유포된 것 등과 관련이 있었다. 1894년의 동학농민운동은 1892년의 교조신원운동, 즉 동학의 공인 운동으로부터 시작되었다. 이 때 동학교도들은 전라도 삼례에서 동학교도들에 대한 수령의 횡포를 근절시켜 줄 것을 요구하는 집회를 가졌다. 다음 해 일부 교도들이 상경하여 교조신원을 요구하는 복합 상소 운동을 펴는 한편, 각 외국 공사관에 척왜양의의 괘서를 써 붙이는 등 외세 배척운동을 전개하였다. 같은 해 충청도 보은과 전라도 금구에서 역시 교조신원운동을 위한 집회가 열렸는데 이때 금구에 모인 전라도 지역의 교도들은 척왜양창의(斥倭洋倡義)의 구호를 내걸고 보은에 모인 교도들과 합세하여 인천으로 가 일본인들을 몰아내겠다는 계획까지도 세웠다. 그러나 보은 집회를 주도한 최시형 등 교단의 지도부는 이러한 사실을 알고 교도들을 버려 둔 채 도주하였으며 지도부를 잃은 교도들이 해산함으로써 이 계획은 무산되었다(1893). 금구 집회가 무산된 이후 전봉준 등 고부 일대의 동학교도들은 '고부 점령' 한성 공격의 농민운동을 결의하고 마침내 고부에서 첫 봉화를 올림으로써 동학농민운동의 막을 올렸다(1894. 1). 고부 봉기에서 성공한 농민군은 백산에 웅거하면서 각지의 동학교도들에게 농민군에 호응하여 봉기해 줄것을 호소하였다. 그러나 전봉준은 입교 기간이 얼마 안 되는 이유 등으로 남접 내에서도 아직 그리 큰 세력을 갖지 못하고 있었기 때문에 이렇다 할 호응을 얻지 못하여 결국 고부 농민들은 일단 해산하지 않을 수 없었다. 전봉준은 남접 내에서 가장 큰 세력을 가진 전라도 무장의 손화중 등을 설득하여, 마침내 무장과 고부에서 재차 봉기의 횃불을 올림으로써 본격적인 농민운동은 시작되었다. 이어 백산에 웅거한 동학농민군은 자신들의 봉기가 보국안민, 구체적으로는 외세 배척과 민씨 정권의 타도에 있음을 분명히 하였다. 농민군은 정부군까지도 격파한 뒤 곧 전주로 직행하여 전주성을 점령하였다. 농민군이 전주를 점령하자 당황한 민씨 정권은 즉시 청에 원병 파견을 요청하여 청군 3천 명이 아산만에 도착하였다. 한편, 일본은 조선의 농민 봉기 소식을 듣자, 조선에서 청의 세력을 내몰고 자국 세력을 확실히 할 수 있는 기회로 삼기 위해, 즉각 출동 준비를 하여 6천여 명의 일본군을 인천에 상륙시켰다. 이 같은 상황 변화에 따라 동학 농민군은 완전히 해산한 것이 아니라 무장을 계속한 채, 전라도 곳곳으로 흩어져 행정권을 장악하였다. 그리하여 전라도는 동학농민군의 수중에 들어갔다. 농민군은 53개 소에 집강소를 설치하여 개혁사업을 집행하였다. 동학농민군의 봉기는 전국으로 확대되어, 경상. 강원. 충청. 경기지역에서 동학 농민군과 이에 대항하는 관군 사이에 전투가 계속 되었다.

한편, 일본군은 조선의 내정 개혁을 앞세우고 쿠데타를 일으켜 민씨 정권을 붕괴시키고, 개화파 정권을 수립하였다. 다른 한편 청. 일 전쟁을 도발함으로서 조선에 대한 침략적 야욕을 분명히 드러냈다. 이에 농민군은 추수가 끝난 뒤 다시 봉기하여 일본에 대한 반침략 전쟁에 나섰다. 20여 일에 걸친 공주 전투에서 농민군은 일본군. 관군과 혈전을 벌였으나 화력의 열세로 패퇴하고 말았다. 후퇴한 농민군은 논산. 금구에서 최후의 항전을 시도하였으나 역부족으로 패배하고 마침내 해산하고 말았다. 동학농민운동을 통하여 농민군이 달성하고자 한 것은 정치적 측면에서 볼 때 민씨 정권을 타도하고 일본군을 몰아내는 것이었다. 경제적 측면에서는 삼정 등 봉건적 수취체제의 개혁, 토지의 균등한 분배, 외국 무역의 폐해 시정 등을 요구하였다. 사회적 측면에서는 양반제 폐지, 노비제 폐지 등 신분 해방을 목표로 하였다.

<핵심정리>

배 경

지배층의 수탈 심화: 탐관오리의 수탈, 개화 정책 비용과 배상금을 농민에게 전가

일본의 경제 침투: 곡물 유출로 곡물 가격 폭등, 면직물 수입으로 가내 수공업의 몰락, 입도선매와 고리대를 이용한 곡물 수탈 심화

동학의 교세 확장

조직 정비: 제2대 교주 최시형이 교단 정비 -포접제의 조직망 정비, 경전 간행("동경대전", "용담유사") -교세 확장

교조 신원 운동: 삼례 집회(1892, 교조 신원과 동학 탄압 중지 요구) -서울 복합 상소(1893) -보은 집회(1893, 탐관오리의 처벌, 일본과 서양 세력의 배척 주장)

동학 농민 운동의 전개

고부 농민 봉기(1894)

배 경: 전라도 고부 군수 조병갑의 횡포, 농민들을 동원하여 만석보를 쌓고 물세 징수

Tip

전봉준

동학혁명기념탑

전 개: 전봉준이 농민들을 이끌고 고부 관아 습격, 만석보 파괴 -정부가 파견한 신임군수(박원명)의 중재로 해산, 사태 수습을 위해 안핵사 이용태 파견

Tip

제 1차 봉기

배 경: 안핵사 이용태가 농민 봉기 관련자들을 가혹하게 탄압

전 개: 전봉준, 손화중 등이 무장에서 봉기
-백산에 집결(4대 강령과 격문 발표)
-황토현 전투와 황룡촌 전투에서 승리
-전주성 점령

정부의 대응: 청에 파병 요청 -청군이 아산만에 상륙, 일본도 공사관과 거류민 보호를 규정한 제물포 조약의 구실로 군대 파견

동학 농민군 해산: 정부와 전주 화약을 맺고 해산
전라도 일대에 집강소 설치, 폐정 개혁안 실천, 정부는 교정청을 설치하여 개혁 추진

제 2차 봉기

배 경: 조선 정부가 청과 일본에 군대 철병 요구
-일본군이 이를 거절하고 경복궁 점령

전 개: 농민군이 일본군 타도를 내걸고 다시 봉기
- 논산에서 남접과 북접이 연합 - 공주 우금치 전투에서 일본군과 관군에게 패배
-전봉준, 김개남, 손화중 등 농민군 지도자 체포

의 의: 반봉건적 개혁 운동: 노비 문서 소각, 7종의 천인 차별 철폐, 과부 재가 허용 등 주장 -후에 갑오. 을미개혁에 반영
반침략적 민족 운동: 외세의 침략에 맞서 봉기
-후에 농민군의 일부가 항일 의병 투쟁에 참여

한 계: 근대 국가 건설을 위한 구체적인 방안을 제시하지 못함

194 독립 협회의 활동

고종이 러시아 공사관에 머물러있는 가운데 미국에서 귀국한 서재필에 의하여 독립 신문이 창간되었으며, 독립문과 독립공원 건설을 취지로 한 독립협회가 창립되었다(1896). 독립신문은 논설. 잡보. 관보. 외국 통신란 등을 통해 신문의 중요성을 인식시키는 데에 크게 기여하였으며 서구의 시민 사상을 대중에게 계몽하는 데에도 큰 역할을 하였다. 초기 독립협회는 정부의 고위 관료들을 중심으로 한 사교단체의 성격을 띠고 있었으나 윤치호. 이상재. 남궁억 등 소장 임원들과 학생. 시민들이 협회 활동에 적극적으로 나선 뒤부터는 계몽 운동 단체로 성격이 바뀌었다. 그리고 구국선언 상소를 제출하고 고급 관료들이 협회로부터 이탈해 간 뒤로는 정치 단체로서의 성격이 강해졌다. 아관 파천과 친러 정권의 수립 이후 러시아는 일본을 누루고 조선에서 가장 큰 영향력을 갖는 외세가 되었다. 러시아는 군사 교련단. 탁지부 고문관 등을 파견하여 대한제국의 내정에 깊이 간여하고자 하였고 한.러 은행을 설립하여 경제적 침략의 거점을 삼으려 하였다. 또한 아관 파천에 공이 큰 러시아와 미국을 비롯한 서구 열강들은 조선 정부로부터 광산. 철도. 삼림. 어장 등 각종 이권을 얻어 냈다. 이에 독립협회는 1898년 3월 종로 네거리에서 만민 공동회를 열고 러시아 군사 교련단, 탁지부 고문의 해고를 정부에 건의하였으며 러시아의 부산 절영도조차 반대 한러은행 설치 반대 운동 등을 펼쳤다. 독립협회는 만민공동회를 통하여 연좌법의 부활에 반대하였으며 중추원 제도를 개혁하여 준의회와 같은 기관으로 만들 것을 주장하였다. 또한 관민공동회를 개최하여 의정부 참정 박정양과 일부 대신 그리고 독립협회 회원과 각계각층의 인사가 참여한 가운데 토론을 거쳐 관민 합동으로 '헌의 6조를' 채택하였다. 이후 위기의식을 느낀 수구세력들은 독립협회가 국체를 바꾸어 왕정을 폐하고 공화 정치를 시행을 펼치려 한다고 고종에게 무고하였다. 이를 사실로 믿은 고종은 독립협회 간부 17명을 구속하고 협회를 해산시키라는 지시를 내렸다. 그리하여 이상재 등 독립협회 간부 17명이 구속되고, 관민공동회에 참여한 대신들은 해임됨으로써 조병식 등 수구 세력이 정권을 장악하게 되었다.

<핵심정리>

창립 배경: 아관 파천 이후 친러 내각 수립 -조선에서 러시아의 영향력 증가, 러시아와 일본의 대립 격화, 열강의 이권 침탈 심화(철도, 광산, 목재등)

독립 협회의 창립

창 립: 서재필이 정부의 지원을 받아 독립신문 창간(1896.4) - 독립문을 건설한다는 명분으로 독립협회 창립(1896, 7) 관료와 지식인 중심으로 조직

참여계층: 진보적 지식인(서재필, 윤치호, 이상재 등), 관료(이완용, 안경수 등), 도시 빈민층, 학생, 노동자, 여성, 천민 등이 참여

독립 협회의 활동

민중 계몽 활동: 갑신정변과 갑오개혁이 민중의 지지 기반이 없어서 실패했다고 판단
- 독립문. 독립관 건립, 강연회, 토론회 개최

자주 국권 운동: 만민 공동회 개최(1898.3), 열강의 내정 간섭과 이권침탈 규탄 -러시아의 군사 교관, 재정 고문 철수, 절영도 조차(租借) 요구 철회, 한 . 러 은행 폐쇄

자유 민권 운동: 법률과 재판에 의한 국민의 신체와 재산권의 자유, 언론, 출판, 집회, 결사의 자유 등 요구

관민 공동회 개최: 국민 참정. 국정 개혁 운동, 헌의 6조 결의(국권 수호, 민권 보장, 국정 개혁) -박정양 내각 성립, 의회식 중추원 관제 선포

독립 협회의 해산:
- 보수 세력이 독립 협회가 공화정을 수립하려 한다고 모함
- 고종의 해산 명령 -만민 공동회를 개최하여 항의
- 정부가 황국협회와 군대를 동원하여 만민 공동회 강제 해산
- 독립 협회와 만민공동회 지도자 체포(1898)

독립협회의 의의와 한계

의 의: 민중 계몽과 주권 수호 노력, 민중에 바탕을 둔 근대화 운동, 자유 민권 신장 -애국 계몽 운동에 영향을 끼침

한 계: 주로 러시아를 대상으로 외세 배척 운동 전개(미국. 영국. 일본에 대해서는 우호적), 급진 소장파의 과격투쟁, 지도자의 지도력 부족, 시민 세력의 미성숙

Tip

독립문

독립신문

195 대한 제국의 수립(1897)

민비시해사건을 겪은 뒤 친일 내각에 포위되어 불안에 떨고 있던 고종은 의병 봉기 등으로 국내가 어수선한 틈을 타서 친미파와 친러파의 안내로 러시아 공사관으로 피신하였으니 이것이 아관 파천이다(1896). 고종은 즉시 친일 내각의 대신들을 역적으로 규정하고 관련자들을 처벌하였다. 이에 유길준. 장박. 조희연 등은 일본으로 망명하였으며, 김윤식은 제주도로 유배되었다. 한편 고종은 이완용. 이범진. 이윤용 등을 중심으로 새로이 내각을 구성하였다. 새 내각은 단발령을 철회하고 민심 수습에 나섰다. 러시아 공사관에 1년 정도 머물던 고종은 경운궁으로 돌아온 뒤 연호를 건양에서 광무로 고쳤다. 고종은 국호를 조선에서 대한제국으로 고쳐 자주 국가임을 내외에 선포하였고 국왕에 대한 칭호를 왕에서 황제로 바꾸었다.(1897.10) 그러나 대한제국을 선포한다고 해서 독립이 보장되는것은 아니었다. 대한제국은 1898년 이후 수구세력이 중심이 되면서 갑오개혁 때 폐지된 연좌법을 부활시키는 등 수구 책동을 계속하였다. 독립협회는 이러한 대한 제국의 보수적 움직임에 대하여 제동을 걸고 나왔다. 이후 수구파들의 보수적 움직임은 더욱 강화되어 황제의 전제권을 더욱 강화한 '대한 국제' 를 제정, 반포하였다. 여기에는 황제의 통수권, 입법권, 군사권, 관제권, 행정 명령권, 외교 대권 등이 규정되어 있었으나, 군주권의 제약이나 국민의 정치적 권리 등에 관해서는 전혀 언급되지 않았다.

<핵심정리>

배 경: 아관 파천 이후 고종의 환궁에 대한 여론 고조

수 립: 고종이 경운경(현 덕수궁)으로 환궁 -국호를 '대한제국',연호를 '광무'로 정함, 황제의 칭호 사용, 황제 즉위식 거행

광무개혁: '구본신참(舊本新參)'의 원칙에 따라 점진적 개혁 추구

전 개

정 치: - 전제 황권 강화: '대한국 국제 ' 반포(1899)
-황제가 입법. 사법. 행정의 3권과 군대 통수권, 외교권 장악
- 지방 행정구역 변경 : 23부 -13도제

군 사: 원수부 설치(황제가 직접 군대 장악), 무관 학교 설립(장교 양성)

Tip

경 제: - 양전 사업 실시: 지계(근대적 토지 소유권)발급
- 상공업 진흥: 섬유. 철도. 광업. 금융 분야에서 상회사, 농공 회사 설립
- 교육 진흥: 실업. 기술 교육 기관설립, 유학생 파견
- 근대 시설 확충: 교통. 통신. 전기. 의료 분야에서 근대 시설 도입

외 교: 이범윤을 간도 관리사로 파견, 간도를 함경도의 행정 구역으로 편입 (1902)

의 의: 국가의 자주독립과 근대화 지향, 외세의 간섭 배제, 국방력 강화를 위해 노력

한 계: 집권층의 보수적 성향과 열강의 간섭 때문에 큰 성과를 거두지 못함

고종황제

환구단

196 간도(間島, 墾島)

만주 길림성 동남부지역에 위치한 곳으로 병자호란 후 청나라가 이 지역을 봉금지역(封禁地域)으로 정한 후 청국인이나 조선인 모두 입주를 불허하였다. 청나라와 조선 사이에 섬(島)과 같은 땅이라는 유래를 가진 간도는 19세기 이후 우리 민족의 본격적인 간도 개척으로 청나라가 간도 귀속 문제를 제기하자 백두산정계비의 해석을 가지고 영토분쟁이 발생하였다. 이에 대한제국은 이범윤을 간도 관리사로 파견하고 간도를 함경도 행정구역에 편입하여 조세수취와 치안을 유지하고 우리나라 국민을 보호하였다. 이시기 우리나라의 국권이 매우 미약해진 것을 틈타 일본은 향후 중국을 침략하기 위한 전략으로 대한제국을 무시하고 중국과 간도협약(1909)을 맺어 간도를 청나라 영토로 인정하였다.

<핵심정리>

백두산 정계비 건립(1712):	조선과 청이 경계 합의
19세기 후반:	백두산 정계비의 토문강 해석을 둘러싸고 청과 영유권 분쟁 발생
대한 제국:	'구본신참(舊本新參)'의 원칙에 따라 점진적 개혁 추구
간도 협약(1909):	을사조약으로 대한 제국의 외교권을 강탈한 일본이 만주 안봉선 철도 부설권을 얻는 대가로 간도를 청의 영토로 인정

Tip

197 독도(獨島)

독도는 신라지증왕 때 이사부가 현재의 을릉도와 독도 일대에 있던 우산국을 정벌하여 신라에 복속되어 이후 우산국 사람들이 고려에 토산물을 바쳤다. 세종실록 지리지에는 을릉도와 독도를 강원도 울진현 소속으로 구분하였고, 신증동국여지승람 에는 부록이 있는 지도인 <팔도총도>에 독도가 나타나 있다. 독도는 대한제국 때 을릉도를 군으로 승격시켜 독도를 관할하였으나 러.일 전쟁 중 일본이 자국 영토로 강제 편입하였다.(1905.2)

<핵심정리>

1900년 이전: 6세기경 신라 영토로 편입, 조선 숙종 때 안용복이 을릉도와 독도가 우리 영토임을 확인

1900년대: 정부가 독도를 을릉군에 포함하여 관할 - 러. 일 전쟁 중에 일본의 불법으로 자국 영토로 편입(1905)

독도

<더 알아보기>

울릉도와 독도

을릉도는 한국 본토에서 동쪽으로 130km 떨어져 있고, 독도는 을릉도에서 87.4km 떨어져 있다. 1년에 약 60일 정도는 을릉도에서 독도가 육안으로 보인다. 보통 5월에서 10월 초까지가 독도가 잘 보이는 시기이고, 특히 9월에서 10월 초 까지가 독도가 가장 잘 보인다.

반면에 동해에 있는 일본의 오키섬은 독도와 가장 가까운 위치에 있다. 오키섬에서 독도 가지의 거리는 약 157km이다. 오키섬에서는 독도가 육안으로는 전혀 보이지 않는다. 일본 고지도에는 독도가 없다. 1821년 에도막부가 제작한 공식지도는 6개 정도가 있다. 그 중 마지막에 제작된 지도가 이노도(伊能圖)이다. 이 지도에는 오키섬과 대마도는 나오지만 을릉도와 독도는 전혀 나와있지 않다.

Tip

17세기 말 부산 동래부 출신인 어부 안용복이 울릉도에 갔는데 거기서 일본인들을 만나 일본으로 납치되는 사건이 일어났다. 동래수군 출신 안용복은 울릉도와 독도에 출몰하는 왜인을 쫒아내고 일본 당국과 담판하여 우리의 영토임을 승인받았다. 마지막에는 당시 일본 정부인 에도막부가 울릉도와 독도에 대해 조사를 했는데 그 결과 두 섬 모두 일본 것이 아니라는 결론이 내려졌다. 또한 근대기에 들어오면서 일본의 메이지 시대가 시작된 지 10년이 지난 1877년, 육군참모본부는 <대일본전도>를 공식지도로 제작했는데 독도는 어디에도 나오지 않았다. 이밖에 1894년 일본 내에서 제작된 <신찬조선국전도>를 보면 울릉도와 독도를 확실하게 한국 영토로 그린 지도이다. 1905년까지 일본에서 제작한 지도는 다 이렇게 만들어 졌으며, 1905년 러.일 전쟁 후 승기를 잡은 일본이 독도에 '다케시마'라는 이름을 붙여 시마네현의 오키섬에 강제로 행정 편입시킨다.

198 항일 의병 전쟁

자강 운동이 평화적이고 합법적인 국권 회복 운동이었던 반면 의병 전쟁은 무장 투쟁을 통한 국권 회복 운동이었다. 의병 투쟁은 러,일 전쟁 시 일제가 한국을 군사적으로 점령하자 이에 항거하는 의병 운동으로부터 시작되었다. 이후 을사조약이 체결되고 조병세, 민영환 등이 자결하자 민족적 위기감이 팽배하게 되었고 이에 저명한 양반 유생들로부터 의병 봉기가 시작되었다. 1906년 5월 민종식은 충남 홍주에서 일본군. 관군과 접전을 벌였으나 패하였다. 또 최익현은 전북 태인에서 봉기하였으나 관군과는 싸우지 않는다는 최익현의 방침에 따라 이렇다 할 싸움 한 번 못한 채 최익현은 체포되고 의병은 해산하고 말았다. 한편 경상도, 강원도 부근의 산간지역에서는 신돌석이 이끄는 민중의 의병부대가 활동하기 시작하였다. 1907년 한.일 신협약, 고종의 퇴위, 군대 해산은 의병 투쟁이 격렬해지는데 결정적 영향을 미쳤다. 특히 군대 해산으로 군인들이 의병부대에 가담하여 인력이나 장비면에서 훨씬 강화된 의병 부대가 각지에서 출현하였다. 이인영, 이강년, 허위, 기삼연 등 저명한 유생들이 의병장으로 봉기하였다. 이들은 포수들로 구성된 의병들이 일본군을 괴롭히기 시작하였으며, 경북 일월산에서도 신돌석의 의병부대가 계속 활동하였다. 의병 투쟁이 최고조에 달한 것은 1908년 후반에서 1909년까지였다. 이시기에 전해산, 신남일 등이 이끄는 전라도의 의병이 가장 활발하게 활동하였으며, 경기. 강원. 황해. 경북지방에서도 의병은 여전히 강력한 세력을 유지하였다. 이 시기에 접어들면서 의병 부대에는 상당한 변화가 나타났다. 의병부대의 규모가 적어지고, 저명한 유생 의병장이 대부분 체포되거나, 혹은 전사하여 의병장까지도 평민 출신이 맡는 경우가 많아졌다. 당시 평민으로서 의병장 혹은 의병에 참여한 이들은 주로 농민 , 포수, 하급군인, 농촌 소상인, 임노동자 들이었다. 일제는 한국을 통치하는데 의병이 가장 큰 장애 요인이라 판단하고 1909년부터 전라도, 황해도, 경상도의 의병을 진압하기 위해 이른바 남한 대토벌 작전을 전개하였다. 이 작전으로 의병은 치명적인 타격을 입고 대부분 전사, 체포되었으며 일부는 만주로 이동하였다. 의병은 1914년까지 남한일부에서 활동하였으나 사실상 1910년으로 그 막을 내렸다. 의병 전쟁 당시 유생들은 위정척사의 이념을 갖고 봉기한 경우가 많았지만 민중들은 자신들의 마음에서 우러난 반침략 사상을 가지고 일제에 대항하여 싸웠다. 의병 투쟁은 통합적 지휘가 이루어지지 못하였고 전략 전술이 부족하였으며 장비 등이 보잘것없어, 일제의 대토벌 앞에서 계속 유지될 수 없었다. 그러나 의병 투쟁은 이후 무장 독립 투쟁의 선구를 이루었다는 점에서 큰 의미를 지닌다.

<핵심정리>

최익현

을미의병(1895)

계 기: 을미사변(명성 황후 시해 사건)과 단발령 실시

주도층: 유인석, 이소응 등 양반 유생이 주도, 농민과 동학 농민군의 잔여 세력이 가담

활 동: 일본군과 거류민 공격, 단발을 강요하는 친일 관리 처단

해 산: 아관 파천(1896) 이후 단발령 철회와 고종의 해산 권고 -유생 의병장의 자진 해산, 일부 의병은 활빈당을 조직하여 의병 투쟁 지속

을사의병(1905)

계 기: 러. 일 전쟁에서 일본 승리 -을사조약(1905, 외교권 박탈, 통감부 설치)강요
- 을사조약의 폐기 요구, 친일 내각 타도 주장

주도층: 양반 유생(민종식, 최익현), 평민층 (신돌석)

활 동: 민종식(충청도 홍주성 점령), 최익현(전라도 태인에서 봉기, 일본군에 체포되어 쓰시마 섬에서 순국). 신돌석(경상북도와 강원도 경계 지역에서 활약)

특 징: 의병 참여 계층의 확대(평민 출신의 의병장 등장), 농민들이 적극적으로 참여, 전술의 변화(유격전의 형태로 전개)

정미의병

계 기: 헤이그 특사 파견을 빌미로 한 고종 황제의 강제 퇴위, 대한 제국의 군대 해산(1907) -해산 군인이 의병에 합류

주도층: 해산 군인과 농민. 소상인. 노동자. 승려. 화적 등 다양한 계층 참여

특 징: 해산 군인의 참여로 의병의 전투력. 조직력 강화. 의병 운동에서 전국적인 의병 전쟁으로 발전

서울 진공 작전 전개: 유생 의병장들이 중심이 되어 13도 연합 의병 부대 결성- 이인영을 총대장, 허위를 군사장으로 추대
-의병을 국제법상의 교전 단체로 인정해 달라고 각국 영사관에 요구
-선발대가 동대문 근처까지 진격 - 일본군의 우세한 화력으로 실패

호남의병의 활성화: 전라도 지역을 중심으로 치열한 의병 활동 전개
-일본군의 남한 대토벌 작전 전개 :의병 활동 위축, 의병들이 만주와 연해주 등지로 이동하여 계속 항전

의병 전쟁의 의의와 한계

의 의: 국권 회복을 위한 무장 투쟁으로 국권 피탈 이후 독립군 활동의 기반이 됨

한 계: 조직력과 화력에서의 열세, 유생 의병장의 봉건적 한계 노출, 외교권 상실로 국제적 고립 상태

Tip

제 32장

일제의 국권침탈

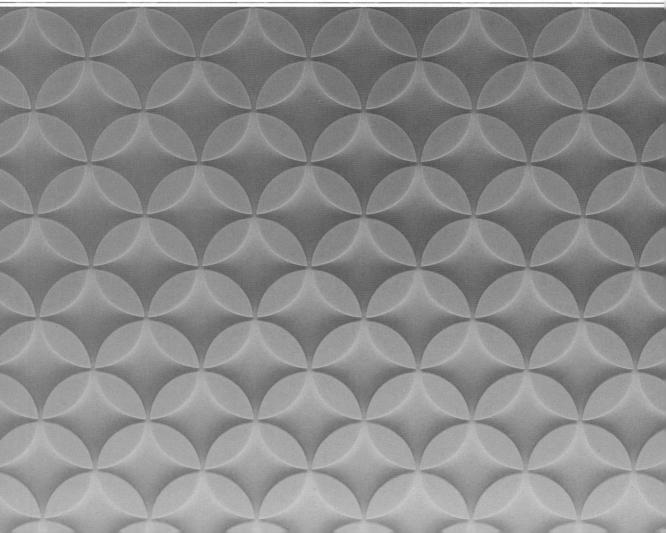

199 러·일 전쟁 - 을사늑약(1905)

삼국간섭과 아관파천 이후 러시아와 일본은 한국과 만주를 둘러싸고 첨예하게 대립하였다. 러시아는 만주를 점령하고 최소한 한반도를 일본과의 완충지대로 만들고자 북위 39도 이북의 한국 영토를 중립지대로 만들 것을 일본에 제안하기도 하였다. 반면 일본은 한반도에서 경제적으로 우월한 위치를 차지하면서 더욱 확고한 세력을 구축하고 더 나아가 만주까지 세력을 확장하려는 의도를 가지고 있었다. 결국 양국의 첨예한 대립은 일본이 영. 일 동맹(1902)을 통하여 영국의 지원을 받는 가운데 러. 일 전쟁으로 폭발하였다(1904). 이 전쟁은 예상외로 일본이 쉽게 승리하는 가운데 마무리되었다. 러.일 전쟁을 승리로 이끈 일본은 미국과 가쓰라. 태프트 밀약을 통하여 한국에 대한 '종주권'을 승인받았으며(1905.7), 8월에는 제2차 영.일 동맹을 통해 한국에 대한 지도, 감리 및 보호의 권리를 인정받았다. 한편, 일본은 러.일 전쟁을 도발하면서 한국 정부의 중립선언을 무시하고 군대를 파견하여 한국을 사실상 점령하였다. 일본은 전쟁에 대한 협조 및 한국에 대한 내정 간섭의 승인을 요구하는 제1차 한.일 협약(한.일 의정서)을 강제로 체결시켰다(1904). 또 각 부에 재정 고문과 외교고문 등을 파견하여 조약에도 없는 고문 정치로써 한국의 내정과 외교에 깊숙이 간여하기 시작하였다. 또한 조선 주차군을 편성, 한국에 주둔시키면서 각종 군율을 발표하여 사실상 한국을 일본의 군사 통치 아래 두었다. 일본은 열강들로부터 한국을 보호국으로 만드는데 대한 승인을 얻어 내자 곧바로 한국에 전권 대사 이토 히로부미를 파견하여 '을사조약'을 강제로 체결시켰다(1905). 을사조약은 한국의 외교권을 박탈한다는 내용이 주된 것이었으며 일본이 한국에 설치한 통감부는 사실상 한국의 내정까지 장악하였다. 이토 히로부미는 의정부를 내각제로 바꾸고 매국적인 이완용 내각을 출범시켰다.

<핵심정리>

한, 일 의정서체결 (1904. 2):	러. 일 전쟁 후 일본이 한국에 전략상 필요한 곳을 사용할 수 있다는 조항 강제 편입
제 1차 영일 동맹 체결 (1902. 1):	러시아를 공동의 적으로 하여 영국의 협조구함
제 2차 영일 동맹 체결 (1905. 8):	영국은 인도. 일본은 한국에서의 종주권 인정
미국과 가쓰라, 태프트 밀약 (1905. 7):	미국은 필리핀, 일본은 한국의 종주권 인정

Tip

포츠머스 조약 (1905. 9):	러시아가 일제의 한국에서의 독점적 종주권 인정
덕수궁 중명전에서 을사늑약 체결 (1905.11):	제2차 한. 일 신협약

Tip

<더 알아보기>

일제의 국권 피탈 과정

대한 제국의 중립 선언을 무시하고 일제는 러.일 전쟁을 일으켜 한일 의정서(1904.2)를 강제체결-제1차 한.일 협약(1904. 8)한다. 전쟁에서 유리해진 일본은 재정과 외교 분야에 고문을 파견하여 재정 고문에 메가타, 외교부문에 스티븐슨을 임명하였다. 일제는 러. 일 전쟁에서 승리한 후 을사조약(1905. 11)을 체결하면서 한국의 외교권을 박탈하고 통감부를 설치한다. 초대 통감으로 이토 히로부미가 부임하고 보호국 체제의 성립을 이루었다. 이어 고종을 폐위시키고 일본인을 차관으로 임명하는 차관 정치를 실시하면서 한. 일 신협약(정미 7조약. 1907)을 체결하면서 대한 제국의 군대가 해산 당한다. 한. 일 신협약의 부대각서로 대한제국의 사법권과 감옥 관련 사무를 위탁하는 기유각서(1909. 7)가 교환되었다. 이후 경찰권마저도 박탈당하고 국권을 피탈 당했다(1910. 8)

200 의사, 열사의 항일 투쟁

을사조약(늑약) 강제 체결이후 국권 피탈에 저항하고자 애국적 의사와 열사들의 항일 투쟁이 전개되었다. 나인영과 오기호는 을사늑약에 협조한 을사 5적을 처단하기 위해 암살단을 조직하였으며 장인환, 전명운은 샌프란시스코에서 일제의 한국 침략을 지지한 스티븐슨을 오클랜드 역에서 죽이려 하던 중, 애국청년 전명운이 먼저 쇠뭉치로 때리고 격투를 벌이는 것을 보고 권총을 쏘아 스티븐스를 죽게 하였다. 체포되어 25년 형을 받았으나 모범수로 10년 만에 출옥 하였다. 잠시 귀국했다가 다시 미국에 가서 살다 병사했다. 안중근 의사는 만주 하얼빈에서 이토 히로부미를 권총으로 사살하여 대한제국의 독립운동에 불씨를 당겼다.

<핵심정리>

나철(나인영), 오기호: 을사오적 처단을 위해 오적 암살단 조직

장인환, 전명운: 샌프란시스코에서 일제의 한국 침략을 지지한 스티븐슨 사살(1908)

안중근: 만주 하얼빈에서 을사조약을 강요한 이토 히로부미 사살(1909)

이재명: 매국노 이완용을 명동 성당 앞에서 암살하려다 실패

Tip

201 애국 계몽 운동

1905년 을사조약이 체결된 이후 잃어버린 국권을 회복하자는 움직임이 활발하게 나타났다. 이 국권 회복운동은 무장 투쟁 노선의 의병 전쟁과 실력 양성 노선의 자강 운동으로 나누어 졌다. 애국계몽운동이라 불리는 자강 운동은 우리 민족의 국권 상실이 국력의 부족에서 비롯되었다고 보고 교육의 진흥과 실업의 발달을 통해 실력을 길러 빼앗긴 국권을 되찾자는 운동이다. 이 운동은 윤치호, 장지연, 윤효정 등에 의해 대한 자강회가 결성되면서(1906) 본격적으로 시작되었다. 대한 자강회는 지방에 25개 지회를 결성하고 강연과 회보 발간 등 계몽 운동을 통하여 교육 진흥과 실업 발달이 국권 회복의 지름길임을 강조하였다. 이에 따라 각 지방별로 학회가 조직되어 교육 운동을 전개하기 시작하였다. 이 교육 운동에 힘입어 한때 전국 각지에 수천 개의 학교가 설립되었다. 한편 상인들은 상업 회의소를 조직하여 회사 설립 운동을 전개하였다. 따라서 각종 근대적인 회사와 공장들이 들어서기 시작하였다. 자강 운동론자들은 의병 투쟁 등 합법적인 범위 내에서의 국권회복 운동을 강조하였다. 한편 안창호. 양기탁. 신채호. 이동녕. 이동휘. 이승훈 등 일부 자강 운동론자들은 비밀 결사의 형태로 신민회를 조직하여(1907) 운동을 펼쳐나갔다. 이 가운데 특히 양기탁. 신채호는 신교육의 보급이나 회사의 설립도 중요하지만 민족의식과 독립 의식의 고취가 장기적인 국권회복운동에서 가장 중요하다고 보고 대한 매일 신보를 통하여 민족의식을 고취하는데 전력하였다. 그러나 안중근의 이토 사살 사건 이후 일본이 한국을 병합하려는 방침이 표면화되자 국권회복을 위해 합법적인 실력양성운동을 하던 자강 운동론자들은 큰 충격을 받았다. 이에 일부 자강 운동자들은 좌절에 빠지기도 하였다. 한편 1910년까지 국내에 남아있던 양기탁 등은 서간도로 이주하여 독립군 기지를 건설하는 작업을 추진하였다. 이시영. 이회영 등이 먼저 서간도로 망명하여 경학사를 설치하고 신흥 강습소를 개설하였다. 그러나 독립군 기지 건설 사업은 이를 뒷받침해줄 국내의 신민회 회원들이 105인 사건(1911)등으로 일제에 대거 검거되면서 신민회가 사실상 해체됨으로써 이후 큰 어려움을 겪게 되었다.

<핵심정리>

애국 계몽 운동의 성격

의미: 교육, 언론, 산업 등에서 민족의 실력을 양성하여 국권을 회복하자는 운동

주도세력: 개화 운동, 독립 협회 활동을 계승한 개화 자강 계열

사상: 약육강식과 적자생존을 정당화하는 사회 진화론을 바탕으로 함

Tip

애국 계몽 운동 단체

보안회(1904): 러.일 전쟁 중 일제가 황무지 개간권 요구-반대 운동 전개 -개간 사업을 위해 농광회사 설립 -일제의 황무지 개간권 요구 철회 -일제의 압력으로 해산

헌정 연구회(1905): 독립 협회 계승, 의회 설립을 통한 입헌 정치 체제 수립을 목적으로 활동 -일진회의 반민족적 행위 규탄 -일제의 탄압으로 해산(1906)

대한 자강회(1906): 헌정 연구회의 후신으로 조직, 전국 각지에 지회 설치, 대한 자강회 월보 간행, 고종 강제 퇴위 반대 운동 전개 -일제의 탄압으로 해산(1906)

대한 협회(1907): 대한 자강회 계승, 교육 보급과 산업 개발, 민권 신장, 행정 개선 추구하였으나 의병 투쟁을 무모한 행동이라고 비난 하는등 친일적인 성향을 보이면서 해체되었다.

<더 알아보기>

신민회(1907-1911)

신민회는 국권의 회복과 공화정제의 국가를 건설한다는 목표를 가지고 안창호, 양기탁, 이동휘 등의 민족 지도자들이 비밀 결사로 조직했다. 신민회는 대성학교와 오산학교를 세워 민족주의 교육을 실시하고 태극 서관과 자기 회사를 설립하여 민족 산업 육성에 노력하였다. 한편으로 대중계몽을 위한 강연이나 학회 활동을 통한 문화활동 등 실력양성운동을 전개하였다. 신민회는 남만주 삼원보에 한인 집단 거주 지역을 조성하고 신흥학교를 세워 독립군 양성에 힘을 기울였다. 그러나 일제가 날조한 데라우치 총독 암살 미수사건인 105인 사건에 연루가 돼 체보되어 조직이 와해가 되고 말았다(1911).

202 교육활동과 언론 활동

일제의 국권 침탈로 인하여, 우리나라는 실력양성을 통하여 국권을 회복하고자 전국에서 민중 계몽운동과 신교육을 보급하는 교육 운동이 일어났다. 교육 활동으로는 서북학회, 기호 흥학회 등 학회를 설립하여 기관지를 발행하였고 보성학교, 양정의숙, 대성학교 등을 설립하여 신교육 보급에 힘을 썼다. 언론 활동에 있어서 황성신문에는 장지연의 '시일야방성대곡'을 게재하여 우리 국민들의 각성을 불러일으켰고, 대한매일신보에서는 항일 논설을 게재하고 국채보상운동을 지원하였으나 일제의 탄압으로 많은 시련을 당했다.

<핵심정리>

Tip

민중 계몽: 황성신문, 제국신문, 대한매일신보 등 신문. 잡지 발간, 각종 강연회 개최
- 일제 통감부가 신문지법과 보안법 제정(신문 사전 검열, 많은 서적을 금서로 지정, 집회, 결사의 자유 억압)

교육 운동: 서북 학회, 기호 흥학회, 관동 학회 등 많은 학회 설립 -학교 설립, 민족의식을 고취하는 교과서 보급, 월보 발행

식산 흥업 운동

상권 보호: 약육강식과 적자생존을 정당화하는 사회 진화론을 바탕으로 함

근대적 산업 장려: 각종 회사 설립 -상회사, 공장, 농회, 농장 설립

애국 계몽 운동의 의의와 한계

의의: 국민 계몽과 애국심 고취, 산업 진흥을 통한 민족 실력 양성 운동

한계: 일제에 의해 예속된 상태에서 전개하여 활동의 어려움이 존재
사회 진화론을 근거로 제국주의 국가의 침략을 정당화함-친일적 성격
항일 의병 투쟁에 적대적인 태도를 보임

제 33장

개항 이후 경제와 사회 ~ 근대 문물과 문화

203 일본 상인의 침투

일본은 조선과 강화도조약을 맺어 치외법권을 인정받아 조선에서의 일본인의 경제적 수탈을 합법화하였다. 이후 조일수호조규부록을 맺어 일본 화폐 사용이 허가되었고, 거류지 무역을 인정받았다. 1883년에는 조.일통상장정을 맺어 조선에서 일본 상품에 대한 무관세 적용 및 양곡의 무제한 유출을 허용하였다.

<핵심정리>

개항 초기 일본 상인의 무역 활동

일본 상인의 특권: 치외법권, 일본 화폐 사용, 수출입 상품에 무관세 적용, 양곡의 무제한 유출 가능

거류지 무역: 개항장의 일본인 거류지 부근 10리 이내로 일본 상인이 활동 범위 제한 -객주, 여각 등 조선의 중간 상인을 매개로 무역

중개 무역: 일본 상인이 영국산 면제품 판매 -조선의 쌀, 콩, 귀금속 등이 대량으로 유출 - 국내의 가내 면직물 수공업 타격, 국내 쌀 값 급등

Tip

204 일본 상인과 청 상인의 무역 경쟁

청 상인들이 본격적으로 조선에 진출한 것은 임오군란 이후 조선과 청과의 조.청상민수륙무역장정을 체결하고 나서부터였다. 임오군란이 청나라에 의해 진압된 이후 청나라의 조선에 대한 영향력이 강화되면서 조선은 청 상인에게 개항장과 서울 진출을 허용하였다. 이후 청 상인의 내륙 진출로 말미암아 조선의 시전상인, 공인 등이 몰락하게 되었다. 청상인들은 조선에 영국산 면제품, 중국산 비단, 약재를 수출하였고 이로 인해 일본 상인들의 조선에 대한 무역 독점이 중단되었다. 이것은 후일 청.일 전쟁의 중요한 원인중의 하나였다. 1894년에 청.일 전쟁이 발발하고 일본의 승리로 조선은 일본상인들이 주도권을 잡았다.

<핵심정리>

조. 청 상민 수륙 무역 장정(1882)
청과의 조약에서는 조선을 청의 속방 이라고 명시하였을 뿐만 아니라, 일방적인 치외 법권, 청 상인에 대해 한성(서울) 의 개방과 내륙 통상을 허용하는 등, 다른 조약보다도 불리한 조항이 많이 포함되었다.

내용:	청 상인들이 조선의 내륙 시장까지 진출할 수 있는 경제적 특권 확보, 서울에서의 점포 개설 허용 - 청 상인의 경제적 침탈 심화
영향:	객주, 여각, 보부상 등의 중개 상인 몰락, 청.일 상인간의 경쟁 치열 일본 상인의 내륙 진출
조. 일 수호 조규 속약(1882):	일본 상인의 활동 범위가 거류지에서 100리까지 확대
조. 일 통상 장정(1883):	방곡령 규정, 무관세 규정 시정, 최혜국 대우 규정 삽입 -일본 상인의 내륙 진출 허용
청. 일 전쟁에서 일본 승리:	일본 상인이 조선 상권을 독점하는 데 유리한 위치 차지

Tip

205 제국주의 열강의 이권침탈

대한 제국 시기 구미 열강은 철도, 광산, 산림 등 중요한 자원을 빼앗는데 경쟁적으로 손을 뻗쳤다. 개항 뒤에도 구미 열강은 전선가설권 등의 이권을 침탈했으나 대한제국 때처럼 자본 수출과 연결되는 본격적인 것은 아니었다. 특히 '최혜국조항'은 구미 열강이 이권을 침탈하는 중요한 구실이 되었다. 최혜국 조항이란 조선정부가 한 나라에 경제 이권을 넘겨주면 다른 나라에게도 기회균등의 차원에서 같은 수준의 이권을 주어야 한다는 불평등한 조항이었다. 이들은 황실을 보호해 주겠다는 명목으로 경제 이권을 요구했으며 나약한 황실은 이들에게 경제 이권을 넘겨주는 대가로 그들의 보호를 받아 독립을 지키려고 했다. 이 무렵 이권 침탈에 적극적인 나라는 미국과 러시아였다. 이에 따라 영국, 독일, 프랑스 등도 기회균등을 내세우며 이권 침탈에 발벗고 나섰다.

<핵심정리>

열강의 이권 침탈: 최혜국 대우 규정을 이용한 열강의 이권 침탈 심화

광산. 금강 채굴: 미국(운산 금광),러시아(경원과 종성 광산), 독일(당현 금광), 영국(은산 금강)

철도 부설권: 경인선(미국 -일본), 경의선(프랑스 -일본), 경부선(일본)

삼림 채벌권: 러시아가 두만강, 압록강, 을릉도의 삼림 채벌권 독점

Tip

206 일본의 이권 침탈

일본은 철도를 놓는 일에 적극적으로 나섰다. 일본은 미국의 주선으로 경부철도부설권을 차지한 뒤 미국인 자본가가 가진 경인철도부설권도 사들였다. 일본의 철도부설은 군사적 목적을 지니고 있었다. 1904년 5월 개통된 경부선은 러시아와 전쟁을 치르고 만주를 침략하기 위한 것이었다. 일본은 철도를 놓으면서 조선 농민을 강제로 동원하여 노역에 종사시키고 철도부지라는 명목으로 농민들의 땅을 빼앗았다. 이 무렵 대외무역도 늘어났다. 청일전쟁 뒤 조선의 대외무역에서 압도적인 비중을 차지한 일본은 산업화 과정에 필요한 원료와 식량을 조선에서 값싸게 사가는 대신 자기들이 대량 생산한 기계제 상품을 조선에 파는 무역구조를 굳혀갔다. 구미 열강과 일본의 값싼 기계제 상품의 유입은 아직 전문적 수공업 단계에 머물러 있던 우리 조선 토착자본의 정상적인 발전을 가로막았다. 이권 침탈과 함께 일본과의 대외 무역구조에서 더욱 굳어진 '미면 교환 체제'는 조선을 자본주의의 발전을 위한 원료와 식량의 공급지. 상품판매시장인 식민지형 구조로 내몰았다.

<핵심정리>

토지 수탈:	개항 직후: 토지를 사들여 농장 경영 러.일 전쟁 중: 황무지 개간권 요구, 철도 부지와 군용지를 확보한다는 구실로 엄청난 규모의 토지 약탈 동양 척식 주식회사 설립(1908): 황무지와 관청이나 역에 딸린 땅 약탈 한국으로 이주한 일본인 농민에게 매매. 양도해 줌
금융 지배. 재정 장악	
대규모 차관 강요:	독점적으로 조선에 차관 제공 -조선 내정에 간섭, 이권 획득 -한국의 재정이 일본에 예속
화폐 정리 사업 실시(1905):	일본인 재정 고문 메가타 주도, 조선의 상평통보와 백동화 등을 일본 제일은행권과 교환 -국내 상인과 농민이 큰 타격을 받음, 한국인이 설립한 은행 파산, 금 본위 화폐제 실시
교통. 통신 장악:	철도(경인선, 경부선, 경의선) 부설권 장악, 전신선 가설(군용), 연해 및 하천 운항권 침탈

Tip

207 방곡령 선포

해마다 흉년으로 곡물 가격이 폭등하고 일본으로 곡물 유출이 증가하여 조선은 1883년 조.일 통상 장정을 근거로 함경도, 황해도의 지방관들이 방곡령을 선포하였다. 그러나 일본이 1개월 전 통보 규정 위반을 구실로 철회 및 피해 보상을 요구하여 조선 정부는 방곡령을 철회하고 배상금을 지불하였다.

<핵심정리>

배 경: 흉년으로 곡물 부족, 일본 상인들이 곡물을 사가면서 곡물 가격 폭등

전 개: 함경도, 황해도, 충청도 등지의 지방관들이 방곡령 선포 -일본은 조. 일 통상 장정(1883)의 규정을 구실로 항의 -방곡령 철회, 일본에 배상금 지불

Tip

*조일통상장정 제37조 만약 조선국에서 가뭄. 수해. 병란 등의 일이 발생되어 국내 식량부족을 우려하여 조선정부가 잠정적으로 쌀의 수출을 금지하고자 할 때는 반드시 1개월 전에 지방관이 일본 영사관에게 통고해야 한다. 또한 그러한 때는 그 시기를 미리 항구의 일본 상인에게 두루 알려 그대로 지키게 해야 한다.

208 상권 수호 운동

임오군란 때 체결된 조. 청 수륙 무역 장정에 의해 거류지 무역이 깨지게 된다. 청나라 상인들이 조선 내지까지 들어와 무역을 할 수 있게 만든 것이다. 이에 일본도 1882년 임오군란시 체결하였던 제물포 조약을 체결할 때 조. 일 수호 조규 속약을 맺는다. 내용은 현 거류지의 범위를 10리에서 50리로 넓혀주는 것이다. 이를 계기로 외국 상인들이 내지까지 마구 들어오게되자 그동안 개항 초기에 거류지 중계무역을 통해 수익을 거두었던 객주를 비롯한 조선 상인들이 오늘날 주식회사와 같은 상회사를 세우게 된다. 대표적인 사외사로 대동상회. 장통상회 등이 있다. 막대한 자본을 가진 외국 상인에 맞서 상권 수호운동을 펼친 것이다. 또 한편으로 청.일 상인의 상점을 철수하라고 요구하였고 조선 상인들은 철시 파업을 주도하였으며 시위를 벌였다. 1898년에는 외국 상인들에 대항하여 민족적 권익을 지키고자 황국중앙총상회를 조직하여 외국 상인들의 불법적인 상거래 행위를 저지하였고 토지 구입 등을 막았다.

<핵심정리>

배 경: 조. 청 상민 수륙 무역 장정이 체결된 이후 외국 상인의 국내 상권 침탈 심화

전 개: 상회사 설립: 대동 상회, 장통 회사 설립, 해운 회사 설립, 외국 선박 도입
철시 투쟁: 청. 일 상인의 점포 철수 요구 -시전 상인의 철시 파업, 시위
황국 중앙 총상회 조직(1898): 서울의 시전 상인들이 조직, 외국 상인의 불법적인 상업 활동과 토지 구입 저지

Tip

209 이권 수호 운동

조. 미 수호 통상조약 이후 열강들에게 내준 최혜국 대우가 빛을 발한 건 아관 파천이었다. 러시아에게 이권을 줄 때마다 미국, 프랑스, 영국, 독일, 러시아 등에 자동적으로 최혜국 대우를 적용하여 또 다른 이권을 줘야 했다. 특히 러시아는 자국 배가 중간에 원료를 공급받을 수 있는 얼지 않는 항구인 부동항(不凍港)이 필요했다. 이에 러시아는 저탄소를 설치하려고 부산에 있는 절영도를 조차해서 공급받고자 하였다. 이를 독립협회가 만민공동회를 개최하여 무산시켰다. 또한 한, 러 은행을 폐쇄시켰으며, 러시아가 파견한 군사고문과 재정 고문을 철수시켰으며, 프랑스와 독일의 광산 채굴권 요구를 저지시켰다. 그러나 고종은 열강들에게 이권을 주면서 자신의 정권을 유지하는데 급급하게 되는 결과를 초래하게 된다.

<핵심정리>

배 경: 아관 파천 이후 열강의 이권 침탈 심화 -독립 협회가 이권 수호 운동 전개

전 개: 러시아의 절영도조차 요구 저지, 러시아가 파견한 군사 고문과 재정 고문 철수, 한. 러 은행 폐쇄, 프랑스. 독일의 광산 채굴권 요구 저지

Tip

210 민족 자본과 기업 육성

개항 이후 청.일 등의 경제적 침탈과 열강들과의 교역 확대 등 우리나라는 경제적으로 많은 타격을 받았다. 이를 대응하기위해 민족 자본을 투자한 기업들이 형성되며 대응하였다. 경강 상인은 증기선을 구입하여 일본 상인에 대항하였고 보부상들은 혜상공국과 황국협회를 상무사 등을 통하여 정부로부터 보호와 지시를 받았다. 객주및 일반상인들도 상회사를 설립하여 열강의 경제적 침탈에 대항하였다. 산업 자본으로 야철. 유기. 연초공장 등을 설립하였다 금융 자본으로 조선은행, 한성은행, 대한천일은행이 설립하였으나 일본의 화폐정리 사업으로 민족은행들은 몰락하였다.

<핵심정리>

Tip

은행 설립:	우리나라 상인과 기업 지원이 목적, 조선은행 설립(1896) -한성은행, 천일 은행 설립 -일제의 화폐 정리 사업을 계기로 몰락, 일본 은행에 종속
각종 회사 설립:	대한 협동 우선 회사, 대한 철도 회사, 신석 연초 합명 회사 등
황무지 개간권 요구 반대 운동:	러. 일 전쟁 중 일본이 황무지 개간권 요구, -보안회가 반대 운동 전개, 정부 관리들의 주도로 농광 회사 설립 -일본의 요구 철회

<더 알아보기>

화폐정리사업 (1905)

러. 일 전쟁을 일으킨 일본은 군사상 필요한 조선의 지역을 마음대로 사용한다 라는 한. 일 의정서를 체결하고 이후 제1차 한. 일 협약을 강제로 체결했다. 내용은 일본인 재정고문 1명과 일본이 추천하는 외국인 외교고문 1명을 초빙하여 조선을 속국화시키는 것이다. 그 결과 재정고문에 메가다(目賀田種太郎)가 입국하고 조선에서 화폐정리 사업을 실시하게 되는데 일본은 전화국에서 발행하고 있는 우리화폐 백동화를 없애려고 하였다. 그 대신 일본은행인 제일은행에서 발행한 화폐로 교체하려고 했다. 이 교환 작업과정에서 일제는 백동화의 가치를 제대로 쳐주질 않아 결국 백동화를 가지고 있던 일반 민중과 상인 그리고 은행들은 큰 타격을 받게 되었다. 화폐정리 사업 이후 일본 제일은행권이 공식 화폐로 사용되었다.

211 국채 보상 운동

1907년에 전개된 국채보상운동은 대구의 서상돈. 김광제 등이 국채보상기성회를 조직하면서 언론기관과 애국계몽운동 단체의 호응을 받으며 본격화되었다. 이후 대한매일신보 등 언론 홍보로 전국으로 확산되었다. 그러나 일제 통감부의 방해와 탄압으로 국채보상운동은 결국 실패하였다.

<핵심정리>

Tip

배 경:	차관 제공을 이용한 일제의 경제 예속화
전 개:	대구에서 시작, 국채 보상 기성회 조직(1907) -애국 계몽 운동 단체와 대한매일신보 등의 언론 기관 참여, 모금 운동 전개 -일제의 탄압으로 실패

212 근대 문물의 수용

북학파 실학자들은 서양의 문물에 대해 깊은 관심을 가졌다. 이에 개화파 인사들에 의하여 개항 전후에는 동도서기론이 대두되었다. 흥선 대원군 집권시기에는 서양무기 제조술에 관심을 두어 중국 청나라 세계지리서인 해국도지를 바탕으로 증기선을 만들기도 하였다. 이후 외국과의 교류를 통하여 유학생을 보내어 서양의 문물을 배우게하고 서양의 기술자 등을 초빙하여 과학기술과 근대문물을 도입하는 노력도 아끼지 않았다. 갑오개혁 이후에는 경성의학교, 상공학교, 철도학교 등이 설립되어 서양 과학기술의 수용에 적극적으로 태도를 보였다.

<핵심정리>

서양 과학 기술의 수용

개항 이후: 개화파와 정부, 서양 기술과 무기의 우수성 인식 -이를 적극적으로 받아들여야 한다고 주장, 동도서기론(東道西器論) 확산

1880년대: 조사 시찰단(일본), 영선사(청) 확산

대한 제국 시기: 실업 학교와 기술교육 기관 설립, 외국에 유학생 파견, 외국인 기술자와 교사 초빙

Tip

213 근대 시설의 수용

개항 이후 정부는 근대 시설을 수용하게 된다. 통신, 교통, 전기, 의료 등 각 분야에 근대 시설을 적극적으로 도입하였고, 이러한 시설이 갖추어짐에 따라 일반 국민들의 생활이 서서히 편리한 모습으로 나타났다. 그러나 조선 정부의 근대 시설 수용은 국내 기술과 자본의 부족으로 미국. 영국 일본 등 외국의 자본에 의존하였고 이로 인하여 우리나라의 독자적인 기술을 가지지 못하였다. 특히 일본을 비롯한 제국주의 열강들은 우리나라에 대한 정치적. 경제적. 군사적 침략의 목적으로 근대적 시설을 만들었고 이를 통해 열강의 이권을 최대한 수취(收取)하였다.

<핵심정리>

서양 과학 기술의 수용

시 설:	박문국(한성순보 간행), 기기창(근대 무기 제조 공장), 전환국(화폐발행)
통신. 우편:	전신: 일본 ~부산(1884,일본), 서울 ~인천과 서울 ~의주(1885,청) 전화: 경운궁에 처음 가설(1898, 미국), 1900년대 상류 사회에 보급 우편: 우정총국 설치(1884) -갑신정변으로 중단 -을미개혁 때 재개
교 통:	철도: 경인선(1899), 경부선. 경의선(러.일 전쟁중 군사적 목적으로 부설) 전차: 서울에서 운행 시작 -한성전기회사가 서대문 ~청량리에 가설(1899)
전 기:	전등: 경복궁에 처음으로 설치(1887) 한성 전기 회사 설립(1898): 황실과 미국인의 합작 회사, 전기와 전차 가설
의 료:	종두법 도입: 지석영이 종두법을 배워 천연두를 예방하고 치료 의료기관: 광혜원(1885, 후에 제중원), 광제원, 세브란스 병원, 대한 의원등

Tip

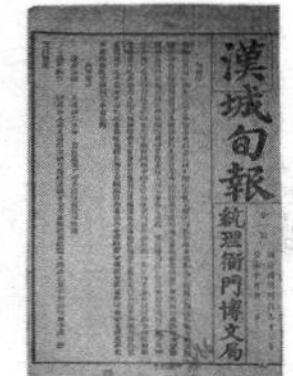
漢城旬報
統理衙門博文局

한성순보

제중원(세브란스병원)

대한의원

건 축: 독립문(1897, 프랑스 의 개선문 모방), 정동교회(1898, 최초의 현대식 교회 건물), 명동성당(1898, 고딕 건축 양식), 덕수궁 석조전(1910, 르네상스 건축 양식)

한 계: 외국인과 외국 자본에 의존, 제국주의 열강이 정치적. 경제적. 군사적 목적에서 설치

독립문

명동성당

석조전

정동교회

Tip

철도 개통

경부선은 일제가 수탈을 목적으로 서울과 부산을 이은 철도이다. 1899년 경인선이 개통되었다. 처음 미국이 철도 부설권을 가지고 있었으나 일본이 부설권을 사들여 철도를 놓았다. 이후 1904년 러.일 전쟁이 본격화되면서 전쟁 물자를 수송할 수단이 필요하게 되어 1905년 경부선과 1906년 경의선이 개통된다. 일본이 철도를 통한 자원과 물자 수탈 및 군사적 사용을 목적으로 건설했다.

214 언론의 발달

근대 문물을 수용하면서 언론기관이 발달하기 시작하였다. 우리나라의 최초의 신문인 한성순보는 순한문으로 정부 관료를 대상으로 발간되었다. 한성순보는 개화정책의 취지에 대해 설명하였고 국내외 정세를 소개하였다. 한성주보는 최초의 상업 광고를 게재한 신문으로 국한문으로 발행했다. 독립신문은 서재필 등이 정부의 지원을 받아 한글판과 영문판으로 발행한 최초의 민간신문이었다. 일간지로서 시민층을 대상으로 발행하였으며, 국민의 자주의식과 민권의식 등을 계몽하였다. 이후 대한제국 시기에 제국신문, 황성신문, 대한매일신보 등이 언론기관으로서 활동을 하였다. 특히 대한매일신보는 영국인 베델과 양기탁이 발행한 신문으로 을사조약 이후 항일 운동에 적극적이었고 의병운동에 대해 호의적 보도를 하고 국채보상운동을 주도하였다.

<핵심정리>

개항 이후의 신문

한성순보(1883): 우리나라 최초의 신문, 순 한문으로 발행, 관보적 성격
박문국에서 간행 -갑신정변으로 박문국이 파괴되면서 폐간

한성주보(1886): 국한문으로 발행, 최초의 상업 광고 게재
박문국의 재정난으로 폐간

독립신문(1896): 아관 파천 이후 서재필이 정부의 지원을 받아 창간, 최초의 민간 신문, 한글판과 영문판 두 종류로 발행, 근대적 민권 사상의 확산에 이바지함 -경영난으로 종간(1899)

대한 제국 시기의 신문

제국신문(1898): 순 한글로 발행, 서민과 부녀자들이 주요 독자층. 민중 계몽과 자주독립 의식 고취

황성신문(1898): 국한문으로 발행. 지식층과 유생층이 주요 독자층
장지연의 항일 논설('시일야방성대곡') 게재

Tip

독닙신문

독립신문

漢城旬報

한성순보

대한매일신보(1904):	영국인 베델과 양기탁이 운영, 한글. 국한문. 영문으로 간행 일제의 침략상 폭로, 국채 보상 운동 확산에 기여- 통감부의 탄압(베델 추방, 양기탁을 국채 보상금 횡령 혐의로 구속)
만세보(1906):	국한문으로 발행, 천도교의 기관지 여성 교육에 관심. 민중 계몽. 일진회 등의 반민족 행위 비판
경향신문:	순 한글로 발행, 천주교의 기관지
해외 언론:	해조신문(1908.연해주), 신한민보(1909.미국)

Tip

大韓每日申報

대한매일신보

皇城新聞

황성신문

양기탁

215 일제의 언론 탄압

일제는 조선의 애국적인 언론기관을 통제하기 위하여 1907년 신문지법을 제정하였다. 일제는 정기간행물 발행의 허가제와 보증금제로하여 언론기관의 발행허가를 억제하였으며 허가받은 정기 간행물도 일제의 검열 하에 발매, 반포금지, 발행정지, 발행금지 등 탄압을 가하였다.

<핵심정리>

신문지법 제정 (1907): 언론 활동을 제약하고 반일 논조 억압

영향: 국권 피탈 전후로 대부분의 민족 신문 폐간

베델

<더 알아보기>

베델(1872~1949)

베델은 영국 데일리 뉴스의 한국 특파원으로 활동하면서 대한매일신보를 발행하여 일제의 침략정책에 대해 고발과 비판을 하였으며 1905년 을사늑약의 무효를 알리는 고종의 친서를 게재하여 일제로부터 감시와 탄압을 받았다. 베델은 국채 보상운동을 주도하였다. 이후 일제의 탄압으로 대한매일신보에서 물러난 뒤에도 항일 언론활동을 계속하였다. 37살의 젊은 나이로 숨을 거둔 베델은 한국과 영국간의 한영수호조약이 체결된 1883년 이후 한국인들에게 오늘날까지 존경을 받는 영국인이다.

216 근대 교육

근대교육의 시작은 갑오개혁에 의해 학부아문이 설치되어 근대식 교육제도가 마련되면서 부터이다. 원산학사는 최초의 근대사학이고, 동문학은 영어교육기관이었다. 육영 공원은 상류층 자제에게 근대학문을 교육하는 관학 교육기관이었다.

<핵심정리>

Tip

교육 기관의 설립

개항이후:	원산 학사(1883, 함경도 덕원 주민들이 세운 최초의 근대식 학교, 근대 학문과 외국어 교육), 동문학(1883, 외국어 교육 기관, 통역관 양성), 육영 공원 (1886, 헐버트 등 외국인 교사 초빙, 주로 양반 자제에게 근대 학문 교육)
갑오개혁 시기:	고종이 교육 입국 조서 발표 -근대적 교육 제도 마련, 각종 관립 학교 설립, 소학교, 한성 중학교, 한성 사범학교, 외국어학교 등
대한제국 시기:	상공 학교를 비롯한 실업학교 설립

사립 학교 설립

개신교 선교사:	배재 학당, 이화 학당, 정신 여학교, 숭실 학교 등
애국 계몽 운동가:	대성 학교, 보성 학교, 진명 여학교 등 전국 곳곳에 2,000여 개의 사립 학교 설립 - 국어와 한국사 교육 강조, 남녀평등 사상과 민족의식 고취
일제의 탄압:	사립 학교령 공포(1908) - 통감부가 사립학교의 설립과 운영 통제

Tip

<더 알아보기>

최초의 교육기관

민간에 의해 원산에 세워진 한국 최초의 근대적 교육기관은 원산학사이다. 강화도 조약으로 열린 부산. 원산. 인천 등 개항장에서는 서구 문물을 접할 수 있었고 이를 빨리 교육시킬 기관이 필요해졌다. 이러한 이유로 1883년 원산에서 최초의 근대적 학교가 세워진다. 이후 1880년대 중반 이후 선교사들에 의해 배재 학당, 이화 학당 등의 사립학교가 세워지고 애국 계몽 운동기에는 오산학교, 대성학교가 세워졌다. 최초의 근대적 관립학교는 1886년 세워진 육영 공원이며, 대한 제국 시기인 1899년에는 관립 농. 상. 공 학교가 설립되었으며 이후 서울농대, 선린상업학교, 서울공고로 분리 되었다.

원산학사

배재학당

이화학당

선린상업학교

<더 알아보기>

헐버트(1863~1949)

미국의 선교사로서 육영공원에서 외국어를 가르쳤다. 헐버트는 을사늑약 이후 한국의 주권 회복운동에 참여하였다. 고종의 특명으로 미국의 루스벨트 대통령을 만나려 했으나 실패하였으며 네덜란드 헤이그 만국평화회의 특사로 임명되어 파견되었다. 헐버트는 우리나라를 위해 헌신한 인물이다.

헐버트

217 국학 연구

조선은 일제의 침략으로 국권 상실의 위기에 국사, 국어연구를 통하여 이를 바탕으로 민족주체의식을 드높이고자 하였다. 국어 연구에 있어서는 국가의 흥망과 상관관계를 강조하는 어문민족주의 방향으로 전개되어 국한문 혼용체, 순한글체, 언문일치 문장 등을 사용하였다. 유길준은 대한문전을 ,주시경은 국어문법을 각각 저술하였다. 이들의 저술은 국어문법체계를 다졌으며, 이를 연구하는 국문연구소를 설립하였다. 역사 연구에 있어서는 신채호와 박은식이 대표적 인물로서, 신채호는 민족의식과 주체의식을 고양시키기 위하여 영웅전기와 외국 역사의 흥망사를 연구하여 저술 및 번역을 하여 우리나라 국민들에게 독립의 의지를 높이여 하였다.

<핵심정리>

국어와 국문 연구

국. 한문체 보급:	갑오개혁 이후 공문서와 교과서에 사용, 유길준의 "서유견문"
국문 연구소 설립(1907):	국어의 발음과 맞춤법 통일 등 우리말의 체계를 잡으려고 노력

역사 연구

신채호:	"독사 신론" 발표(1908), "을지문덕전", "이순신전" 등 영웅들의 일대기 저술
박은식:	'국혼(민족의 혼)' 강조, "동명성왕실기", "천개소문전" 등 저술
외국의 흥망사를 다룬 역사책 번역:	"월남 망국사", "이태리 건국 삼결전" 등

Tip

Tip

<더 알아보기>

신채호(1880~1936)

신채호

호는 단재 일제강점기의 독립운동가. 사학자. 언론인으로 성균관 박사이다. 을사조약 체결 이후 황성신문 주필과 대한매일신보의 주필로 재직하면서 논설을 실어 활약하며 독립정신을 심어 주었다. 1898년 독립협회에 가입하였으며 1907년 신민회에 참가하였고, 1910년 일제의 국권강탈이후 중국으로 망명하여 독립운동을 하였다. 임시정부에 참가하여 의정원의원, 전원위원회 위원장 등을 역임하였으며 1923년 상하이에서 열린 국민대표회의에서 임시정부를 해체하고 새로운 조직을 만들자는 창조파의 주동역할을 하였다. '역사라는 것은 아(我)와 비아(非我)의 투쟁이다.'라는 명제를 내걸어 민족사관을 수립하여 한국 근대사학의 기초를 확립했다. <조선상고사>, <조선사 연구초>, <을지문덕전>, <이순신전>등을 저술했다.

*독사신론

1905년 을사늑약으로 우리나라는 외교권을 잃는다. 나라가 망해가는 이 시점에 우리의 영웅들을 찾고, 외국의 교훈을 배우며 험난한 시기를 극복하려는 의지를 표출하게된다. 독사신론은 신채호(申采浩)가 1908년 8월부터 2차에 걸쳐 《대한매일신보》에 연재한 미완성 논설로 근대 민족주의 사학의 효시로 평가받는다. 당시 일제의 영향을 받아 조선사학계에 등장하기 시작한 단군부정론과 일선동조론을 불식하고 한국 민족의 역사적 정통성을 일깨울 목적으로 집필되었다.

제 34장
생활, 종교, 문예의 변화

218 의, 식, 주 생활의 변화

1900년에 문관복장 규칙이 반포되었다. 이후 문관의 예복이 양복으로 바뀌면서 이전부터 입어온 한복과 양복이 혼합하게 되었다. 양복은 서양문물을 수용하려는 개화파들이 도입하였고 갑오개혁 이후에 관복과 군복이 신식 양복으로 변화하였다. 이 시기 일반 남성들의 복장은 종전의 바지와 저고리에 새로 마고자와 조끼가 선보여 입게되었다. 개화기 여성들의 복장은 여학생인 경우 개량한복이 교복으로 등장하였고 양장이 유행하였다. 이시기 종전에 입어왔던 장옷과 쓰개치마가 폐지되었다. 음식문화도 변화를 가져왔다. 궁중과 고위 관리층에서는 서양음식이 전래되어 커피, 빵, 케이크 등이 들어왔으며, 중국의 호떡, 자장면, 탕수육과 일본음식인 우동, 어묵, 유부, 단팥죽, 초밥 등이 선보였다. 주거 문화도 개화의 물결에 변화를 가져왔는데 1890년 이후 민간 거주 건축물에 한옥과 양옥을 절충한 건물들이 나타나기 시작하였다. 명동성당. 정동교회. 덕수궁 석조전등 서양식 건물들이 이시기에 건축 되었다.

<핵심정리>

의식주의변화

의생활: 신분에 따른 구별 폐지(두루마기 일반화), 서양식 의복(양복) 도입, 마고자와 조끼 등장, 여성의 장옷과 쓰개치마 폐지

식생활: 겸상과 두레상 보급, 서양 음식 전래(커피, 케이크 등), 중국과 일본 음식 보급

주거 생활: 가옥 규모 폐지, 서양식 건물과 일본식 주택 등장

Tip

219 문학과 예술의 변화

개화기에 문학과 예술 분야에 새로운 변화가 일기 시작하였다. 신소설은 일본에서 통용되는 용어로 대한매일신보의 광고에서 처음 신소설이란 용어가 광고되었다. 이 시기 신소설의 작품으로는 이인직의 혈의누, 이해조의 자유종, 안국선의 금수회의록 등이 있다. 신체시로는 최남선의 '해에게서 소년에게'가 대표적이며 전통시에서 근대시로 넘어가는 과도기적 형태였다. 이밖에 외국문학의 번역물도 작품으로 등장하였는데, 천로역정, 이솝 이야기, 걸리버 여행기, 빌헤름 텔 등이 나와 이 시기 한국인의 서구문학에 대한 이해와 더불어 근대문학이 발달 되었다. 이 시기에는 기독교와 더불어 서양음악이 소개되었다. 창가는 우리말 가사에 서양식 악곡을 붙인 노래로 애국가, 권학가, 학도가 등이 불러졌다. 판소리는 일인 일역의 공연을 하였고, 신재효가 판소리 이론과 평론가로서의 업적을 남겼다. 연극은 신소설을 각색하여 공연하였다. 원각사는 최초의 서양식 극장으로 은세계, 치악산 등을 공연하였다.

<핵심정리>

신소설: 순 한글, 개화와 계몽사상 전파 - "혈의누"(일본식 문체), "금수회의록" 등

신체시: 근대시의 새로운 형식 개척 - '해에게서 소년에게' (최남선, 1908)

외국문학번역: "천로역정"(최초번역서), "이솝 이야기",걸리버 여행기" 등

음 악: 창가(서양식 악곡) 유행, 판소리(신재효 정리)

연 극: 신극 운동으로 최초로 연극 전용 극장인 원각사 설립(서양식 극장) -은세계, 치악산 등 공연

Tip

220 종교계의 변화

우리나라의 전통적 종교는 불교, 유교, 도교 등이 있다. 개화기와 일제 침략 시기에 종교계에는 새로운 방향의 변화를 보여주고 있다. 동학의 3대 교주 손병희가 천도교로 개명하고 동학의 전통을 계승하였고 3.1운동의 중심역할을 하였다. 대종교는 나철 등이 단군신앙을 발전시켜 창시한 종교이다. 대종교는 민족주의적 성향이 강했으며 만주지역에서 항일무장투쟁에 앞장서 중광단과 규합해 대한 정의단으로 개편하에 활동하였으며 이후 김좌진을 맞아 북로군정서로 다시 확대 개편되어 항일투쟁을 전개해나갔다. 불교에서는 한용운이 조선불교유신론을 제창하여 일본 불교의 침투에 맞서 자주성회복, 불교의 미신적 요소를 제거하는 근대적 개혁운동을 전개하였다. 유교에서는 박은식이 유교 구신론을 제창하여 통치자 중심의 사고 극복과 민중 중심의 유교로서 적극적인 종교활동을 하였다. 천주교는 프랑스와 수교하면서 포교의 자유를 획득하여 교육과 언론을 통해 애국계몽운동에 참여하고 고아원. 양로원 운영등 사회 복지 사업활동을 하였다. 개신교는 서북지방을 중심으로 활동하여 교세를 확장하였다. 개신교는 서양의술의 보급, 학교 설립등 근대 문물을 소개하는데 기여하였다.

<핵심정리>

천주교:	프랑스와 수교(1886)이후 포교의 자유 인정, 고아원. 양로원 운영
개신교:	서양 의술과 교육을 통한 선교 사업 전개, YMCA 창립
천도교:	손병희가 동학을 천도교로 개칭하고 동학의 전통성 계승(1905), 교육. 문화 사업 전개, “만세보” 발행
대종교:	나인영(나철) 등이 단군 신앙을 바탕으로 창시(1909), 많은 애국지사 참여, 항일 투쟁 전개
유 교:	박은식의 ‘유교 구신론’ -양명학에 토대를 둔 유교 개혁 추진
불 교:	한용운의 ‘조선 불교 유신론’-조선 불교의 자주성 회복, 근대화 운동 추진

Tip

제 35장

일제의 강점과 민족 운동의 전개

일제 식민 통치 ~ 3.1 운동과 대한민국 임시정부

221 ▌ 일제의 식민지 지배

일제에 대한 우리 민족의 지속적인 항거에도 불구하고 1910년 우리 민족은 국권을 침탈 당하여 일본 제국주의의 식민지 지배를 받게되었다. 일제는 우리 민족의 독립 사상과 문화를 말살하고 우리 민족을 자신들의 노예로 만들려고 하였다. 또 우리의 식량과 원료, 노동력을 제멋대로 약탈하고, 일제 상품과 자본을 우리 시장에 수출하여 이윤을 독점적으로 수탈 하고자 하였다. 일제가 미사여구를 동원하여 표방하였던 각종 식민지정책도 어디까지나 우리 민족의 말살과 수탈을 위한 방편에 지나지 않았다. 일제의 식민지 지배 기간 중 외형으로는 근대적 제도와 시설이 갖추어지고 산업이 발전한 것처럼 보이나 그 실상은 우리 민족을 위한 발전이 아니라 일제의 필요에 따른 발전이었고 수탈을 위한 제도와 시설의 설치에 불과하였다. 이 과정에서 일부 친일파, 친일 대지주와 대자본가는 일제의 식민지 지배 정책에 편승하여 성장할 수 있었지만 민족 구성원 대다수는 점차 몰락하여 갔다. 36년간의 식민지 시기는 일제의 식민지 수탈과 제국주의적 침략과 억압에 맞서 투쟁한 민족 독립 운동의 기간이었다. 우리 민족은 비록 주체적인 역량에 의하여 민족 독립을 쟁취하지는 못하였지만, 줄기찬 반일 투쟁으로 일제의 패망을 앞당기는데 중요한 몫을 했다. 이러한 독립운동 시기는 국권을 회복하는 데에만 국한 된 것이 아니라, 우리 민족의 주체적 발전을 이룬 진보의 과정이었다고 볼 수 있다. 지금까지의 구체제를 청산하고 근대적인 민족 국가를 건설하려는 근대화의 과정과 병행 된 시기였다.

<핵심정리>

조선 총독부의 설치

조선 총독: 입법, 사법, 행정 및 군대 통솔권을 한 손에 쥔 식민 통치의 최고 권력자, 육해군 대장 출신 임명, 일왕에 직속

중추원: 총독의 자문 기관, 이완용, 송병준, 김윤식 등 친일파로 구성, 대한 제국 시기에 관리들을 회유하기 위해 형식적으로 설치

기 타: 억압 기구(행정 기관, 경찰 기구, 재판소 등), 경제 수탈 기구(조선은행, 철도국, 전매국, 임시 토지 조사국 등), 교육 기구(일제의 통치를 찬양하고 선전) 등 설치

지방행정 조직: 도(도지사)-부(부윤)-군(군수)-면(면장, 서기) 등 전국적인 통치체제 구축, 일본인과 친일적 인사로 관리 교체

조선총독부

222 1910년대 헌병 경찰 통치(무단 통치)

일제는 우리 민족의 구국 항쟁을 폭력적으로 진압한 뒤 국권을 강탈하였다. 그 뒤 식민지 지배의 기반을 다지기 위하여 조선총독부를 중심으로 무단통치를 펴 나갔다. 조선 총독은 일본군 현역 대장 중에서 임명되었으며, 입법, 행정, 사법의 전권과 군대 통수권을 장악하여 마치 전제군주처럼 군림하였다. 그 아래의 상급 관리는 극히 소수의 친일파 한국인을 제외하고는 일본인들이 거의 독점하였다. 반면 한국인을 우대한다고 만든 중추원은 이완용, 송병준 등 친일파의 소굴이었으며 그나마 이름뿐인 자문기관에 지나지 않았다. 단지 최하급 관리직에 한국인을 고용하여 식민지 지배의 말단 업무를 수행하는데 이용하였다. 일제는 한국인의 정치적 자유와 권리를 박탈하고 반일 저항을 무력으로 억누르기 위하여 헌병경찰제도를 만들었다. 전국 방방곡곡에 분산, 배치된 헌병경찰과 군대는 막대한 권한을 장악하고 우리 민족을 감시하였다. 뿐만아니라 일반 관리로부터 학교 교원에 이르기까지 제복을 입히고 칼을 차게하여 공포 분위기를 조성하였다. 또한 일제는 인간의 기본권조차 무시한 각종 잔혹한 악법을 만들었다. 한국인의 정치집회를 모두 금지하였고 모든 단체를 강제로 해산하였다. 민족적 색채를 띤 신문과 잡지의 발행을 금지하고, 어용 신문과 잡지만을 발행토록 하였다. 이리하여 한국 민중은 가장 중요한 기본권인 언론. 출판. 집회. 결사의 자유를 박탈당하였다. 심지어 근대 사회에서는 있을 수 없는 전근대적 악법인 태형제도를 그대로 시행하였다. 헌병과 경찰은 어떤 법적 절차도 거칠 필요없이 제멋대로 형을 가할 수 있도록 하여, 최소한의 기본적 인권조차 무시하였다. 일제는 무단통치를 배경으로 한국인의 민족의식과 독립사상을 말살시키고 한국인을 일본인으로 동화시키려고 획책하였다. 많은 사립학교들은 일제의 간섭과 통제를 심하게 받았고 강제로 폐쇄되는 경우가 많았다. 학교에서는 한글 대신에 일본어를 공용어로 사용하였으며 한국의 역사와 지리 교육은 아예 금지당하였다. 일제의 동화정책은 식민지 노예를 육성하려는 것이었다.

<핵심정리>

배 경: 치안 확보의 구실, 식민 지배의 기초 조성

목 적: 무력을 앞세워 공포심을 조장함으로써 한국인의 저항을 누르려는 의도

내 용: 군인인 헌병을 배치하여 경찰 업무 수행 -즉결 처분권 행사, 정식 법 절차나 재판을 거치지 않고 벌금이나 구류 부과, 갑오개혁 때 폐지되었던 태형 부활

223 1920년대 민족 분열 통치(문화 통치)

3.1 운동에서 표출된 전민족적인 항일 의지는 일제의 식민지 지배에 타격을 가하였다. 이에 위협을 느낀 일제는 종래의 노골적인 무단 통치를 철회하고 이른바 '문화통치'를 표방하는 새로운 식민지 정책을 내세우지 않을 수 없었다. 일제는 문화통치를 통해 표면상으로 억압을 완화하고 어느정도 자유스러운 분위기를 허용하는 것처럼 꾸몄다. 그러나 이는 민족을 이간하고 분열시키며 가혹한 식민통치의 실상을 은폐하려는 기만정책에 지나지 않았다. 일제는 종래 일본군 현역대장을 조선 총독으로 임명하던 것을 개정하여 문관도 그 자리에 임명할 수 있도록 하였다. 또 헌병 경찰제를 보통 경찰제로 전환하고 관리와 교원들이 제복을 입고 칼을 차던 것을 그만두게 하였다. 심지어 지방자치를 실시하고 조선인에게도 참정권을 부여할 것처럼 법석을 떨었다. 한편 일제는 조선일보, 동아일보, 개벽 등 한글 신문과 잡지의 발행을 허가해주고, 집회와 결사의 자유를 허용하였으며 교육의 기회도 다소 확대하였다. 그러나 이는 허울좋은 구호에 불과한 것이었다. 먼저 조선 총독의 경우 일제 패망 때까지 문관 출신은 단 한명도 임명되지 않았다. 또한 말로는 보통경찰제도를 실시한다는 것이었지만 경찰의 수와 장비, 그리고 유지비는 3.1 운동 이전보다 수 배 늘어났고 오히려 악명 높은 특별고등경찰을 신설하고 조선인 밀정을 증가시켜 곳곳에 배치하였다. 한글 신문과 잡지의 발행이나 집회, 결사도 철저한 검열과 통제를 거쳐야 했다. 일제의 지배정책에 조금이라도 거슬리면 가차없이 삭제. 압수. 정간. 집회 금지를 당하였다. 일제는 처음부터 우리 민족에게 참정권을 주려는 의도는 조금도 없었다. 새로이 만든 부. 면. 도 협의회는 친일파를 끌어모으기 위한 형식적인 자문기관에 불과하였다. 이것은 민족 독립을 요구하는 민중의 반일 감정을 악화시키고 궁극적으로는 독립운동을 포기하게 만들기 위한 것이었다.

<핵심정리>

배 경: 3.1 운동을 계기로 헌병 경찰 통치 대신에 문화 통치 제시

목 적: 표면적으로 조선인의 문화 창달과 민력 증진 도모를 내세움 -실제로는 조선인의 불만을 달래려는 일제의 기만적인 술책

내 용: 문관 출신 임명 약속: 실제 일제가 패망할 때까지 모두 현역 군인 출신을 임명
언론. 출판. 집회의 자유를 부분적으로 허용 -일제의 식민 지배를 인정하는 범위 내에서만 허용
한글 신문 간행 허용-조선일보와 동아일보 등 민족 계 신문의 발행 허용, 철저한 검열제도를 통해 기사 삭제, 정간, 폐지 등 자행
보통 경찰제 시행-경찰 관서, 경찰 인원, 경찰 비용 등 증가, 치안 유지법 제정

결 과: 우리 민족을 이간, 분열시키는 효과 - 이광수를 비롯한 일부 변절자의 민족성 개조, 자치 운동 등 주장

Tip

224 1930년대 이후 민족 말살 통치

일본은 미국에 의해 개항된 이후 1920년대까지 발전을 하게된다. 그러나 1929년 세계 대공황이 발생한 후 경제적 어려움에 봉착하게 된다. 미국과 유럽은 확보한 식민지블록을 통해 대공항 문제를 해결하려고 했으나 일본은 그렇지 못했다. 결국 일본은 수요보다 공급이 많아 남는 제품들을 전쟁을 통하여 강제로 해결 하려고 하였다. 1931년 만주 사변, 1937년 중.일 전쟁, 1941년 태평양전쟁이 터지게 된다. 전쟁을 수행하기위해 부족한 인력을 충당하기 위해 조선인들의 일본인화를 위해 황국 신민으로 만들고 조선과 일본은 조상이 같다며 창씨개명을 시키고 황국 신민의 서사를 암송토록 했다. 조선어는 사용하지 못하도록 했다.

<핵심정리>

배 경: 대공황 극복을 위한 일제의 대륙 침략 -조선에 대한 식민 지배 강화. 노동력. 자원 수탈 심화

내 용: 사회주의 사상 통제, 황국 신민의 서사 암송 강요, 궁성 요배와 신사 참배 강요, 조선어 사용 금지, 한글 신문과 잡지 폐간, 소학교의 명칭을 '황국 신민의 학교'라는 뜻의 '초등학교'로 바꿈, 일본식 성명 강요, 내선 일체와 일선 동조론 강조

일제의 의도: 조선 민족 말살, 조선 민중의 일본인화 -침략 전쟁에 이용하려는 목적

Tip

225 일제의 경제 수탈 - 토지조사 사업

일제의 식민지 지배에서 가장 중요한 비중을 차지했던것은 경제적인 수탈이었다. 일제는 한국을 강점한 뒤 농업, 상업, 공업 등 경제 각 부문을 수탈하기에 적합한 식민지 경제제도로 개편하여갔다. 그 가운데서도 이 당시 일제 수탈의 초점은 농업이었다. 일제는 자국 내에서 인구의 과잉과 식량의 부족으로 줄곧 곤란을 당해왔기 때문이다. 일제는 한국을 강점하기 전부터 한국의 토지를 강제로 빼앗아 일본 농민을 이주시키는 방안을 추진해 왔다. 따라서 러.일 전쟁을 계기로 한국을 식민지로 만들려는 작업을 본격화한 뒤 불법적 수단을 동원하여 토지 약탈을 자행하였다. 일제는 한국을 강점하자마자 이른바 토지조사사업이라는 명목으로 본격적인 토지 약탈에 나섰다. 전국의 토지를 측량하여 근대적 소유권이 인정되는 토지제도를 확립한다고 선전하였으나, 일제의 실제 의도는 토지 수탈에 적합한 법적 제도를 마련하는데 있었다. 이 사업은 일제 관헌과 일부 한국인 지주들을 중심으로 추진되었으며 까다로운 신고절차를 마련하여 절차를 제대로 밟지못한 농민들의 토지를 주인이 없다는 핑계로 총독부가 차지하였다. 또 왕실과 각종 국가 기관의 소유지, 기타 마을의 공유지도 대부분 몰수하였다. 이리하여 총독부는 한국 최대의 대지주가 되었다. 약탈된 토지는 동양척식주식회사를 통하여 일본인 농업회사나 일본인 이민자에게 헐값으로 불하되었다. 이리하여 한국 농민의 희생위에 일본인 지주의 토지 소유와 농촌 지배가 전국 곳곳에서 이루어졌다. 총독부는 이 사업을 통하여 토지세를 올림으로써 식민지 지배를 위한 재원을 확충하였다. 지주들은 토지세를 소작 농민들에게 전가하였기 때문에, 세금이 증가한만큼 소작농민의 부담은 늘어났다. 또한 이사업은 종래 농민들이 가지고 있던 토지 경작권을 권리로 인정하지 않고 지주의 토지소유권만을 그대로 인정해주는 것이었다. 따라서 많은 농민들은 토지에 대한 권리를 잃었으며 더욱 불리한 입장에서 지주와 소작 계약을 맺게 되었다. 토지조사사업은 일제뿐만 아니라 한국인 지주에게도 유리하게 전개되었다. 일제는 한국인 지주들을 일제의 편으로 끌어들이고 식민지 통치를 안정시키려 하였다. 토지 조사사업으로 토지는 점차 동양척식주식회사, 일본인 지주, 한국인 지주에게로 들어갔고 그에 비례하여 한국 농민은 토지를 상실하고 몰락하여 갔다.

<핵심정리>

토지 조사 사업(1912~1918)

목 적: 토지 소유권의 법적 확정을 통한 지세의 안정적 확보,
일본인의 토지 투자 기반 조성

과 정: 임시 토지 조사국 설치, 토지 조사령 공포(1912) -조선 총독이 정한 기간에 신고한 토지만 소유자로 인정
-공공 기관에 속해 있던 토지, 마을 또는 집안의 공유자로 명의상의 주인을 내세우기 어려운 토지 등을 조선 총독부가 차지

결 과: 농민의 토지 상실: 신고하지 못한 농민은 소유지를 잃고 소작농으로 전락
소유 관계 불분명 토지 총독부 소유화: 조선 총독부 재정수입 증가
일본인 토지 소유의 심화: 조선 총독부가 강탈한 토지를 동양척식주식회사와 일본인 지주에게 헐값으로 불하
조선 농민 몰락: 지주의 소유권 옹호, 관습상의 경작권이나 영구 임대 소작권 등 본래 소작 농민의 권리 불인정, 만주나 연해주 등지로 이주하는 농민 증가

Tip

<더 알아보기>

동양척식주식회사

(東洋拓殖株式會社, Oriental Development Company)

1908년 일본이 조선의 경제를 착취하기위하여 설립한 회사로 땅을 싸게 구입하여 모은 다음 일본 이주민들에게 싸게 매도하여 나누어주는 일을 목표로 삼았다. 그 이유는 식민지를 안정적으로 유지하기 위해서이다. 동양척식회사는 일제가 조선을 강점한 후 한국농민 수탈에 앞장섰으며 토지조사사업을 통해 확보한 땅을 운영하면서 치밀하게 식민지 사업을 벌여 나갔다.

동양척식주식회사

226 산미 증식 계획(1920~1934)

일제는 서구 열강이 제1차 세계대전에 몰두하고 있는 틈을 타, 아시아와 그 외의 지역에 본격적으로 진출하여 급속한 자본주의적 발전을 이룩하였다. 그러나 전쟁이 끝나고 서구 열강이 다시 세계 시장에 뛰어들자 일제는 타격을 입고 오랜 불황의 늪에 빠지게 되었다. 또한 자본주의가 성장하고 도시 인구는 급격히 증가하는데 농업 생산은 이에 따르지 못하고 정체 상태에 빠져 있었기 때문에, 일본의 쌀 부족 현상은 심각한 사회 문제로 부각되었다. 따라서 일제는 한국에서의 식량 수탈을 강화하는 한편, 한국 시장에 일제의 상품과 자본을 적극적으로 침투시켰다. 1920년부터 15년 계획으로 추진된 이른바 산미증식계획은 한국 농촌에서 쌀 생산을 증가시켜 이를 수탈하여 일본의 쌀 부족 현상을 해결하려는 것이었다. 이는 한국 농촌의 실정을 무시한 무리한 계획이었기 때문에 당초 계획했던 증산량을 달성하지 못한 채 중단되고 말았다. 그러나 한국 농촌에서 증산된 양보다 훨씬 많은 양의 쌀을 강제로 수탈해 감으로써 일본의 식량 문제는 어느정도 해결되었다. 반면 한국은 식량 부족으로 허덕이게 되었고, 한국 민중은 만주의 좁쌀이나 질이 나쁜 동남아 산 쌀을 수입하여 먹는 처지가 되었다. 산미증식계획은 총독부의 주관아래 일본인 지주와 한국인 대지주를 중심으로 추진되어 이들을 살찌우고 한국 민중을 열악한 처지로 몰아넣었다. 예를 들면 이들 지주들은 쌀 생산을 늘리기 위해 들어간 수리조합비, 비료대금 등 각종 경비와 노역을 농민들에게 부담시킴으로써 자신들은 별다른 노력을 기울이지 않고 증산의 효과를 고스란히 누렸다.

<핵심정리>

배 경: 제1차 세계 대전 중 전쟁 물자 판매를 통한 일본 경제의 호황 -농민들의 도시 이주 - 일본의 쌀값 급등, 일시적인 식량 부족 사태 발생

목 적: 일본 내의 부족한 쌀을 조선에서 안정적으로 확보하여 식량 문제 해결

방 법: 우리나라의 토지와 수리 시설, 종자 등의 개량을 통한 식량의 대폭 증산 -일본으로 반출량 확대

Tip

결 과:	농민 몰락 심화: 종자 개량, 수리 시설 개선 등 증산을 위한 비용을 농민이 부담 우리나라의 식량 사정 악화: 일제가 증산된 양보다 더 많은 쌀을 일본으로 가져감, 부족해진 식량을 만주에서 들여온 잡곡 등으로 보충
산미 증식 계획 중단:	1930년 일본의 쌀값 하락과 일본 국내의 반발로 중단

Tip

227 일본 자본의 조선 지배

1920년대 일본 자본이 본격적으로 한반도에 상륙하게 된다. 한반도에 일본 자본이 들어오는데 있어 장애물을 제거하는데 이른바 관세 폐지이다. 일제는 토지약탈과 더불어 산업을 통제하고 자원을 수탈하였다. 회사를 설립할 경우에는 반드시 총독의 허가를 받도록 하여 한국인 회사의 설립을 억제하고 일본인 회사의 설립을 도와주었다. 그나마 한국에 설립된 각종 일본인 회사는 한국의 발전을 도왔다기보다는 각종 철도, 항만, 통신, 도로개발 등도 수탈을 좀 더 능률적이고 편리하게 하기위한 부대시설에 불과하였다. 한편 일제는 제1차 세계대전을 통하여 벌어들인 자본을 한국에 투자하여 거기에서 생긴 이윤을 수탈하여 갔다. 당시 한국에는 일본 자본과 경쟁할 만한 기업이 거의 없었을 뿐 아니라 한국은 노동력이 풍부하고 노동 임금이 쌌기 때문에 일본 자본가들에게는 더없이 좋은 시장이었다. 따라서 일본인 회사는 급격히 늘어났고 그 생산액도 급격히 증가하였다. 언뜻 보기에는 한국의 전 산업은 상당히 발전하는 것처럼 보였으나 사실상 대단히 기형적이고 파행적인 형태로 진행되었다. 공업의 대부분은 농산물 약탈과 관련된 식료품 가공업에 치중되었다. 즉 우리 민족을 위한 산업의 발전이 아니라 일제의 필요에 따른 발전이었고 수탈을 위한 것에 불과하였다. 이러한 회사와 시설을 통하여 전국 각지의 광대한 임산물, 수산물, 광산물이 일본으로 반출되었다.

<핵심정리>

과 정: 회사령 제정(1910),
회사령 폐지(1920): 일본 기업의 한국 진출 용이 목적
일본 상품의 관세 철폐(1923): 일본 상품 수입증가, 국내 기업 몰락
신은행령 발표(1927)

결 과: 일본인 자본 비중의 확대, 일부 조선인 기업의 성장(김성수의 경성 방직 주식회사), 평양 메리야스 공장

Tip

228 농촌 진흥 운동(1932)

세계 대공황의 여파로 한국 농촌은 농산물 가격 폭락 등이 계속되어 조선 농민들의 삶이 악화되었다. 이에 소작쟁의가 극심해지고 사회주의 세력이 농촌에 침투하여 적색 농민조합운동이 확산되었다. 일제는 조선 농민 회유책의 일환으로 1932년부터 관제 운동인 조선 농촌 진흥운동을 실시하였다. 그 내용으로는 춘궁퇴치, 차금(借金) 예방을 위해 자작 농지 설정사업 및 소작조정령을 제정하고 1933년 농가경제 갱생계획을 발표하였다. 또한 1934년 조선 농지령을 발표하여 농민의 소작권을 3년간 보호하는 규정을 마련하였다.

<핵심정리>

배 경: 대공황으로 농민층 몰락 -농민의 '자력갱생'을 내세워 농촌 진흥 운동 추진

결 과: 농민의 권익 신장이나 자립 지원 보다는 정신 운동 위주로 추진 -일제의 통제 강화, 소작 쟁의 억제

Tip

229 병참 기지화 정책

일본 대기업들의 경제 침략은 대공황으로 극심한 타격을 받은 1930년에 한층 강화되었다. 이것은 모두 일제의 전쟁 수행을 위한 것이었고 한반도의 경제를 식민지 경제체제로 철저히 예속시키기 위한 것이었다. 일제가 자국내의 공업 원료를 충당하기위해 남면북양 정책을 강제하였는바 이는 세계 공항에 대처하기 위해 전쟁 외에 경제적으로 남쪽에는 면화를 생산케 하고 북쪽에는 양을 키우도록해서 양털을 확보하겠다는 것. 이러한 것들은 일본이 전쟁을 수행하는데 필요한 군수 물자를 제공하는데 그 목적이 있다. 이러한 것을 병참기지화정책 이라고 한다.

<핵심정리>

배 경: 대공황(1929) - 군부 세력의 실권 장악 -만주 사변(1931), 중. 일 전쟁(1937), 태평양 전쟁(1941)

목 적: 전쟁 물자의 효율적 생산과 안전한 수송

내 용: 남면북양 정책, 식민지 공업화 정책, 각종 세금 신설, 위문품 모집, 국방 헌금 강요, 각종 물자 징발 등

중일전쟁

만주사변

태평양 전쟁

230 인적 자원 수탈

1937년 중일전쟁을 일으킨 일제는 전시 산업체제를 서두르면서 중요산업통제법을 조선에도 적용시켜 군수. 중화학 분야에서 공업화를 꾀했다. 일본 독점자본은 식량, 의복, 병기, 탄약 등 전쟁에 필요한 군수산업에 집중적으로 진출했다. 일부 조선인 자본가들도 일제에 적극 협력하여 기업을 확장하거나 새로운 기업을 만들어 돈을 벌었다. 이들은 그 대가로 국방헌금을 내고 여러 친일단체의 간부를 맡는 등 일제의 침략전쟁을 도왔다. 일제는 전쟁이 막바지에 이르자 모자라는 전쟁 인력을 채우려고 1938년 '육군특별지원병제'를 실시했고 1943년에는 '학도지원병'제를 실시하여 전문학교이상 학생들을 전쟁터로 강제 연행했다. 1944년에는 징병제를 실시하여 불과 1년여 동안 20여만 명의 조선 청년을 침략전쟁의 총알받이로 끌고 갔다. 일제는 조선인에게도 일본인과 차별없이 황군 지원을 허가한 듯이 선전했지만 그것은 강제징병이었다. 일제는 또 부족한 노동력을 보충하려고 1939년 국민징용령을 실시했다. 1939년~1945년 사이에 강제 동원된 조선인은 113~146만 명으로 이들은 주로 탄광과 금속광산, 토건공사, 군수공장 등에 투입되었다. 태평양전쟁이 시작되자 일제는 중학생은 물론 초등학생까지도 강제 동원하여 군사시설 공사에 투입했다. 전쟁 막바지인 1944년 8월에는 '여자정신대근무령'을 만들어 12세에서 40세까지의 여성 수십만 명을 강제로 군수공장과 전쟁터로 보내졌으며 '군위안부'라는 이름의 일본군 성노리개로 이용되다가 포화속에 숨져갔다. 일제는 자원 수탈에도 박차를 가하여 집 안의 놋그릇은 물론 학교의 종까지도 빼앗아 가는 동시에 조선 민중에게 위문 금품과 국방헌금을 강요했다. 1939년에는 식량 공급과 공출제를 실시하여 전시 군량미 확보에 열을 올렸다. 1940년 이후 일제는 쌀과 잡곡을 포함한 전체 생산량의 40~60% 이상을 강제 공출로 빼앗아 갔다.

<핵심정리>

배 경:	일제가 중.일 전쟁 이후 국가 총동원법 제정 (1938)
침략전쟁에 강제 동원:	전쟁 물자의 효율적 생산과 안전한 수송
노동력 강제 징발:	국민 징용령(1936) -탄광, 철도 건설 현장, 군수 공장 등에 강제 징발
여성의 강제 동원:	여자 정신 근무령(1944), 일본과 조선 군수 공장에서의 강제 노역, 전쟁터에서 '일본군 위안부'로 동원

Tip

Tip

일본군 위안부

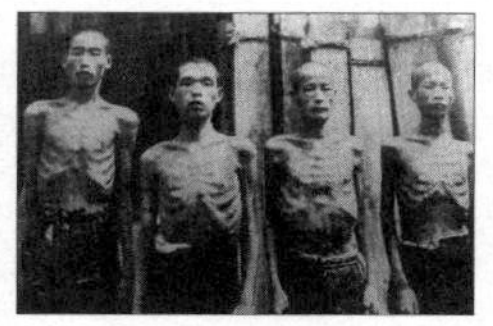
강제 징용

<더 알아보기>

국가 총동원법(國家總動員法)(1938)

1938년 일제가 인적. 물적 자원의 총동원을 위해 제정. 공포한 전시 통제의 기본법으로 일제가 저지른 전쟁에 활용하겠다는 의도로 만들었다. 강제로 남자들을 끌고가 노동력을 수탈하는 징용, 남자들을 강제로 군대에 끌고 가는 징집(징병), 여자들을 일본 군대의 성노예로 만드는 일본군 위안부 등과 강제로 쌀을 빼앗아 군량미에 사용하고 나머지는 나누어 주는 공출제도 등 일제의 악랄한 만행은 오늘날까지 일본의 진정한 사과 없는 태도로 일관하여 한. 일 간 의 경직된 외교관계를 가지게 되는 원인이 되고 있다.

제 36장

1910년대의 민족 운동

231 국내 항일 비밀결사 활동

일제에 의한 국권 피탈을 전후하여 많은 의병부대가 만주, 연해주 등에 이동하였다. 여기에서 새로운 의병 근거지를 만들고 국내진입작전을 전개하였다. 항일 비밀결사 활동의 대표적인 단체로서 대한 광복회와 독립의군부가 있다. 또한 평양의 숭의여학교 교사와 학생이 결성한 송죽회(1913)와 윤상태, 서상일 .이시영 등이 중심이 된 조선국권회복단(1915), 조선국민회(1915), 자립단(1915) 등의 항일 비밀결사 운동 단체가 활동을 하였다.

<핵심정리>

Tip

시대 상황: 일제가 안악 사건과 105인 사건 조작 -신민회 해체

국내 비밀 결사 운동

독립 의군부(1912): 임병찬이 고종 황제의 비밀 지령을 받아 조직 -복벽주의 이념에 따라 고종을 복위시키려고 의병 전쟁 계획 -조직이 발각되어 해체

대한 광복회(1915): 의병 계열과 애국 계몽 운동 계열의 비밀 결사들이 통합하여 결성(총사령 박상진, 부사령 김좌진) 공화 정치 지향, 만주에 독립군 기지 건설, 사관학교 설립, 군자금 마련, 친일파 처단 -일제 경찰에 발각되어 해체(1918) 조직원 일부가 만주에서 무장 독립 투쟁 전개

232 국외의 독립 운동

빼앗긴 국권을 되찾기 위해 국외에서도 독립운동을 위한 노력은 계속 되었다. 만주, 연해주 지역에 항일독립운동의 거점을 마련하고 이를 바탕으로 민족 산업을 육성하며 민족교육을 실시하였다. 또 한편으로는 군사력을 양성하여 무장 독립전쟁의 수행을 통하여 독립 운동을 펼쳤다.

<핵심정리>

만 주: 북간도: 간민회, 중광단, 서전서숙(이상설), 명동 학교(김약연) 등 설립
서간도(남만주): 신민회가 주도하여 독립운동 기지 건설, 삼원보 개척 -경학사, 부민단, 신흥학교(신흥 무관 학교로 개편, 독립군 양성)

연해주: 블라디보스토크의 신한촌: 권업회(1911)- 대한 광복군 정부(1914) 수립, 전로 한족회 중앙 총회(1917), 대한국민 의회(1919) 등
활동: 민족 교육, 민족지발간, 무장 투쟁 준비, 독립운동의 새로운 방향 모색

기 타: 상하이: 신규식과 여운형 등이 신한청년당 조직
미주 지역: 대한인 국민회(1909, 자금을 모아 만주와 연해주의 독립운동 지원), 대조선 국민 군단(화와이, 박용만), 숭무 학교(맥시코)
밀산부: 소련과 만주 접경지대인 밀산 한흥동에 집단 한인촌 건설 (이상설. 이승희)

Tip

서전서숙

Tip

<더 알아보기>

대한독립 의군부(大韓獨立義軍府) (1912~1914)

1910년대 일제의 무단통치 시기에 비밀결사 활동을 주로 하게 된다. 독립 의군부는 전라도 지역에서 활동을 하게 되는데, 고종의 밀명을 받고 조직된 독립운동 단체다. 유생 의병장인 임병찬이 주도하였으며 옛날 황제체제로 돌아가자는 복벽주의를 표방했다. 조선 총독부와 일본 정부에 국권반환요구서를 제출하였으며, 전국적인 의병봉기를 계획하였으나 사전에 발각되어 실패하였다.

<더 알아보기>

대한광복회(大韓光復會) (1915)

전라도 지역에서는 독립의군부가 활동하는 반면에 경상도 지역에서는 대한 광복회가 활동하였다. 대한광복회는 박상진이 주도하였다. 총사령관 박상진. 부사령관 김좌진 등을 중심으로 재무부와 선전부를 설치하고 각 도에 지부장을 두었고 서울. 인천. 대구. 경주에 연락 사무소를 설치하였고, 만주 지부도 설치하였다. 독립의군부가 복벽주의를 표방한 반면 대한광복회는 공화정을 표방한다. 대한 광복회는 무장투쟁 조직이며, 친일 부자들을 처단하고 재물을 빼앗아 군자금을 확보하여 만주지역에 학교를 세우려는 계획을 가지고 있었다.

233 3.1 운동(1919)

우리 민족은 일제의 무단 통치로 심한 타격을 받았지만, 국내외의 줄기찬 항일 운동을 통하여 투쟁 역량을 길러 왔다. 게다가 식민 통치의 억압과 가혹한 수탈로 피해를 본 농민, 노동자, 상인, 지식인, 청년, 학생 등 식민지 민중의 반일 감정은 고양되어 있었다. 이때 제1차 세계대전이 끝나고 전후 문제 처리를 위한 파리강화회의에서 윌슨의 민족자결주의가 제창되었다. 이 원칙의 의미는 소수 민족의 의사를 존중하여 독립과 영토의 보존을 보장한다는 것이었기 때문에 우리 민족의 기대는 한껏 부풀었다. 또한 러시아 혁명으로 국제 사회에 혁명적 정세가 일기 시작하자 우리 민족 내부에서는 식민 통치를 청산하고자하는 열망이 높아졌다. 이러한 국제 정세에 가장 먼저 반응한 세력은 해외 독립운동가들이었다. 미주와 상하이, 연해주 등지의 독립 운동가들은 파리강화회의에 기대를 걸고 대표 파견을 시도하였으며, 상하이의 신한 청년단은 선우혁을 파견하여 국내의 시위운동을 촉구하였다. 한편, 국내외 천도교. 기독교 인사들은 세계정세와 해외 독립운동가들의 활동에 고무되어 어떠한 방식으로든지 독립의 의사를 표방하려고 암암리에 모의하였다. 1919년 1월 고종이 일제에 의해 독살되었다는 소문과 함께 반일 기운은 한층 고조되었다. 이때 일본에 유학하고 있던 한국인 남녀 4백여 명은 일제의 심장부인 도쿄에서 독립을 요구하는 선언서와 결의문을 선포하였다(1919.2.8). 학생들의 독립 시위운동은 국내의 민족 대표와 청년 학생들에게 충격을 주었으며 국내 만세 시위운동의 준비에 불을 당겼다.

<핵심정리>

배 경

국제 정세: 러시아 혁명(1917, 레닌이 식민지의 민족 해방 운동을 지원하겠다고 선언), 제 1차 세계대전 종결(1918, 미국 대통령 윌슨이 민족 자결주의 원칙 제시) 독립을 위한 움직임

미 주: 대한인 국민회 -파리 강화 회의에 대표 파견 계획, 외교 활동 전개

상하이: 여운형 중심의 신한청년당 -김규식을 파리 강화 회의에 파견

만 주: 39명의 민족 지도자 -대한 독립 선언서 발표

일 본: 도쿄의 한국 유학생들 -2.8 독립 선언서 발표, 조선의 독립 주장

태화관

전 개

독립 만세 운동 준비: 고종 황제의 서거 이후 천도교, 기독교, 불교 등 종교계 인사들과 학생들이 합세

Tip

234 3.1 운동의 확산

3월1일 서울을 비롯한 7개 도시에서 3.1 운동의 횃불이 타오르기 시작하였다. 3월 상순에는 전국 주요 도시지역과 북부 지방의 농촌을 중심으로 운동이 전개되었다. 일제는 시위 첫날부터 헌병, 경찰은 물론 소방대까지 동원하여 무자비한 탄압을 계속하였으나 독립 만세의 함성은 더욱 커져만 갔다. 3월 중순이 되자 만세시위운동은 들불처럼 전국 각지로 퍼져나가고, 산간벽촌에 이르기까지 독립 만세의 함성이 메아리쳐갔다. 5월 말까지는 2백여 만 명의 사람들이 1500여회의 만세시위에 참가하는 등 거족적 민족 운동으로 발전하였다. 운동이 지역적으로 확산되는 동시에 시위에 참가하는 계층도 확대되고 시위 형태도 다양해졌다. 종교인. 교사. 학생뿐만이 아니라, 노동자. 농민. 상인. 관공인. 양반 유생 등 각계각층이 적극적으로 참여하였다. 노동자는 파업하고 상인은 철시하고, 학생들은 동맹 휴학, 자진 퇴교를 하는 등 각자 처한 상황에 따라 다양한 방법을 동원하여 일제와 투쟁하였다. 농민을 중심으로 한 민중은 헌병주재소, 경찰관서, 면사무소 등을 습격, 파괴, 방화하였으며, 일제 관공리를 처단 하였다. 한국 민중이 이처럼 적극적으로 투쟁을 벌이게 된 일차적인 원인은 일제의 폭력적 수탈과 억압에 있었다. 일제는 민중을 혹사하였고 생존의 기반인 토지, 어장. 시장으로부터 민중을 몰아냈으며, 나아가 정당한 요구를 하며 평화 시위를 벌이는 민중에게 무차별 총격을 가하거나 총검. 갈고리 등으로 사람을 난자하여 인명을 살상하였다. 게다가 학교. 교회. 촌락을 방화, 파괴하였으며, 무고한 사람들을 고문하여 불구로 만들거나 목숨을 앗아가는 등 눈뜨고 볼 수 없는 만행을 저질렀다.

<핵심정리>

1단계: 점화 단계 -독립 선언서 제작. 배포. 서울에서 만세 시위 전개. 비폭력주의 표방

2단계: 도시 확산 단계 -전국 주요 도시로 확산, 학생뿐만 아니라 교사. 상인. 노동자 등도 참여하는 민족 운동으로 발전

3단계: 농촌 확산 단계 -농민 참가, 일제의 무자비한 탄압에 맞서 무력 저항으로 성격 변화 (식민 통치기관 파괴, 친일 지주 습격 등)

Tip

235 3.1 운동의 의의와 영향

식민지 민중은 일제의 수탈과 잔학한 행위를 몸소 경험하면서, 독립 만세를 외치는 것만으로는 결코 독립을 이룰 수 없으며 우리 힘으로 강도 일본을 쳐부숴야만 비로소 독립을 달성할 수 있고 생존할 수 있음을 깨닫게 되었다. 따라서 초기의 만세 시위 중심의 운동에서 벗어나 일제 타도를 위한 무력 투쟁으로 발전하여 갔다. 3.1 운동은 민족 독립을 즉각적으로 쟁취 하는데에는 실패하였지만 민족 해방 운동사에 중요한 성과를 남겼다. 소수의 친일파, 예속 자본가와 친일 대지주를 제외한 민족 구성원 대다수가 민족 독립을 위해서 각자의 이해를 초월하여 대동단결하였다. 민중은 특히 3.1운동의 전 과정에서 두드러진 활약을 하였다. 반면 민족 대표의 역할이 기대됐음에도 불구하고 그들은 운동을 계속 지도하지 못하고 일제 경찰에 자수하고 말았다. 이와 달리 민중은 일제의 탄압에 굴하지 않고 각지역 운동의 최선두에서 용감하게 싸움으로써 이후 민족 해방운동에서 실질적인 주체로 부상하는 계기를 마련하였다. 3.1운동을 통하여 정치의식도 비약적으로 발전하였다. 왕조 체제와 같은 군주제가 부정되고, 새로이 건설할 민족 국가는 근대적인 민주공화제 이어야 한다는 민족적 합의가 이루어졌다. 또한 외세의 도움으로 민족 해방을 달성하겠다는 외교론적인 대외 의존적 자세는 헛된 기대에 불과하다는 점을 깨닫고 우리 힘으로 일제를 타도하고 민족 해방을 성취해야겠다는 결의를 다지게 되었다.

<핵심정리>

식민통치 정책의 변화:	헌병 경찰 통치 - 민족 분열 통치 (이른바 문화 통치)
독립운동의 활성화:	도시 확산 단계 -전국 주요 도시로 확산, 학생뿐만 아니라 교사. 상인. 노동자 등도 참여하는 민족 운동으로 발전
독립운동의 조직화:	각지에 임시 정부 출현 -통합 정부로서 민주공화제의 대한민국 임시 정부 수립
세계 약소민족의 반제국주의 운동에 영향:	중국의 5.4 운동, 인도의 비폭력. -불복종 운동 등

3.1운동

Tip

236 대한민국 임시정부 수립

3.1 운동 전후로 국내외에서 여러 임시정부가 수립되었다. 연해주 지방에서 대한국민의회가 중국 상하이에서는 신한청년당을 중심으로 대한민국 임시정부가, 국내에서는 한성정부가 수립을 공포하였다. 이외 조선민국 임시정부와 신한민국 임시정부 등이 수립되었으며, 국내에서 수립된 한성정부의 법통을 인정하고 상하이에 통합 임시정부를 수립하기에 이르렀다. 통합된 임시정부는 무장투쟁론, 외교독립론, 사회주의 이념이 결합하여 성립되었고 최초의 민주공화제 정부로 삼권분립 체제로 대통령에 이승만 국무총리에 이동휘가 임명되었다.

<핵심정리>

정부 수립 운동:	3.1 운동 이후 여러 지역에서 임시 정부 수립
연해주:	대한 국민 의회(1919.3.17) - 독립 선언식 기행 대통령에 손병희 추대
상하이:	대한민국 임시 정부(1919.4) - 민주 공화제 정부, 국무총리에 이승만 추대
국내:	한성 정부(1919.4) -집정관 총재에 이승만, 국무총리에 이동휘 추대
통일 정부 수립 운동:	각지에 분산된 정부의 통합 도모 -조직적이고 체계적으로 독립 운동을 지도할 필요성 대두
임시 정부 간의 통합 논의:	한성 정부의 법통을 계승하고 연해주와 상하이의 임시정부 통합, 외교 활동에 유리한 상하이에 정부를 두기로 합의
통합 정부 출범:	상하이에 대한민국 임시정부 수립(1919. 9.)
정치 체제:	우리나라 최초의 삼권분립에 입각한 민주 공화제 정부, 대통령. 국무총리체제(대통령에 이승만, 국무총리에 이동휘 임명)

Tip

237 대한민국 임시정부의 활동

임시정부의 초기 활동으로 군자금 모금활동을 하였고 연통제와 교통국을 운영하였으며 중요한 역할을 하였다. 만주에서는 이륭양행이 부산에서는 백산상회가 군자금 및 각종 정보 등의 전달 경로의 역할을 담당하였다. 외교활동으로 파리강화회의에 김규식을 대표를 파견하여 독립청원서를 제출하였고, 워싱턴회의 등 각종 국제회의에 독립운동을 청원하였다. 이승만은 구미위원부를 설치하여 독립을 위한 외교활동을 전개하였다.

<핵심정리>

연통제 조직:	국내의 도. 군. 면에 설치된 비밀 행정 조직. 정부 문서와 명령 전달, 군자금 조달, 정보 보고 등의 업무 담당. 안창호의 제안으로 업무가 시작되었는데 임시정부에 대한 선전. 통신 연락. 자금 모금 등으로 독립운동에 크게 기여하였다.
교통국 조직:	국내외 정보 수집과 분석, 독립운동 자금 모집 등
독립운동 자금 조달:	독립 공채 발행, 국민 의연금 등 -연통제와 교통국 등의 조직망을 통해 임시 정부에 전달
무장 투쟁 전개:	광복군 사령부, 광복군 총영, 육군 주만 참의부
외교 활동 전개:	김규식을 파리강화회의에 대표로 파견하여 독립 청원서 제출, 미국에 구미 위원부 설치(이승만을 중심으로 외교 활동 전개)
기 타:	독립신문 간행(독립 의식 고취), 사료 편찬소 설치(한. 일 관계 사료집 간행)

Tip

*연통제(聯通制)와 교통국(交通局)

임시정부의 활동으로 비밀 행정 조직망을 만들어 활동하였다. 연통제는 임시정부의 행정기관으로서 국내의 각. 도. 군. 면에 독판. 군감. 면감을 두어 정부문서와 명령 전달, 군자금의 모금및 송부, 각종 정보 수집및 보고 등의 업무를 맡았으며, 교통국은 정보의 수집. 분석. 교환. 연락의 업무를 맡아서 활동을 하였다. 그러나 연통제는 일제에 의해 적발되 1921년 와해되었다. 임시정부는 연통제와 교통국을 국내와 연결하여 활동하였으며, 정부 기관지로 독립신문을 발행하였다.

제 37장

대한민국 임시 정부의 위기와 개편

238 국민 대표 회의 개최(1923)

임시정부의 연통제와 교통국 조직이 일제의 탄압으로 파괴되고 독립운동자금 지원이 단절되는 등 위기가 닥쳐 임시정부가 침체되었다. 이에 독립운동 방법을 둘러싼 대립이 일어났는데 이동휘 등은 무장 독립 투쟁론을, 이승만은 외교 독립론을 안창호는 실력 양성론을 신채호는 민중직접혁명론 등을 제안하였다. 임시정부의 활동에서 외교노선에 대한 성과가 없자 이에 대한 무장 투쟁론자들의 비판이 제기되었다. 또 한편으로 대통령 이승만은 이전에 국제 연맹에 독립 청원을 넣은 사건이 알려지면서 그 파장이 일파만파로 퍼져 임시정부 내부의 갈등은 더욱 심화되었다. 이러한 상황을 타개하기위해 국민대표 회의가 열리게 된다. 여기에서 신채호는 대통령 이승만을 강력하게 비판하고 창조파를 결성한다. 이들은 임시정부를 해체하고 새로운 정부 조직을 만들것을 주장했다. 또한 안창호를 중심으로 하는 개조파는 임시 정부는 유지하고 부분적인 개혁을 단행하자고 주장했다. 결국 합의를 보지못해 많은 인사들이 임시정부를 떠나갔다.

<핵심정리>

배 경: 외교 활동에 대한 무장 투쟁론자 들의 비판, 사회주의 계열과 민족주의 계열 간의 갈등, 무장 투쟁론자 들이 임시정부의 개편 요구

과 정: 국민 대표 회의 소집 - 임시 정부를 해체하고 새로운 정부를 수립하자는 창조파와 임시 정부의 조직만 교체하자는 개조파의 대립 -대립 해소 실패, 대회 결렬

결 과: 독립운동 세력의 분열: 대한민국 임시정부의 세력 약화

Tip

239 지도 체제의 개편

1920년대 중반 이후 임시정부의 활동은 침체되었고 세력도 매우 약화되기에 이르렀다. 1925년 이승만이 탄핵 당하고 박은식이 제2대 대통령이 되었다. 하지만 바로 개헌을 실시하여 지도체제를 국무령 중심의 내각 책임제를 도입한다. 그럼에도 불구하고 독립 인사들의 이탈이 멈추지 않자 남아있는 인사를 중심으로 국무위원을 맡아 집단체제로 다시 개헌을 하게된다.(1927) 이후 김구 등에 의해 명맥만 유지하는 어려움에 봉착하게 되었다. 이후 1940년 4차 개헌을 통해 주석 지도체제로 개편하면서 김구가 주석으로 선임되었고 1944년에는 부주석직을 신설하였다. 주석에는 김구, 부주석은 김규식이다.

<핵심정리>

배 경: 대통령 이승만 탄핵 . 파면, 박은식을 2대 대통령으로 추대 -국무령 중심제로 전환 내각 책임제 도입- 김구 중심으로 명맥 유지

과 정: 대통령 중심제(1919): 대통령 중심제
내각 책임 지도제(1925): 국무령과 국무위원 중심의 내각책임제
집단지도체제(1927): 국무 위원 중심 체제 -행정부를 임시 의정원에 예속.
주석중심 지도체제(1940): 행정부의 독자적 활동 보장
주석. 부주석 중심의 지도체제 (1944): 부주석 신설

<더 알아보기>

국무령(國務領)

1925년 임시정부에서는 이승만이 탄핵 당한다. 이어 박은식이 2대 대통령이 된다. 그러나 상하이 대한민국 임시정부에서 개헌을 통해 대통령제를 폐지하고 국무령 중심의 내각 책임제를 채택 하게된다. 국무령 제도는 대통령의 권력 남용을 막기위해 국무령과 국무원을 선출하여 견제하도록 한 정치체제로 국무령은 지도체제의 수반이다. 이러한 과정에서도 계속 인사들이 빠져나가고 있는 힘든 상황에서 남아있는 인사들을 중심으로 집단지도체제로 다시 개헌을 한다(1927).

김구

김규식

제 38장
무장 독립 전쟁의 전개

240 1920년대 무장 독립운동과 단체의 결성

3.1운동 뒤 만주와 연해주 등 여기저기 흩어진 독립군은 대규모 독립군부대를 이루어 압록강과 두만강 유역의 국경지대에 강력한 독립군 근거지를 마련했다. 북간도에서는 김좌진의 북로군정서, 홍범도의 대한독립군, 대한정의군정사, 광복단 등의 무장 독립운동 단체가, 서간도에서는 이상룡. 김동삼의 서로군정서, 조맹선, 박장호 등의 대한독립단, 안병찬의 대한청년단연합회 등이 활동했다. 이들은 때로는 국경을 넘어 나라 안으로 들어와 일본군 국경수비대, 주재소, 면사무소 등 식민지 통치기관을 공격하는 등 1920년 1월에서 3월 사이에만 독립군은 무려 24회에 걸쳐 국내 진공작전을 감행했다. 이 가운데 가장 큰 전과를 올린 것은 봉오동전투(1920.6)와 청산리전투(1920.10)였다.

<핵심정리>

배 경:	3.1 운동을 계기로 고양된 민족 역량에 대한 자신감, 국제 정세의 호전 - 만주와 연해주 등지에서 무장 독립군 편성
평안도, 황해도 일대:	천마산대, 보합단, 구월산대 등 무장 독립군 조직
서간도 지역:	신흥 무관 학교 출신들을 중심으로 서로군정서, 의병 세력 중심으로 대한 독립단 조직, 임시 정부 직속의 광복군 사령부가 광복군 총영으로 개편
북간도 지역:	기독교 인사들이 대한 국민회 결성(홍범도의 대한 독립군 후원), 김좌진이 중광단을 주축으로 북로 군정서군 조직

Tip

241 봉오동 전투와 청산리 대첩

한편, 만주에서는 독립군의 무장투쟁이 전개되었다. 3.1 운동을 통해, 민족 운동가들은 조국의 해방을 달성하기 위해서는 단순한 만세시위가 아니라, 무장투쟁을 조직적으로 벌이는 것이야말로 가장 시급한 임무라는 것을 깨닫게 되었다. 그래서 민족 운동가들은 국내 진공 작전을 수행하기에 유리하고 100 여만 명의 우리 동포가 살고있는 만주나 연해주 일대를 기반으로 독립 운동기지를 건설하고 독립군을 육성하였다. 이 일대의 독립군들은 국내 진공작전을 펼쳐 일제에 위협을 가하였다. 그 가운데서도 가장 큰 전과를 거둔것이 봉오동전투와 청산리대첩이다.(1920) 봉오동전투에서는 홍범도가 지휘하는 대한 독립군이 기습해온 일본군 1개 대대를 역습하여 5백여 명을 살상시켰다. 또한 김좌진 장군의 북로군정서는 수 개의 독립군 부대와 합세하여 청산리 계곡에서 일본군 3천3백여 명을 살상하는 빛나는 전과를 올렸다.

<핵심정리>

봉오동 전투(1920. 6)

배 경: 만주 일대의 독립군이 국내 진입 작전 전개 -일본군이 압록강을 건너 독립군 공격

과 정: 일본군이 독립군 섬멸 작전 전개 -홍범도의 국민회군 등이 연합 부대 편성 - 일본군을 봉오동 계곡으로 유인하여 공격, 일본군 대파, 수백 명의 일본군 살상

청산리 대첩 (1920. 10.)

배경: 봉오동 전투에서의 일본군 패배, 일제가 훈춘 사건 조작

과정: 일제가 대규모 군대를 만주에 파병 - 김좌진의 북로군정서군, 홍범도의 대한 독립군을 비롯한 독립군 연합부대가 백두산 근처로 이동 -일본군을 청산리 지역으로 유인하여 크게 격파

의의: 3.1 운동 이후 무장 독립 전쟁 가운데 가장 규모가 큰 승리

Tip

Tip

<더 알아보기>

봉오동 전투와 청산리 대첩

국외 만주에서는 항일 무장 투쟁이 본격적으로 전개된다. 두만강 근처 봉오동에서 홍범도가 이끄는 대한 독립군이 일본군을 상대로 크게 승리를 이루었다. 일본은 이에 대항하여 훈춘사건을 조작한다. 중국 마적단을 매수하여 훈춘 소재 일본 영사관을 공격하라고 하여 이를 독립군의 소행으로 몰아 일본군이 군대를 동원해 진압하겠다는 의도인 것이다. 이에 봉오동에서 이동한 독립군은 청산리에 모인다. 김좌진의 북로 군정서와 홍범도의 대한 독립군 등의 연합부대가 청산리에 모여 백운평, 어랑촌에서 전투를 벌여 우리 독립군은 지형과 지물을 이용, 게릴라 전술을 펼쳐 일본에 대승을 거두게 된다.

김좌진

홍범도

<더 알아보기>

홍범도(洪範圖) (1868~1943)

홍범도는 평안도 양덕에서 태어났다. 홍범도는 포수출신으로 정미의병에 참여했으며 갑산에서 포수를 이끌고 의병활동을 하였다. 1910년 국권이 일제에 넘어간후 휘하의 부하를 이끌고 간도로 넘어가 독립군을 양성하였다. 이후 봉오동전투와 청산리대첩에서 활약하였다. 자유시 참변 이후, 1937년 러시아에 의해 카자흐스탄으로 강제 이주당한 뒤 극장 야간 수위, 정미소 노동자로 일하다가 그곳에서 사망하였다.

242 독립군의 시련과 극복

연속적으로 타격을 입은 일제는 만주의 간도 지방에 대부대를 출동시켜 독립군을 추격하는 한편, 독립군을 소탕한다는 명목으로 우리 동포에 대하여 참패의 보복인 무차별적인 체포, 살인, 방화를 자행하였다(1920). 이것이 이른바 간도참변이라는 일제의 만행이다. 우리 독립군은 간도 지방에서의 활동이 어려워지자 4천여 명의 독립군 부대들은 소련과 만주의 국경지대인 밀산부에 집결하여 대한 독립군단을 조직한 뒤 소련 영토 내로 이동하였다. 그러나 이들 독립군은 소련 내 한국인 공산주의자들의 군사지휘권 싸움에 휘말려 상당수의 병력이 전사, 혹은 행방불명되는 자유시 참변을 겪었다(1921). 이 참변으로 말미암아 독립군의 역량은 결정적인 타격을 입었다.

<핵심정리>

간도 참변 (경신참변, 1920. 10.):	봉오동 전투와 청산리 전투 패배에 대한 일제의 보복, 일제가 독립군 근거지 소탕을 명분으로 한인촌에 대한 무차별 대량 학살. 방화. 약탈. 파괴 자행
독립군의 이동:	독립군 부대들이 소련과 만주 국경 지대로 밀산부에 집결 -서일을 총재로 하는 대한독립군단 조직 -소련 영토로 이동
자유시 참변(1921):	대한 독립군단의 소련령 자유시(스보보드니) 집결 - 독립군 통합 과정에서 부대 편성과 지휘권을 둘러싸고 다툼 발생 - 소련 적군이 무력으로 무장 해제 단행 -독립군 희생. 분열 - - 독립군 일부가 다시 만주로 이동

Tip

243 만주 지역 독립군의 재정비

자유시 참변은 러시아의 군대가 독립군을 포위하고 사살한 사건이다. 만주로 되돌아온 일부의 독립군 부대들은 곧 재정비에 착수하는 동시에 소규모 조직의 통합 운동을 벌였다. 이후 만주 일대에는 정의부. 참의부. 신민부가 결성되었고, 독립 운동은 다시 활기를 찾기 시작하였다. 이들 단체들은 군사조직은 물론이고, 입법. 사법. 행정부까지 두고 각 지역마다 우리 동포의 자치에 의하여 운영되는 사실상의 정부로 발전하였다. 그러나 일제는 이를 가만히 두지 않았다. 일제는 중국의 군벌과 미쓰야 협정을 맺어 독립군을 소탕하기위해 혈안을 둔다. 이에 독립군은 일본을 피해 다녀야 하는 상황이 되어 활동에 장애가 되었다.

<핵심정리>

3부의 성립

배경:	자유시 참변 이후 독립군의 조직 정비, 역량 강화를 위한 통합 운동 모색
결성:	참의부(압록강 연안 지역,1923),정의부(남만주 일대, 1924), 신민부(북만주 일대,1925)
체제:	민정 기관(자치 행정을 맡아보는 민주적 입헌 정치 조직)과 군정기관(독립군의 훈련과 작전 담당)을 갖춘 조선인 자치 단체
미쓰야 협정(1925):	일제가 독립군을 탄압하기 위해 만주 군벌과 협정 체결, -독립군 활동 위축

Tip

244 3부 통합운동

일제의 집요한 독립군 소탕작전에 활동이 위축된 독립군은 3부 통합운동을 전개하였다. 이렇게 하여 만주에서 결성된 독립운동 단체는 북만주에서 혁신 의회가, 남만주에서는 국민부가 결성이 된다. 이렇게 결성된 혁신의회와 국민부가 1930년대 만주에서 항일무장투쟁을 이끌게 된다.

<핵심정리>

배경:	1920년대 중반 사상과 이념의 차이를 넘어 하나의 독립운동 정당으로 단결하여 투쟁하자는 민족 유일당 운동 전개
남만주 지역에서 국민부 결성:	조선 혁명당 결성, 조선 혁명군 조직 -남만주 일대를 관할하는 군정부로 활동
북만주 지역에서 혁신 의회 조직:	군 정부를 조직하지 못하고 해체 -지청천, 신숙 등이 한국 독립당 결성, 한국 독립군 조직

Tip

*조선 혁명군
남만주에서 결성된 국민부는 조선혁명당과 연결이 되어 그 산하 부대인 조선혁명군이 조직되어 한. 중 연합 작전을 전개하여 영릉가 전투와 홍경성 전투에서 대승을 거둔다. 조선혁명군을 승리로 이끈 인물은 양세봉이다.

245 국외 이주 동포의 활동

구한말 일제의 국권 피탈이 심화된 이후 우리 백성들은 경제적 어려움을 극복하기위해 생활터전을 만주와 연해주, 일본, 미주 등으로 이주하여 생활하였다. 먼저 이주한 곳은 만주로 농민들이 국권을 빼앗기자 생활터전을 찾아 만주로 이주하여 황무지를 개간하고 민족학교를 설립하였고 항일의식과 애국심을 고취하였다. 이곳 만주에서 항일단체를 결성하여 독립기지를 건설하고 군사훈련 등을 실시하는 등 항일무장 투쟁을 준비하였다. 1900년 이후에는 러시아가 조선인의 연해주 이주를 허용하며 토지를 제공하여 한인촌이 형성되어 많은 독립단체가 설립되었다. 성명회와 13도 의군, 권업회 등이 조직되었고, 1914년에는 연해주 지방 블라디보스토크에서 최초의 임시정부인 대한광복군정부가 결성되었으며, 3.1운동 후 손병희를 대통령으로 하는 대한국민의회가 수립되었다. 이후 1920년대 러시아에서 볼세비키의 정권이 수립된 후 재한국인 무장활동이 금지당하고 이것이 자유시 참변으로 이어졌다. 우리민족은 일본의 압력을 받은 소련당국에 의해 중앙아시아로 강제 이주당하였다. 일본 이주는 초기 유학생들이 많았으나 국권 피탈이후 또 농민들이 노동자로 취업하기 이주 하였다. 이들은 열악한 환경과 민족적 차별을 감수하면서 생활하였다. 특히 1923년 관동대지진이 발생하였을 때 일본인들의 유언비어에 의해 재일동포 6천여 명이 학살당하는 이른바 관동대학살 사건이 발생하였다. 1930년대 일제의 전쟁 준비로 전시동원정책으로 우리 국민이 강제로 일본에 끌려가 모진 압박과 탄압을 받으며 혹사 당했으며 살아남아 귀국하지 못한 재일 한국인이 오늘날 재일동포 사회의 토대가 되었다. 미주지역은 20세기 초 주로 남자, 농민 출신들이 이주하였다. 이들은 사탕수수 농장, 철도 공사장, 채소농장 등에 고용되어 고된 일을 하였다 이후 독립운동가들이 정치적 망명과 유학생들이 증가하였다. 1910년에 설립된 대한인국민회는 독립군자금지원, 만주, 연해주에 지부설치등 외교 활동을 하였다. 흥사단은 안창호가 1913년 로스앤젤레스에서 조직하여 군인양성과 외교 활동및 교민들을 위한 활동을 하였다

<핵심정리>

만주: 19세기 후반 동포들이 가장 많이 이주 -한인 마을 형성, 민족 교육 실시, 독립군의 활동 지원 -간도참변, 만보산 사건으로 큰 피해를 봄

연해주: 러시아의 이주민 정책(토지제공) -한인 집단촌 형성, 독립운동 단체 조직 -자유시 참변, 연해주 한인의 중앙아시아로의 강제 이주(1937)

일 본: 19세기 말 주로 유학생들이 일본으로 건너 감 -제 1차 세계대전 이후 한국인의 이주 허용, 많은 농민이 일본으로 이주 -관동 대학살(1923)

미 주: 20세기 초에 농민들이 이주(화와이 사탕수수 농장에 고용) -대한인 국민회 조직, 대한민국 임시정부에 자금 송부 -제 2차 세계대전 이후 한족 연합 위원회 발족(무장독립투쟁준비)

Tip

246 의열단 투쟁의 전개

김원봉등 일단의 무정부주의자들은 1919년 11월 만주 지린에서 윤세주 등 동지 12명과 함께 의열단을 결성했다. 이들은 외교노선이나 독립군 활동보다는 의열단원이 장렬하고 희생적인 투쟁을 벌이면 이에 자극을 받은 민중이 직접 폭동을 일으킴으로서 독립을 이룰 수 있다고 믿었다. 이에 따라 김원봉 등은 총독부의 고위관료나 친일파 등을 암살하고 동양척식주식회사, 조선식산은행, 경찰서 등 일제의 수탈과 억압기관을 파괴하는 테러 활동에 집중했다. 의열단은 1920년 6월 조선총독부를 폭파할 계획을 세웠으나 사전에 발각되어 의열단원 6명이 체포되어 실패했다. 이후 의열단원들은 부산경찰서, 밀양경찰서, 조선총독부에 폭탄세례를 퍼부었다. 1923년 1월에는 김상옥이 종로경찰서에, 1926년 12월에는 나석주가 동양척식주식회사와 조선식산은행에 폭탄을 투척했다. 한편 1922년 김원봉은 베이징에서 신채호를 만나 의열단의 혁명선언문을 받았다. 신채호가 작성한 조선혁명선언은 당시 민족해방운동을 분열, 약화시키던 실력양성론, 외교독립론, 자치론 등을 통렬히 비판하고 조선 독립을 위한 조선 민중의 직접 혁명을 주창했다.

< 핵심정리 >

조직: (1919년 11월)	만주 지린성에서 김원봉과 윤세주 등이 조직-상하이, 베이징, 난징 등으로 이동 -70여 명의 결사대원을 확보한 단체로 성장
목표:	끊임없는 개인 폭력투쟁을 통해 독립 쟁취 -일제 요인 암살, 조선 총독부, 경찰서, 동양 척식 주식회사 등 식민통치기관 파괴 등 폭력 투쟁 시도
활동 지침:	신채호가 작성한 '조선 혁명 선언' - 외교론, 실력 양성론, 자치론, 참정론 등 비판, 민중 직접 혁명론 주장
활동:	-박재혁 부산경찰서에 폭탄 투척(1920), 최수봉 밀양 경찰서에 폭탄 투척(1920) 김익상 조선총독부에 폭탄투척(1921), 김상옥 종로 경찰서에 폭탄투척(1923), 김지섭 일본 황궁에 폭탄투척(1924), 나석주 동양척식주식회사, 조선식산은행 폭탄투척(1926)

Tip

Tip

<더 알아보기>

김원봉(金元鳳) (1898~1958)

일제강점기 독립운동가 이다. 호는 약산(若山). 1919년 중국 길림에서 의열단을 조직하였다. 이후 1935년 의열단과 한국독립당 등 5당이 통합하여 결성된 조선 민족혁명당을 창당하여 조직을 주도 하였다. 1938년에는 중국 국민당의 승인을 받아 조선의용대를 창설하였다. 1942년 조선의용대 일부를 이끌고 한국광복군에 합류하여 부사령관으로 활동하였다.

김원봉

247 의열단의 변화

1920년대 중반 이래 의열단은 자신들의 폭력투쟁에 한계가 있음을 깨닫고 새로운 활동 방향을 모색했다. 의열단원은 사회주의사상을 받아들이는 한편, 중국 황포군관학교에 들어가 체계적으로 군사훈련을 받았다. 또 본부를 베이징에서 광둥으로 옮기고 상하이, 난징, 등지에 지부를 두고 당시 관내에서 전개되던 민족유일당운동에도 적극 참여했다. 그러나 1927년 4월 장제스가 반소 반공 쿠데타를 일으키면서 사회주의로 기운 의열단도 탄압을 받았다. 1930년대 중반이 되면 더 이상 만주에서 항일 무장투쟁이 쉽지않았다. 그 이유는 만주사변을 일으킨 일본이 만주 괴뢰국이라는 꼭두각시 국가를 세웠기 때문이다. 그래서 많은 독립운동가들이 만리장성을 넘어 중국 관내로 들어왔다. 당시 가장 큰 조직은 바로 김원봉이 주도해서 만든 민족혁명당이다. 이후 민족혁명당은 중국 민족전선연맹을 결성해 조직을 키운 뒤 산하 부대인 조선의용대를 가지게 된다. 조선 의용대는 중국 관내에서 결성된 최초의 군사조직이다.

<핵심정리>

방향:	1920년대 후반부터 개인 폭력 투쟁에서 무장 투쟁 노선으로 전환 중국 혁명 세력과 연결: 단원들이 중국 군관학교에 입학, 중국과 항일 공동 투쟁 전개
조선 혁명 간부 학교 설립:	1930년대 중국 국민당 정부의 지원을 받아 설립, 군사 훈련 실시, 독립운동 지도자 양성
민족 혁명당 결성(1935):	중국 관내 대부분의 항일 단체와 정당 통합, 의열단이 결성에 주도적 역할 담당 -독립운동 단체의 통일 전선 형성
조선 의용대 (1938):	중국 관내 최초의 군사조직

Tip

248 한인애국단

1920년대 들어서서 임시정부의 활동은 침체되었다. 현실적으로 김구에 의해 겨우 명맥만 유지하게 되는 상황이었다. 이에 임시정부의 침체를 극복함과 아울러 조직에 새로운 변화와 원동력이 요구되었던 시점에 김구는 1931년 10월 중국 상하이에서 애국청년 80여 명을 모아 임시정부 산하 비밀결사대인 한인애국단을 결성했다. 당시 일제는 1931년 9월 18일 만주 침략을 위해 만철폭파사건을 조작했고, 이에 대응해 중국 민중의 항일운동이 확산됐다. 우리나라 임시정부는 한중 우호관계를 증진하고 침체에 빠진 독립운동을 활성화하기 위해 일본 요인과 시설을 공격하는 특수공작 임무를 수행하는 한인애국단을 조직하고 그 주요 간부로는 김석. 안공근 등이 맡았다. 단원으로는 윤봉길. 이봉창. 유진만. 김의한 등이 참여했다. 임시정부는 일본의 거물 정치인이나 관료를 암살해 일본 정부에 큰 충격을 줌으로써 일본의 대외침략을 중단시키는 효과를 노렸다. 김구는 일본 국왕을 암살하기위해 1931년 12월 16일 이봉창을 도쿄에 잠입시켰다. 이봉창은 1932년 1월 8일 도쿄 사쿠라다문 앞에서 일제 괴뢰 정부인 만주국 황제 푸의(溥儀)와 함께 관병식을 마치고 궁으로 돌아가던 일본 천황 히로히토에게 수류탄을 던지는 의거를 감행했으나 성공하지 못했다. 이봉창은 현장에서 체포돼 그해 10월 10일 사형에 처해졌다. 그러나 이 사건은 항일 투쟁에 새로운 이정표를 제시한 쾌거로 이후 독립운동에 큰 활력소가 됐다. 중국 국민당 기관지 국민일보는 한국인 이봉창이 일황을 저격했으나 불행히도 명중시키지 못했다고 대서특필했다. 한인애국단 윤봉길 단원은 그해 4월 29일 상하이 홍커우 공원에서 열린 전승기념 및 천장절인 일본 국왕 생일 기념식장에서 단상에 있던 일본군 수뇌부에게 폭탄을 던져 시라카와 군사령관, 우에다 육군대장, 노무라 해군중장, 시게미쓰 주중 공사 등 7명을 죽이거나 중상을 입히는 거사에 성공했다. 중국인들은 이 의거에 대해 “2억 중국인이 하지 못하는 일을 한국인 한 사람이 해냈다”며 격찬했다. 이밖에 1932년 4월 이덕주. 유진만이 조선총독을 암살하려다 실패했다. 또한 최흥식· 유상근이 다롄에 도착하는 국제연맹 조사단원을 마중나온 일본 고관을 암살하려다 발각되는 일이 있었다. 이와 같이 여러 곳에서 주요 인물을 표적으로 하는 암살계획이 추진되고 성공되는 사례가 발생하자 일본은 매우 긴장하게 되었다. 일본을 김구를 비롯한 주요 인물들에 대하여 대대적인 현상금을 걸고 검거작전에 힘을 기울였다.

<핵심정리>

배 경: 1920년대 대한민국 임시정부의 침체 (국민 대표 회의가 결렬된 이후 민족 운동 진영의 분열과 대립, 일제의 감시와 탄압, 자금과 인력 부족)
-새로운 투쟁 방법 모색
-대한민국 임시 정부의 국무령 김구가 상하이에서 조직

목 적: -한. 중 양국의 우의증진, 일본 요인 암살
-대한민국 임시 정부가 처한 난국의 타개, 활력 제공, 우리 민족의 사기 양양

활 동: 이봉창: 도쿄에서 일본 국왕이 타고 가는 마차를 향해 수류탄 투척(1932.1.)
윤봉길: 상하이에서 열린 일본 국왕 생일과 상하이 사변 승리를 축하하는 기념식에 폭탄 투척(1932.4.)
-일본인 고관과 장성 살상

영 향: 중국인들의 반한 감정 완화, 중국 국민당 정부가 대한민국 임시 정부의 독립운동 적극 지원 - 중국 군관 학교에 한국인 특별반 설치, 중국 영토 내에서 무장 독립 투쟁을 전개할 수 있도록 허용

기 타: 강우규(새로 부임한 조선 총독 사이토 저격), 백정기(상하이 주중 일본 공사 저격), 박열(일본 왕족 암살 기도), 조명하(타이중 의거) 등

이봉창

윤봉길

249 1930년대 만주 지역의 무장 독립 전개

일제가 1931년 만주사변을 일으키고, 괴뢰 정권인 만주국을 수립한 이후 만주 일대를 장악함으로써 이곳을 근거지로 활동하던 독립군은 보다 큰 위협을 받게 되었다. 그럼에도 불구하고 우리 독립군은 온갖 어려움을 극복하며 항전을 계속하는 가운데 중국군과 연합하여 항일전을 전개하여 많은 전투에서 승리하였다.

<핵심정리>

Tip

배 경: 일제의 만주 침략(만주 사변, 1931) -만주국 수립(1932) -중국 내 항일 감정 고조, 한국 독립운동의 새로운 활로 모색

한. 중 연합 활동 전개

한국 독립군(지청천): 중국 호로군과 연합 전선 형성 - 쌍성보 전투, 사도하자 전투, 동경성 전투, 대전자령 전투에서 일본군 격퇴

조선 혁명군(양세봉): 중국 의용군과 연합 전선 형성 - 영릉가 전투, 흥경성 전투에서 일본군 격퇴

한. 중 연합 활동의 약화: 일본군의 대공세로 항일 중국군의 활동 위축,
- 양세봉이 전사하여 조선 혁명군의 세력 약화,
- 대한민국 임시정부의 요청으로 한국 독립군 지도부 대부분이 중국 관내로 이동

250 만주 지역의 항일 유격 투쟁

일제의 토벌과 민생단 공작으로 항일 운동 역량에 큰 타격을 입은 동북인민혁명군은 1935년 3월 유격 근거지인 해방구를 해체하고 유격대를 남만과 북만으로 옮겼다. 1935년 8월 중국공산당은 항일민족통일전선의 강화를 목적으로 동북인민혁명군을 동북항일연군으로 확대 개편했다. 특히 중국공산당은 이곳 인구의 절대 다수를 차지하던 조선인을 반일민족통일 전선에 적극 끌어들이려고 조선인의 무장부대 조직과 항일투쟁을 지시했다.

<핵심정리>

배 경:	1920년대 초반부터 사회주의 사상 보급, 조선인 농민의 이주 증가 -1930년대 조선인 공산주의자의 항일 운동 활성화(추수 투쟁, 춘황 투쟁 등)
추수. 춘황 투쟁:	중국 지주와 군벌을 상대로 소작료 인하와 생존권. 자치권 등을 요구
동북 인민 혁명군 조직(1933):	중국 공산당이 항일 유격대를 규합하여 조직
동북 항일 연군 조직(1936):	동북 인민 혁명군을 개편하여 조직
활 동:	여러 차례 국내 진입 작전 전개(보천보 전투,1937)
세력 약화:	일제의 공세 강화로 세력 약화 -소부대 중심의 유격 활동으로 전환, 일부는 소련 영토로 이동
조국 광복회 조직(1936):	동북 항일 연군 내의 한인 항일 유격대가 함경도 일대의 공산주의 세력과 민족주의 세력을 통합하여 조직

Tip

251 중국 본토에서의 활동

해외의 독립운동 세력은 일제의 파쇼적 탄압과 침략 전쟁에 맞서 항일무장투쟁을 전개하였다. 무장투쟁은 민족 해방을 촉진하는 최고의 투쟁형태로서, 한말의 의병 전쟁, 1910년대와 1920년대의 독립군 활동을 거치면서 꾸준히 발전하였다. 이 당시의 무장 투쟁을 대표하는 것으로는 만주 지방의 동북항일연군 및 조국 광복회, 중국 화북 지방의 조선독립동맹, 임시 정부의 광복군 등을 꼽을 수 있다. 일제가 만주를 침략함에 따라 이 지역은 동아시아 민중과 일제가 격돌하는 전쟁터가 되었다. 만주 일대의 독립군들은 한국 독립군, 조선 혁명군 등을 결성하여 일제에 대항하였다. 이들 독립군 부대들은 독자적으로 또는 중국의 항일부대와 협동하여 치열한 항일 독립투쟁을 펼쳤고, 일제의 대공세에 밀려 중국 대륙으로 퇴각하면서도 투쟁의 고삐를 늦추지 않았다. 만주에서의 항일 투쟁은 1933년 중국 공산당 산하에 조직된 동북인민혁명군(뒤에 동북항일연군으로 개편됨.)에 의하여 줄기차게 이어졌다. 이 부대는 만주에 흩어져 있던 한국과 중국의 무장부대가 통합하여 결성된 것으로, 주력은 한국인으로 구성되었다. 동북인민혁명군에 가담한 한국인들은 조국 해방을 위하여 국내 진공 작전을 벌여 나갔다.

<핵심정리>

조선 의용대(1938)

결 성: 중. 일 전쟁 이후 김원봉이 주도한 민족 혁명당의 군사 조직

활 동: 정보 수집, 포로 신문, 후방 교란 등의 활동 전개 -일부는 화북으로 이동하여 조선 의용대 화북 지대 결성, 일부는 한국 광복군에 합류

조선 의용군(1942)

결 성: 조선 의용대 화북 지대가 조선 독립 동맹의 군사 조직인 조선 의용군에 흡수

활 동: 화북 각지에서 중국 공산당의 팔로군과 함께 항일전에 참가 -일제 패망 뒤 중국 국공 내전에 참여, 뒤에 북한 인민군으로 편입

Tip

252 대한민국 임시 정부와 한국광복군

1937년 중일전쟁이 일어나자 임시정부는 민족우익전선의 통일에 나섰다. 그해 8월 김구의 한국국민당은 민족혁명당에서 이탈한 조소앙의 재건 한국독립당, 지청천의 조선혁명단 등과 연합하여 한국광복운동단체연합회를 조직했다. 이로써 중국 관내의 항일 전선은 민족혁명당이 중심인 조선민족전선연맹과 한국국민당이 중심인 한국광복운동단체연합회로 양분되었다. 태평양전쟁을 도발한 일제의 패망이 가까워지면서 관내 항일전선의 통일이 더욱 요구되었다. 임시정부는 1940년 9월 지청천을 사령관으로하는 한국광복군을 창설했다. 중국 국민당 정부는 1941년 11월 한국광복군을 중국군사위원회에 귀속시켜 통합 지휘한다는 조건으로 임정과 한국광복군 행동9개준승을 맺고 원조를 시작했다. 한국광복군은 9개준승이 폐기되는 1944년 8월까지 중국군사위원회의 지휘를 받았다.

<핵심정리>

대한민국 임시 정부의 활동:	국민당 조직(1935) -한국 광복 운동 단체 연합회 결성(조선 혁명당 +민족주의 계열, 1937) -충칭에 정착 - 한국 독립당 결성(대한민국 임시 정부의 여당 역할 담당,1940) - 건국 강령 발표(1941)

한국 광복군의 창설과 활동

창 설:	충칭에서 지청천을 총사령관으로 하여 한국 광복군 창설(1940), - 김원봉을 비롯하여 조선 의용대의 일부 병력 편입(1942)
활 동:	대일 선전 포고(1941), 미얀마. 인도. 전선에서 영국군과 연합 작전 수행(포로심문, 암호문 번역, 선전 전단 작성, 회유 방송 수행), 미군과 함께 국내 진공 작전 계획(일제의 항복으로 작전 계획 취소)

Tip

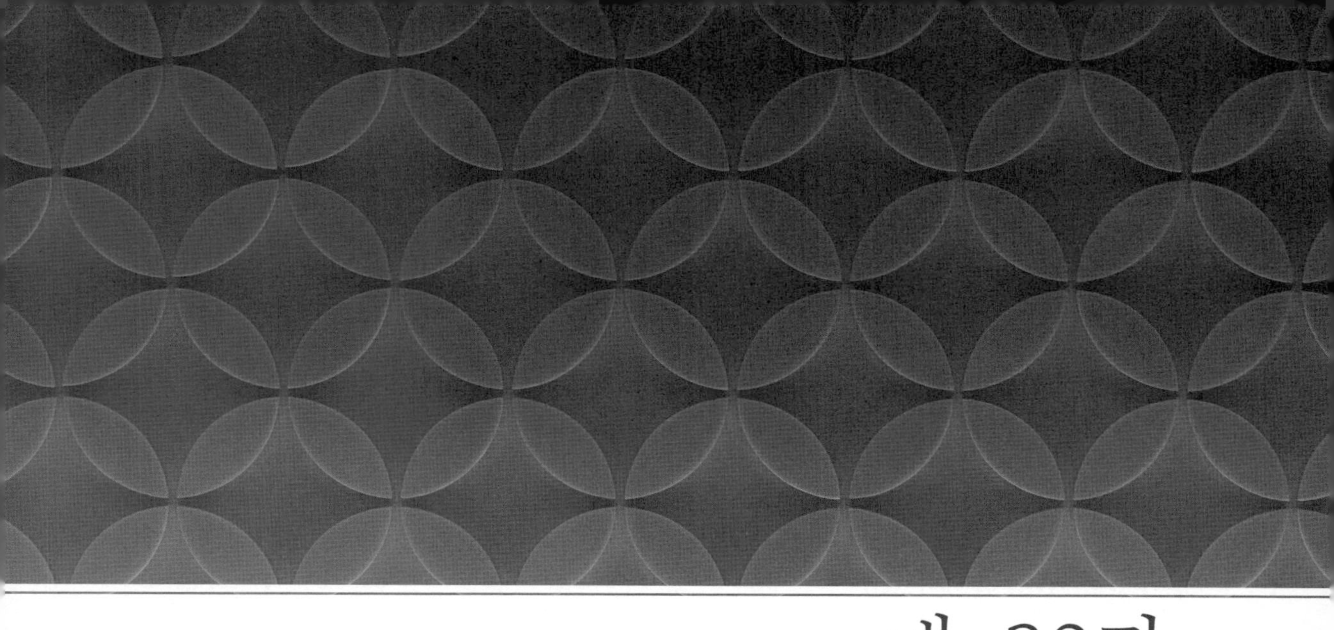

제 39장

다양한 민족 운동과 실력 양성운동

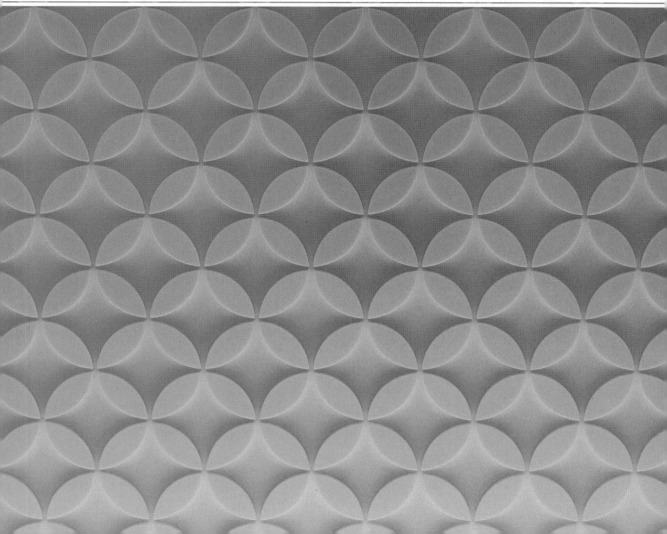

253 ▌ 물산장려운동

일제의 회사령 폐지에 영향을 받은 물산장려운동은 한국인의 상품을 애용해 한국의 산업 발전을 장려하고자 전개된 것으로 평양에서 시작되어 전국적으로 확산되었다. 그 목적은 민족 산업의 육성을 통하여 실력 양성을 도모한 것이었다. 그러나 국내에서 생산되는 물품의 원료가 상당부분 일본에서 수입된 것으로 근본적인 한계가 있었고 일부 조선인 자본가와 상인의 폭리에 가까운 이윤 착취로 인해 국내 민중으로부터 외면을 받아 처음 의도했던 것과는 상반된 결과가 나와 실패하였다.

<핵심정리>

배 경: 일본 자본 침투 심화, 민족 자본의 위기, 일제의 관세 철폐 추진

목 적: 민족 산업의 육성을 통한 민족 경제의 자립 도모

과 정: 평양에서 조만식 등이 조선 물산 장려회 조직(1920) - '내 살림 내 것으로' 라는 구호를 내걸고 운동 전개 -전국으로 확산

한 계: 상품 가격 상승, 자본가와 상인이 이기적인 이윤 추구, 사회주의계의 비판

Tip

254 민립 대학 설립 운동

일제는 조선 병합 이후 식민지 우민화 교육을 시행했다. 이에 3.1운동 이후 소위 문화정치 시기에 제2차조선 교육령이 시행되는데 대학의 설치를 규정함으로써 조선에 대학교육의 문이 열리는 기회가 주어졌다. 이에 조선 교육회의 이상재를 중심으로 조선 민립 대학 기성회를 조직하여 ' 한민족 1천만이 한 사람이 1원씩' 등의 구호를 내걸고 모금운동을 전개하였다. 그러나 일제의 방해와 모금 부족. 그리고 당시 가뭄과. 수해로 실패하였다. 일제는 회유책으로 경성제국대학을 설립하였다(1924).

<핵심정리>

배 경: 3.1 운동 이후 교육열 고양, 일제가 제 2차 조선 교육령 시행(1922)

과 정: 이상재 등이 민립 대학 기성 준비회 결성(1922) -조선 민립 대학 기성회 조직 (1923) -전국적인 모금 운동 전개

결 과: 일제의 탄압으로 중단 -일제가 회유책으로 경성 제국 대학 설립(1924)

Tip

경성제국 대학

255 문맹 퇴치 운동

문맹 퇴치운동은 한글 보급을 통한 민족정신을 고양시키기 위해 조선일보와 동아일보의 주도하에 문자보급 운동(1929)과 브나로드 운동(1931)으로 전개되었다. 조선일보에서는 '아는 것이 힘. 배워야 산다' 등의 구호를 내걸고 문맹 퇴치운동을 전개하였으며, 동아일보는 '배우자 가르치자 다함께 브나로드' 등의 구호를 내걸고 농촌 계몽 운동을 전개하였다.

<핵심정리>

Tip

배 경: 일제의 식민지 차별 교육 -문맹자 증가(한국인의 우민화)

야학설립: 한글 보급. 민족정신 고양 의도, 조선어 교과 중심으로 교육

한글 보급: 문자 보급 운동(조선일보), 브나로드 운동(동아일보), 한글 강습회(조선어학회)

한 계: 일제가 허용하는 범위 내에서 전개 -일부가 자치 운동으로 변질

<더 알아보기>

실력 양성 운동의 의의와 한계

1920년 대 저항 운동으로서 실력 양성운동은 사회 진화론에 기반하여 기존의 애국 계몽운동을 계승하면서 우리 사회의 근대적 발전을 추구하였다는데 그 의미를 가지고 있다. 그러나 식민지 통치하에 일제가 허용하는 범위 내에서 전개 될 수 밖에 없는 한계점을 가지고 있었으며, 일부 주도층 인사들의 타협적인 성격으로 변절하는 사례가 발생하여 친일파가 생기게 되었다. 이들은 선 실력 양성 후 독립을 표방하며 정치적으로 완전독립을 이루고자 하며, 그전에 자치를 주장하는 방향으로 나아갔다.

256 6·10 만세운동 (1926)

1926년 6월 10일 순종의 인산일(因山日)을 기해 만세시위로 일어난 학생중심의 민족독립운동이다. 1919년 3·1운동 이후 일본은 1920년대 기만정책인 소위 문화정치를 시행한다. 문화통치 기간 동안 일본은 산미증식계획이라는 미명아래 수탈정책은 지속적으로 늘어나고 식민지 통치교육에 대한 불만과 반발을 초래하였다. 이러한 상황에서 즉위한지 4년 되는 해 순종이 돌아가자 전국민들의 슬픔은 일본에게 나라를 빼앗긴 설움에 더하여 반일 감정은 더욱 심해졌다. 이에 노동계의 사회주의 계열과 전문 학생들이 거사를 추진하였는데 사회주의계의 계획은 사전에 발각되어 실패하고 같은 해 5월 20일 40여 명이 연희전문학교 문과 2년생 박하균의 하숙집에 모여 순종인산일인 6월 10일 독립만세와 가두시위를 일으켜 민족독립을 성취하자는 결의를 하였다. 이후 학생들의 주도로 순종의 장례행렬을 따라가며 만세시위운동을 전개하였다. 이 만세운동은 각급학교로 퍼져 전국의 많은 학생들과 사회주의계열의 단체들이 합세하였다.

<핵심정리>

배 경: 3.1 운동 이후 사회주의 사상의 유입, 일제의 수탈 정책과 식민지 교육 정책에 대한 반발

준 비: 학생과 사회주의 계열이 각각 별도로 시위 계획 수립, 사회주의자들이 일제 경찰에 발각 -학생 단체 중심으로 시위 계획 진행

전 개: 6월 10일 순종의 장례일에 학생들이 서울 시내 곳곳에서 만세 시위 전개 -많은 시민들이 합세 - 전국의 학생들이 동맹 휴학 투쟁 전개

의 의: 학생들이 항일 민족 운동의 구심체로서 자신들의 역할 자각, 민족주의자와 사회주의자의 연대 가능성 제시

Tip

6.10 만세운동

257 광주 학생 항일 운동(1929)

6.10 만세 운동이후 학생들의 항일의식이 고조되어 각 학교에서는 독서회와 비밀결사가 조직되고 동맹휴학 투쟁을 전개하던 시기에 전라도 광주에서 일본인 남학생이 조선인 여학생을 희롱한 사건을 계기로 한일 학생 간에 충돌이 일어났다. 이 사건을 처리하는 일본경찰이 한국학생들을 대거 투옥 탄압하면서 광주의 모든 학생들이 식민지 탄압정치 반대, 제국주의 타도, 식민지교육의 철폐, 무산계급 혁명치안유지법 반대를 주장하며 궐기하였다. 이 궐기운동은 삽시간에 전국으로 퍼져 3.1 운동이후 최대의 항일민족운동으로 확대되었다.

<핵심정리>

배 경: 식민지 차별 교육, 1920년대 학생 운동의 성장(항일 비밀 결사 조직, 동맹 휴학 등을 통한 식민지 교육에 항거), 신간회의 활동(국민들의 민족적 자각 고양)

전 개: 광주에서 한. 일 학생 간의 충돌 발생 -경찰이 일본인 학생에게만 유리하게 처리 -한국인 학생들이 거리 시위 전개 - 신간회와 조선 청년 통동맹의지원 -전국적 항일 투쟁으로 발전

구 호: 식민지 교육 제도 철폐, 민족 차별 중지

의 의: 3.1 운동 이후 최대 규모의 항일 민족 운동, 학생운동의 성격이 일제 식민 통치를 부정하는 내용으로 발전

Tip

광주 학생 탑

258 농민 운동

일제에 의해 시행된 토지조사사업은 농민들의 토지 소유제를 몰락시키고 식민지 하에 지주를 양산하는 목적으로 이루어졌다. 이로 인해 조선의 농민들은 토지에서 쫓겨나거나 농촌에서 남았다 하더라도 농업노동자 및 빈농층으로 전락했다. 식민지 지주제 아래에서 일본인 지주와 친일파 지주들은 자본주의적 이윤추구를하는 지주경영을 함으로써 소작 농민들에 대한 수탈은 갈수록 심화되어 농촌빈민과 화전민 그리고 토막민들이 양산되었다. 1910년대의 '토지조사사업'이나 1920년대의 산미증식계획은 일제가 강점한 한반도를 영원한 식량공급기지로 삼기 위해서였다. 이에 농민들은 소작권 이전 반대와 소작료 인하를 위한 생존권 투쟁을 전개하였다. 목포에서 서남쪽으로 뱃길로 3시간에서 5시간 정도 걸리는 암태도의 소작쟁의 투쟁은 악덕 지주와 일제의 가혹한 식민 통치에 1년 이상 싸움 끝에 승리한 대표적인 사건이다. 이후 조선 농민 총동맹이 결성된다.

<핵심정리>

배 경: 토지 조사 사업과 산미 증식 계획 이후 농민 몰락 심화, 소작 농민에 대한 수탈 가중(고율의 소작료, 세금과 비료 대금 부담 등)

1920년대: 소작권 이전 반대, 소작료 인하를 위한 생존권 투쟁 전개(암태도 소작 쟁의, 1923) - 조선 농민 총동맹 결성(1927)

1930년대: 식민지 지주제 타파, 농민의 토지소유 실현을 위한 일본 제국주의 타도 주장 - 항일 민족으로 발전

Tip

Tip

<더 알아보기>

암태도 소작쟁의

목포에서 서남쪽으로 27km, 뱃길로 3시간에서 5시간쯤 걸리는 거리에 전라남도 무안군 암태면 암태도가 있다. 이 곳 암태도 농민들은 1923년 8월부터 수확의 7할에서 8할까지 소작료를 받아가던 지주 문재철 에게 소작료를 4할로 내려 줄 것을 요구하며 싸움을 시작하였는바 1년 가까이 지속 되었다. 싸움 과정에서 농민 대표들이 일제 경찰에 잡혀 감옥에 들어가는 등 지주와 일제 경찰은 같은 편이 되어 암태도 농민들의 쟁의를 무력화 시키려고 하였다. 암태도에서 목포에 다다른 농민들은 법원 마당에 모여 굶어죽도록 싸우자는 아사동맹을 맺고 단식 투쟁에 들어갔다. 결국 농민들이 일치단결 하여 악덕 지주인 문재철 과 일제의 가혹한 식민 통치에 1년 넘게 싸워 승리하였다. 소작료를 4할로 내리고 문 지주는 2천원을 소작회에 기부하며, 그동안 미납된 소작료는 3년 동안 나누어 내기로 '소작료 조정 약정서'가 상호간에 교환되었다.

259 노동 운동

노동운동은 일제 식민지하에 시행된 회사령 폐지와 일제의 조선인 고용인에 대한 열악한 노동환경과 저임금 등이 조선인들에게 누적된 불만을 키워왔다. 이 시기에는 사회주의 사상이 유입되어 노동자들의 의식이 성장하였다. 이후 지역별. 직업별 노동조합이 결성되었다. 조선노동 공제회가 1920년에 결성되었고, 조선노동총동맹이 1927년에 결성되었다. 이후 노동쟁의가 전개하는데 목적은 노동 조건 개선, 임금 인상요구 등 생존권을 위해 투쟁하였다. 1921년에 부산 부두노동자 파업이 발생했으며, 1929년 원산노동자 총파업이 일어났다. 특히 원산 총파업은 일본. 프랑스 등지의 노동단체로부터 격려 전문을 받을정도였다. 이후 1930년대에는 정치적 성격이 더해지면서 반제국주의 항일 운동으로 변화되었다.

<핵심정리>

배 경: 노동 운동의 기반 조성(일제가 식민지 공업화 정책을 추진하면서 한국인 노동자수 증가), 사회주의 사상의 유입

1920년대: 노동 조건 개선과 임금인상 요구, 사회주의자들의 노동 운동에 적극 개입, - 부산 부두 노동자 파업(1921), 원산 노동자 총파업(1929)

1930년대: 일제가 병참 기지화 정책 추진, 노동력 수탈 심화
-비합법 조직인 혁명적 노동조합 형태로 노동 운동 전개

노동조합 조직: 조선 노동 공제회(1920) -조선 노. 농 총연맹(1924)
-조선 노동 총동맹(1927) -지하 노동조합 운동(1930년대)

원산노동자 총파업

Tip

<더 알아보기>

원산 노동자 총파업 (1929)

한 석유 회사에서 일본인 감독이 조선인 노동자를 구타한 사건을 계기로 원산 노동자들이 파업한 사건이다. 원산 지역에서 근무하는 3,000여 명의 노동자는 '8시간 노동제 시행, 노조 승인' 등을 요구 하며 장기파업에 돌입하였다. 투쟁 소식이 알려지자 일본의 부두노동자들이 동조파업을 전개하고. 중국. 소련. 프랑스 노동자들이 격려 전문을 보내오는 등 국제적으로 연대하는 모습을 보여주었다. 결국 4개월 만에 실패로 끝났으나 일제 식민지 최대의 노동쟁의이자 반제국주의 항일 투쟁이었다.

260 신간회 창립배경과 사회주의 운동의 전개

3.1운동 이후 민족 운동은 크게 두 가지 계열로 나누어졌다. 하나는 민족주의 계열이고 다른 하나는 사회주의 계열이었다. 이 두 계열은 모두 궁극적으로는 민족 해방을 이루기 위하여 항일 투쟁을 벌였지만 그 투쟁 방법이나 해방 후 건설할 민족 국가의 체제에 대해서는 생각이 달랐기 때문에 서로 대립하는 경우가 많았다. 신간회는 두 계열이 이념적 갈등을 일시나마 극복하고 민족 해방이라는 공동의 염원을 달성하기 위하여 합작한 민족협동전선 단체였다. 그러면 어떠한 배경에서 두 계열은 차이를 떨쳐버리고 대동단결하여 신간회를 결성하였을까? 국내의 민족주의 세력은 3.1 운동의 경험을 통해 일제와 맞서기 위해서는 우선 산업과 교육을 진흥시켜 민족의 힘을 길러야 한다고 생각하였다. 이들은 그 일환으로 언론. 출판을 통한 문화운동, 물산장려운동, 민립대학 설립 운동 등을 벌였다. 그러나 이러한 운동은 민중의 생활실태와는 거리가 먼 것이었기 때문에 지속적인 호응을 받기가 어려웠다. 일부 돈 있는 자산가를 제외한 대다수의 민중은 하루 끼니도 제대로 해결하기 어려운 처지에 있었기 때문에 국산이고 외제고 간에 공업 제품을 사서 쓸 엄두를 내지 못하였다. 따라서 이들에게 물산 장려 운운하는것은 꿈같은 소리에 지나지 않았다. 또한 일반 사람들은 대학에 들어갈 꿈도 못 꾸던 상황에서 민립대학설립운동이 민중의 호응을 받을 리 없었다. 따라서 운동의 열기는 금방 식어버렸다. 한편, 이 같은 운동의 과정에서 민족주의 계열 내부에서는 문화정치에 편승하여 일제와 타협하려는 자세를 노골적으로 드러내는 부류가 나타났다. 이광수. 최린 등이 그들이었다. 이들은 갖가지 미사여구를 동원하여 자신들의 입장을 꾸며댔지만 이들의 주장은 일제 지배하에서 합법적으로 자치 운동을 하자는 것이었다. 이들은 독립 운동을 분열시키려는 일본의 정책에 유인되어 결국 이용만 당하였다. 이러한 타협적인 민족 개량주의자들은 식민지 민중들의 거센 비판을 받았다. 뿐만 아니라 민족주의 계열 내부에서도 타협적인 경향을 비판하면서 비타협적인 투쟁을 제기하고 나섰다. 이들이 안재홍, 권동진, 이상재 등이었다. 이들 비타협적인 민족주의자들은 타협적인 사이비 민족 운동의 확산을 저지하기 위해 사회주의 계열과 연대하여 통일적인 항일 운동을 전개하고자 노력하였다. 한편 사회주의는 어떻게 민족 운동의 새로운 이념으로 자리잡게 되었으며, 비타협적인 민족주의와 손을 잡게 되었을까? 우리나라에 사회주의가 급속히 확산된 것은 3.1 운동 이후부터였다. 3.1 운동 당시 윌슨의 민족자결주의에 기대를 걸었던 지식인들은 그것 역시 강대국이 약소국가를 지배하려는 논리에 불과하다는 것을 깨닫게 되었다. 민족자결주의는 단지 제1차 세계대전 당시 패전국의 식민지민을 해방하여 이들 패전국의 힘을 약화시킴으로써 미국 중심으로 세계질서를 수립하는 데 목적을 두고 있었다. 따라서 윌슨의 민족자결주의와 제1차 세계대전 이후 제국주의 강대국 중심의 체제에 실망하는 분위기가 확산되었다. 게다가 3.1운동 직전에 일어난 소련 정권은 평화 선언,

즉 민족 독립, 무배상, 무병합의 원칙을 발표하는 등 식민지 민족의 해방을 지지하였다. 바로 이러한 국내외의 정세에 의하여 사회주의는 주로 지식인과 청년 학생들에 의하여 받아들여졌으나 3.1 운동 이후 폭발적으로 전개된 민중운동의 분위기에 힘입어 더욱 널리 보급, 확산되어갔다. 마침내 조선 공산당이라는 비밀 지하조직이 건설되어(1925), 사회주의 운동을 지도하고 나섰다. 그러나 사회주의자들은 순전한 계급혁명노선이 우리나라 현실에 맞지 않으며 오히려 민족의 독립이 시급하고 중요한 과제라는 것을 점차 자각하게 되었다. 따라서 이들은 민족주의 계열내의 비타협적인 민족주의자들과 손잡을 필요성을 느끼게 되었다. 이리하여 비타협적 민족주의계열과 사회주의 계열은 독립 운동의 이념과 방법의 차이를 넘어서서 민족 해방이라는 공동의 목표아래 민족협동전선을 모색하였다. 바로 그 민족 협동 전선이 구체화된 것이 신간회였다.

<핵심정리>

신간회 창립의 배경

민족 유일당 건설 추구: 제1차 국. 공 합작(1924)의 영향으로 한국 독립 유일당 북경 촉성회 창립(1926), 만주에서는 3부 통합 운동 전개

사회주의 사상 확산: 많은 사회주의 단체들이 모여 조선 공산당 결성(1925)
-일제가 치안 유지법을 공포하여 사회주의 세력 탄압
-민족주의 진영과 연대 모색

자치 운동 전개: 이광수, 최린 등이 자치 운동 전개 -이상재, 안재홍 등 비타협적 민족주의자들이 자치 운동 비판
-사회주의 진영과 연대 모색

신간회

261 신간회의 창립과 해소

신간회는 이상재, 안재홍, 홍명희 등 민족운동가 대표들의 발기로 서울에서 발족되었다(1927). 신간회는 정치적. 경제적 각성을 촉구하며 단결을 공고히하고 기회주의를 배격한다는 구호를 내걸었다. 신간회 출범은 식민지 민중의 큰 호응을 받았다. 그 결과 신간회의 지방지회는 전국 각지로 확산되어 갔으며, 회원 수도 급증하였다. 신간회는 141개소의 군 지회와 4만 여 명의 회원을 가진 대규모 대중독립운동단체로 성장하였으며, 일본 도쿄와 오사카까지 확산되어갔다. 신간회는 각 지역별로 순회 강연회를 개최하여 민중을 계몽하였으며, 그 당시 각지에서 벌어지고 있던 민중운동을 지원하였다. 또한 한. 일 학생들간의 민족감정으로 폭발하여 전국적인 독립운동으로까지 발전한 광주학생운동(1929)을 적극적으로 지원하였다. 신간회가 민중의 광범한 지지속에 급속하게 발전해 가자, 당황한 일제는 끈질긴 탄압을 가하였다. 일제는 신간회 본부의 활동을 철저히 제약하였으며 각 지회에 대한 해체 공작을 집요하게 벌여나갔다. 이어 신간회 내부에서도 분열의 조짐이 드러나기 시작하였다 1929년 말 일제의 탄압에 의하여 비타협적인 지도부가 대거 검거된 후 새로이 등장한 지도부는 일제의 탄압을 피한다는 명목 아래 타협적인 모습으로 기울기 시작하였다. 지방지회에서 영향력을 행사하던 사회주의자들은 신간회 중앙본부의 타협적인 경향을 비판하면서 신간회를 해산하자고 주장하였다. 사회주의자들이 아무런 대안없이 신간회의 해산을 밀고 나간 데에는 코민테른이라는 국제공산당의 지도도 적지않은 영향을 미쳤다. 코민테른은 민족주의자들이 점차 타협적이고 개량적으로 되어간다는 사실을 들어 민족주의자들과의 합작을 그만두도록 지시하였다. 1931년에 결국 신간회는 해체되고 말았다. 신간회의 해체로 말미암아 독립운동의 역량은 절대적으로 감소하였다. 민족주의 계열은 말할 것도 없고 신간회의 해체를 주장했던 사회주의 계열조차도 국내에서는 대중적인 독립 운동의 공간을 상실하고 말았다. 그러나 신간회를 통하여 민족주의 계열과 사회주의 계열의 이념적 갈등을 극복했던 역사적 경험은 우리 역사에서 소중한 경험이 되었다. 따라서 그 후에도 이와 같은 민족통일전선을 구축하려는 노력은 지속되었다.

<핵심정리>

조선 민흥회 조직(1926):	비타협적 민족주의 진영 + 사회주의 진영의 일부
정우회 선언(1926) :	일부 사회주의 세력이 민족주의자들과의 제휴 주장

Tip

신간회 결성(1927):	비타협적 민족주의 세력과 사회주의 세력 간의 통합 단체로 발족 -서울에 본부를 두고 지방과 국외에도 지회 설치 -143개의 지회에 2만 명에 이르는 대중적 정치, 사회 단체로 성장

신간회의 활동

강령 채택:	민족의 단결 도모, 정치적, 경제적 각성 촉구, 기회주의자 배격
활 동:	강연회와 연설회 개최, 동맹 휴학 지원, 노동 운동과 농민 운동 지원, 광주학생항일운동 때 조사단 파견

신간회의 해소

배 경:	1929년 민중대회 사건과 일제의 탄압, 집행부의 우경화와 내부의 이념 대립, 1928년 코민테른의 지시에 의한 사회주의 계열의 협동전선 포기
해소 결의:	부산 지회의 해소 결의(1930) -창립 대회 뒤 처음으로 열린 전체대회에서 해소안 가결 (1931)
신간회 창립의 역사적 의의:	사회주의 세력과 비타협적 민족주의 세력이 힘을 합해 결성한 최초의 민족운동 단체

Tip

262 다양한 사회 운동의 전개

일제의 문화통치기에 조선에는 많은 청년단체가 조직되었다. 표면적으로는 청년의 품성도야, 지식의 개발, 체육장려, 단체훈련강화 등을 내세웠으나 실제적으로는 민족의 생활과 역량을 향상시킴으로써, 자주독립의 기초를 이룩하려는 민족실력양성운동을 전개하였다. 청년운동 단체로는 조선청년연합회가 1920년에, 조선청년동연맹이 1924년에 결성되었다. 그러나 사회주의 사상의 영향으로 무산계급의 해방을 주장하는 계급투쟁을 추구하여 청년운동이 분열. 대립하는 상황이 발생하였다. 여성운동도 이 시기에 전개되었다. 여성운동은 여성의 사회적 지위개선과 여성해방을 위한 사회운동이 목표로써, 1920년 초반에는 문맹퇴치, 구습타파, 생활개선의 실현 등을 위한 활동을 전개하였으며, 1920년대 중반에는 여성에 대한 기술교육, 저축장려, 부업알선 등을 실시하였고 또 한편으로는 사회주의 영향을 받은 여성단체들이 조직되어 여성해방과 사회주의운동을 결부시키며 활동하였다. 1927년에는 신간회의 창립을 계기로 근우회가 창립되어 전국순회공연과 강연회 등을 통하여 여성해방에 대한 인식의 확산과 노동. 농민운동 등 사회운동에 적극적으로 활동하였다. 1931년 신간회가 해소되면서 근우회도 해체되었다. 이 시기 소년운동도 활발히 전개되었는데 방정환의 주도로 천도교 소년회를 만들었다. 방정환은 어린이날을 제정하고 조선소년연합회를 조직하였으며 최초로 어린이 라는 말을 만들었다. 이러한 취지는 미래의 자산인 아이들을 존귀한 존재로 인식하고 잘 키우자는 것이다. 이후 중.일 전쟁이후 일제의 탄압으로 침체기에 빠졌다.

<핵심정리>

청년 운동: 초기에는 청년의 품성 도야, 지식 계발, 풍속 개량 등 사회 개선 추구 -조선 청년 총동맹 결성(1924) 정치, 경제적 민족 운동 전개

여성운동

배 경: 여성의 사회적 진출 활발, 여성 노동자 수 증가 -여성 계몽과 여성 차별 철폐 등 주장

근우회 결성 (1927): 민족주의 계열과 사회주의 계열의 여성 단체 통합, 강연회, 부인 강좌. 야학 등을 통해 여성 계몽에 노력, 신간회의 자매단체로 활동

소년 운동: 방정환을 중심으로 천도교 소년회 조직 -어린이날 제정(1923), 잡지 "어린이" 발간 -전국적인 조직체인 조선 소년 연합회 결성 -일제가 탄압

Tip

방정환

263 형평 운동(1923)

1923년부터 일어난 백정(白丁)들의 신분 해방운동이다. 갑오개혁 이후 신분제 폐지로 법적인 신분평등은 이루었으나 사회적 불평등은 현실적으로 존재하였다. 처음에는 백정의 지위향상운동으로 출발하였으나 1928년 형평운동 대회를 계기로 민족운동. 계급운동으로 발전하였다. 이후 조선형평사를 조직하고 백정에 대한 사회적 차별과 자녀들의 교육문제 등 백정의 인권운동과 함께 여러 사회운동단체들과 협력하면서 각종 파업이나 소작쟁의에 참가하였다.

<핵심정리>

배 경: 갑오개혁 이후 백정들이 법제적 평등 획득 -사회적 차별과 천대 잔존, 일제가 호적에 붉은 점으로 표시하여 차별

전 개: 진주에서 조선 형평사 창립(1923) -전국적인 조직으로 확대, 다른 사회 단체와 연대하여 항일 민족 운동 전개

형평운동

264 민족 문화 수호 운동 전개

일제는 우리나라를 강점한 직후부터 민족의식과 독립사상, 나아가 민족 문화를 말살시켜 우리 민족을 일본에 동화시키려는 정책을 일관되게 추진하였다. 그 일환으로 민족적 관점에 선 연구나 교육 활동을 철저히 차단하고 억압하는 한편, 식민지 지배를 지지하거나 받아들이는 활동을 앞장서서 이끌어갔다. 일제는 우리 역사를 연구한다는 미명아래, 각종 중요 문화재를 훼손하고 일본으로 강탈해 갔으며, 총독부 아래 '조선사편수회' 라는 기관을 만들어 민족사를 왜곡하는 작업을 전담하게 하였다. 결국 일제는 우리 문화의 우수성. 독창성. 자율성을 외면, 은폐하고, 우리 역사의 어둡고 부정적인 측면을 의도적으로 과장하여 부각시켰다. 이는 우리 민족으로 하여금 민족적 자존심 대신 열등의식만을, 역사에 대한 자부심 대신 환멸감만을 가지게 하려는 것이었다. 이 같은 민족 문화 말살 정책에 대항하여 민족 문화를 수호하려는 노력이 줄기차게 전개되었다. 3.1 운동 이후 이윤재, 최현배 등 국어학자들은 조선어연구회(뒤에 조선어학회로 바뀜)를 만들어 한글의 보급에 앞장섰다. 특히 조선어학회는 맞춤법 통일안을 제정(1933) 보급하여, 오늘날 한글 맞춤법 체계의 기초를 확립하였다. 문학에서는 박영희, 김기진, 이상화 등이 사회주의 사조의 확산과 민중운동의 고양에 영향을 받아 신경향파 문학운동을 일으켰다. 이 운동은 파멸의 구렁텅이에 빠진 민중의 현실을 고발하고 일제에 대한 적대심을 불러일으키고자 하였다. 1930년대 이후 이러한 문학 운동은 일제의 철저한 탄압을 받았으며, 친일 문학, 황민화문학 등이 퍼져 나갔다. 최남선. 이광수. 등은 각종 친일문인단체를 조직하여 일본의 침략전쟁의 총알받이로 나서도록 회유, 홍보하였다. 반면 이육사, 윤동주, 김광섭, 박두진 등은 일제와 타협을 거부하고 식민지 민족의 정서와 민족 해방에 대한 갈망을 시로 표현하였다.

<핵심정리>

목 적:	우리 민족에게 열등감 조장, 항일 의식 약화, 일제의 식민 통치 합리화
식민 사관의 체계화:	정체성론, 타율성론, 반도성론, 당파성론, 일선동조론 등
식민 사학 기관:	조선사편수회 에서 "조선사" 편찬, 청구 학회의 활동
조선어 연구회(1921):	국문 연구소 계승, '가갸날(한글날)' 제정. "한글" 잡지 간행

Tip

조선어 학회(1931):	최현배와 이극로 등이 참여, 한글 맞춤법 통일안과 표준어 제정, 한글 강습 교재를 만들어 문맹 퇴치 운동에 적극 참여, “우리말 큰 사전” 편찬 시도 -일제가 조작한 조선어학회 사건으로 해체(1942)

Tip

265 일제의 식민지 교육 정책

일본은 식민지 조선을 통치를 하면서 황국신민화 정책을 썼다. 일제의 식민통치에 순응하는 국민과 노동자를 양성하였고, 고급 인력은 인위적으로 양성을 하지않았다. 우수한 인재를 교육하는 것은 일제에 저항하는 세력을 만든다는 생각에서 일본의 입장에서는 원하지 않았기 때문이다. 한국합병 후 제1차교육령은 조선인의 우민화 정책이다. 일제는 조선의 서당, 사립학교 등 민족교육을 억압하고 동화주의, 차별주의 교육정책을 실시하였다. 따라서 일제는 식민지배에 이용할 노동력을 양성하기 위해서 보통학교와 실업, 기술학교 등을 만들어 교육을 실시했다. 3.1운동 이후 소위 문화정치 시기에는 한국인의 요구를 일부 받아들여 보통학교화 고등보통학교를 증설하였고, 한국어를 필수과목으로 지정하였으며, 조선인들의 민립대학 설립을 무마하기위해 경성제국대학을 설립하기에 이른다. 이후 중. 일 전쟁이 발발하면서 일제는 조선인을 일본화시키기 위해 한국어를 선택과목으로 지정하고 황국 신민의 서사를 암송하도록 강요하는 교육을 실시했다. 미국과 태평양 전쟁을 하면서 일제는 내선일체를 강조하면서, 아예 우리말 사용을 금지시켰고, 조선어. 조선사 교육을 폐지하였다.

<핵심정리>

식민지 교육 정책

제1차 조선 교육령(1911):	사립학교 수 축소, 보통 교육의 수업 연한 단축, 중등 교육 기회 제한, 우민화 교육 실시
제2차 조선 교육령(1922):	보통 교육의 수업 연한 연장, 보통 학교와 고등 보통학교 증설, 한국어를 필수과목으로 지정. 대학 설립 가능 - 일제가 경성제국대학 설립(1924)
제3차 조선 교육령(1938):	전쟁 수행을 뒷받침하는 교육 실시 황국 신민의 서사 암송 강요, 한국어를 선택 과목으로 지정 조선인 학교와 일본인 학교의 명칭 통일 -국민학교
제4차 조선 교육령(1943):	전시 동원 체제 강화, 한국어 완전 폐지 모든 교육 기관의 수업 연한 단축

Tip

266 일제의 언론 탄압

일제는 조선 병탄 후 무단정치를 실시하면서 조선인의 언론, 집회, 결사의 자유를 박탈하였고, 일제에 저항하는 신문은 모두 폐간시켰고 일부 신문은 친일신문으로 만들었다. 문화통치 기간에는 언론. 집회. 결사의 자유를 일부 허용하고, 조선일보. 동아일보 등 언론기관의 설립을 허가하였다. 그러나 치안유지법을 만들어 이를 적용, 언론기관 및 집회의 결사 등을 탄압하였다. 이후 중. 일 전쟁 이후 민족말살정책을 펼치면서 동아일보. 조선일보 등 과 한글로 된 잡지를 모두 폐간시켰다.

<핵심정리>

1910년대:	황성신문과 대한매일신보 등 한국인 발행 신문 폐간
3.1 운동 이후:	조선일보, 동아일보 등의 일간지와 "개벽", "조선지광" 등의 잡지 발행, 삭제. 압수. 정간. 폐간 등 자행 -조선일보와 동아일보 폐간(1940)

Tip

267 한국사 왜곡

일제는 한국인의 독립정신을 말살하고 내선일체화를 시키기 위해 식민사관을 날조하여 이를 합리화하려고 하였다. 대표적인 식민사학기관인 조선사편수회는 조선사를 편찬하여 조선의 역사를 왜곡 시키는데 주도적인 역할을 하였으며 조선인 출신의 우수한 인재들을 등용시켜 도제식으로 교육시켰다. 이에 백남운, 이청원 등은 일제의 식민사관인 정체성론과 타율성론에 대항하였다.

<핵심정리>

목 적:	우리 민족에게 열등감 조장, 항일 의식 약화, 일제의 식민 통치 합리화
식민 사관의 체계화:	정체성론, 타율성론, 반도성론, 당파성론, 일선동조론 등
식민 사학 기관:	조선사편수회에서 "조선사" 편찬, 청구 학회의 활동

Tip

268 한국사 연구

역사 연구에서도 식민사관에 대항하기 위하여 민족 문화의 우수성과 한국사의 주체적, 보편적 발전을 강조하는 연구작업을 전개하였다. 박은식과 신채호 등 민족주의 역사학자들은 해외로 망명하여 직접 독립운동에 투신하는 가운데, 한국사 연구를 진행하였다. 특히 신채호는 우리 민족, 그 가운데서도 민중이 주체가 되어 자주독립을 쟁취해야 한다고 강조하였다. 이같은 전통을 이은 정인보, 문일평, 안재홍 등은 국학(조선학) 운동을 전개하여, 민족의 얼과 문화를 수호하는 데 이바지하였다.

<핵심정리>

Tip

민족주의 사학:	신채호: 고대사 연구에 주력("조선상고사", "조선사연구초" 저술), 역사를 '아(我)와 비아(非我)의 투쟁으로 파악 박은식: 민족 정신으로 조선 국혼 강조, "한국통사"와 "한국독립운동지혈사" 저술 정인보: ('조선 얼' 강조), 문일평('조선 심' 강조), 안재홍(신민족주의 역사학 제창)
사회경제 사학:	유물 사관의 영향을 받아 한국사 연구, 백남윤이 "조선사회경제사"를 저술하여 한국사가 서양이나 일본과 마찬가지로 '고대 노예제 사회 -중세 봉건사회 -근대 자본주의 사회' 의 단계를 거치며 발전하였다고 서술, 식민 사관의 정체성론 비판
실증주의 사학:	랑케 사학의 기반 위에서 철저한 고증을 표방하는 일본 학계의 영향을 받음. 이병도와 손진태 등이 진단 학회 결성, " 진단 학보" 발간

Tip

<더 알아보기>

박은식(朴殷植) (1859~1925)- 혼의 역사

박은식은 조선 광문회를 설립하여 민족 고전을 정리하였고, 유교 구신론을 제기하여 실천적인 유교 정신을 강조하였다. 대한매일신보와 황성신문, 서북학회월보의 주필로 활동하였다. <한국통사>. <한국독립운동지혈사>를 저술하여 일제의 침략을 규탄하였으며, 우리 민족정신을 '혼'으로 파악하여 중요성을 강조함으로써 독립정신을 정리하였다.

형평운동

임시정부의 제 2대 대통령을 지낸 백암(白巖) 박은식의 한국통사(韓國痛史)가 민족적 자부심과 독립투쟁정신을 크게 영향을 미치자 일제는 이에 대처하기 위해 조선사편수회를 설치하기에 이르렀다.

"옛사람이 이르기를 나라는 멸할 수 있으나 역사는 멸할 수 없다고 하였으니, 대개 나라는 형체이고 역사는 정신이기 때문이다. 지금 우리나라의 형체는 허물어졌으나 정신만은 살아남아야 할 것이다. - <한국통사>

269 일제의 종교탄압과 대응

일제의 종교 탄압은 기독교에 안악 사건과 105인 사건을 조작하고 신사 참배를 강요하였으며, 불교에는 사찰령 제정하고 승려법을 제정했다. 또한 천도교, 대종교 등 종교 탄압에 적극적이었고 친일 종교단체를 만들기 위해 노력하였다.

<핵심정리>

종교 탄압: 기독교 (안악 사건과 105인 사건 조작, 신사 참배 강요), 불교 (사찰령 제정, 승려법 제정), 천도교, 대종교 등 종교 탄압

종 교

개신교: 교육 활동에 주력(사립학교 설립), 일제의 신사 참배 강요에 저항

천주교: 잡지"경향" 간행, 만주에서 항일 운동 단체인 의민단 조직

천도교: 3.1 운동에서 주도적인 역할 담당, 제 2의 독립 선언 운동 계획(1922), "개벽"과 "신여성" 등의 잡지를 발간하여 평등사상 보급, 야학운영

대종교: 단군 신앙을 널리 전파하여 민족의식 고취, 중광단 (3.1 운동 이후 북로 군정서로 개편)을 조직하여 무장 항일 투쟁 전개

불 교: 한용운이 불교 대중화에 노력, 일부 청년 승려들이 조선 불교 유신회 조직

원불교: 허례 폐지. 근검절약 . 협동단결 등 새 생활 운동 전개, 민족의 자립정신 도취, 간척 사업 전개

Tip

한용운

*한용운(1879~1944)
-저항문학가
만해(萬海) 한용운 선생은 3.1운동 때 민족대표 33인 중 불교 대표로 참여하여 기미 독립선언서의 공약 3장을 기초하였다. '님의 침묵' 등을 발표하여 저항문학에 앞장섰고, 종래의 불교개혁과 불교의 현실참여를 주장하면서<조선불교유신론>을 저술하였다.

270 일제식민지 시대의 문학과 예술

일제에 강점된 1910년대 중반을 지나면서 근대의 문학이 서서히 등장했다. 이 시기에 활동한 시인들로는 김억, 주요한 등이 있다. 특히 주요한의 '불놀이'에 이르러 근대자유시의 면모가 갖추어 졌다고 할 수 있다. 최남선은 근대 자유시를 본 딴 계몽주의 성격의 신체시를 발표했다. 최남선은 전근대적인 시조형식과 창가 형식의 시에서 근대 자유시로의 변화를 성공적으로 이끌어낸 선구자가 되었다. 소설에서는 1917년에 발표된 이광수의 '무정'에 의해 본격적인 근대소설이 창작되기 시작하였다. 1919년에 일어난 3.1 운동 이후 일제는 문화정치를 실시하게 되는데, 이 시기에 다수의 잡지와 동인지들이 출간되었다. 동인지 문학으로 창조. 백조. 폐허 등이 있었고 이들은 순수 예술을 지향하면서 현실 문제에서 탈피하는 경향을 가졌다. 또 한편으로는 신경향파의 시로 민중을 구심점이 된 시대적 배경에서 발생하였다. 이들은 사회주의 영향을 받아 프롤레타리아 계층을 위한 문학이 전개되었다. 식민지 현실을 고발하고, 계급의식을 고취시켰으며, 1925년에 카프가 결성되었다. 1920년대 저항문학으로서 한용운의 님의 침묵이 있으며 식민지 현실을 표현했다. 연극으로는 도쿄 유학생들의 연극단체인 토월회가 신극운동을 전개하여 우리나라 최초의 서양식 극장인 원각사에서 공연을 하였다. 영화로는 나운규가 저항 영화인 '아리랑을 1926년에 제작하여 단성사에서 상영을 해 조선인들의 마음을 요동케 하여 일제에 탄압을 받기도 했다.

<핵심정리>

1910년대: 계몽 문학- 최남선(근대시 발전에 공헌, 언문일치의 우리말 문장 확립), 이광수('무정'발표)

1920년대: 동인 활동(창조. 폐허. 백조 등), 신경향파 문학(프로 문학으로 발전, 사회주의 사상의 영향, 계급 노선 추구), 국민 문학 운동(계급주의 반대, 민족주의 이념 선양)

1930년대: 일제가 사실주의 문학과 프로 문학 탄압 -순수 문학, 친일 문학(최남선, 이광수 등), 저항 문학(이육사, 윤동주 등)등장

예 술

음 악: 홍난파('봉선화'), 현제명('고향생각'), 윤극영('반달') 안익태('코리아 환상곡') 등

미 술: 한국화 분야(안중식, 이상범 등), 서양사 분야(고희동, 나혜석, 이중섭 등)

Tip

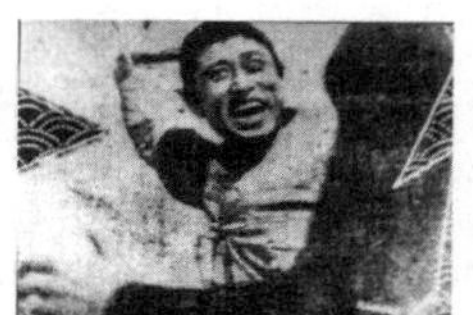

나운규 영화<아리랑>

연 극: 일본풍을 띤 신파극 유행, 서양식 연극 시작, 토월회와 극예술 연구회 조직

영 화: 나운규의 '아리랑'(1926), 일제가 조선 영화령(1940)을 제정하여 탄압

<더 알아보기>

토월회(土月會)

일제 강점기 도쿄 유학생들이 중심이 되어 1923년에 결성한 연극 운동 단체이다. 토월회(土月會)라는 명칭은 이상(理想)은 하늘[月]에 있고, 발은 땅[土]을 디딘다'는 뜻으로 지은 것이다. 처음에는 순수 문학동호회(文學同好會) 성격을 띠고 발족하였으나 방학 귀국선물로 강연회보다 연극공연이 좋겠다고해서 제1회 공연을 1923년 7월 4일 조선극장에서 가짐으로써 연극단체로 전환하였다. 특히 문학적 가치가 있는 희곡 작품을 사실주의 수법으로 공연해 근대극을 정착시키는 데 주도적 역할을 했지만, 지나치게 서양것에 치중했다는 평가도 아울러 받는다.

<더 알아보기>

신경향파(新傾向派) 문학(1920년대)

조선 프롤레타리아 예술가 동맹(Korea Artista Proleta Federaitio)은 한국의 사회주의 혁명을 위해 1924년 이후 백조파(白潮派)와 창조파(創造派)의 낭만주의 및 자연주의 경향을 비판하고 일어난 사회주의 경향의 새로운 문학유파로 1925년에 결성된 문예운동 단체이다. 에스페란토식 표기와 머리글자를 따서 '카프(KAPF)'로 약칭한다. 이들의 초기 활동을 흔히 신경향파 문학 혹은 자연발생적 프로문학으로 부른다.

*아리랑
일제 강점기 우리 민족의 아픔을 그린 한국의 기념비적인 민족영화이다. 1926년 단성사에서 개봉하여 암흑기였던 일제 강점기에 당시로는 상상도 할 수 없는 항일 민족정신을 주제로 하였기 때문에 우리 민중으로부터 큰 호응과 뜨거운 감동을 주었다.

제 40장
대한민국 수립

271 조선건국준비위원회

대한민국임시정부는 중국 충칭에서 삼민주의에 바탕을 둔 건국강령을 발표(1941)했고, 조선독립동맹은 민주공화국 건설을 위한 강령을 발표했다. 국내에서는 일제의 파쇼적 탄압으로 민족운동이 거의 불가능한 상태였음에도 불구하고 비밀결사인 조선건국동맹이 결성되었다(1944). 건국동맹은 좌파 민족주의자인 여운형을 중심으로 조직되었지만 안재홍과 같은 우파 민족주의 진영의 인사도 참가하였다. 건국동맹은 반민족 세력을 제외한 전 민족을 중심으로 일치단결하여 일제를 몰아내고 민족의 자유와 독립을 회복하고자 하였다. 특히 노동자, 농민을 조직하여 징용. 징병. 공출 기피운동을 전개하였으며, 해방 직전에는 노농군을 조직하기 위하여 구체적인 활동에 들어갔다. 또한 건국동맹은 중국에 있는 조선독립동맹과도 연결하여 유대관계를 맺었으며, 임시정부와도 협동작전을 펴기 위해 연락을 시도하였다. 이처럼 건국동맹은 국내외의 어려운 조건 속에서도 민족 연합작전을 모색하는 작업을 꾸준히 벌여 갔다. 건국동맹은 국내 유일의 건국준비 조직으로서 8.15 광복을 기점으로 건국준비위원회로 개편되어(1945), 식량 확보와 치안유지를 담당하는 등 중요한 역할을 수행하였다. 대한민국 임시정부와 조선독립동맹과 조선건국동맹은 한결같이 민주공화국의 수립과 민주주의와 사회주의 제도를 혼합한 사회. 경제체제의 확립을 주장하였다.

<핵심정리>

조선 건국 준비 위원회의 활동

결 성:	중도 좌익의 여운형과 중도 우익의 안재홍 등이 조선 건국 동맹을 개편하여 좌우 연합의 조선 건국 준비 위원회 조직
활 동:	치안대 설치, 전국에 145개의 지부 설치 -각 지역의 치안과 행정 담당
세력 약화:	조선 공산당이 주도권 장악 -안재홍 등 우익 세력 탈퇴
조선인민공화국 선포(1945.9):	미군과의 협상에서 유리한 위치를 차지하기 위해 중앙조직을 정부 형태로 개편, 각 지부도 인민 위원회로 전환 -주석에 이승만, 부주석에 여운형(이승만이 취임 거부) - 이후 미군정의 인정을 받지 못함
한국 민주당 결성:	송진우와 김성수를 중심으로 결성, 조선 인민 공화국에 반대, 미군정과 긴밀한 관계유지

Tip

272 국토 분단과 미군정의 실시

제2차 세계대전 막바지에 접어든 시기인 1943년 11월 카이로에서 미국. 영국. 중국이 한국의 독립을 보장하는 공동선언을 한다. 같은 해 테헤란회담에서는 미국의 루즈벨트대통령이 소련의 스탈린에게 향후 한국문제에 대해 언급하며 스탈린의 동의를 구하였다. 얄타회담은 미국이 한국에 신탁통치를 실시하겠다는 의사를 처음 내놓았던 회담이다. 1945년 얄타회담에서 소련의 대일참전과 한국의 38도선 분할을 결정하여 우리나라의 운명이 다시한번 갈리는 상황이 연출됐다. 루즈벨트는 스탈린에게 한국에 대해 미 .중. 소가 신탁통치를 할 구상이며 기간은 20년으로 하자고 제시하자 스탈린은 기간은 짧을수록 좋다고 응답하였다. 미국이 일본에 원자폭탄을 투하하고(1945.8.6)이어 소련군의 참전과 8.15광복과 더불어 소련과 미국의 남.북 점령군이 진주하여 우리나라의 국토가 분단되어 독립국가 달성은 이루어지지 못하였다.

<핵심정리>

38도선의 설정:	얄타 회담의 결정에 따라 참전한 소련군이 북한 지역으로 진공 -광복 직전 미국이 소련에 38도선을 경계로 분할 점령할 것을 제의 -38도선 이북에는 소련군이, 이남에는 미군이 주둔
미군정의 실시:	군정청을 설치하고 군정 선포 - 38도선이남 지역을 직접 통치
미군정의 정책:	대한민국 임시정부와 조선 인민 공화국을 모두 부인, 통치의 효율성을 위해 총독부 관료와 경찰을 그대로 등용, 송진우, 김성수 등이 주도하는 한국 민주당을 비롯한 우익 세력 지원

Tip

273 모스크바 3국 외상 회의와 좌우익의 대립

1945년 12월 16일부터 25일까지 모스크바에서 미국. 영국. 소련의 3국 외상회의가 열렸다. 이 회의에서 한국에 임시민주정부를 수립하고 미국. 영국. 소련에 의한 최고 5년간의 한반도 신탁통치 등을 결정하였다. 결정내용은 공동위원회를 설치하여 조선인의 정치적. 경제적. 사회적 진보와 민주주의 발전 및 조선 독립국가 수립을 도와줄 방안을 만드는 것이다 라고 명시되어있다. 이 회의에서 결정된 내용을 동아일보에서 소련이 신탁통치를 주장하고 미국은 즉시 독립을 주장한다는 왜곡된 기사를 실었다. 이에 이승만은 방송을 통하여 신탁통치의 주장은 미국이 아니라 소련이 주장하고 있다고 하였다. 이로 말미암아 반탁운동이 김구와 이승만에 의해 일어났다. 이후 처음에는 반탁운동에 함께한 좌익세력은 사실관계를 파악한 후 신탁통치를 찬성하여 우익세력의 반탁운동과 좌익세력의 찬탁운동으로 극심한 좌우대립을 초래하는 결과를 가져왔다.

Tip

<핵심정리>

모스크바 3국 외상 회의(1945.12)

개 최: 미국, 영국, 소련의 외무장관이 모스크바에서 모여 한반도 문제 논의

결정 사항: 한국에 임시 민주 정부수립과 이를 위한 미. 소 공동 위원회 개최, 최고 5년 간 신탁통치 실시

국내 반응: 우익과 좌익이 극심하게 대립

우익진영: 신탁통치는 한국의 자주권을 부정하는 것이라고 하면서 신탁 통치 반대 운동 전개(김구, 이승만, 독립 촉성 중앙 협의회 등)

좌익진영: 처음에는 신탁 통치 반대 운동 전개 -모스크바 3국 외상 회의 결정의 본질이 임시 정부 수립에 있다고 보고 모스크바 3국 외상회의 결정 지지로 선회

Tip

<더 알아보기>

반공 이데올로기의 형성

한국사회에서 '반공 이데올로기'가 형성된것은 일제 식민지시대였다. 일제는 사회주의의 민족해방운동세력을 탄압할 목적으로 강력한'반공정책'을 유지했다. 그러나 반공 이데올로기가 민주주의 발전을 왜곡하고 독재체재를 유지하는 지배 이데올로기로 자리잡기 시작한 것은 해방 뒤였다. 해방 직후 민족해방운동 기간에 형성되었던 민족주의, 사회주의, 무정부주의 등 다양한 이념이 존재하는 상황에서 남북한은 자본주의 국가인 미국과 사회주의 국가인 소련에 의해 분할 점령되었다. 민족 안의 이념적 분화가 세계적 냉전체제에 휩쓸릴 위험이 있는 상황에서 1945년 12월 27일자 '동아일보'의 '모스크바삼상회의' 결정안 왜곡보도는 남한사회에 반공 이데올로기를 자리 잡게하는 직접적인 계기가 되었다. 동아일보는 '소련은 신탁통치 주장, 소련의 구실은 38선 분할 점령, 미국은 즉시 독립 주장'이라는 제목과 함께 "반탁은 자주독립의 길인데, 찬탁은 매국의 길이요 민족분열의 길이다"라고 선전하며 반탁운동을 촉구했다. '즉시 독립'을 바라던 민중에게 '신탁통치란 곧 재식민지'나 다름없는 마른하늘에 날벼락이었고, 신탁통치를 주장한 소련은 '나쁜나라'였다. 그러나 신탁통치를 주장한 나라는 소련이 아닌 미국 이었다. 한국민주당을 비롯한 우익과 친일파들은 왜곡보도를 근거로 '반탁'을 주장하며 모스크바삼상회의 결정안을 지지하는 좌익 등을 '소련에 나라를 팔아먹으려는 매국노'라고 공격했다. 사실을 확인할 길 없는 민중에게 '반탁= 소련=반공산주의= 즉시 독립= 애국'이라는 의식이 자리잡게 되었다. 이때 친일파들은 적극적인 '반탁'과 '반공'운동을 벌이며 하루아침에 '반공 애국자'로 둔갑했다. 동아일보의 왜곡보도로 가장 큰 이득을 본 것은 미국이었다. 미국은 이 왜곡보도로 '반탁운동'의 대상에서 벗어났고 또 남한 대중이 소련과 좌익을 적대시하는 효과를 거두었다. 미국 못지않게 동아일보 계열인 한국 민주당 등 보수우익과 친일파들도 반탁. 반공의 애국자로 둔갑하면서 큰 이득을 보았다. 이후 남한은 친미반공의 자본주의체제로 북한은 친소 사회주의 체제로 분단되면서 남한에서의 반공은 곧 '반소'로 그리고 남한 단독정부 수립을 반대하는 세력은 그의 이념에 관계없이 반공의 대상이 되어 반공 이데올로기는 정치적 반대세력을 탄압내지 제거하는 수단으로 변질되었다. 예컨대 보수우익은 남한 단독정부 수립을 반대하고 남북협상에 나섰던 김구조차도 '공산주의자'로 매도했을 정도였다.

274 미·소 공동 위원회

한반도의 임시 민주정부 수립 문제와 신탁통치 문제를 논의하기 위해 1946년 1차 미.소 공동회가 열렸다. 미국과 소련의 공동위원회에서 미국측은 3국 외상회의에 대한 견해를 가진 모든 단체가 참여해야 한다고 주장하였고 소련은 외상회의의 결정을 지지하는 단체만 협의 대상으로 해야 한다고 주장하여 대립하였다. 결국 상호간의 이견을 좁히지 못하고 휴회를 하게 되었다. 1947년 제2차 미. 소 공동위원회가 개최하였으나 협의단체 선정 문제로 다시 대립하여 결렬되었다. 두 나라는 여전히 자신의 입장을 양보할 생각이 없었고, 미. 소의 군사 점령하에서 우리 민족은 우익과 좌익으로 갈라져 임시정부 수립 일정에 합의하지 못하고 있었다. 미. 소 공동위원회는 통일 독립국가를 수립하는 기초를 놓을 수도 있는 기회였다. 이에 미국은 한국문제를 유엔총회에서 논의할 것을 제의하여 소련의 반대에도 불구하고 유엔총회는 한국문제를 상정안에 가결하였다.

<핵심정리>

1차 미.소 공동 위원회 개최(1946.3):

참여 단체의 범위를 두고 대립(소련 -모스크바 3국 외상 회의의 결정을 지지하는 단체만 협의 대상으로 삼자고 주장, 미국 -모든 단체가 참여해야 한다고 주장) -이견을 좁히지 못하고 휴회

2차 미.소 공동 위원회 개최(1947.5):

협의 단체 선정 문제로 다시 대립 -결렬 -미국이 한반도 문제를 유엔으로 이관

*이승만 정읍발언 (1946.6)

제1차 미.소 공동위원회가 결렬되면서 이승만은 전라도 정읍에서 남한만의 단독정부를 수립하자고 주장하였다. 이 시기 좌. 우 대립이 비록 심하였지만 남과 북이 분단되는 것을 원치 않았던 점을 비추어 볼 때 매우 충격적인 발언이었다. 이러한 발언에 미국은 동조하였고 한국민주당 등 우익세력들이 지지하였으나 대다수의 단체들은 매우 부정적인 반응을 보였다.

275 좌우 합작 운동

이승만의 정읍발언이 큰 파장을 불러일으키자 좌. 우 합작 운동이 전개되었다. 좌.우 합작운동은 중도좌파인 여운형과 중도우파 김규식이 중심이 되어 전개하였다. 미국은 정치 안정을 도모할 필요에 의해 좌. 우 합작 운동을 지원하게 된다. 여기서 좌. 우 합작 7원칙에 합의 해 중도 세력과 김구는 찬성을 하지만 제2차 미.소 공동위원회의 결렬과 여운형의 암살로 좌. 우 합작운동은 실패로 끝났다.

<핵심정리>

배 경: 제1차 미.소 공동 위원회의 결렬, 이승만을 중심으로 단독 정부 수립론 제기, 좌. 우익의 대립 심화

중심인물: 여운형(좌익), 김규식(우익) 등 중도 세력

과 정: 미군정의 지원 - 좌우 합작 위원회 개최(1946.7.) -좌우 합작 7원칙에 합의(1946.10.) -중도 세력과 한국 독립당의 김구 지지

결 과: 좌익과 우익의 반대 심화, 미군정의 지지 철회 -미.소 공동 위원회가 최종 결렬, 여운형 암살(1947.7) -좌우 합작 위원회 해산(1947.12)

Tip

여운형

276 한반도 문제의 유엔 이관

유엔에서는 남북 총선거를 결정한다. 그러나 소련은 이를 거부하여 결국 남한만이라도 총선거를 하라고 유엔총회에서 결정을 하기에 이른다. 그러나 이 남한만의 총선거에 반대가 격렬했는데 김구는 삼천만 동포에게 읍소하면서 38선을 베고 쓰러지더라도 남한만의 단독정부 수립에는 반대하겠다고 부르짖었다. 김구는 남한만의 단독정부를 반대하기 위해 김규식과 함께 38선을 넘어 김일성과 만나 남북협상을 하여 통일정부 수립을 논의하였다. 결국 뜻대로 되지 않았다.

<핵심정리>

유엔 총회 결의 (1947.11):	남북한 총선거를 통해 한국에 정부를 수립하기로 결의 유엔 한국 임시 위원단이 한국에 파견: 총선거를 준비하기 위해 파견, 북한과 소련이 방북 거부
유엔 소총회 (1948.2):	가능한 지역만이라도 총선거를 실시하기로 결정 -5월10일 남한지역에서만 총선거 실시
남북 협상 추진 (1948):	김구와 김규식 등이 평양에서 북한 지도자들과 회담 개최 - 공동 성명 발표(외국 군대의 즉시 철수, 남한 단독 선거 반대 등) -김구가 암살된 이후 남북 협상 단절
제주 4.3사건 (1948):	좌익 세력이 단독 선거 저지와 통일국가수립을 내걸고 무장 봉기 -미군정이 군경을 동원하여 무력으로 진압, 시위 진압 과정에서 무고한 제주도민들까지 함께 희생됨
여수. 순천 10.19사건 (1948):	제주 4.3 사건의 진압에 동원된 여수지역 부대 내의 좌익 세력들이 제주도 출동 반대, 통일정부 수립 등을 내세우고 무장 봉기 -반란군의 일부가 지리산으로 들어가 계속 저항

Tip

Tip

<더 알아보기>

제주 4.3 사건(1948. 4.3)

제주 4.3 사건은 남한만의 단독정부 수립 반대운동이 전국적으로 벌어지면서 발생된 사건으로 1947년 3월 1일 제주에서 단독선거 반대시위가 일어나면서 시작되었다. 경찰의 발포와 시민들의 항의가 격렬해지면서 미군정청이 경찰과 서북청년회 등 우익단체를 동원하여 무력으로 탄압하였다. 이때 좌익세력이 남한만의 단독선거 반대를 주장하며 무장봉기를 일으켰고, 이에 군과 경찰의 초토화 작전으로 수많은 무고한 양민이 희생당하였다. 2003년 노무현 대통령은 국가 차원의 잘못을 공식적으로 사과했다.

<더 알아보기>

여수. 순천 반란사건 (1948.10.19.)

여수. 순천 반란 사건은 제주도 4.3사건 진압을 위해 여수 주둔 군부대에 출동 명령이 떨어지자 군부대 내의 좌익세력인 국방경비대 제14연대 소속의 일부 군인들이 제주도 출동에 반대하고 무장봉기한 사건이다. 이들은 일시적으로 여수. 순천일대를 점령하였으나 정부의 신속한 대응으로 진압당했다. 제주 4.3 사건과 함께 좌익과 우익의 대립으로 빚어진 비극적인 민족사이다.

277 대한민국 정부 수립

1948년 2월 유엔 한국임시위원단이 남한에서만 총선거를 치르자고 결의하였다. 이에 이승만과 한국민주당은 환영의 입장을 나타냈고 김구와 한국독립당은 남북협상에 의한 총선거를 주장하였고, 좌익 세력 또한 단독선거 반대투쟁을 제주도 4.3 사건과 같이 전개하였다. 1948년 5월10일 반대하는 김구 등을 위시한 중도파, 공산주의들이 선거에 불참하는 가운데 총선거를 실시하고 제헌국회의원을 선출하였다. 이어 1948년 7월 17일 민주공화국체제의 헌법을 제정하고 대통령에 이승만, 부통령에 이시영을 선출하였다.

<핵심정리>

5.10 총선거 실시(1948):	제헌 의원을 선출하기 위한 선거, 우리나라 최초의 보통 선거, 김구와 김규식 등 남북 협상 세력과 좌익 세력 불참
제헌 국회 구성:	국호를 대한민국으로 정함, 대한민국 임시정부의 법통을 계승한 민주 공화국 체제의 헌법 제정(1948. 7.17) -대통령에 이승만, 부통령에 이시영 선출
대한민국 정부 수립:	이승만 대통령이 대한민국 정부의 수립을 국내외에 선포(1948.8.15) - 유엔 총회에서 대한민국을 한반도에서 유일한 합법 정부로 승인
북한 정부의 수립	북조선 임시 인민 위원회 설립(1946) -총선거로 최고 인민 회의 구성(1948.8.25) -헌법 제정, 김일성을 수상으로 선출 -조선민주주의 인민 공화국 수립(1948.9.9)

이승만

278 친일파 청산을 위한 노력

해방과 더불어 우리나라 건국 후 당면 과제는 반민족 행위자에 대한 단죄를 통해 민족정기와 정의사회를 확립하는 것이었다. 그러나 해방 후 미군정하에서 일제의 식민통치기관에서 일하던 관리와 경찰 등을 그대로 등용시켜 친일파 세력들이 활개를 칠 수 있는 여건이 만들어져 이들이 친미파로 변신하는 계기를 만들었다. 또한 이승만이 대통령에 되기까지 이들 친일파의 도움과 협조는 이승만이 친일파 청산에 미온적으로 대할 수 밖에 없는 상황을 만들었다. 1948년 제헌국회는 반민족행위처벌법 제정과 반민족행위특별조사위원회를 구성하여 활동하였다. 이에 박흥식, 노덕술, 최린, 최남선, 이광수 등을 구속 하였다. 하지만 이승만 정부의 비협조와 정부 기관에 요직으로 자리매김한 친일파의 방해로 친일파 처단이라는 민족적 과제는 해결하지 못하고 오늘날까지 우리 민족의 과제로 남게 되었다.

<핵심정리>

법률 제정: 제헌 국회에서 반민족 행위 처벌법(반민법) 제정. 공포(1948). 반민족 행위 특별 조사 위원회(반민 특위)구성

반민 특위의 활동: 반민족 행위자 검거, 박흥식, 최린, 이광수, 최남선 등에게 실형 선거

반민 특위의 해체: 이승만 정부의 방해, 국회 프락치 사건, 친일 경찰이 반민 특위 습격 -반민법의 시효를 단축한 개정 법안이 국회에서 통과, 반민 특위 해산

Tip

Tip

<더 알아보기>

국회프락치사건 (1949.4~8)

반민족행위특별조사위원회의 친일청산활동을 와해시키기 위해 일부 국회의원들이 1949년 5월부터 1950년 3월까지 남조선노동당의 프락치활동을 했다는 혐의로 현역 국회의원 10여 명이 검거되고 기소된 사건이다. 이것은 친일세력에 의해 일부 국회의원이 공산주의자로 조작됐다는 의혹이 제기된 사건이다. 국회프락치사건은 1949년 6월 6일에 발생한 경찰에 의한 반민특위습격사건과 6월 26일에 발생한 김구 암살사건과 더불어 이 사건은 오랜 억압과 제재를 당한 상태에서 오늘날까지 의혹으로 남아있는 사건이다. 이사건으로 정부에 대해 가장 비판적이었던 '소장파' 의원들이 국회에서 제거되면서 반민특위는 결정적으로 와해되었다.

279 6. 25 전쟁(1950)

해방 후 미국과 소련에 의해 남. 북으로 분단되어진 우리나라는 즉시 독립을 갈망했던 민중에게 남북분단은 일시적인 과정으로 생각했다. 그러나 미국의 자유진영과과 소련의 공산진영의 냉전 이데올로기 시대에 접하면서 평화통일의 길은 점점 멀어져갔다. 이러한 국제적인 정세에 중국은 1949년 공산화되어 마오쩌둥을 국가주석으로 하는 중화인민공화국이 수립되었고, 남한에는 주한미군이 철수하였다. 북한은 소련과 군사비밀협정을 체결하여 전쟁준비를 하였고 중국 내전에 참전하였던 조선의용군 일부가 북한인민군으로 편입시켜 군사력을 강화했다. 1950년 미국무장관 애치슨은 미국의 극동방위선을 발표하였는데 알류산열도와 일본 오키나와, 필리핀으로 연결 하는것이 에치슨라인의 주요 골자이다. 남한을 배제한 애치슨 선언은 북한이 남한의 침공 가능성을 오판하게 되는 결정적인 요인이 되었다. 김일성을 비롯한 북한 지도부는 소련과 중국을 방문하여 전쟁 지원을 약속받으며 6.25전쟁을 일으켰다.

<핵심정리>

배경

냉전의 격화:	중국 공산당이 국민당을 몰아내고 중화 인민 공화국 수립(1949)
북한의 전쟁 준비:	소련과 군사 비밀 협정 체결, 중국 내전에 참전하였던 조선 의용군 일부가 인민군에 편입
애치슨 선언(1950):	미국이 태평양 지역 방위선에서 한국을 제외한다고 발표 1월 에치슨 미 국무장관 발언

Tip

280 6. 25 전쟁의 전개

1950년 6월 25일 북한인민군의 불법 남침 공격으로 한국전쟁이 시작되었다. 인민군은 3일 만에 서울을 점령하고 낙동강을 두고 국군과 대치했다. 6월27일 미국은 유엔 안전보장이사회의 결의를 통해 유엔군 파견을 이끌어내어 미군을 중심으로 하는 16개국 군대로 구성된 유엔군이 한국전쟁에 참전했다. 미군은 유엔의 결의에 따라 맥아더(Douglas MacArthur) 극동 사령관을 유엔군사령관으로 임명했다. 미군은 7월 12일 이승만 정부와 맺은 '한미 전시작전지휘권협정'을 통해 국군작전권을 넘겨받아 한국전쟁을 지휘했다. 대구와 부산을 근거지로 인민군과 대치하던 유엔군은 1950년 9월 15일 인천상륙작전을 감행하여 대대적인 반격전을 벌였다. 유엔군은 9월28일 서울을 되찾고 국군과 함께 38선을 넘어 평양을 점령한 뒤 계속 나아가 압록강까지 진격했다. 유엔군이 한.중 국경선에 이르자 만주 진격을 우려한 중국이 강하게 반발했다. 유엔군의 38선 돌파를 여러번 경고했던 중국은 유엔군이 계속 북진하자 1950년 10월 항미원조(抗美援朝)를 명분으로 참전했다. 중국이 참전하면서 전세가 다시 바뀌어 유엔군은 평양. 흥남에서 그리고 1951년 1월 4일에는 서울에서 철수하여 오산 근처까지 밀렸다. 다시 반격에 나선 유엔군은 3월14일 서울을 되찾았다. 이때부터 양쪽은 38선을 사이에 두고 밀고 밀리는 공방전을 이어갔다. 이러한 전쟁 상황에서 유엔군사령관 맥아더(Douglas MacArthur)는 만주를 대대적으로 폭격하는 한편 원자폭탄을 사용할 뜻을 내비치며 전쟁 확대를 주장했다. 그러나 영국, 프랑스 등 제2차 세계대전을 치루었던 국가들은 전쟁이 제3차 세계대전으로 확대되는 것을 우려하여 반대했다. 이 일로 맥아더는 유엔군 사령관직에서 해임되었다. 38선에서 양측의 밀고 밀리는 공방전이 계속되면서 소강상태에 접어들자 미국은 대북한 무력통일 정책에서 전쟁종결 방침으로 바꾸고 휴전을 비공식 제의했다. 이 제의를 받아들인 소련도 전쟁확대를 우려하여 유엔에서 공식적으로 휴전을 제의하 제의했고 미국이 이를 받아들임으로써 휴전회담이 시작되었다. 1951년 7월10일 개성에서 열린 휴전회담의 주요 의제는 군사분계선 설정, 중립국감시기구 구성, 포로교환 등이었다. 휴전회담에는 미국과 중국. 북한이 참여했고, 남한은 작전권이 없어 참여하지 못했고 휴전 반대를 주장했다. 군사 분계선을 양측의 접촉선으로 정하기로 하는 등 순조롭게 진행되던 휴전회담은 포로교환 문제로 벽에 부딪혀 1년 6개월이나 끌었다. 미국은 포로 개인의 자유의사에 따르자는 '자유송환'을, 북한과 중국은 모든 포로는 본국으로 돌아가야 한다는 '강제소환'을 주장했다. 미국이 자유송환을 고집한 것은 공산포로들이 자기 나라로 돌아가지 않을 경우 공산주의와의 이데올로기 싸움에서 승리했다는 명분을 얻기 위해서였다. 우여곡절 끝에 1953년 6월 포로교환 협정이 타결되자 이번에는 북진통일을 주장하던 이승만이 일방적으로 2만 5000명의 반공포로를 석방하여 휴전회담은 막판에 위기를 맞았다. 미국은 한미상호방위조약 체결과 군사지원을 약속하며 이승만을 설득하는 등 적극적으로 협상에 나섰고 북한과 중국이 동의하여 마침내 1953년 7월27일 정전협정이 체결됨으로써 한국전쟁은 막을 내리게 되었다.

<핵심정리>

1950. 6.25. 전쟁 발발-(작전명 폭풍)

6.27. 북한군 서울 점령, 7.20. 북한군, 대전 점령

9.15. 국군과 유엔군, 인천 상륙 작전 전개,

9.28. 서울 수복

10.19. 평양 탈환

10.25. 중국군의 개입(인민 의용군 18만여 명)

1951. 1.4. 1.4 후퇴(북한군 , 서울 재점령)

3.14. 서울 재수복, 7.10. 휴전 협상 시작

1953. 6.18. 이승만, 반공 포로 석방, 7월27. 휴전 협정 체결

Tip

인천상륙작전

281 6. 25 전쟁의 결과

휴전으로 전쟁은 끝났지만 전쟁의 피해는 엄청났다. 남북한 약 500만 명의 사상자가 발생하였으며, 남북한 군대의 인명 피해만 하더라도 약 240만명의 사상자가 발생했다. 경제적 손실도 엄청나 남한의 경우 제조업, 농업, 광업의 기반이 파괴되어 경제가 마비되었다, 북한의 피해는 남한보다 더 심각하였다. 6.25 전쟁은 막대한 인명피해와 더불어 숱한 이재민과 전쟁고아를 만들었고, 분단의 아픔을 고스란히 지닌채 1000만 이산가족이 발생하였으며, 산업 시설과 문화유산이 파괴되었다. 그토록 우리 민족이 염원하던 민족통일은 좌절되고 자유 진영과 공산 진영으로 더욱 고착화되었다. 전쟁의 영향은 이데올로기를 바탕으로 남북한 정권을 강화하는 구실이되었다. 남한의 이승만은 반공을 제일주의로 앞세워 정권을 유지하기 위해 정치적 반대세력을 빨갱이로 몰아 숙청을 하고 독재체재로 나아갔다. 북한의 김일성 또한 자신의 정치적 경쟁세력을 숙청하고 권력을 집중시킨 한편 '반미항전'을 내세웠으며, 전쟁이후 김일성 체제를 강화하는 이데올로기를 만들었다. 6.25전쟁은 자본주의와 사회주의의 대리전쟁 이었으며 미국과 소련을 중심으로 세계는 냉전체제를 더 한층 고착화시켰다.

<핵심정리>

피 해: 막대한 인명 피해, 전쟁고아와 이산가족 발생, 산업 시설과 문화유산 파괴 등

영 향: 한. 미 상호 방위 조약 체결(1953, 한국에 미군 주둔). 전쟁 특수로 일본의 경제 발달, 남과 북의 상호 적대감 심화

Tip

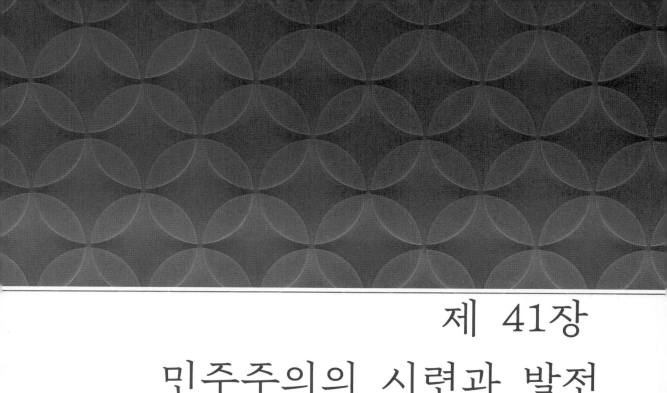

제 41장
민주주의의 시련과 발전

282 이승만 정부의 장기 집권 시도

친일파 처리문제로 민심을 크게 잃은 이승만 정권은 1950년 5월 30일 총선거에서 210개 의석 가운데 겨우 30석을 차지했다. 이제 이승만은 국회의원이 간접 선출하는 1952년 대통령 선거에서 대통령에 재선될 가능성이 없어졌다. 이승만 정권은 대통령직선제 개헌을 서둘렀다. 이승만은 전쟁 상황에서도 대한노총, 대한부인회 등 관변조직을 동원하여 자유당을 만들었다. 이어 1952년 4월과 5월에 그동안 치안불안을 이유로 연기했던 도. 시. 읍. 면의 의회선거를 서둘러 실시했다. 지방의회 선거에서 승리한 이승만은 1952년 5월 대통령직선제 개헌안을 국회에 제출했다. 자유당은 지방의원을 동원하여 국회해산 데모를 벌였고, 백골단 등 폭력조직을 동원하여 야당의원을 위협했다. 5월25일 부산 일대에 계엄령을 선포한 이승만은 7월4일 경찰과 군으로 국회를 포위한 가운데 직선제 개헌안을 강제로 통과시켰다(발췌개헌). 개정된 헌법에 따라 1952년 8월에 실시된 선거에서 이승만이 제2대 대통령에 당선되었다. 1954년 5월 제3대 총선거에서 자유당이 크게 승리하자 이승만은 장기집권의 야심을 채우려고 9월 국회에 초대 대통령에 한하여 3선 제한을 철폐한다는 내용의 개헌안을 제출했다. 즉 이승만은 죽을 때까지 대통령 선거에 나올 수 있다는 것이다. 개헌안을 통과하려면 국회의원의 3/2 이상이 찬성을 해야만 하는데 국회의원 203명중 135명이 찬성하여 한 표가 부족하여 부결된다. 이틀 뒤 자유당은 국회 본회의에서 개헌선인 135.333... 을 사사오입하면서 억지 논리로 통과를 선언했다(사사오입개헌).

<핵심정리>

발췌 개헌 (1차 개헌, 1952):	대통령 직선제, 양원제
배 경:	1950년 5월에 실시된 제2대 국회의원 선거에서 무소속 후보들이 대거 당선 - 국회에서 대통령을 선출하는 간접선거 방식으로는 대통령 재선이 어려워짐

Tip

사사오입 개헌

경 과: 대통령 직선제 개헌안 제출- 이승만 지지 세력이 임시 수도인 부산에서 자유당 창당 -정부가 제출한 개헌안 부결 -공포 분위기 조성(깡패를 동원하여 국회 협박, 야당의원을 간첩 혐의로 연행) -기립 표결로 발췌 개헌안을 통과시킴 -제2대 대통령 선거에서 이승만이 대통령에 재선 전쟁 중 국회, 경찰 포위 속에 발췌 개헌안 통과

사사오입 개헌(2차 개헌, 1954) 초대 대통령에 한하여 중임 제한 철폐

배 경: 제3대 국회의원 선거(1954)에서 자유당 압승, 장기 집권 시도

경 과: 자유당이 초대 대통령에 한해서 연임 횟수 제한을 없애는 내용의 개헌안 제출 -개헌안이 1표 차이로 부결 -사사오입(반올림)을 적용하여 개헌안이 통과되었다고 번복 -개헌에 반대하던 신익희, 장면, 윤보선 등이 민주당 창당

Tip

283 제 3대 대통령 선거와 보안법 개정

1954년 불법적인 사사오입 개헌으로 장기집권의 길을 확보한 이승만은 1956년 제3대 선거를 앞두고 각본에 따라 불출마를 선언했다. 이때에 대한노총을 비롯한 어용단체들이 여론을 조작하고 관제데모를 벌이며 이승만의 출마를 요구했다. 이를 못 이기는척하고 이승만은 대통령에 다시 출마하여 민주당 후보인 신익희와 선거에 임한다. 그러나 선거과정 중 신익희가 갑자기 사망하였고, 최대의 경쟁자가 없어짐에 따라 이승만은 대통령에 당선되었다. 반면 조봉암은 대통령 선거의 득표율 2위를 차지해 이승만을 긴장하게 만든다. 이후 이승만 정권은 그동안 전가의 보도처럼 휘둘러온 국가보안법을 개정한 법안을 국회에 제출하여 조봉암에게 적용, 조봉암을 사형에 처하는 사건이 발생했다. 이후 반공 체제를 강하게 표방하며 신국가 보안법을 통과시켰고, 언론탄압을 자행하여 경향신문을 폐간시켰다.

<핵심정리>

제3대 대통령 선거(1956):	민주당 대통령 후보 신익희가 선거 도중에 사망 -이승만이 대통령에 당선, 민주당의 장면이 부통령에 당선
진보당 사건(1958):	제3대 대통령 선거에서 진보당의 조봉암이 크게 선전, 선거 이후 진보당 사건 발생(위원장 조봉암 등 간부 7명 간첩 혐의로 구속) 조봉암을 간첩 혐의로 처형
국가 보안법 개정(1958):	정부에 반대하는 세력을 법적으로 탄압
경향신문 폐간(1959):	정부에 비판적이던 야당 성향의 경향신문을 폐간시킴

Tip

284 4.19 혁명

자유당은 고령인 이승만이 죽은 뒤에도 정권을 계속 유지하려고 1960년 3대 정.부통령 선거에서 이기붕을 당선시키는 데 혈안이 되어 온갖 부정선거를 획책했다. 자유당은 9개 대한반공청년단을 선전선동대로 이용하는 한편, 1959년 11월부터는 내무부 주도아래 4할 사전투표, 3인조. 5인조를 이용한 공개투표, 기권자 대리투표, 투표함 바꿔치기, 완장부대 동원 등 온갖 수단을 동원한 부정선거를 착착 준비해갔다. 1960년 2월28일 대구에서는 중.고등학교 학생들이 "민주주의를 살리고 학원에 미치는 정치력을 배제하라"며 거리로 뛰쳐나갔다. 이날은 일요일인데도 민주당 집회에 참석하는 것을 막으려고 학생들을 강제 등교시켰다. 이승만 정권을 향한 저항은 3.15 부정선거를 계기로 시작되었다. 1960년 3월 15일 정.부통령 선거가 있던 날 마산의 학생과 시민들은 부정선거를 규탄하며 시위를 벌였으나 경찰의 강경 진압으로 일시적으로 가라앉았다. 그러나 4월 11일 최루탄이 눈에 박힌 김주열(마산상고 1학년, 17세)의 시체가 마산 앞바다에 떠오르면서 마산의 시민과 학생들의 분노가 폭발하여 다시 격렬한 시위를 벌이기 시작했다. 4.19혁명의 도화선이 된 것이었다. 이승만 정권은 마산시위를 폭동으로 간주하며 공산당이 들어와 조정한 혐의가 있다고 몰아붙이며 부정선거를 반공 이데올로기로 얼버무리려했다. 그러나 마산에서 다시 불붙은 시위는 전국으로 번져갔고 시위도 대학생. 시민으로 확대되었다. 이승만 정권은 4월18일 평화시위를 마치고 귀가하던 고려대 학생들에게 정치깡패들을 동원하여 습격하는 만행도 저질렀다. 시위는 4월19일이 되면서 절정에 이르렀다. 분노한 시민과 학생들이 도심으로 진출하여 태평로의 국회의사당 앞과 광화문 일대를 가득메웠다. 분노한 시위군중은 이승만 정권의 나팔수 노릇을 하던 어용신문 서울신문사와 반공청년단이 있던 반공회관, 내무부, 시경찰국, 이기붕의 집을 불태우는 등 공격을 했다. 마침내 시위군중이 대통령 관저인 경무대로 돌진하자 경찰은 이들을 향해 무차별로 총을 쏘아 4월 19일을 '피의 화요일'로 붉게 물들였다. 시위는 부정선거 규탄을 넘어 이승만 퇴진운동 나아갔고, 시위군중도 대학생과 시민을 비롯하여 고등학생, 중학생 심지어 초등학생까지도 참여하는 대규모 반정부운동으로 발전했다. 상황이 불리하게 돌아가자 이승만은 4월21일 국무위원 총사퇴, 이기붕의 부통령 당선취소, 자유당과의 관계 단절, 구속 학생 전원 석방 등의 유화책을 사용하여 위기를 벗어나려고 했다. 그러나 사태는 이미 돌이킬 수 없었다. 4월 25일 서울 지역 교수들이 '쓰러진 학생의 피에 보답하라'라는 구호를 내걸고 시위에 참여했다. 다시 학생과 시민들이 이승만 퇴진운동에 모여들기 시작했다. 그동안 분명한 입장을 나타내지 않던 미국은 이승만으로는 더 이상 친미반공 국가를 유지할 수 없고 4월 혁명이 급진적으로 나아가는 것을 사전에 막아야 한다는 판단에서 이승만 지지를 철회했다. 4월 혁명의 주도세력은 학생이었다.

이들의 이념적 진보성과 조직적 역량이 4월 혁명을 승리로 이끄는 데 큰 역할을 했다. 또 4월 혁명의 희생자 186명 가운데 94명이 하층 노동자와 무직자였듯이 도시빈민의 참여도 두드러졌다. 그러나 이들의 혁명을 이어갈 정치적 조직과 이념이 없는 상태에서 4월 혁명의 과실은 야당인 민주당에게 돌아갔다.

<핵심정리>

4.19 혁명(1960)

배 경: 제4대 대통령 선거에서 이기붕을 부통령으로 당선시키기 위해 대대적인 부정선거 자행(3.15 부정 선거)

전 개: 마산에서 3.15 부정 선거 규탄 시위 발생(3월 15일)
- 마산 시위 때 행방불명된 고등학생 김주열의 시신 발견(4월11일)
- 서울에서 대학생들의 시위전개(4월18일)
- 경찰의 무차별 총격으로 사상자 발생, 계엄령 선포(4월19일)
- 서울 지역 대학교수들이 '학생들의 피에 보답하라'라는 구호를 내걸고 시위에 참여(4월25일)
- 이승만 하야(4월26일)

의 의: 학생들이 앞장서고 시민이 적극적으로 참여하여 독재정권을 타도한 민주주의 혁명 -우리나라 민주주의 발전에 중요한 토대가 됨

4.19 혁명

고려대 습격 린치

국립 4.19 민주 묘지

285 장면 내각(제 2공화국, 1960 ~ 1961)

1960년 4.19 혁명은 이승만을 물러나게 했다. 이승만은 "국민이 원한다면 "이라는 말을 남기고 하야하였고, 혁명 후의 혼란 상태를 수습하기위해 허정을 내각 수반으로 하는 과도정부가 수립되었다. 허정의 과도 정부에서는 내각책임제와 양원제 국회의 권력구조로 헌법을 개정하였다. 이후 이 헌법에 따라 총선거가 실시되어 민주당 정부인 장면 내각이 수립되었다(1960). 장면 내각은 사회질서를 안정시키고 국가의 안보체제를 확립하면서 경제. 사회의 발전을 통하여 국력을 신장하고 민족의 숙원인 평화통일을 앞당겨야 하는 과제를 안고 있었다. 그러나 민주당내의 정치적 갈등과 계속되는 시위 등으로 과업은 실현되지 못하였다.

<핵심정리>

허정 과도정부:	이승만 대통령이 물러난 후 과도 정부 구성
헌법 개정 (1960. 3차 개헌):	내각 책임제, 양원제 의회(참의원과 민의원), 대통령 간선제를 핵심으로 하는 헌법 개정
총선거 실시:	개정된 헌법에 따라 시행된 총선거에서 민주당 압승 -새롭게 구성된 국회 에서 대통령에 윤보선, 국무총리에 장면 선출 -장면 내각 출범(1960)
주요 정책:	제 1공화국의 부패 인사를 처벌하기 위한 소급 특별법 제정(4차 개헌), 국토 건설 사업 추진, 경제 개발 5개년 계획안 마련
평화 통일 운동:	남북 총선거를 통한 평화 통일론 수용(민간 차원의 통일 운동에는 반대), 학생들이 남북 학생 회담의 개최 주장
한 계:	통일 문제에 소극적, 부정 선거 책임자나 부정 축재자 처벌에 미온적으로 대처, 민주당의 분열(장면 중심의 신파, 윤보선 중심의 구파) -국민의 지지 상실

Tip

장면

286 5.16 군사 정변

4월 혁명 이후 정세를 관망하던 박정희 등 쿠데타세력은 사회혼란과 안보위기를 구실로 1961년 5월16일 쿠데타를 일으켰다. 쿠데타 세력은 반공을 국시로 하며 미국 등 우방과의 유대 강화, 자주경제 건설, 부패 일소 등 6개항의 혁명공약을 내걸었다. 이들은 곧 전국에 비상계엄령을 선포하고 군사혁명위원회를 구성한 데 이어 19일에는 군사혁명위원회를 국가재건최고회의로 명칭을 바꾸고 그 직속기관으로 중앙정보부를 설치하여 군정을 실시했다.

<핵심정리>

정변의 발발: 박정희를 비롯한 일부 군인이 장면 정권의 무능과 사회 혼란을 구실로 군사 정변을 일으킴

전 개: 혁명 공약 발표 -국가 재건 최고 회의 구성, 군정 실시(1961 ~1963)

군사 정부의 정책: 구정치인의 정치 활동 금지(정치 활동 정화법, 반공법 실시), 화폐 개혁, 농가 부채 탕감, 제1차 경제 개발 5개년 계획 추진(1962)

민정이양: 민주 공화당 창당 -대통령 직선제와 단원제 국회를 골자로 헌법 개정(1962. 5차 개헌) -박정희가 윤보선을 누르고 제5대 대통령에 당선(1963)

Tip

박정희

287 박정희 정부(제 3 공화국, 1963 ~ 1972)

1963년 12월에 박정희가 대통령에 취임한 후 '조국 근대화'를 구호로 내건 박정권에게 가장 시급한 과제는 미국의 지지와 경제개발에 필요한 자본과 기술을 확보하는 것이었다. 박정권은 경제개발에 필요한 자금을 확보하기 위해 한. 일 국교 정상화를 비밀리에 추진했다. 그러나 한일회담이 과거 식민 지배 사실을 부정하는 일본의 태도와 이에 분노한 국민의 반발로 난항에 부딪히자 박정희는 1962년 10월 김종필을 특사로 일본에 파견했다. 김종필은 오히라 일본 외상과 비밀교섭을 갖고 경제협력을 명분으로 한 한.일 협정의 대가로 무상 3억 달러, 유상 재정차관 2억 달러, 민간 상업차관 1억 달러 이상을 제공 받기로 합의했다. 이 사실이 알려지면서 국민들은 '굴욕적인 회담'이라며 거세게 반대했지만 박정권은 비상계엄을 선포하고 휴교령을 내린 강압적인 분위기속에서(6.3사태) 1965년 6월22일 한일 협정을 체결했다. 박 정권이 미국의 종용과 경제개발 자금에 급급하여 과거 식민지 지배에 대해 사과 한 마디 받지 못한 채 맺은 굴욕적인 한일 협정은 수시로 일본이 식민 지배를 미화하는 망언과 역사왜곡을 반복하는 원인이 되었다. 미국 중앙정보부(CIA)보고 문서에 따르면 한일 협정 과정에서 박 정권은 당시 미국 민주당의 4년 예산에 맞먹는 6600만 달러라는 거액의 정치 뇌물을 일본의 주요 6개 기업으로부터 받았다고 한다.

<핵심정리>

- 학생들의 굴욕 외교 반대와 정권 퇴진 요구(6.3 시위)
- 계엄령을 선포하고 한. 일 협정 체결

Tip

한일협정

6.3 시위

288 베트남 파병(1964 ~ 1973)

한편 1965년 8월 한일협정이 국회에서 비준되기 하루 전날 베트남 파병안이 비준되었다. 박정권은 한국군의 베트남 파병 대가로 미국으로부터 한국군 장비의 현대화와 경제개발을 위한 차관제공을 약속받았다. (브라운 각서) 한국군의 베트남 참전으로 한국 건설업체의 베트남 진출과 인력수출 그리고 참전 군인들이 보내오는 송금으로 얻은 '베트남 특수는' 경제발전에 적지 않1은 기여를 했다. 그러나 젊은이의 피를 파는 행위라는 야당의 비판도 뒤따랐다.

<핵심정리>

배 경: 미국의 파병 요청- 미국이 한국군의 전력 증강과 경제개발을 위한 기술 및 차관 제공 약속(브라운 각서)

전 개: 비전투 부대 파견(1964) -전투 부대 파견(1965 ~1973)

결 과: 미국의 정치적. 경제적 동맹 관계 강화, 국군의 전력 증가, 경제 개발 자금 확보 -많은 젊은이가 전쟁터에서 희생, 고엽제 피해 등의 문제점 발생

베트남 파병

289 3선 개헌(1969, 6차 개헌)

베트남 특수에 힘입은 경제발전 덕분에 박정희는 1967년 6대 대통령 선거에서 윤보선 후보를 누르고 당선되었다. 같은 해 6월 8일에 실시된 제7대 국회의원 선거에서 공화당은 부정선거의 시비 속에서 국회의원 재적수의 3분의 2를 넘는 129석을 차지했다. 개헌선을 확보한 박정희는 장기집권을 위한 3선 개헌을 꾀했다. 공화당은 야당과 국민들의 반대 속에서 1969년 9월 14일 새벽 2시에 3선 개헌안을 단 10분 만에 날치기 통과시켰다. 3선 개헌안은 10월 17일 국민투표에 부쳐져 65.1%의 찬성으로 통과되었다. 가난에 찌들어 왔던 국민들에게는 독재정치보다 박정희의 경제발전 구호가 더 크게 다가왔던 것이다. 1971년 7대 대통령 선거에서 박정희는 신민당의 김대중 후보를 94만 표차로 누르고 힘겹게 당선되었다. 5월 제8대 국회의원 선거에서는 공화당이 113석을 얻었지만 신민당도 89석을 차지하여 박정권의 독주를 견제할 수 있는 힘을 얻게 되었다.

<핵심정리>

개헌 추진: 제6대 대통령 선거에서 박정희가 재선에 성공
-장기 집권을 위해 대통령의 3회 연임을 허용하는 내용으로 헌법 개정

결 과: 제7대 대통령 선거에서 박정희가 김대중을 누르고 3회 연임에 성공

Tip

대통령 유세(김대중)

장충단 공원

290 유신 체제(제 4 공화국, 1972 ~ 1979)

1960년대 후반에 들면서 박정권은 안팎으로 위기에 몰렸다. 미국은 늘어나는 국제수지 적자와 막대한 군사비 부담에 따른 재정위기에서 벗어나고자 '닉슨독트린(1969.7)을 발표했다. 닉슨독트린은 미국이 중국과 국교를 정상화하여 중국을 통해 소련을 견제하는 한편 명분 없는 베트남전쟁을 종전시켜 막대한 군사비 부담을 덜고자 했던 것이다. 눈치 빠른 일본이 미국에 앞서 중국과 국교를 정상화하고 이어 미국이 중국과 국교를 정상화하면서 한반도 주변에는 긴장완화의 훈풍이 불기 시작했다. 미국은 베트남에 이어 제2의 화약고가 될 우려가 있는 한반도를 현상 유지시키려고 박정권에게 남북화해를 종용하는 한편 1970~1971년 2년 동안 주한미군 2만명을 철수시켰다. 동북아의 긴장완화는 냉전과 분단체제에 기대어 반공을 무기로 정권을 유지하던 박정권을 위협했다. 여기에다가 1969년 이후 한국경제가 불황에 빠지면서 박정권은 안으로도 정치적 위기에 직면했다. 박정권은 이러한 안팎의 위기를 안보와 평화통일을 이용하여 극복했다. 남북 대화에 대한 미국의 종용과 빠른 경제성장으로 남북 경쟁에 자신감을 얻은 박정권은 1970년 8.15선언을 시작으로 1971년 남북이산가족 찾기 운동, 1972년 남북적십자회담을 추진했다. 국민들은 남북관계의 갑작스러운 변화에 어리둥절해하면서도 통일에 대한 기대로 부풀었다. 그런데 박정희는 1971년 12월6일, 느닷없이 안보를 구실로 법적 근거도 없는 국가비상사태를 선언했다. 박정희는 12월 27일 국회에서 통과된 '국가보위에 관한 특별조치법'을 소급 적용하여 국가비상사태 선언을 합법화했다. 박정희는 이 법으로 집회와 시위는 물론 노동자의 단체행동권을 금지하고 헌법 기능도 정지시킬 수 있는 초헌법적인 비상대권을 가지게 되었다. 안보 불안을 내세워 강권적 분위기를 조장한 박정희는 1972년 7월4일, 자주. 평화. 민족대단결의 평화통일 3대 원칙을 핵심 내용으로 하는 7.4 남북공동성명을 발표했다. 국가비상사태 선언에 놀랐던 국민들은 또다시 내일이라도 통일이 될 듯한 기대로 부풀었다. 이 때 박정희는 10월17일 비상계엄을 선포하여 국회를 해산하고 정당의 정치활동을 금지시킨 뒤 '10월 유신'을 선포했다. 10월 유신은 헌법을 준수하겠다고 서약한 대통령이 스스로 헌법을 파기한 쿠데타였다. 유신 선언은 사실상 민주 헌정을 부정한 쿠데타였다. 1973년 박정희가 6.23 평화통일선언을 통해 남북한의 국제기구 동시 참여와 유엔 가입을 주장했듯이, 그가 말한 평화통일은 미국의 한반도 정책인 두 개의 한국 정책이었고 동시에 영구 집권을 위한 구실에 지나지 않았다. 북한도 이를 구실로 김일성 유일체제를 강화했듯이 이후 남북은 극심한 체제 경쟁에 매달려 분단이 더욱 고착화되었다. 유신헌법은 박정희 개인의 종신집권을 위한 것이었다. 유신헌법에 의해 대통령의 임기는 6년으로 늘어났고 중임 제한이 폐지되었다. 대통령은 통일주체국민회의 대의원들의 간접선거로 선출되어 국민의 참정권이 사실상 부정되었다. 또 대통령은 국회의원 수의 3분의 1을 추천하고(유신정우회) 국회를 해산할 수 있는 권한을 가졌으나 국회는 대통령을 탄핵할 수 없어 대통령이 입법부를 장악했다. 나아가 대법원장이 지명하던 대법관을 대통령이 임명함으로써 사법부도 행정부에 종속되었다. 박정권은 유신체제에 대한 국민의 저항을 긴급조치로 탄압했다. 긴급조치는 국회의 승인 없이 발동되었고 사법부의 심사 대상도 아니었다. 박정권은 유신체제를 유지하려고 강화된 국가주의를 바탕으로 국민동원 체제를 강화하여 민주주의를 압살했다. 박정희는 국민교육헌장, 학도호국단, 새마을운동 등을 통해 독재권력의 의지에 따라 일사불란하게 움직이는 사회동원체제를 마련했다. 또 1973년 8월 중앙정보부가 당시 박정희의 최대 정적이던 김대중을 일본에서 국내로 납치하고, 1974년에는 민청학련 및 인민혁명당재건위원회사건을 조작했듯이 중앙정보부와 국가기관이 안보 불안을 조성하여 민주화운동을 탄압하는 불법적인 정치공작도 서슴치 않았다.

<핵심정리>

배 경: 냉전 체제 완화(닉슨 독트린), 야당 세력의 성장, 국내 경제 불황

성립과정: 비상계엄 선포, 국회 해산, 정치 활동 금지
- 유신 헌법 제정(1972,7차 개헌) -국민 투표로 유신 헌법 확정

내 용: 임기 6년의 대통령을 통일 주체 국민회의에서 간접 선거로 선출, 대통령 중임 제한 철폐(영구 집구 가능), 대통령의 권한 강화(긴급조치권, 국회 해산권, 국회의원 1/3 임명권 부여) -통일 주체 국민회의에서 박정희를 대통령으로 선출

유신 체제에 대한 저항: 김대중 납치사건(1973) 이후 유신 반대 운동 전개
- 민청학련 사건(1974)과 인혁당 사건(1974)을 조작하여 탄압
- 재야 민주 인사들이 3.1 민주 구국 선언 발표(1976)

인혁당 재판

291 유신체제 붕괴

유신체제에 반발하고 국민의 저항은 점점 계속되었다. 이러한 가운데 박정희는 1978년 제9대 대통령선거에서도 2578명의 통일주체국민회의 대의원 가운데 1명이 무효 처리된 거의 100%찬성으로 대통령에 선출되었다. 그러나 뒤이은 12월12일 제10대 국회의원 선거에서 공화당은 득표율에서 야당인 신민당에 뒤졌다. 선거를 통해 분출된 국민의 반유신 민심에 힘을 얻은 신민당 총재 김영삼은 선명 야당을 내세우며 반유신 공세를 거세게 펼쳤다. 야당과 재야, 학생을 중심으로 한 민주화운동이 거센 가운데 1979년 제2차 석유파동과 그에 따른 경기 침체로 그 희생이 민중에게 또다시 강요되면서 노동자, 농민 등 민중의 저항도 계속되었다. 1979년 8월 YH무역 노동자 170여 명은 생존권 보장을 요구하며 신민당사에 들어가 농성했다. 신민당 총재인 김영삼은 이들 노동자들을 보호해주기로 약속하고 노동자들을 안심시켰다. 이후 박정권은 2000여 명의 경찰을 신민당사에 투입시켜 강제로 진압하고 노동자들을 모두 강제 연행하였다. 이 과정에서 여성 노동자 김경숙이 의문의 죽음을 당하고 김영삼은 상도동 자택으로 강제로 끌려갔다. 박정권은 이 사건을 구실로 김영삼 당총재 자격과 의원직을 박탈했다. 유신체제에 대한 야당과 국민의 불만이 최고조에 달했다. 1979년 10월 부산과 마산에서 학생과 시민들이 박정희 유신독재에 반대하기 위해 반정부 시위가 일어났다. 10월 16일 부산대학교 학생 수 천여 명이 '유신철폐' '야당탄압 중지' '빈부격차 해소'를 내걸고 가두시위를 벌였다. 다음차례는 노동자와 일반 시민까지 적극 가담하여 경찰서와 파출소, 신문사를 부수는 싸움으로 확대되었다. 정부는 10월18일 오전 0시를 기해 부산지역에 계엄령을 선포했으나 시위는 마산과 창원까지 번졌다(부마항쟁). 정부는 20일 마산과 창원에 위수령을 내리고 군병력을 투입하여 시위를 일시적으로 진압했다. 그러나 부마항쟁은 유신체제에 반대하는 운동이 광범하게 조직화되고 있음을 보여주었고 그것은 유신체제의 몰락을 예고하는 사건이었다. 이러한 상황에서 10월 26일 중앙정보부장 김재규가 박정희를 시해함으로써 18년 박정희의 군부독재가 막을 내렸다.

<핵심정리>

유신체제 붕괴:	국회의원 선거에서 야당인 신민당이 득표율에서 승리(1978) -YH 무역 사건 발생(1979) -김영삼을 국회의원직에서 제명 -부. 마 민주 항쟁 발생 -박정희 대통령 피살(10.26 사태, 1979)

Tip

YH 농성

292 신군부 등장

1979년 10월 26일 박정희가 피살된 뒤 12월 6일 최규하 국무총리가 통일주체국민회의 대의원회에서 제10대 대통령으로 선출되었다. 국민들은 유신체제와 군부독재를 끝내고 민주정부의 등장을 기대했다. 그러나 12월 12일 전두환 국군 보안사령관, 9사단장 노태우를 중심으로 한 '신군부'가 쿠데타를 일으켜 정국은 한치 앞을 내다볼 수 없는 '안개정국'으로 돌변했다. 서울의 봄을 맞이하여 그동안 학내 민주화운동을 통해 대중적 역량을 강화해온 학생들도 불투명한 향후 정국과 신군부의 등장을 우려하면서 계엄철폐, 유신세력의 퇴진 등을 요구하며 거리로 나섰다. 5월 15일에는 약 10만 명의 대학생들이 서울역에 모여 계엄해제를 요구했다. 같은 날 지식인 134명은 군사정권의 등장을 반대하는 민주화선언을 발표했다. 1980년 봄의 정국을 가름할 분수령이었던 서울역 집회를 주도했던 학생 지도부는 10.26사태 이후 사회 곳곳에서 터져 나오기 시작한 대중의 자연발생적인 민주화 요구를 낮게 평가하고 서울역 회군을 결정했다.

<핵심정리>

신군부의 등장과 5.18 민주화 운동

12.12 사태(1979): 전두환을 비롯한 신군부가 군사 반란을 일으켜 실권 장악

서울의 봄(1980): 시민과 학생들의 민주화 요구(유신 철폐와 신군부 퇴진 요구) -신군부가 비상계엄을 전국으로 확대

Tip

12.12사태

293 5.18 민주화 운동(1980)

정부는 1980년 5월17일 비상계엄을 전국으로 확대 선포했다. 신군부는 5월 15일 서울역 집회를 구실로 학생운동 지도부와 김대중을 비롯한 정치권의 주요 인사들을 체포하여 구속했다. '서울의 봄'으로 상징되던 민주화의 열기는 전국 주요거리와 대학가를 장악한 총검 앞에 침묵을 강요당했다. 이 살벌한 침묵은 '빛고을' 광주에서 깨어졌다. 1980년 5월18일 아침 전남대학교 정문 앞에서 전남대 학생들과 공수부대원 사이에 첫 충돌이 일어났다. 공수부대원들의 무차별 구타에 분노한 학생들이 시내로 진출하면서 시위는 점차 확산되었다. 이날 오후 3시 시내 곳곳에 배치된 공수부대들은 학생과 시민들을 상대로 무차별 폭력을 휘둘렀다. 신군부의 작전명령 '화려한 휴가'가 시작되었다. 광주와 전남 지역은 1960~70년대 경제개발 과정에서 소외되어 경제적으로 매우 낙후된 지역인데다가 박정권의 지역편중정책으로 화난 주민들은 상대적으로 정치. 경제적 피해의식을 지녀왔다. 이것은 자연히 독재정권에 대한 불만과 민주화에 대한 강렬한 열망으로 나타났다. 또 그 열망의 상징이었던 김대중을 신군부가 탄압한 것도 초기 광주민중항쟁을 확산시키게한 요인이었다. 5월 19일 분노한 학생과 시민들이 거리로 쏟아져 나왔다. 항쟁 사흘째인 20일 오후에는 10만여 명의 인파가 금남로를 가득 메웠다. 시위군중과 계엄군 사이에 밀고 밀리는 공방전이 계속되던 오후 7시 무렵 수백 대의 차량이 시위에 참여하면서 시위는 한층 고조되었다. 시위 군중에 밀리기 시작한 계엄군은 광주로 통하는 모든 교통과 통신을 차단하여 시위가 인근 지역으로 번지는 것을 막았다. 5월21일 일부 시위대는 아세아자동차 공장에서 가져온 장갑차를 앞세우고 금남로에서 공수부대와 대치했다. 이날 시위대는 3명의 대표를 뽑아 도지사와 협상을 시도했으나 신군부는 오후 1시 공수 부대원의 일제사격으로 대응했다. 계엄군의 무차별 발포에 분노한 시위군중은 가까운 교외의 경찰서, 파출소 등지에있던 카빈, M1 소총 등을 탈취하여 계엄군에 대응했다. 생존을 위한 시민군이 조직된 것이다. 오후 5시 무렵 시민군은 계엄군 임시본부와 전남도청을 공격하여 계엄군을 몰아냈다. 항쟁 4일 만에 광주교도소를 제외한 광주시 전체가 '해방'을 맞이했다. 이날 정부는 처음으로 광주민중항쟁의 사실을 전국에 공식적으로 알렸다. 계엄사령관은 '고정간첩 및 불순분자'등이 폭동을 조종하고 있다는 담화문을 발표했다. 신군부가 반공 이데올로기를 이용하여 광주민중항쟁을 철저히 왜곡하고 광주시를 봉쇄한 22일부터 26일 까지 5일 동안 물자 공급이 모두 끊어졌지만 한 건의 절도사건이 없이 광주시민들은 질서를 유지했다. 계엄군이 물러간 뒤 시민군은 22일 관리, 변호사, 종교인 등이 중심이 된 '5.18수습대책위원회를'를 꾸려 계엄당국과 협상에 나섰다. 수습대책위원회 안에서는 '무장해제' 문제를 둘러싸고 협상을 주장하는 '투항파'와 이를 반대하는 '투쟁파'가 서로 대립했다. 25일의 제3차 시민궐기대회에서 투쟁파의 주장이 시민의 지지를 받으면서 김종배를 위원장으로 하는 새로운 지도부가 구성되었다.

새 지도부는 계엄군을 상대로 투쟁을 계속하면서 시간을 벌었고, 또 민주 우방인 미국이 신군부의 정권 장악을 저지할 것이라고 기대했다. 그러나 미국은 이미 5월22일 신군부가 '광주사태'를 진압하려고 요청한 병력 이동에 동의한 상태였다. 광주 외곽에서 최후 진압을 준비해 온 계엄군은 5월27일 새벽 4시 도청 진압작전을 개시하여 약 4시간 만에 작전을 끝냈다. 이로써 10일 동안 벌어진 광주민중항쟁도 막을 내렸다. 신군부는 10일 동안 벌어진 광주민중항쟁으로 사망한 시민이 총상 118명을 포함하여 148명이고, 사망한 군인이 15명이라고 발표했다. 정부는 1995년 '5.18민주화운동 등에 관한 특별법'등을 제정하여 광주민중항쟁에 대한 국가 차원의 명예회복과 보상을 했지만, 정확한 피해 내용이나 시민을 상대로 발포를 명령한 자가 밝혀지지 않은 채 '광주의 진실'은 여전히 역사 속에 묻혀있다. 광주민중항쟁은 1970년대 이래 쌓여온 한국사회의 구조적 모순에서 비롯된 반독재 민주화운동의 연장이었다. 광주시민의 의로운 죽음과 항쟁은 신군부의 폭력성과 반민주성을 그대로 폭로하여 이후 민주화운동의 기폭제가 되었다. 또 그동안 맹방으로만 여겨왔던 미국을 새롭게 인식하는 계기가 되었다.

<핵심정리>

광주에서 비상계엄 확대와 휴교령에 반대하는 시위발생
-공수부대 투입 -시민에게 발포 -시민군 조직(치안과 질서 유지)
-계엄군과 협상 실패 -계엄군의 무력 진압 -많은 사상자 발생

공수부대의 시민 제압

294 전두환 정부(제 5 공화국)

광주민중항쟁을 무력 진압한 전두환의 신군부는 1980년 5월31일 국가보위비상대책위원회(국보위)를 만들어 정권찬탈을 위한 준비에 들어갔다. 신군부는 이른바 '사회 정화'라는 이름으로 정치인의 정치활동을 규제하고 민주화운동에 앞장선 교수와 기자 등을 강제 해직시켰다. 또 순화 교육이라는 이름으로 시민 4만여 명을 삼청교육대로 끌고갔다. 뿐만 아니라 국보위는 '정치풍토쇄신 특별조치법' '집회 및 시위에 관한 법률' '제3자 개입금지법' 등 새로운 악법을 만들어 사회 각 부문의 통제를 강화했다. 1980년 9월 전두환은 제 11대 대통령으로 취임하고 10월 27일 제5공화국 헌법이 공포되었다. 1981년 3월3일 전두환은 제 12대 대통령에 취임함으로써 제5공화국이 공식적으로 출범하였다. 전정권은 분출하는 민주화운동에 대해서는 강력한 탄압정책으로 일관했다. 대학에는 정. 사복 경찰을 투입시켜 학생운동을 강경 탄압하고, 반공법을 통합한 국가보안법을 만들고 유신시대의 반민주 악법인 '사회안전법'을 그대로 유지했다. 반면에 전 정권은 시위로 제적된 학생을 복교시키고 학도호국단을 폐지하는가 하면 통금해제와 중. 고등학교의 교복자율화, 프로축구 실시 등의 유화정책을 통해서 독재체제를 안정시키려고 했다.

<핵심정리>

강압 통치: 언론 통폐합, 보도 지침을 통한 언론 탄압, 삼청교육대 설치, 학생 운동. 사회 운동 탄압

유화 정책: 야간 통행금지 해제, 두발과 교복 자율화, 국외 여행 자유화, 정치 규제자들의 단계적 복귀, 프로야구 출범

삼청교육대

프로야구 출범

프로축구 출범

295 6월 민주 항쟁(1987)

전정권은 출범 초기부터 각종 부정부패와 비리가 쏟아져 국민적 저항을 받았다. 1982년 5월부터 이철희. 장영자사건, 정래혁사건, 명성사건 등 권력형 비리 사건이 터져 나왔다. 1985년 후반에는 야당과 재야세력이 대통령직선제 개헌운동을 벌이면서 전정권은 위기를 맞았다. 1986년 7월의 '부천서 성고문사건'에 이은 1987년 1월의 '박종철 고문치사사건'으로 전 정권의 부도덕성이 드러나면서 전정권을 더욱 위기로 몰아갔다. 전두환은 이러한 위기 속에서 '4.13호헌조치'로 맞섰지만 '6월 민주항쟁'의 전 국민적 항쟁에 굴복하고 말았다. 6월 민주항쟁의 결과 대통령직선제로 헌법이 개정되어 그해 12월 대통령 선거가 실시되었다. 국민들은 군부독재를 끝내고 진정한 민주정부가 수립되기를 기대했다. 그러나 선거 결과 민정당의 노태우 후보가 당선되었다. 야당의 대통령 후보였던 김대중과 김영삼이 대권에 집착하여 후보단일화에 실패함으로써 국민의 기대가 또다시 물거품이 되었다.

<핵심정리>

전 개: 민주화를 요구하는 시위확산 -정부의 강경 진압 -부천경찰서 성고문 사건(1986), 박종철 고문치사 사건(1987) -정부가 개헌 논의 자체를 금지하는 4.13 호헌 조치 발표 -대학생 이한영이 경찰이 쏜 최루탄에 맞아 사망 -대통령 직선제를 요구하는 시위가 전국으로 확산

결 과: 여당 대표인 노태우가 직선제 개헌을 수용한다고 발표(6.29 민주화 선언) -대통령 직선제로 헌법개정(1987.9차 개헌) -13대 대통령 선거에서 노태우 당선

민주화 운동

296 직선제 개헌 이후의 정부

이듬해 4월 실시된 제13대 총선거에서는 평화민주당(김대중), 통일민주당(김영삼), 신민주공화당(김종필) 등 야당이 민정당을 누르고 다수 의석을 차지했다. 그러나 각 당의 득표가 세 김씨의 출신지역으로 확연히 나누어졌듯이 선거 과정에서 정치인들이 지역감정을 적극 이용함으로써 지역감정이 영호남을 넘어 전국적으로 확대되는 망국적인 사회폐단을 가져왔다. 다수 의석을 차지한 야당은 국회에서 정부를 압박하여 '5공 청문회'를 열고 전두환 등 신군부의 쿠데타와 광주학살 문제 그리고 전두환 일가의 비리를 단죄했다. 광주학살의 주범이기도 한 노태우 정권은 전 정권과의 차별성을 부각시켜 자신의 정치적 입지를 확보하려고 했다. 여소야대 국면에서 계속 끌려가던 노정권은 '보수대연합'으로 국면 돌파를 꾀했다. 노태우는 1990년 1월 김영삼. 김종필 양김씨와 '내각제 개헌'을 약속하고 '3당 합당'을 선언하여 민주자유당을 창당했다.(1990.2.9) 이것은 기회주의적인 정치인들이 자신들의 정치적 목적을 위해서는 언제든지 국민적 선택권을 왜곡하고 무시할 수 있음을 보여 준 대표적인 반민주적 사건이었다. 보수대연합으로 정국을 뒤집은 노정권은 88서울 올림픽을 계기로 높아진 한국이 국제적 위상과 1980년대 후반 현존 사회주의권의 붕괴라는 국제정세를 활용하여 북방정책을 적극 추진했다. 노정권은 1988년 9월 헝가리와의 수교를 시작으로 폴란드(11.1), 유고슬라비아(12.28)에 이어 마침내 1990년 9월 20~30억 달러 규모의 경제협력을 조건으로 소련과 정식 수교를 맺었다. 1992년에는 중국과 수교함으로써 사회주의권과의 관계개선을 일단락 지었다. 이어 노정권은 북방정책의 연장선에서 북한과의 관계개선에 나서 1991년 9월에는 남북한이 유엔에 동시가입하고 12월에는 북한과 '남북 사이의 화해와 불가침 및 교류. 협력에 관한 합의서'를 체결했다.

<핵심정리>

노태우 정부

전 개: 5.18 민주화 운동의 진상 규명에 노력(청문회 개최), 지방 자치제를 제한적으로 실시, 서울 올림픽을 성공적으로 개최

외교정책: 북방 외교 추진(공산국가와 외교 관계 수립), 남북한 유엔 동시 가입

Tip

대통령 유세(노태우)

297 김영삼 정부

1992년 12월 실시한 대통령선거에서 민자당의 김영삼이 당선되었다. 김영삼 정부는 스스로 '문민정부'라 불렸듯이 군부가 정치에서 배제된 '민간민선정부'였다. 문민정부는 정권 초기의 국민적 지지를 바탕으로 공직자 재산등록, 금융실명제, 지방자치제의 전면실시 등 일련의 개혁 정책을 시행했다. 1993년 3월 실시한 공직자 재산등록은 정부 차관급 이상 공직자의 재산을 공개하도록 했으며, 이어서 국회의원과 4급 이상의 공무원에게까지 확대되었다. 8월에는 은행의 가명계좌를 실명계좌로 바꾸는 금융실명제를 실시하여 일부 부작용도 있었지만 금융거래의 투명성을 높였다. 1995년 6월27일에는 그동안 유보해왔던 지방자치단체장 선거를 실시하여 민선자치시대를 열었다. 특히 김영삼 정부는 신군부의 핵심조직이자 군대 안의 사조직인 '하나회' 소속 장성들의 보직을 해임함으로써 군부를 정치에서 배제시켰다. 김영삼 정부는 역사바로세우기운동을 전개하여 노태우. 전두환 두 명의 전직 대통령을 구속시키고 엄벌에 처하는 등 국민의 호응과 지지를 받았다. 경제정책으로 국제경제개발협력기구에 가입하여 한국의 국제적 지위를 향상시켰다. 그러나 그동안 누적된 정경유착과 재벌기업들의 문어발식 경영, 부풀려진 회계 등 고질적인 적폐들이 터져나와 경제적 위기를 초래하였다. 이에 급작스러운 외화보유액 감소로 인한 외환위기로 국제통화기금으로부터 구제금융을 받기에 이르러 김영삼 정부의 마지막 모습은 매우 초라해졌다.

<핵심정리>

개혁 정책: 공직자 윤리법 제정, 고위 공직자 재산 등록제 실시, 금융 실명제와 부동산 실명제 도입, '역사 바로 세우기 운동' 전개(전두환. 노태우. 전직 대통령 구속)

경제 정책: 경제 개발 협력 기구(OECD) 가입(1996), 국제 통화 기금(IMF)에 구제 금융 요청

Tip

IMF구제금융 공식 요청

林부총리, 어젯밤 긴급회견

200억달러 수준 될!

이르면 내달중 지

IMF

298 김대중 정부

1997년 12월18일 대통령 선거에서 새정치국민회의 김대중 후보가 여당후보인 이회창을 물리치고 대통령에 당선되었다. 당시 김대중은 신한국당에서 떨어져나와 자유민주연합을 창당한 김종필과 선거 후 연립정부 구성, 내각제 실시를 약속하고 김대중을 단일후보로 내세워 선거에서 승리할 수 있었다. 김대중 정부의 출범은 한국정치사상 처음으로 여야 간에 평화적 정권교체를 이룬 역사적 사건이지만 지역주의의 한계를 벗어나지 못했다. 1998년 2월 '국민의 정부'로 출범한 김대중정부가 가장먼저 해야 할 일은 외환위기의 극복이었다. 당시 한국경제는 1997년에 5.5%의 경제성장률에 국민소득은 9511달러였고, IMF 이후인 1998년에는 경제성장률 -5.5%에 국민소득 6,300달러로 떨어져 세계 40위권으로 밀려난 상태였다. 김대중은 경제위기를 극복하려고 안으로는 구조조정에 박차를 가하고 밖으로는 미국을 비롯한 여러 국가를 방문하여 외자유치에 힘을 기울였다. 정부는 국제통화기금에 경제주권을 넘겨줘야 했다. 우선적으로 IMF가 제시한 신자유주의의 정책을 받아들여 '거시경제 안정화대책'과 금융. 기업. 노동. 공공부문의 구조조정을 단행했다. 한편으로는 금모으기 운동으로 국민들의 애국심을 고취시켰으며, 노사정 위원회를 구성하여 국가의 현 상황을 함께 논의하며 국가의 위기를 극복 하기위해 노력을 다했다. 이로 말미암아 1998년 말부터 경제가 서서히 회복되기 시작했고 IMF에 요청한 구제자금 200억 달러도 조기 상환하여 IMF 사태에서 벗어났다. 이 같은 성과 뒤에는 수많은 농민들의 눈물과 고통이 뒤따랐다. IMF의 신자유주의 정책이 관철되면서 수많은 노동자들이 구조조정의 이름 아래 해고되거나 비정규직 노동자가 되었다. 항의하는 노동자들에게는 법치를 명분으로 탄압했던 것이다.

<핵심정리>

여야 정권 교체: 정부 수립 이후 처음으로 선거를 통한 여야 정권 교체가 이루어짐

외환위기 극복: 금 모으기 운동, 신자유주의 정책 추진, 노사정 위원회 구성

Tip

299 대북 화해 협력 정책('햇볕 정책')

김대중 정부는 남북의 화해와 협력, 공존과 평화를 위한 대북화해협력정책(햇볕정책)을 적극 추진했다. 당시 자연재해와 내부 자원의 고갈 등으로 위기에 처했던 북한 역시 외부로부터의 지원이 절실한 때였다. 이러한 남북의 상황이 결합하여 남북한 사이에 경제협력이 확대되었으며 문화예술단이 서로 방문하여 공연을 하는 등 각계각층의 접촉도 잦아졌다. 1998년 11월에 시작된 금강산 관광사업은 그결실 가운데 하나였다. 확대된 남북교류와 당국 간 대화가 서로간에 신뢰를 어느정도 회복하면서 남북한 사이에 역사적인 남북정상회담이 이루어졌다. 2000년 6월13일 김대중 대통령이 북한을 방문하여 2박 3일 동안 진행된 남북정상회담에서는 한반도의 통일과 평화정착, 민족의 화해와 단합, 남북간의 교류와 협력 등이 논의되었고 마침내 '6.15남북공동선언'의 결실을 얻었다. 노무현 정부도 김대중 정부에 이어 제2차 남.북 전상회담을 개최하고 10.4 남북 공동 선언을 발표하였다. 김대중 대통령은 남북정상회담을 개최한 공로로 우리나라 최초로 노벨평화상을 수상하였다.

<핵심정리>

남북 관계 개선, 최초로 남북 정상 회담 개최 (2000,6.15 남북 공동 선언 발표)
노무현 정부: 2차 남북 정상 회담 개최(2007)

Tip

1차 남북정상회담

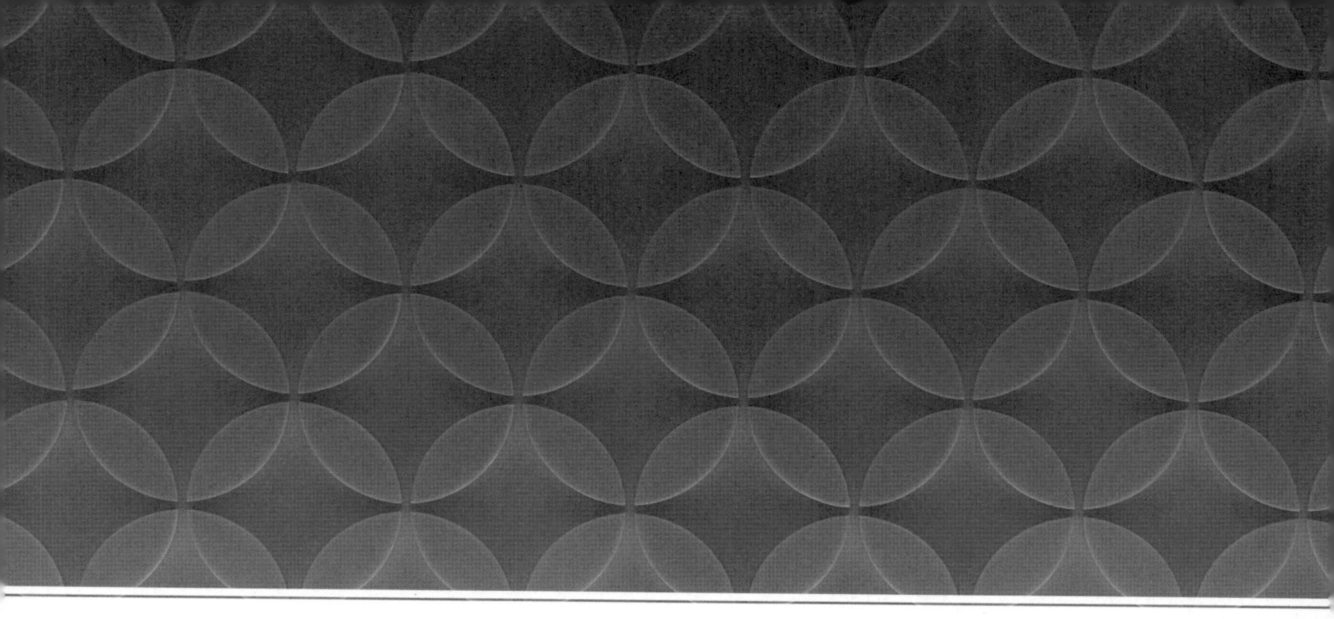

제 42장

통일정책 ~ 경제, 사회, 문화의 변화

300 6.25 전쟁 이후 남.북 구도

이승만 정권은 반공 이데올로기를 앞세워 북진통일론을 주장했다. 철저한 반북 정책을 추진하며 독재체제를 강화해나가며 반공을 국시로 명분을 삼으면서 국민을 감시하고 억압했다. 이승만은 대한노총, 한국부인회 등 관변단체를 동원하여 여론을 조작하며 철저한 반공정책에 반대하는 정적들을 탄압하며 제거해나갔다. 이승만은 스위스 제네바에서 개최된 한국의 평화적 통일방안에 대한 회담 이후에는 유엔감시하의 남북한 총선거에 의한 통일을 정책기조로 삼았고, 북한은 미군 철수를 전제로 한 남북 총선거를 주장하였다. 1956년 5월에 실시된 제3대 정,부통령 선거에서는 '못 살겠다 갈아 보자'는 민주당의 선거구호가 민심을 크게 파고들었다. 부정선거 시비가 끊이지 않는 가운데 대통령에 이승만, 부통령에 민주당 후보인 장면이 당선되었다. 또 대통령 후보로 나선 무소속의 조봉암이 총투표수의 약 30%를 얻은 커다란 이변이 일어났다. 조봉암은 선거에서 얻은 국민적 지지를 바탕으로 1957년 11월 사회민주주의와 평화통일을 지향하는 진보당을 만들었다. 그러나 자유당 정권은 반공체재의 강화를 내세우며 대통령선거에 입후보하였던 조봉암을 간첩혐의로 구속하고 진보당을 불법화시켰다. 조봉암은 1심판결에서 무죄판결을 받았으나 2심판결에서 간첩혐의가 인정되어 사형을 선고받고 1959년 7월31일 처형되었다(진보당 사건)

<핵심정리>

남북 간의 적개심 고조: 철저한 반공. 반북 정책 추진. 북진통일론 주장

평화 통일론 탄압: 평화 통일론을 주장한 조봉암 처형. 진보당 해산(진보당 사건)

조봉암 재판

301 장면 내각

이승만 하야후 허정의 과도정부는 평화적인 정권교체, 3.15부정선거 책임자 처벌, 경찰력의 수습, 정치적 중립화 등의 현상유지책을 발표했다. 과도정부는 1960년 6월 내각책임제 개헌을 하고, 이어 7월29일 총선거를 실시했다. 국민의 관심이 총선으로 모아지자 학생들은 학원으로 돌아가 학원민주화운동을 벌였다. 그들은 기존의 학도호국단을 해체하고 새로이 학생회를 구성했으며 국민신생활운동과 국민계몽운동을 벌였다. 1960년 7월 29일에 실시된 제5대 총선거에서 민주당이 압도적으로 승리했다. 민주당은 8월23일 대통령에 윤보선, 국무총리에 장면을 선출하고 제2공화국을 출범시켰다. 내각책임제로 구성된 제2공화국에서 권력의 중심은 장면 총리에게 있었다. 그러나 장면 정권은 4월 혁명으로 분출된 국민들의 요구를 제대로 받아들이지 못했다. 장면 정권은 시위군중에게 발포한 책임자나 부정선거 관련자들에게 거의 무죄에 가까운 형량을 내렸다. 그리고 철저한 민주화와 혁명완수를 요구하는 시위를 사회혼란 행위로 규정하고 '반공법'과 '데모규제법' 등을 만들어 막으려고 했다. 학생들은 장면 정권이 등장한 뒤 4월 혁명의 열기가 식어가는것을 보면서 국민 계몽운동의 한계를 깨닫기 시작했다. 학생들의 관심은 통일문제로 옮겨갔다. 1960년 7.29총선에서 혁신정치세력들이 통일문제를 제기했고 북한도 8월 15일 과도적 조치로서 남북연방 제안을 내놓았다. 그동안 이승만 정권의 반공정책 속에서 금기시되어 왔던 통일문제가 대중의 관심으로 떠올랐다. 학생세력 일부와 혁신정치세력은 남북통일이 되어야 정치의 민주화와 자립경제를 이룰 수 있다고 보았다. 이들은 남북의 적대관계를 철폐하는 민족통일이 무엇보다도 필요하다고 생각하고 민족분단을 해결하고자 통일운동에 힘을 모았다. 1960년 9월3일 혁신정당과 사회단체들이 민족자주통일중앙협의회(민자통)를 발족하면서 통일운동의 열기가 더욱 달아올랐다. 민자통은 대구와 부산의 민족주의계열의 인사들을 중심으로 구성되었으나, 그 뒤 한국사회당 등 5개 정당과 4월 학생 청년동맹 등 14개 사회단체가 참가했다. 각 대학에서는 민족통일연맹(민통련)이 만들어져 통일운동의 중심이 되었다. 1961년 4월이 되면서 통일운동의 열기는 한층 높아졌다. 5월 3일에는 서울대 민통련이 주최한 대규모 남북학생회담 환영 및 통일촉진 궐기대회가 열려 1만여 명의 시민과 학생들이 참여했다. 그러나 장면 정부는 민간교류는 거부하는 정책을 내놓았고 유엔 감시하에 남북한 총선거를 주장하였다. 그러나 민주주의와 민족통일을 지향한 모든 운동은 5.16군사쿠데타로 좌절 되었다.

<핵심정리>

혁신 세력과 학생 운동 세력:	철저한 반공. 반북 정책 추진. 북진 통일론 주장
장면 정부:	북진 통일론 폐기, 유엔 감시 하에 남북한 총선거 주장, 민간교류는 거부

Tip

302 박정희 정부(1960년대)

5.16 군사 쿠데타로 정권을 잡은 박정희 정부는 반공을 국시로 강력한 반공정책을 폈다. 이러한 점은 이승만 정권 시절부터 행해오던 정권유지의 명분을 이어온 것이다. 박정희 정부는 선 건설 후 통일의 반공정책을 추진하면서 이에 반대하는 정치인들과 학생들을 구속하는 등 일반 국민들이 통일에 대한 토론과 논의를 사실상 통제하며 위축시켰다. 북한은 1968년1.21 청와대 습격, 같은 해 프에불로호 피랍과 울진삼척지구무장공비 침투사건을 저질러 남북 관계는 더욱 악화되었다. 1970년대에는 냉전체제가 완화되어가는 시대로 접어들었다. 미국 대통령 닉슨과 중국의 주석 마오쩌둥과의 수교가 이루어지고 주한미군의 부분적 철수가 이루어지면서 평화공존의 분위기가 형성되었다. 우리나라도 미국 권유와 더불어 북한에 남북대화를 시작하였다. 1970년 박정희는 북한에 대해 상호간에 무력대결을 포기하고 선의의 경쟁을 하자고 8.15 광복절 선언을 하였다. 이어 대한 적십자사는 북한에 대해서 이산가족 찾기를 위한 남북 적십자회담을 제의하였고 북한이 이를 받아들여 남북적십자회담이 이루어져 평화협상의 물꼬가 최초로 트였다. 남과북은 상호간에 특사를 파견하면서 비밀회담을 통해 1972년 남북공동성명을 성사시켰다. 이러한 것은 6.25전쟁 후 남과 북이 최초로 통일에 관한 합의로 그 의미는 매우 크다고 볼 수 있다. 대통령 박정희는 1973년 6.23 선언을 통해 북한에 남북한 유엔 동시가입과 모든 국가에 문호를 개방하자고 제의하였으며, 다음해 평화 통일 3대 기본원칙을 발표하여 북한에 상호 불가침 협정과 문호개방을 제의하였다. 1975년 북한의 일방적 대화중단으로 남 과 북은 다시 냉랭해지고 말았다.

<핵심정리>

배 경: 닉슨 독트린 발표 이후 냉전 체제 완화, 평화 분위기 조성 -남북 대화 시작 7.4 남북 공동 성명 발표(1972)

Tip

7.4 남북 공동성명

전 개:	남북 적십자 회담 진행(1971) - 회담을 준비하면서 서로 특사 파견 -'자주. 평화. 민족적 대단결'의 3대 통일 원칙에 합의 -7.4 남북 공동 성명을 서울과 평양에서 동시에 발표 -남북 조절 위원회 설치(실무자 회의 개최) -남북 간의 의견 대립(남한은 인구 비례에 의한 남북한 자유 총선거 주장, 북한 남북 연방제 통일 주장) -북한이 일방적으로 대화 중단
결 과:	남북한 모두 7.4 남북 공동 성명을 정치적으로 이용 -독재 체제 구축 남한 -유신 체제 등장, 북한 -사회주의 헌법 채택, 김일성 독재 체제 강화
6.23 평화통일 선언(1973):	남북한 유엔동시가입 제의, 공산권에 문호 개방 제의
평화 통일 3대 기본 원칙(1974):	북한에 상호 불가침 협정과 문호 개방 제의

Tip

303 남북 관계의 새로운 변화

전두환 정부는 민족화합 민주통일 방안을 제시하고 이산가족의 고향 방문과 예술 공연단의 교환 방문하여 공연을 함으로써 남. 북한 간의 평화적 행동을 선보였다. 노태우 정부에서도 북한을 민족공동체로 인식하여 북한에 한민족공동체 통일 방안을 제시하였으며 1991년에는 남북한이 유엔에 동시에 가입하였다. 이어 한반도 비핵화 공동선언 등 남과 북 상호간의 신뢰 쌓기에 성심을 다하였다. 김영삼 정부에서도 북한과의 관계개선을 위해 노력하였다. 김영삼 대통령은 북한의 김일성 주석과 남북 정상회담을 추진해오며 남과 북의 관계개선을 위해 열의를 보였지만 김일성 주석의 사망으로 남북 관계는 경색국면으로 접어들었다. 김대중 정부는 남북의 화해와 협력, 공존과 평화를 위한 대북화해협력정책(햇볕정책)을 적극 추진했다. 당시 자연재해와 내부자원의 고갈 등으로 위기에 처했던 북한 역시 외부로부터의 지원이 절실한 때였다. 이러한 남북의 상황이 결합하여 남북한 사이에 경제협력이 확대되었으며 문화예술단이 서로 방문하여 공연을 하는 등 각계각층의 접촉도 잦아졌다. 1998년 11월에 시작된 금강산 관광사업은 그 결실 가운데 하나였다. 확대된 남북교류와 당국 간 대화가 서로간에 신뢰를 어느정도 회복하면서 남북한 사이에 역사적인 남북정상회담이 이루어 졌다. 2000년 6월13일 김대중 대통령이 북한을 방문하여 2박 3일 동안 진행된 남북정상회담에서는 한반도의 통일과 평화정착, 민족의 화해와 단합, 남북간의 교류와 협력 등이 논의되었고 마침내 6.15남북공동선언의 결실을 얻었다. 노무현 정부는 참여정부를 표방하고, 김대중 정부의 대북정책을 계승하여 제2차 남북 정상회담(2007)을 성사 시켰다.

<핵심정리>

전두환 정부

민족 화합 민주 통일 방안 제시(1민족 1체제 지향, 1982)
남북한 이산가족 최초상봉, 고향 방문과 예술 공연단의 교환 방문(1985)

노태우 정부

7.7 선언 -북한을 민족 공동체로 인식, (1988),
북한에 한민족 공동체 통일 방안 제의 (1989).
남북한 유엔 동시 가입(1991), 한반도 비핵화 공동 선언(1991)
남북 기본 합의서 채택(1991): 서로의 체제 인정, 상호 불가침에 합의
-남북한 정부 간에 이루어진 최초의 공식 합의서

남북한 UN동시가입

김영삼 정부

북한에 3단계 통일 방안 제의(1994),
북한이 핵 확산 금지 조약(NPT) 탈퇴, 김일성 사망 -남북 관계 경색

김대중 정부

대북 화해 협력 정책('햇볕 정책') 추진: 정주영 회장이 소 떼를 몰고 방북(1998)
금강산 관광 시작(1998)
남북 정상 회담 개최(2000): 6.15 남북 공동 선언 발표 -
이산가족 방문 재개, 개성공단 조성, 경의선 복구 사업 추진, 금강산 육로 관광 시작

노무현 정부

남북 교류 확대: 개성공단 사업 실현, 김대중 정부의 '햇볕 정책' 계승, 대북 지원 사업을 지속적으로 전개
제2차 남북 정상 회담 개최(2007): '남북 관계 발전과 번영을 위한 선언' 채택

이명박 정부

상생과 공영의 새로운 대북 관계 제시 -금강산 관광객 피살 사건, 북한의 핵 실험 강행 - 남북 관계 악화

Tip

88 서울 올림픽

304 전후 복구와 경제 성장

해방과 함께 우리나라는 경제적 혼란을 겪지 않으면 안 되었다. 주로 일본자본으로 운영되던 많은 기업이 일본인들의 철수로 인하여 텅 비워져 그 공백을 우리 국민이 보충하는데 있어서 원료가 부족하고 기술자, 자본부족으로 공장의 문을 닫아야 했다. 실업자는 계속 증가하고 있는 가운데 해외동포의 귀국과 북한의 공산체제에서 월남한 동포들로 인하여 남한은 인구가 급증하였다. 광복 직후 일제와 미군정은 화폐를 남발하여 통화량이 크게 증가했다. 우리 경제는 극심한 인플레이션, 원자재와 소비재 부족, 식량부족 등으로 큰 어려움을 겪게 되었다. 또 한편으로 지하자원과 중공업 시설이 북한에 치우쳐 있는 상황에서 국토가 분단되고 북으로부터 전기 공급마저 중단되자 농업과 경공업 중심의 남한 경제는 어려움이 가중 되었다. 미군정은 미곡정책으로 곡물 자유시장제를 실시하였다. 쌀값 폭등의 부작용이 생기자 미곡수매제도를 시행하였으나 별 효과를 거두지 못하였다. 대한민국 정부와 미국 정부 간에 체결된 재정 및 재산에 관한 최초협정 제 5조의 규정에 의하여 귀속재산을 처리하였다. 일본인들이 소유했던 공장 및 기업체를 민간인에게 불하하고 원조 물자를 배정하였으며, 기타 귀속재산을 매각하여 산업자본 형성에 힘을 기울였다 또 한편으로는 농지개혁법을 제정. 시행하여 농촌경제의 안정을 꾀하였다. 농지는 해방 전 연고가 있는 사람들에게 우선권을 주어 매입하게 하였으며 결과적으로 친일파들에게 돌아가는 경우가 많았다.

<핵심정리>

광복 직후의 경제 혼란: 물가 폭등, 공장 가동 중단, 식량과 원료 부족, 실업자가 대량으로 발생

미군정의 대응: 미곡 수집령(미곡의 수집과 배급 통제), 식량 원조, 신한 공사 설립

귀속 재산 처리법 제정(1949): 영향: 자본주의 체제 정착 -정경유착과 독점의 부작용 발생

농지 개혁 단행

배 경: 농민들의 토지 소유 희망, 북한의토지 개혁(무상 몰수, 무상 분배) 실시(1946)

과 정: 농지 개혁법 제정(1949) - 개혁 실시(1950)

해방 후 군정

내 용:	유상매수. 유상분배의 원칙, 3정보 이내로 토지 소유 제한. 지주에게 지가 증권으로 보상, 농민은 평년작의 150%를 5년간 분할 상환
의 의:	다수 농민이 자작농으로 전환 -지주 중심의 토지 소유제 폐지, 농민 중심의 근대적 토지 소유 확립
한 계:	지주들이 토지를 사전에 처분(농지 개혁 대상의 토지면적 축소). 분배된 토지 가격이 높아 농민 부담 가중

Tip

<더 알아보기>

농지개혁

해방 이후 오랫동안 농지 개혁이 미루어지는 통에 수많은 지주들이 미리 땅을 빼돌려 개혁 대상이 된 토지가 전체소작지 144만 7000 헥타르중 분배농지는 61만 3000 헥타르 였다. 은폐소작지 15만 8000 헥타르, 사전방매 67만 7000헥타르였고, 그나마 농민들이 많은 부담을 지고 토지를 사들이는 방식으로 진행되어 농민 생활의 개선으로 이어지지 못하였다. 그나마 그마저 전혀 토지를 구입할 조건을 갖추지못한 농민들의 처지를 무시한 채 유상분배의 원칙을 고집함으로서, 토지가 농민에게 주어졌다기보다는 농민들이 소작농에서 채무농으로 바뀌는 결과를 초래했다. 결국 토지는 다시 지주들의 손으로 넘어갔을 뿐이었다.

305 전후 복구와 경제 원조

6.25 전쟁으로 인하여 남한의 생산시설은 대부분 파괴되었고, 이로 인하여 극심한 물자가 부족해지고, 화폐 가치가 폭락하여 물가가 폭등 하는 등 경제적 혼란은 이루 말할 수 없었다. 이에 따라 미국의 원조 물품과 무상차관으로 국내의 경제가 가까스로 버티게 된다. 그러나 미국의 원조도 1950년 대 후반 무상차관에서 유상차관으로 변화하여 국내 경제는 다시 어려움을 맞이하게 되었다.

<핵심정리>

경제적 혼란: 6.25 전쟁으로 인한 생산 시설 파괴, 극심한 물자 부족, 화폐 가치가 폭락하여 물가 폭등

원조 물품: 면방직, 설탕, 밀가루 등 소비재 산업의 원료에 집중, 농산물이 대부분 차지(-국내 농산물 가격 폭락, 쌀만 경작하는 단작화 현상 발생)

삼백 산업 발달: 원조 물자를 가공하는 제분, 제당, 면방직 공업 발달

원조의 변화: 1950년대 후반 무상 원조에서 유상 차관의 형태로 변화 -경제 성장률 급락, 경제 불안 심화

원조물품

Tip

<더 알아보기>

미국의 경제 원조

식민지 경제구조의 청산에 실패한 1950년대 한국경제는 미국의 경제원조에 매달려 유지되었다. 미국이 이승만 정권시기 한국에 제공한 경제원조는 약 31억 달러에 이르렀다. 미국은 한반도의 공산화를 막고 자본주의 경제체제를 유지시키려고 한국에 원조를 제공했다. 미국의 원조로 인하여 한국은 극심한 식량난을 피했고, 미국의 원조는 전후 복구에도 큰 도움을 주었다. 그러나 미국의 경제원조는 한국의 경제구조를 크게 왜곡시켰다. 미국의 원조물자는 주로 식료품, 농업용품, 피복, 의료용품 등 소비재가 대부분이었다. 1953년 제조업 전체에서 소비재 부문이 74.4%, 생산재 부문이 18.3%에 지나지않아 산업 재건에는 도움이 되지 못했다. 미국이 1956년 농산물수출 원조법에 따라 실시한 잉여 농산물의 원조는 국산 밀과 목화 재배지를 사라지게 하는 등 한국농업을 피폐시켰다. 1950년대 산업은 미국 원조물자인 밀가루, 설탕, 면화 등에 의존한 이른바 삼백공업인 소비재 공업을 중심으로 성장했으나 대외의존율은 90%에 이를정도로 대미 종속성이 강화되었다. 이들 기업은 원조물자를 독점으로 배당받는 특혜 속에서 초기 재벌로 성장해 갔고, 그 대가로 정권에 정치자금을 제공하는 등 정경유착이 횡행했다. 미국의 원조물자에 의존하던 1950년대 한국경제는 1967년 미국이 무상원조를 급격히 줄이는 대신 유상원조로 바꾸면서 그 폐해가 나타났다. 1957년 이후 삼백공업을 중심으로 한 한국경제는 불황에 빠져들기 시작했다.

306 경제 개발 5개년 계획의 수립과 추진

정부가 수립되면서 가장 중요한 것은 경제분야였다. 해방 후 미군정하의 경제정책을 실시하고 미국은 한국에 원조를 점차적으로 줄이면서 줄어든 만큼 유상 차관으로 전환하는 정책을 펼치자 이에 위기감을 가지고 이승만 정부가 경제개발 7개년 계획을 수립하였다. 그러나 이승만 정권이 4.19 혁명으로 실행하지 못하자 장면 내각에서 경제개발 5개년 계획을 다시 수립하였으나 이것 또한 5.16군사정변으로 실천에 옮기지 못하였다. 5.16 군사 쿠데타로 정권을 잡은 박정희 정권은 정부의 주도아래 성장 위주의 경제정책과 수출주도형 성장전략을 실시하였다. 제 1, 2차 경제개발 5개년 계획과 제 3, 4차 경제개발 5개년 계획을 정부 주도로 강력하게 추진하여 고도의 경제성장을 이룩할 수 있었으며 획기적인 수출 실적과 국민소득이 크게 신장되어 세계 최빈국에서 아시아의 신흥공업국으로 발전하였다. 박 정권은 '조국 근대화'의 구호를 내걸고 경제개발을 추진했다. 그것은 외국자본과 기술을 도입하여 공업발전을 꾀하고 국내의 값싼 노동력으로 생산된 제품을 수출하여 자본을 축적한다는 조립가공형 경공업 중심의 수출주도형 개발전략이었다. 정부는 우선 자금을 외국에서 원활하게 조달하려고 단일변동환율제(1964), 금리현실화(1965), 외자도입법 제정(1966) 등 일련의 조치를 취하고 1967년 '관세및 무역에 관한 일반협정'(GATT)에 가입했다. 부족한 자본은 1965년 한일국교정상화의 대가로 얻은 총 8억 달러 규모의 유. 무상 차관과 베트남 파병의 대가로 미국으로부터 얻은 2억 달러의 원조와 차관 그리고 '베트남 특수'로 벌어들인 외화로 메웠다. 박정권은 수출을 촉진하고자 자금이 부족한 기업에게는 수출산업기금을 조성하여 저리의 융자를 해주고, 1965년에는 조세감면규제법을 마련하여 기업의 조세 부담을 덜어 주는 등 1961년부터 수출기업에 세제, 관세, 은행융자 등의 특혜를 베풀었다. 대규모 자본이 요구되는 사회간접자본의 확충은 국가가 주도하여 신설했다. 정부의 적극적인 개입과 수출촉진 정책으로 1960년 3300만 달러이던 수출이 1966년에는 2억 5000만 달러로 증가했고 경제성장률도 연평균 8.5%에 이르렀다. 1967년부터 시작된 제2차 경제개발계획 기간에는 수출은 연평균 33.7% 경제성장률은 연평균 10.7%를 기록하여 '한강변의 기적'이라 불릴만큼 괄목한 성장을 했다. 그러나 부작용도 만만치 않았다. 섬유, 봉제, 신발 등 노동집약적인 경공업 중심의 수출정책 속에서 노동자들은 저임금과 장시간 노동을 견더내야 했다. 수출 제일주의에서 자본축적의 유일한 원천이 값싼 노동이었기 때문에 노동자와 농민의 희생이 강요되었다. 1960년부터 1969년까지 노동자 임금상승률은 평균경제성장률 9%에도 못 미치는 3.4%에 그쳤고 노동자들은 장시간 노동과 열악한 노동조건에서 병들어 갔다. 생산비에도 못 미치는 저곡가 정책 때문에 한 해 50만 명의 농민들이 일자리를 찾아도시로 몰려들었다. '한강변의 기적'을 구가하던 한국경제는

1969년에 들면서 불황에 빠져들었다. 당시 달러위기에 몰린 미국이 한국의 경공업 제품의 수출을 규제하고 차관을 갚도록 재촉했기 때문이다. 최대 수출시장인 미국 수출이 막히자 그동안 들여온 유. 무상 차관의 원금과 이자가 한국경제에 큰 짐이 되었다. 국가가 주도하여 수출만이 살 길이던 박정권의 경제개발 전략의 구조적 모순이 한꺼번에 터져 나왔던 것이다. 이것은 내실을 다지는 균형발전보다는 오직 양적 팽창만을 추구한 '경제 근대화'의 결과였다. 더구나 정치적 억압과 부정부패를 정당화 했던 박정권의 경제성장 제일주의가 무너지면서 '잘 살아 보세'라는 구호 아래 희생을 강요당했던 민중의 저항이 밑으로부터 솟아나기 시작했다.

<핵심정리>

특 징: 정부 중심, 성장 중심, 수출 중심의 경제 정책 추진

이승만 정부: 경제개발 7개년 계획 수립, 4.19 혁명으로 실행못함.

장면 정부: 국토 건설 사업 추진.
경제 개발 5개년 계획 마련(1961)
5.16 군사 정변이 일어나 중단

박정희 정부: 장면 정부의 경제개발 5개년계획을 수정하여 추진

1차 경제개발 5개년계획(1962 ~1966)

경공업 육성, 가발, 섬유산업 등 노동 집약적 산업 육성, 수출을 늘리는 방향으로 수출 주도형 경제 개발 실시,1964)

2차 경제개발 5개년계획(1967~1971)

사회 간접 자본 확충(경부 고속 도로), 산업 구조 개편(비료, 시멘트, 정유 산업 육성), 베트남 전쟁 특수 등 빠른 경제성장과 수출증대 성과

3, 4차 경제개발 5개년계획(1972~1981)

중화학 공업 중심으로 추진하여 포항 제철소와 광양 제철소 건설, 울산, 거제 등에 조선소 건설- 신흥 공업국으로 성장

경제개발 5개년 계획

성 과:	'한강의 기적' 으로 불릴 만큼 고도 경제 성장, 수출 급증, 국민소득 증가
문제점:	원자재 도입과 외채 도입으로 무역 적자와 대외 의존도 심화, 재벌과 정부간 정경유착의 부패 심화, 재벌 중심의 경제 구조 형성, 산업간 불균형 심화
1차: 1973~1974년:	제4차 중동전쟁 - 중동 건설공사에 적극 진출-오일 달러 획득
2차: 1978~1980년:	이란이 원유 수출 중단-1980년 중반 3저 호황으로 극복

Tip

307 1980년대 경제 (전두환 정부)

전두환 정권은 '공업발전법'(1986). '조세감면규제법'(1986)등을 마련, 산업합리화 정책을 실시하여 부실기업을 정리하면서 경제위기에서 벗어나려고 했다. 정부의 산업구조 조정은 '상대적 비교우위'에 근거하여 첨단산업화, 자동화 및 기술개발 투자의 확대를 통한 성장을 목표로 산업의 고부가가치화와 쇠퇴산업의 업종 전환 내지는 부실기업 정리 등의 방식으로 추진되었다. 이것은 1980년대 이후 반도체 등 극소 전자분야의 발달과 과학기술 혁신을 바탕으로 빠르게 재편되고 있던 국제적 분업체계에 적응하기 위해서였다. 특히 1986년부터 다섯 차례에 걸쳐 진행된 78개 부실기업 정리과정에서 정부는 소수 독점자본에 특혜 지원을 했다. 1980년대 산업구조조정과 부실기업 정리의 결과, 재벌로의 경제력집중이 더욱 심화되었다. 30대 재벌이 석유화학, 고무. 플라스틱제조업. 금속기계. 장비제조업 생산에서 약 50%를 차지했고, 1989년의 경우 50대 재벌의 총매출액이 전체 매출액의 73.4%를 차지할 정도였다. 반면에 이들 소수 독점자본은 부품산업화, 하청계열화를 통해 중소기업의 지배를 강화하여 경제적 위기 부담을 이들에게 강제로 떠넘겼다. 이를 반영하듯 '대마불사' '재벌공화국'이라는 말이 유행했다. 정부의 강력한 산업구조 조정정책으로 1980년 중반 이후 안정을 찾기 시작한 한국경제는 1986년 이후 '저금리, 저유가, 저달러 의 "3저 호황"의 호재에 힘입어 물가 안정과 지속적인 경제성장을 이루었으며 특히 반도체, 자동차, 산업용 전자 등 기술집약형 산업을 중심으로 성장했다.

<핵심정리>

경제 정책: 2차 석유 파동 후 과잉 투자로 문제가 되었던 중화학 공업의 투자 조정, 부실기업 정리, 자본. 금융 시장의 개방(다국적 기업과 국제 금융 자본 진출)

3저 호황: 저금리, 저유가, 저달러 현상 -지속적인 경제 성장, 물가 안정

Tip

308 1990년대 경제 (김영삼, 김대중 정부)

1990년대에 김영삼 정부는 세계화를 목표로 공기업의 민영화, 금융업 규제완화, 경제협력 개발기구(OECD) 가입 등 신자유주의의 정책을 폈다. 그러나 세계 무역의 개방화와 국제화가 가속되는 가운데 국내 산업의 경쟁력이 선진 경제대국에 비해 뒤쳐진 상태였다. 또한 기업의 부실한 경영이 누적되어 사상 초유의 금융권 부실화가 발생하고 외화 보유액마저 부족해지는 상황이 되었다. 결국 1997년 외환위기를 맞아 국제통화기금으로부터 긴급자금을 지원 받기에 이르렀고, 그 영향으로 국내 경제는 마비상태와 대량 해고 ,대량 실직 등 일찍이 경험하지 못했던 국가 경제 위기를 맞이하게 되었다. 외환위기 속에 출범한 김대중 정부는 전국민적 금모우기 운동, 공공기관, 기업, 금융, 노동에 대한 전반적인 개혁과 노사정위원회를 설립하여 국민의 희생과 협조로 국제통화기금(IMF)에서 지원받은 자금을 조기 상환하였다. 하지만 그 과정에서 대량 해고로 인하여 실업자와 비정규직 노동자가 증가하였고, 일부 은행과 대기업이 해외에 매각되었다.

<핵심정리>

원 인: 세계 무역 기구(WTO)출범 이후 개방화와 국제화 가속
국제 경제의 여건악화, 기업의 부실한 경영, 금융권 부실 -외환 보유액이 부족해짐

과 정: 국제 통화 기금(IMF)으로부터 긴급 자금 지원 -신자유주의 경제 정책 도입

영 향: 기업 부도, 대량 해고로 실업자 증가, 비정규직 노동자 증가, 노사간 갈등 고조

극 복: 금 모으기 운동, 4대 부문(공공. 기업. 금융. 노동) 개혁, 노사정 위원회 설립, -김대중 정부 때 국제 통화 기금(IMF)에서 지원받은 자금 조기 상환

Tip

309 6.25 전쟁 이후 달라진 사회

6.25전쟁은 미국의 자유진영과 소련의 공산진영의 이데올로기 대리전의 성격을 지녔다. 이로 인해 남과 북은 분단되어 서로 적대시하며 오늘날까지 지구상에서 유일하게 분단국가로 남아 있는 실정이다. 6.25 전쟁은 남과 북 상호간에 많은 영향을 끼쳤다. 북한의 김일성과 남한의 이승만은 각각 독제체제를 강화하였다. 전쟁으로 인하여 자유를 찾아 남한으로 많은 인구가 월남하였으며, 전통적으로 농업을 중시하던 사회구조는 농촌 인구의 도시 유입으로 전통적 사회구조가 무너졌다. 이로 인하여 대가족은 해체에 이르렀고, 전통문화에 대한 경시풍조가 생겨나 양반질서가 서서히 붕괴되었다. 이승만이 물러난 이후 박정희 정권에서부터는 본격적인 경제개발정책을 실시하였다. 이로 인하여 필요한 인재를 필요로 했는데 이는 곧 교육열로 이어져 많은 인재를 양산하여 조국 경제 발전에 이바지하게 되었다. 이와 반면에 경제 발전과 더불어 정경유착 등 부정부패도 비례해서 발생하게 되고 이러한 것들의 결과물로 빈부의 격차가 심화되 기업과 부유층의 성장과 노동자와 농민은 빈곤상태에 처하게 되어 각종 사회 문제가 터져 고질적인 사회병폐로 남게 되었다.

<핵심정리>

사회변화: 농촌에서 도시로 인구 이동, 대가족 해체, 전통적 양반 질서 붕괴

교육 확대: 교육열 고조, 의무 교육 실시 -경제 발전에 이바지함

빈부 격차 확대: 정경유착, 부정부패 심화, 기업의 성장, 노동자와 농민은 빈곤상태

Tip

310 노동사회의 변화

그동안 전통적인 농업구조의 사회에서 농업 인구의 감소와 산업화의 진전과 저곡가 정책 등으로 인하여 도시와 농촌과의 소득 격차가 확대되었다. 박정희 정부의 저임금 정책과 열악한 노동환경 그리고 노동 3권의 유명무실화가 노동자의 삶을 더욱 어렵게 만들었다. 노동자들의 생존권 요구 투쟁은 반독재 민주화 운동과 연결되어 진행되었다. 1970년에는 전태일의 분신을 계기로 노동운동이 본격화 되었으며, 학생과 지식인의 지원이 뒷받침되었다. 1980년대 에는 6월 민주항쟁 이후 노동운동이 확산되었고 대다수 직장에 노동조합이 결성되었다. 1990년대 에는 한국노총, 민주노총의 양대 조직체제가 형성되어 오늘날에 이르고 있다.

<핵심정리>

노동운동: 산업화에 따른 노동자의 급증, 열악한 노동환경

1970년대: 전태일 분신(1970)이후 노동 운동 활성화, YH 무역 사건(1979)

1980년대: 6월 민주 항쟁 이후 노동자 대투쟁 전개(1987), 대규모 노동 운동 전개

1990년대: 전국 민주 노동조합 총연맹 (민주노총) 설립(1995)

Tip

민주노총

평화시장

<더 알아보기>

전태일 (1948년~ 1970년)

전태일

평화시장에서 근로기준법 준수를 요구하며 분신한 노동운동가인 전태일은 1965년부터 서울 평화시장의 의류 제조공장에서 시다, 재단사 등으로 일하였다. 1969년 평화시장 재단사 모임인 '바보회'를 조직하고 열악한 노동조건과 근로기준법 위반에 관한 설문조사를하여 노동청에 진정을 하였지만, 노동자들의 호소는 받아들여지지않았다. 이후 전태일은 1969년 9월부터 1970년 4월까지 건축 노동자로 일하다가, 1970년 9월 평화시장으로 돌아와 '삼동친목회'를 조직하고 노동조건 실태 설문조사를 하고, 정부, 언론 등에 개선을 요구하였다. 이후 다락방 철폐, 노동조합 결성지원, 노동조건개선시위기획 등을 하였으나 수포로 돌아갔다. 박정희 정부의 저임금 정책과 열악한 노동환경은 노동 3권은 있으나 보장 받지못하는 시대적 상황이었다. 1970년 11월 13일 평화시장에서 유명무실한 '근로기준법 화형식'을 거행하고 분신 항거하였고, 그 날 밤 숨을 거두었다. 1970년대 이후 한국 노동운동과 민주화운동의 상징적 인물이 되었다.

311 농촌의 변화와 새마을운동

정부 주도로 새마을 운동과 소득 증대 사업을 중심적으로 추진되었으며, 공장, 도시, 직장으로 확대되면서 유신 체제 하의 국민정신운동으로 확대되었다. 1970년대부터 농민단체를 중심으로 농민운동이 전개되었고, 1993년 우루과이라운드 협상 타결로 농산물 시장을 개방하게 되었고 농가 부채증가 등의 위기가 닥쳐오면서 이를 극복하기 위한 농민운동이 활성화 되었다.

<핵심정리>

농촌의 변화:	도기와 농촌 소득 격차 확대, 농촌 인구 감소, 농촌 인구의 고령화
새마을 운동(1970):	농촌 소득 증대와 농민 생활 개선을 목적으로 실시
농민 운동:	함평 고구마 피해 보상 운동, 추곡 수매 운동, 농산물 시장 개방에 반대

Tip

새마을 운동

<더 알아보기>

새마을 운동

박정희 대통령에 의해 실시된 새마을운동은 1970년에서 1979년까지 전개된 범국민적 지역사회 개발운동이다. 1970년 4월 22일 한해대책을 논의하기 위하여 소집된 지방장관회의에서 대통령 박정희는 수재민 복구대책과 아울러 넓은 의미의 농촌재건운동에 착수하기 위하여 근면·자조·자립정신을 바탕으로 한 마을가꾸기 사업을 제창하고 이것을 새마을 가꾸기 운동이라 부르기 시작한 데서 시작되었다. 이러한 새마을운동은 우리나라의 모든 직장·공장에 까지 확산되어 근면·자조·협동을 생활화하는 의식개혁 운동으로 발전하였다. 이러한 운동을 통하여 경제적으로 자립하여 선진국대열에 꼭 진입해야 한다는 의지를 국민들에게 강하게 심어준 정부주도하의 국민적 근대화 운동이었다고 말할 수 있다. 2013년 유네스코 세계기록유산으로 등재되었다.

312 교육 정책의 변화

광복이후 미군정 시기에는 일제 군국주의 교육의 잔재의 청산과 미국식 민주주의의 교육원리를 채택하였다. 조선교육심의회에서는 홍익인간, 애국심의 함양, 민주시민의 육성 등을 교육이념으로 채택하였다. 그러나 한국사회의 현실과 민족교육이념을 무시한 채 양적인 확대에만 치중한 미군정의 교육정책은 갈등을 낳기도 하였다. 이승만 정부에서는 국립대학을 비롯한 고등교육기관의 설립과 초. 중등 교육기관이 팽창하였다. 또한 의무교육규정 및 교육의 기본이념을 만들었다. 장면 내각은 학도호국단을 폐지하고 교육의 중립성을 확보하고 학원의 정상화를 기하는 등 교육의 민주화에 힘을 기울였다. 5.16 군사정부를 거쳐 박정희 정부에서는 명목상의 교육자치제를 부활시켰으며, 국민교육헌장을 선포하였다. 이후 4.19혁명이후 해체된 학도호국단을 다시 편성하여 군사교육을 실시했다. 1969년에는 대학 예비고사를 실시하여 과도한 입시경쟁과 대학에서 정원이상의 학생을 모집 하는 것 등을 방지하기 위한 대책을 마련했다. 1970년 들어 고교 평준화를 실시하여 중학생들의 고교 입시를 위한 고생을 한 층 덜어주었다. 1980년 전두환 정부에서는 대학의 본고사를 폐지하고 과외를 금지하는 조치를 단행하였다. 1990년 이후 정부는 세계화 시대에 능동적으로 대응 할 수 있는 국가 인재를 양성하기위해 교육 제도를 마련하고 있으며 그 노력은 2000년대에 도 지속적으로 실시하고 있다.

<핵심정리>

이승만 정부:	초, 중 고등교육기관 설립, 국립대학 설립
장면 내각:	학도호국단 폐지, 교육 민주화 노력
박정희 정부:	중. 고등학교 무시험 진학 제도 시행, 반공교육 강화, 국민 교육 헌장 제정
전두환 정부:	과외금지, 두발 및 교복 자율화 실시, 대학 입학 본고사 폐지

Tip

참고문헌

강동진 『일제의 한국침략정책사』, 한길사, 1980
강만길 『20세기 우리역사』, 창작과 비평사, 1999
강만길 『고쳐쓴 한국현대사』, 창작과 비평사, 2006
강준만 『한국 현대사 산책』, 2 인물과사상사, 2003
김도훈 『이야기 한국사』 아이템북스 , 2008
김덕주 『조선사 인물여행』 신서출판사 , 1997
김은신 『한국최초 101장면』 도서출판 가람기획 , 1998
교양국사연구회 『이야기 한국사』, 청아출판사, 1987
박시백 『박시백의 조선왕조 실록』1~20, 휴머니스트, 2006
박영규 한권으로 읽는 『조선왕조실록』, 들녘, 1997
서경덕외 『당신이 알아야 할 한국사10』, 엔트리, 2013
신호웅.김승일 『한국사 100문 100답』 하서, 1996
윤영호외 수능특강 『한국사』, EBS, 2017
윤대원 『한국현대사』, 거름, 1990
역사학연구서 『교실밖 국사여행』, 사계절, 1994
이덕일 『역사 사랑』, 렌덤하우스, 2007
이덕일 『조선왕을 말하다』, 역사의 아침, 2010
이덕주 『식민지 조선은 어떻게해방되었는가』, 에디터, 2003
이성주 『조선의 민낯』, 애플북스, 2015
이주영,이대근외 『한국 현대사 이해』, 경덕출판사, 2007
이주한 『한국사가 죽어야 나라가 산다』, 역사의 아침, 2013
이은식 이야기『고려왕조실록』, 청목산, 2008
이이화 『문벌정치가 나라를 흔들다』, 한길사, 2003
이종길 『한국사능력검정시험』, 수경출판사, 2015
이이화 『한국사이야기』, 1~22 한길사, 1998~2004
이이화 『못다한 한국사 이야기』, 푸른역사, 2000
이주한 『한국사가 죽어야 나라가 산다』, (주) 위즈덤하우스, 2013
장재정,장규식,염인호 『서울 근현대 역사기행』 혜안, 1998

전국역사교사모임 『살아있는 세계사 교과서』 1~2, 휴머니스트, 2005

전국역사교사모임 『살아있는 한국사 교과서』 1~2, 휴머니스트, 2005

최용범 『하룻밤에 읽는 한국사』, 렌덤하우스 , 2001

최태성 하룻밤에 읽고 끝내는 『한국사』, 메가북스, 2015

최형국 『친절한 조선사』, 미루나무, 2007

한국근현대사학회 『한국근대사강의』, 한울 아카데미, 1997

한국역사연구회 『고려시대 사람들은 어떻게 살았을까』,1~2 청년사, 2005

한국역사연구회 『한국현대사』,1~4 풀빛출판사, 1991

이기섭 kbs 한국사전 제작팀 『한국사傳』,1~5 2008

저자 소개

김범석 : kbs6816@naver.com

지은이 김범석은 은행원 출신이다. 조흥은행(현 신한은행)에서 이십여 년간 근무한 뒤 IMF 사태이후 한문. 한자 강사로 인생의 진로를 바꿨다. 그동안 건국대, 중앙대, 서강대, 연세대, 한양대, 한성대, 부산대, 부경대, 명지전문대, 한국관광대에서 한자를 강의했으며 초등학교와 학원에서 한문을 가르쳤다. 지은이는 동양철학을 공부하면서 중국의 역사와 문화가 우리나라와의 역사와 매우 밀접한 유기적 관계가 있다는 것을 느끼게 되어 한국사를 공부하게 되었다. 이후 수년간 역사 강의를 해왔다. 서울숲 아카데미에서 역사를 강의하였으며, 현재 한성대학교에서 한국사를 강의하고 있다. 선린상고를 졸업하고 성균관대학교에서 동양철학을 전공하였다.(석사)

저서: 으뜸스펀지한자 (공저)
　　이지의 동심설에 의거한 맹자의 호연지기 이해(논문)
수상: 한자.한문 교육 우수지도자상 (대한민국 한자교육연구회)
　　전국 서당문화한마당대회 장원 (전라북도지사)

김범석의

『한국사 이해와 학습』 한국사 능력 시험 입문서

2020년 7월 05일 초판 1쇄 인쇄
2020년 7월 10일 초판 1쇄 발행

지은이 | 김 범 석
펴낸이 | 안 우 리
펴낸곳 | 스토리하우스

등　록 | 제 324-2011-00035호
주　소 | 서울특별시 종로구 자하문로 301
전　화 | 02-3217-0431
팩　스 | 0505-352-0431
이메일 | chinanstory@naver.com
ISBN | 979-11-85006-30-7 *03910

값: 30,000원